Ikuo Amano
天野郁夫 著

新制大学の誕生 上

大衆高等教育への道

名古屋大学出版会

新制大学の誕生　上——目　次

第Ⅱ部　戦後の高等教育改革

（下巻目次）

凡例

一、引用文中の［ ］は引用者による補足を、〔 〕は引用元における補足を示す。
一、引用文中の（中略）（後略）は引用者による省略を示す。なお、引用文中の……は原文のものである。
一、引用文中の「／」は改行を示す。
一、引用文中の太字は引用者による。
一、引用文中の傍点は、原則として原文のものである。適宜傍点を省いた箇所もあるが、その都度断り書きを付した。
一、原則として引用文中の漢字は新字体を用い、仮名遣いは原文のままとする。
一、引用の出典については、研究書・一般書の場合は、筆者名と巻数・頁数を掲げる（同一筆者の文献が複数ある場合は、文献名も掲げる）。資料集・学校史の場合は、書名と巻数・頁数を掲げる。文献の書誌情報については下巻巻末の参考文献を参照されたい。

プロローグ

「新生日本」が旧い時代の廃墟から生まれたとするのは誤解をまねく。また戦後の「奇跡」という考え方は、まじめな歴史というより神話に属するものである。事実、戦後の日本の特質やなしとげたことの多くは、戦前だけでなく、もっと正確には、昭和初期の「暗い谷間」に深く根をおろしている。われわれがようやく理解しはじめたのは、日本の十五年戦争に関連して起こったさまざまな展開が、明らかに、戦後日本の国家機構にすこぶる役に立ったということである。

——ジョン・ダワー『昭和』九頁

新制大学の誕生

平成二六年（二〇一四）時点で大学七八一校、短期大学三六二校、在学者の総数は三〇〇万人近く、同年齢人口比の進学率が五七％に達する、「ユニバーサル」化した現代の高等教育システムの出発点は、第二次世界大戦終結後、昭和二二年（一九四七）公布の「学校教育法」により発足した新しい大学制度にある。いまでは死語に近い「新制大学」の名称で呼ばれたその新しい大学制度の発足は、明治一〇年（一八七七）の最初の近代大学・東京大学の創設から数えて一四〇年に満たないわが国の大学・高等教育システムの歴史の中で、最も重要な転換点であったといってよい。その新しい大学の制度と組織が、どのような経緯を経て誕生したのか。本書の主題は、新制大学誕生の物語を紡ぐことにある。

あとで詳しくふれるが、戦前期の高等教育システムは、大きく括れば大学・高等学校（大学予科）・専門学校・

師範学校という四つの学校種からなり、そのうち大学、すなわち「旧制大学」はごく少数に限られ、昭和一五年時点で四七校にすぎなかった。これに対して「新制大学」は、昭和二五年にすでに二〇一校を数える。短期間に、こうした多数の新制大学の出現を可能にしたのは、大学以外の高等教育機関、とりわけ昭和一五年時点で一九三校に上った専門学校の存在である。新制大学は、旧制大学の「移行」だけでなく、これら専門学校を主とする非大学型の高等教育機関の「昇格」によって出現したのである。

旧制から新制への転換に直接かかわった文部官僚の一人は、のちに「要するに新制大学は、大局からみて旧制大学に比すればその質が落ちたと見られるが、旧制の高等［学校・］専門学校に比すれば若干上つたとも言える」（日高第四郎『教育改革への道』二〇一頁）と回顧している。旧制から新制へ――大学の制度だけでなく質や水準についても、大きな転換があったことがうかがわれる。その後に急進展する大学・高等教育の急速な大衆化、マス化・ユニバーサル化の制度的な基盤は、「新制大学」の出現によって用意され、形成されたといってよい。

その新制大学の歴史は、敗戦直後の昭和二一年三月に連合国軍総司令部（ＧＨＱ）の招きで来日した、米国教育使節団の報告書から書き起こされるのが一般的である。ただ、わずか一か月足らずの滞在で作成されたこの報告書が、高等教育の制度改革にふれるところは、意外なほど少ない。本格的な改革の議論は、昭和二一年八月に総理大臣の諮問機関として設置された「教育刷新委員会」（二四年六月に「教育刷新審議会」と改称）を主要な舞台に展開されることになった。残された厖大な刷新委員会の会議録（『教育刷新委員会・教育刷新審議会会議録』全一三巻）を読んでいくと、それぞれに抱く理念やかかわる利害の異なる委員たちだけでなく、教育の民主化推進に強い発言力を持つ占領軍当局（ＧＨＱ）、それに教育行政を直接に担当する文部省の、さまざまな思惑や願望、要求が加わって、新しい高等教育・大学像をめぐる三つ巴の激しい議論が展開され、複雑な力関係の中で制度と組織の模索が進められ、骨格が決まっていく経緯をつぶさに知ることができる。

新制大学の誕生の過程を明らかにするには、何よりもその錯綜した審議の過程を可能な限り議論に即してたどり、解きほぐし、大学・高等教育制度の劇的な「転換」の政治的・政策的過程を跡づける作業が必要とされる。本書でも、制度改革全般にわたって重要な役割を果たした、"Japan Education Reform Committee" という英訳名を持つその刷新委員会の議論を読み解くことに、大きな力を注ぐことになる。

戦時・戦後の連続性

しかし同時に本書ではその作業に入る以前に、戦前期、より限定的には戦時期における高等教育改革の議論と現実の記述と分析に、多くの頁数を割くことにしたい。

新制大学の誕生の物語を、なぜ戦時期から始めるのか。それは敗戦という歴史の大転換を挟んで、高等教育の戦時と戦後の間にあるのが、断絶ではなく連続だと考えられるからである。「経済と社会を対象とする国家政策のなかに、戦前から戦後へと戦時期を貫いて途切れなくつづく貫戦的《トランスウォー》な体制を見てとることが可能であり、日常生活のいくつかの特徴のなかに、貫戦的なひとつの社会を見てとることが可能」だというアンドルー・ゴードンの指摘(『日本の二〇〇〇年』下、三八六頁)は、高等教育の場合にもそのまま当てはまる。

明治以来のわが国の高等教育の歴史は、「学制改革」と呼ばれた制度改革論議の歴史でもあった。新制大学の発足という戦後の大改革は、戦前期を通じて繰り返されてきたその学制改革論議の連続線上に位置づけられ、理解されなければならない。

戦時期を通じて教育政策の最重要課題とされてきた、その学制改革論議の詳細は他書(たとえば天野『高等教育の時代』下)に譲るとして、簡単にふれておけば、明治以来のその論議には、大正期に設置された最初の内閣直属の審議会「臨時教育会議」(大正六~八年)によって、ひとまず決着が図られた。ところが昭和年代に入ると議論が再燃し、昭和一〇年(一九三五)前後にはピークに達し、関係者や関係団体による多数の改革案が発表され、文部省がそれらを集めた冊子を編み、また新聞社が民間から懸賞論文を募集するほどの高まりを見せた。その改革論議の焦点が、一貫して高等教育制度の改革・再編、より具体的には高等学校制度の廃止と、大学・専門学校の制度的統合の是非にあったことを指摘しておこう。

昭和一二年末にはその再燃した学制改革論議に終止符を打つべく、これも内閣直属の審議機関として「教育審議会」が設置され、高等教育についても答申（一六年六月）が出されている。しかし、その内容を見ると、この大型の審議会での審議が、戦時体制への突入もあって結局腰砕けになり、制度の抜本的な改革構想を打ち出せぬままに終わったことがわかる。「答申せられたものは、多くは教育の基本精神と、それに基く内容及び方法の改善に関する事項」であり、「学校制度の構成に就いての問題、例へば各学校の性格、年限、連絡関係の改革については大体従来の構成を基にしてゐて、これを著しく改めるやうな方策を見ることができない」という、文部省の公的刊行物である『学制七十年史』（一七年一〇月刊）の記述（七九頁）は、それを裏書きするものといえよう。

教育刷新委員会が設置されたのは、敗戦という歴史の大転換を挟んで、その教育審議会が幕を閉じてからわずか四年後のことである。委員たち、それに行政当局としての文部省が、そうした不完全燃焼のままに終わった戦前期の学制改革論議を記憶に残し、それを暗黙の前提に、あるいは出発点に議論を展開したであろうことは想像に難くない。実際に、会議録を読み進めていくと、未完の学制改革論議の痕跡を随所に見出すことができる。すべての高等教育機関の統合・再編による新しい大学制度の創設を、という教育刷新委員会の建議は、そうした戦前期の改革論議との連続性において検討され、理解される必要がある。

システムの構造変化

連続性は、しかし、学制改革論議だけにあったのではない。それ以上に重要なのは、新しい法制による高等教育システムと旧法制下のそれとの連続性である。

新しい設置認可基準のもと、新制大学の施設設備や教員について、専門学校・高等学校のそれを上回る水準の充足が求められたことは確かである。しかし、敗戦直後に、しかも短い準備期間のうちに強行された移行・昇格である。経済的貧困と社会的混乱の中、物的・人的な資源の調達は思うにまかせず、発足時の新制大学の質は、先の文部官僚の回顧にもあるように、「旧制の高等専門学校の若干上」程度にとどまらざるを得なかった。それだけでなく、新しい大学の理念や理想を問い直し、理解する時間的な余裕もないままの出発であった。新制大学は、旧制大学の理念や組織、さらには多数を占めた高等学校・専門学校・師範学校の諸資源の水準を事実上そのままに継承し、「昇格」的な「移行」を果たすことによって誕生したのである。「新しい袋」に盛られたのは「古い酒」に他ならなかった。

新制大学に継承されたそれら旧制度下の個別の大学・学校や大学・学校群と、それによって構築された高等教育システムとが、国家総動員体制への突入と敗戦、そして新体制の発足という激動の時代の刻印を鮮明にとどめるものであったことも重要である。

その敗戦を挟む激動期はわが国の高等教育にとって、大正中期から昭和初期にかけての時期と並ぶ、量的拡大とシステムの構造変化の時代でもあった。戦時期の拡大と構造変化は、大正・昭和前期のそれが第一次大戦による経済の活況と大学令の公布（大正七年）という制度改革の産物であったのに対して、国家総動員体制により半ば強制され、半ば誘発されたものであったという点で、基本的に異なっている。しかし、改革に消極的な教育審議会の答申とかかわりなく、太平洋戦争への突入以後、政府・軍部は戦争目的の遂行に向けて、理工系の教育・研究の拡充を基軸にした高等教育の構造的な大変革を推し進めていく。国立セクターでは帝国大学の理工系学部の規模拡大と附置研究所の相次ぐ新設、高等学校理科の入学定員の大幅増員、工業専門学校・医学専門学校の地方分散的な大量新設、公立セクターにおける医学・工学系専門学校の急増、また私立セクターでは大学・専門学校の文系入学者の強制的削減と工学系への転換、女子専門学校の新設等によって、わが国の高等教育システムは大正・昭和初期と並ぶ規模拡大と構造変化を経験することになるのである。

そのブーム状態が、敗戦後に引き継がれたことも指摘しておくべきだろう。学校教育法が成立し（昭和二二年三月）、新学制への移行が始まるまでの短い期間に、東京・京都の二帝大を別格として事実上の理工科大学であった北海道・東北・九州・大阪・名古屋の各帝大について、文系学部の新増設による「総合大学」化が図られ、戦時期に新設された医学専門学校が旧制度による医科大学への昇格を認められ、公立の農業専門学校や公私立の女子専門学校の新設が続く。

敗戦を挟む時期に集中的に濫設されたこれら旧制度による大学・専門学校の多くは、施設設備・教授陣ともに貧弱であることを免れず、新制度への移行・昇格を果たし得ぬまま廃校に追い込まれ、あるいは暫定措置としての短期大学への移行を強いられた学校も少なくない。しかし、その大多数は最終的に設置認可を受け、新制大学への移行・昇格を果たすことになる。新制大学のいわば「ボトムライン」は、これら戦時・戦後期に急造された大学・専門学校群によって画されることになったのである。

新制大学の誕生はそうした多数の新設校を含めて、戦時・戦後期に形成され、新制大学へと継承される「遺産目録」に検討を加えること抜きには、語ることができない。

移行・昇格と再編・統合

最後に語られねばならないのは、実際の移行・昇格の過程である。

教育刷新委員会での議論を経て新制大学の骨格が決まり、法制度が整うのを待って、文部省は設置認可の基準を定め、具体的な設置認可の作業に着手する。「遺産目録」に登載された旧制度による高等教育機関の数は五九六校にのぼる。大学四九校（八%）、専門学校三六八校（六二%）、教員養成諸学校一四〇校（二四%）、旧制の高等学校三九校（六%）というのが、その内訳である。

設置目的、教育の理念、組織形態、規模、社会的な機能や威信、それに高等教育機関としての人的・物的な水準の、どれもが著しく異なるそれら六〇〇校近い大学・学校が、どのような経緯を経て、昭和二五年（一九五〇）時点で二〇一校の新制度の大学（と暫定措置による一四九校の短期大学）に再編・統合されたのか。

私立セクターの場合には、大学は同一法人内に大学予科と専門部（専門学校）を併設する形が一般的であり、専門学校も独立の法人格をすでに認められていた。移行・昇格は法人それぞれの問題であり、新しい設置基準を満たすに十分な資源を保有しているか、あるいは調達できるかが最重要の課題であった。しかし、各大学の校史の頁を繰っていると、それにとどまらない、制度の転換期に特有のさまざまな模索や試行錯誤があり、ドラマがあったことが、行間から見えてくる。

帝国大学・官立大学・高等学校・専門学校・高等師範学校・師範学校・青年師範学校と、学校種が複雑に分化し、しかも単独校が圧倒的に多数を占めた国立セクターの場合には、それらをどのように新制大学に移行・昇格させるのか、新しい大学の理念と厳しい財政状況からすれば避けることのできない再編・統合を、どのような原理・原則に基づいて実施するのかが最大の難関であった。文部省がその切り札として案出したのが、同一県内の官立諸学校はすべて再編・統合して各県に一校の新制国立大学を設置するという、いわゆる「一県一大学原則」である。当時の文部官僚の一人が回顧して「魔法の接着剤」と呼んだ（村山松雄）、その「原則」による再編・統合が、いかに苦難と苦渋に満ちたものであったかは、これも各大学の校史につぶさに描かれている。本書では、個別大学の校史を手掛かりに、そうした移行・昇格、再編・統合の過程を跡づける試みをしてみたい。

その作業を、ここでは旧制度下の種別に応じた大学・学校群ごとに進めることにする。新制大学の誕生の経緯を、「遺産目録」に示された前身の大学・学校群と関連づけてとらえる中で、戦後の新しい高等教育システムの構造が、戦前期のそれによっていかに強く規定されているか、敗戦に伴う制度の大転換にもかかわらず両者がいかに通底し、連続しているかが鮮明に浮かび上がってくるはずである。

本書の構成

こうした、先行の諸研究とは異なる視点を設定したことから、本書は以下のような上下巻、三部・九章から構成されることになる。

第Ⅰ部の主題は「戦時体制と高等教育」である。

第1章「戦時下の高等教育改革」では、再燃した学制改革論議が、教育審議会の答申として結実する過程で総力戦体制下のさまざまな要請への対応を迫られて変質し、国家総動員体制の重要な一部に組み込まれ、政策化されていく経緯を取り上げる。そこに見られるのは、高等教育の戦争目的遂行の手段化と、そのための限定的な「合理化」、「現代化」の努力であり、その一部は戦後の高等教育政策に引き継がれていく。

第2章「高等教育の決戦体制」で明らかにするのは、そうした切迫した政策努力がもたらした、決戦体制下の高等教育システムの変貌の実態である。国立セクターでは徹底した理工系の拡充策がとられ、附置研究所の大量新設に見られるように、帝国大学を中心に研究機能の格段の強化が図られる。公立セクターでは逼迫する国家財政の及ばない、医師、技術者、教員等のローカルな人材養成を目的とした専門学校の新設が相次ぎ、学校・生徒数の急増が起こる。文系主体に発展してきた私立セクターは大学・専門学校ともに、文系の定員削減と理工系への転換を強制され、廃校の危機に直面する学校も現れるが、急造された理工系専門学校は戦後に継承され、私立大学の総合大学化に大きな役割を果たすことになる。

第Ⅱ部「戦後の高等教育改革」は三つの章からなる。

第3章「使節団報告書から学校教育法へ」では、昭和二一年（一九四六）三月の米国教育使節団の来日と報告書の提出に始まり、教育刷新委員会の審議を経て二二年三月、学校教育法が公布されるまでの経緯を扱う。高等教育改革の主要な舞台となったのは、「上級学校体系」に関する第五特別委員会だが、審議の記録から浮かび上がってくるのは、教育刷新委員会・占領軍（ＧＨＱ・ＣＩＥ）・文部省の三者間の、新しい大学像をめぐる対立と葛藤をはらんだ関係である。使節団報告書に明記されてはいないものの、アメリカ的な大学・高等教育モデルへの転換を暗黙の前提とする占領軍側に対して、戦前期の学制改革論議の記憶を残した刷新委員会、とくに第五特別委員会での議論は、旧制高等学校・帝国大学制度の継承の是非を主要な論点に展開され、行政機関である文部省は、両者の間に立って現実的で実施可能な改革案を模索する。三者の複雑な力関係の下で議論は混迷して深まらず、学校教育法が大学関係の諸条項について多くの点で曖昧さを残したまま、制定されたことが明らかになる。

第4章「学校教育法以後」では、その残された曖昧な部分を争点に、学校教育法の成立以後も続けられた第五特別委での錯綜した論議を見ていく。四年制の新制大学への転換が決定したにもかかわらず、旧制の高等学校・帝国大学、さらには専門学校・師範学校の新制大学への移行・昇格の方策をめぐって議論は混迷し、その過程で二年制・三年制大学構想や、旧帝国大学の独立大学院化構想などが浮上してくる。第五特別委とは別に、占領軍の強い要請で発足した「大学基準協会」が、新制大学の設置基準の検討を開始したことも議論の一層の混迷を招き、刷新委員会・文部省・占領軍の三者間の軋轢が、たびたび表面化することになる（以上を上巻に収める）。

第5章「新制大学像の模索」で取り上げるのは、制度改革問題を議論してきた第五特別委の使命が終わり、新制度への移行問題の検討の舞台が、具体的な課題別に新設された他の特別委員会の手に移る、昭和二二年末以降の時期である。新制度への移行が時間の問題になるとともに、教員養成問題と学芸大学構想、短期大学の必要論や大学院の制度設計など、これまで議論が尽くされてこなかった制度改革絡みの問題の審議があらためて必要になり、また大学自治と管理運営組織、設置基準と教育課程編成、さらには国立大学の地方委譲論まで、新たな課題が次々に飛び出し、刷新委員会は対応を迫られることになる。

第III部「新制大学の誕生」では、新制大学への移行の過程を、実態に即して具体的に描き出す。

第6章「終戦処理と戦後対応」では、移行に先立って文部省が進めた、敗戦に伴う高等教育の終戦処理、すなわち戦時から平時への復帰のための一連の措置、それに学校教育法施行以前に旧制度の下で実施された帝国大学の

「国立総合大学」化、私立大学の戦後対応の始動、占領軍の強い要請・圧力のもとに推進された戦時期に濫設された医学専門学校の整理と医科大学への昇格、女子教育の刷新などを取り上げる。それらは、新制大学への移行の前段階、準備段階として大きな意味を持つことになる。

第7章「移行と昇格の過程」で扱うのは、行政当局である文部省の側から見た新制大学への移行・昇格の過程である。昭和二二年の六・三制義務教育の実施、二三年の新制高等学校の発足とその整備を待ち、準備期間を経たのちに新制大学の発足をという文部省の構想は、占領軍の支持のもとに二三年四月の移行・昇格を図った一部大学・専門学校の動きによって挫折を余儀なくされる。担当局長に「属国の悲しみ」を味わわせた、その抜け駆け的な昇格の実現により、昭和二四年四月に向けて一斉昇格の準備が慌ただしく進められていく。その過程で、設置認可の基準設定と手続き、国立セクターの統合・再編の理念と原則、昇格困難な諸学校への対応策などをめぐって、文部省・大学設置委員会と占領軍、占領軍の別働隊視された大学基準協会の間のさまざまな軋轢・対立が表面化する中、新制大学への拙速な移行・昇格が強行される。

第8章・第9章で描くのは、大学・学校の側から見た移行・昇格の現実である。

第8章「新制国公立大学の誕生」では、占領軍側との合議を経て決定された「十一原則」に従った、国立セクターの大規模な再編・統合の経緯を明らかにする。旧制度下の前身校との関係からいえば、旧制帝国大学系七校の「国立総合大学」への移行は、所在都道府県の旧制高等学校（と一部専門学校）を吸収してほぼ順調に実現する。最大の困難に直面したのは、同一県内に立地する旧制度の官立大学・高等学校・専門学校・師範学校をすべて統合して発足した、いわゆる「地方国立大学」である。「十一原則」の策定以前、これら多様な大学・学校の間には、単独移行から旧帝大に準ずる国立総合大学への昇格的移行までさまざまな構想が噴出し、これに県や市の願望や思惑が絡んで混沌とした状況が出現したことが、各大学の校史の記述から知られる。例外を認めず厳格に適用された「一県一大学原則」が、「魔法の接着剤」と呼ばれたのはそのためであり、この原則による三八校が一斉に発足したことにより、国立セクターは、大きく国立総合大学・地方国立大学・単独系国立大学の、三つの大学群に分かれて新しい時代を歩み出すことになる。

第9章「新制私立大学の誕生」では、私立学校法の成立により文部行政からの大幅な自由を獲得した、私立セクターにおける移行・昇格の経緯を、各大学の校史の中に読み解いていく。旧制度の私立大学は、敗戦をまたぐ時期に急造された一部の大学を例外に、旧制度下での大学・大学予科・専門部（専門学校）の、三位一体的な法人経営を資産として活かしつつ移行時に総合大学化し、その後の規模拡大への基盤を形成していく。これに対して緩い設置基準のもと、多様性を特徴に設置・運営されてきた旧制の私立専門学校の場合には、新しい大学設置基準は厳しく高いハードルであり、それを乗り越えて昇格を果たすために、資金や人材の調達に多大の努力を要求される。とくに、経営基盤の脆弱な女子専門学校や、敗戦前後に濫設された専門学校の中には、廃校の危地に立たされ、暫定措置とはいえ短期大学が制度化されたことで、救済されたものも少なくなかったことが明らかになる。

以下では、ほぼ昭和一五年から二五年までの短い期間に繰り広げられた激変の長い物語を、こうした流れに沿って紡いでいくことにしよう。

第Ⅰ部　戦時体制と高等教育

第1章　戦時下の高等教育改革

1　総動員体制と高等教育

二つの課題と教育審議会

「戦間期」と呼ばれる第一次・第二次の世界大戦に挟まれた時期は、明治以来の懸案とされ、繰り返し戦わされてきた学制改革論議が、内閣直属の「臨時教育会議」によってひとまず決着を見、大正七年（一九一八）公布の大学令・新高等学校令の施行と、官立高等教育機関の計画的拡充、それに私立高等教育機関の予想を超える発展を基軸に、日本的な高等教育システムの構築が進んだ時期である。

しかし、大正前期の時点でのその制度改革は、全体として保守的で妥協的な性格が強く、すでに急進展し始めていた経済・政治・社会の構造的な変化に対応するに十分なものではなかった。戦間期が終わりに近づいた昭和一〇年（一九三五）前後の時期に再び火がつき、これまで以上に激しく燃え上がった学制改革論議は、そのことを裏書きするものといってよいだろう（天野『高等教育の時代』下、終章参照）。昭和一〇年代に入る頃の日本の教育は、あらためて制度改革の必要に迫られていたのであり、昭和一二年一二月、それに応えるために設置されたのが、これも内閣直属の「教育審議会」に他ならない。

昭和一七年に刊行された文部省編『学制七十年史』はその教育審議会の発足に至る経緯を、次のように記している。

［昭和一〇年代の初めに、文部省が直面していた文教政策上の課題は、］一つは教学刷新の要望であつて、他の一つは当時各方面から提出されてゐた学制全般の改革諸案及びこれに基く諸運動であった。昭和十一年よりこの二つが国家の文教方策の基本となるべき主要な問題として注目せられ、既にこの点に関する調査を進めつゝあつたが、それを更に有力な機関に於いて審議することに決し、こゝに教育審議会の成立を見たのである。各教育施設に関する改善の方策が審議される際に中心となつたのは、此の二つの問題であつて、これを如何に解決して新しい情勢の下に於ける改善要綱たらしむるかに、総べての審議が集中されてゐた。（中略）［こうして］教学の刷新も学制の改革も昭和十二年に於いてこれを新たな方向に展開して、一挙に解決せざるを得ない情勢になつたのである。恰も同年七月には支那事変が勃発し、大陸に於いて軍事行動が急速に進展し新秩序の置かれた場所には教育に関する工作も発展する有様で、国内に於ける文教全般の刷新にも拍車がかけられた。教育審議会はこの様な差し迫つた事情の下に於いて成立し、二つの点に集約された教育改革問題を速やかに解決せねばならなかつたのである。（七三、七六頁）

近衛文麿内閣のもとで設置され、教育全般にわたる七つの答申を出して昭和一六年一〇月に幕を閉じるその教育審議会は、大正六年の臨時教育会議と並ぶ内閣直属の大審議会であった。「我ガ国教育ノ内容及制度ノ刷新振興ニ関シ実施スベキ方策如何」という諮問を受けて審議を開始したその教育審議会だが、昭和一二年といえば、右の引用中にもあるように七月の盧溝橋事件を機に日中戦争が勃発し、国家総動員の必要性が叫ばれ、教育全体が総力戦体制に組み込まれ始めた時期である。答申が出そろった昭和一六年には、一二月の対米開戦によって、総力戦体制の重要で不可欠な一環としての教育、とりわけ高等教育の位置づけは決定的なものになる。ようやく実施の時を迎えた、しかも「学制改革」よりも「教学刷新」に重点を置いた審議会の諸答申自体が、想定外の新しい課題に次々に直面し、棚上げや挫折を経験することになるのである。

『学制七十年史』は、答申の概略を紹介した部分を、次のように締めくくっている。

教育審議会の答申は、現に実施の途上にあるといふべきで、如何なる形をとつて全教育体制が改められ、その方針が実現されるかは将来のことに属する。殊に昭和十六年十二月以後に於ける大東亜戦争の進展は、予想し得ない新しい教育改革問題を提出して来てゐる。例へば昭和十七年八月末に発表された修業年限短縮についての閣議決定の事項は、教育審議会に於ける答申には見られなかつた制度の改革をも断行することを示してゐる。かくの如くして今後は情勢の推移につれて、教育審議会の答申と共に新しい方策をも織りなして教育制度の改革が進められることと推測される。学制発布されて七十年を経た今日に於いて、教育は驚くべき発展をなしたが、最近の国家情勢は次から次へと予想しなかつた教育制度改革問題を提供する如くに見える。（八一―二頁）

文教行政に携わる官僚たちの、急進展し始めた新しい事態への苦渋や緊張感が、行間からにじみ出てくるような一文である。答申の具体的な内容や「大東亜戦争の進展」がもたらした「予想しなかつた」問題がどのようなものであったかは後にまわして、ここではまず、教育審議会が対応を求められた二つの課題が、いつからどのような形で文教政策上の課題とされるようになったのか、その経緯をたどっておくことにしよう。

教学刷新という課題

まず課題の第一に挙げられた「教学刷新の要望」である。

その動きは、「国民精神作興ニ関スル詔書」が渙発された大正一二年（一九二三）末頃から始まる。「教育勅語」と並ぶ重要な国民教化に関する詔勅とされるこの詔書は、同年の関東大震災が生んだ人心の動揺や社会不安の鎮静化を図ったものとされる。しかし、背景にはそれ以上に社会主義思想・運動の台頭や学生の思想問題の登場に象徴される、体制の揺らぎに対する強い危機感があったと見てよい。

翌大正一三年四月には、その「詔書の趣旨を教育制度に具体化することを第一の目的」（阿部、二一―三頁）に、文部省に「文政審議会」が設置された。「国民精神ノ作興、教育ノ方針其ノ他文政ニ関スル重要ノ事項」の審議に当たるとされたが、一〇年を超える存続期間中の審議は全体として低調であり、中等以上の学校への現役将校の配置、青年学校の制度化などを答申し実現させただけで、昭和一〇年（一九三五）末に廃止されている。なおこの間、昭和七年八月に「国民精神文化ニ関スル研究、指導及普及ヲ掌ル」目的で、文部省に「国民精神文化研究所」が新設されたことを挙げておこう。その契機となったのは、昭和六年七月に設置された「学生思想問題調査委員会」の、「我が国体、国民精神の原理を闡明し、国民文化を発揚し、外来思想を批判し、マルキシズムに対抗するに足る理論体系の建設を目的とする有力な研究機関を設くること」という答申であった（『日本近代教育史事典』六一六頁）。

昭和一〇年九月、文部省は新たに「国体観念、日本精神ヲ根本トシテ（中略）学問、教育刷新ノ方途ヲ議シ、文政上必要ナル方針ト主ナル事項ヲ決定シ、以テ其ノ振興ヲ図」ることを目的に、「教学刷新評議会」を設置し、「我ガ国教学ノ現状ニ鑑ミ其ノ刷新振興ヲ図ルノ方策」について諮問した。「祭祀ト政治ト教学トハ、ソノ根本ニ於テ一体不可分」であるという、国体・日本精神重視の復古主義的な立場をとるこの評議会は、教学刷新のための中心的な機関の設置や、「学問研究・大学刷新ニ関スル実施事項」等を盛り込んだ「教学刷新ニ関スル答申」（昭和一一年一〇月）を出して、一二年六月に幕を閉じる。

学生・生徒の思想対策のために昭和九年に設置されていた文部省の思想局が、「国体ノ本義ニ基ヅキ教学ノ刷新・振興ヲ図ル」ための教学局へと拡充・強化されたのは、この評議会答申によるものである。また「大学ノ刷新」に関する事項については筆頭に、「我ガ国ノ大学ハ国家ノ重要ナル学府トシテ、国体ノ本義ヲ体シ、以テ学問ノ蘊奥ヲ攻究シ、教養アル指導的人材ヲ養成スルヲ本分トス。凡テ大学ニ於ル学問ノ研究、学生ノ教育並ニソノ制度ノ運用等ハ、コノ精神ニ合致スルモノタラシムベシ」とあり、「国体・日本精神ヲ学問的体系ニ於テ明ニシ、我国独自ノ立場ニ於テ、独特ノ内容ト方法トヲモツ精神諸科学」の研究と教育の必要性を強調している（『日本科学技術史大系』第四巻、一七二―四頁）。

なお、大学と関連の深い「教学刷新」の動きとして、この他に昭和一一年九月、「日本諸学振興委員会」が発足したことも挙げておこう。委員会規程によれば「国体、日本精神ノ本義ニ基キ各種ノ学問ノ内容及方法ヲ研究、批判シ我ガ国独自ノ学問、文化ノ創造、発展ニ貢献シ延テ教育ノ刷新ニ資スル為」というのが、委員会設置の目的であり、委員長には文部次官や教学局長官が就任、主要大学の文系の名誉教授、教授等が常任委員を務め、法学・経済学を含む「日本」的な「人文科学」の振興のため、専門分野別の学会や公開講演会の開催等が主要な事業として展開されることになった（駒込他編、七六頁）。

昭和一二年五月に政府はさらに「国体観念ノ徹底並ニ国民精神ノ作興ニ関スル重要事項ヲ調査審議」するため、内閣直属の「文教審議会」を設置したが、内閣の交代もあって一度も会議を開くことなく終わっている。教育審議会は、文部省を中心に進められてきた「国民精神ノ作興」のための、こうした「教学刷新」に関連したさまざまな取り組みの延長上に位置していたのである。

経済審議会と内閣審議会

「教学刷新」は、教育界の外側から突きつけられ、対応を求められた課題であったが、文部省が長年にわたって取り組んできた課題である「学制改革」もまた、この時期には外部から提起された新たな要請に応えることを求められつつあった。

それは具体的には、昭和初年の長期的な経済不況がもたらした、国家的な財政難と知識階級の就職難への対応を求める動きから始まった。昭和三年（一九二八）に設置された内閣直属の「経済審議会」が同年一二月に、「時運ノ進展ト社会ノ現状トニ鑑ミ社会政策上乃至経済政策上ノ見地ニ於テ広ク教育ノ改善ヲ図ルヲ以テ緊急ノ要務ナリト認」めるとして、「教育改善ニ関スル件」について総理大臣にあてて建議を提出したのは、その最初の表れに他ならない（『学制改革諸案』二三―五頁）。

その経済審議会の建議は、年限短縮と教育の実用化を基軸とした学制改革を求める内容になっていたが、「現今ノ学制ハ一面ニ於ケル教育ニ過大ノ希望ヲ嘱シテ社会ニ於ケル教育ノ真価ノ重大ナルヲ軽視スルノ誹リヲ免レズ、他面ニ於テ実務者ノ養成機関ト学術ノ研究機関トヲ混同スルノ嫌ヒナシトセズ」として、学校と実業・企業の世界とのギャップを問題視している点に注目する必要があるだろう。

昭和一〇年に設置された「内閣審議会」に、「財政改善の根本方策」に次いで「文教刷新ニ関スル根本方策」について諮問があったのも、同様の理由からであった。当初は諮問第二号として「経済振興の根本方策」が予定されていたが、「経済ニハ一見最モ縁ノ遠イ文教ノ刷新ガ経済的難関打解ノ根本的方途デアル」という委員たちの意見から、文教政策が取り上げられることになったとされる（石川、第一篇、五五頁、資料篇、四九頁）。そこでの「文教刷新」論は時代状況を反映して「国民精神ノ作興」を重視し、諮問内容も、第一に「日本精神ノ涵養」の徹底、第二に人格教育の徹底、第三に教育の実際化、そして第四に「教育ノ全系統ニ亘リ相互ノ連絡ヲ緊密ナラシムルコト」となっている（同書、資料篇、五七頁）。しかし、審議の過程で実際に重視されたのは第三、第四の議題であった。

特定の政策課題に限らず、「内閣ノ諮問ニ応ジテ重要政策ニ付調査審議」し、さらには「建議」する権限を与えられ、事務局として附設の調査局を置いた点で異色の内閣審議会は、「裏内閣」とまで言われたとされる（同書、

第一篇、三〇頁)。審議会自体は一年足らずの短い期間で幕を閉じ、具体的な答申を出すまでには至らなかったが、それまでの文部省中心の学制改革論議を離れて、「教育専門家の参加を制限して、教育問題を総合国策の観点から把握しようとした」(同書、序、一〇頁) 点で画期的な審議会であり、調査局は積極的に資料の蒐集と分析活動を行った。

資源局から企画院へ

重要なのはその調査局が、昭和一一年 (一九三六) 五月に審議会が幕を閉じた後も解体されることなく存続し、一年後の一二年五月に内閣企画庁となり、さらに一〇月には、昭和二年に内閣所管の外局として設置された資源局を統合して、企画院へと発展を遂げたことである。

資源局は「人的および物的資源の統制運用およびその計画の設定遂行に必要な調査・施設に関する事項、その他統括に必要な事項の執行を掌る」(百瀬『事典　昭和戦前期の日本』二七頁) ことを目的に、国家総動員を想定して設けられた政府機関である。調査局とともにその資源局を引き継いで発足した企画院は、より端的に「平時・戦時における総合国力の拡充運用」「国家総動員計画の設定および遂行に関して各庁事務の調整統一を図る」ことを目的に掲げ、いわゆる「革新官僚」の拠点として重要な役割を果たすことになる (同書、二八頁)。内閣審議会の設置はその意味で教育問題を、総動員と総力戦体制に向けて動き出した国家政策——「総合国策」の中に、その主要な一環として組み込んでいく重要な契機として働いたと見るべきだろう。

資源局が統制と計画的運用の対象に、物的資源だけでなく「人的資源」を挙げて発足したことからも知られるように、総力戦体制への突入を目前にして、総合国策の対象は戦争の遂行に必要な人的資源の量と質にも拡大され、教育の在り方に対する軍部の関心は急速に高まりつつあった。内閣調査局は、この時期の多様な学制改革案を収集・整理する一方で、独自に教育に対する各界からの批判・要望を徴しているが、それを見ると陸・海軍がともに

「精神教育ノ徹底」を求める一方で、陸軍は兵役に就く若者の「科学的基礎智識ハ一般ニ低級ニシテ、現代軍事科学ノ要求ニ追随シ得サルモノ」が多いことを批判し、また海軍は「尋常小学校卒業者ニシテ漢字ハ勿論仮名モ禄ニ読メサルモノ」があることを嘆き、「修業程度ニ対シテハ確実ナル実力アラシムル」よう求めていることが知られる。「国民精神ノ作興」にとどまらず、それとは対極的な「科学的精神、合理的精神」の教育や基礎学力の向上の必要が、軍部によっても叫ばれるようになっていたのである（『日本近代教育百年史』1・教育政策（1）、四六八―九頁）。

内閣調査局が「人口の増加趨勢を推計して、増加人口を受け入れるべき学校教育施設の拡充予想と、所要経費等を概定する外、これらの卒業者を吸収する産業部門等の未来図を構想して、大学高等専門学校、中等学校等の種別、収容定員等の計画」を定めるべく（石川、第一篇、一一九頁）、進学や就職の状況を含む学校教育、とりわけ高等教育関連の多様な統計資料の蒐集と分析の作業を進めていたことも、指摘しておくべきだろう。学制改革を単に学校教育システムの合理化・効率化の視点からだけでなく、社会・経済・軍事との有機的な関連のもとに、人的資源の質と量にかかわる「総合国策」の重要な一部として再検討することを求める声は、急激に高まりつつあった。とりわけ科学技術者を中心とする人材養成が、戦争の行方を左右する最重要の政策課題として認識され、高等教育の構造的な変革を求めて、圧力を及ぼし始めていたのである。

科学技術振興という課題

予想される国家総力戦の下で戦略的な重要性の高まった科学技術人材養成の場として、人的資源の質を左右する高等教育への関心は、昭和期を迎え準戦時体制に入るとともに重要視されるようになった「科学動員」――科学技術研究の振興政策とも不可分の関係にあった。

第一次世界大戦を機に急進展したものの、依然として欧米諸国に比べて立ち遅れた産業の重化学工業化の促進のために、科学技術研究の高度化の必要性が叫ばれ始めたのは、内閣資源局が設置された昭和二年（一九二七）頃からである。昭和五年には同局の資源審議会の答申や帝国議会による学術奨励の建議があり、翌六年には「全国の大学総長・研究所長・学会会長ら百数十名が学士院に集まって学術研究の振興方策について論じあい、国家的な研究援助機関の実現をめざす運動」を起こしている（『日本科学技術史大系』第四巻、一四六頁）。

こうした動きに押されて、昭和七年末には「日本学術振興会（学振）」が設立される運びになった。昭和八年度の学振の研究費助成は約五〇万円にすぎなかったが、それでも、他の研究費助成として文部省の科学奨励金七万円、学士院研究費補助五万円、商工省の研究・発明奨励金一五万円があるだけだった当時としては、思い切った研究費の投入であった（同書、一四九頁）。帝国大学についてすら（附置の研究所は別として）、研究のための経常的な予算が計上されていなかったのだから、この外部資金による研究費助成が、大学における研究振興という点でいかに画期的なものであったかがわかる。その学振の助成は個人研究と総合研究に分かれ、総合研究のテーマは課題ごとに委員会を設置して決定することになっており、研究の組織化・近代化の推進にも大きな役割を果たしたことを付け加えておくべきだろう。研究テーマのほとんどは、軍事的・経済的な課題と密接に関係しており、日中戦争が始まると、研究費助成を通じて科学研究、ひいては大学は、否応なく戦時体制に組み込まれていくことになる。

国家総動員法と科学動員

昭和一三年（一九三八）四月、企画院を中心に「国家総動員法」が策定され、帝国議会の承認を取り付けたことは、こうした動きをさらに加速する役割を果たした。「経済活動を始め、労働、言論等々に関する広範な統制の権限が一括して政府にゆだねられ、しかも法文上には統制の内容は明示されず、すべては勅令、省令、通達で定められる」としたこの法律には、憲法違反という批判もあり、とくに衆議院は存在理由が失われるとして激しく抵抗したが、軍部の圧力で押し切られ成立に至ったものである（中村『昭和史』Ⅰ、二三三頁）。

「国家総動員トハ戦時（戦争ニ準ズベキ事変ノ場合ヲ含ム）ニ際シ、国防目的達成ノ為国ノ全力ヲ最モ有効ニ発揮セシムル様人的及物的資源ヲ統制運用スルヲ謂フ」という第一条から始まるその総動員法は、人的資源と教育との関連でいえば、「学校卒業者使用制限令」「国民職業能力申告令」「学校技能者養成令」「総動員試験研究令」などの形で、昭和一三年から一四年にかけて次々に具体化されていく。このうち「学校卒業者使用制限令」は、厚生大臣の指定する大学・専門学校、より具体的には工学・理学系と特定学科の卒業者の雇用について、事前に厚生大臣の認可を受けることを求めるものであり、軍需産業を中心に需要の急増した科学技術者供給の国家統制を図るものとして、その後の高等教育政策に大きな影響を及ぼすことになった。

しかし、大学と高等教育により重要な影響を及ぼしたのは、総動員法の施行と同時期に本格化した「科学動員」の動きである。それは大きく企画院の系列と文部省の系列の二つに分かれ、昭和一三年から一五年にかけて急進展していった（以下、主として『日本科学技術史大系』第四巻、三一五―三二二頁による）。

まず、国家総動員法の公布直前の昭和一三年二月に、企画院は「科学動員協議会」を設置したが、動員法の公布と同時に新たに「科学審議会」を置いて不足資源の調査・確保の検討を始め、一四年四月になるとさらに「科学動員及び科学研究に関する事項」を扱う科学部を新設、同年一〇月には「科学動員委員会」を設置し、「昭和一五年度科学動員実施計画綱領」を策定、閣議決定を得るなど、急ピッチで総力戦遂行のための科学動員を推進し始めた。

昭和一四年一月に企画院が「生産力拡充計画要綱」と呼ばれる、主要一五産業を対象とした、「国防力ノ基礎充実」と重要資源の「自給自足ノ確立」を目指す四カ年計画を策定し、閣議決定を見たことも重要である。物的資源主体の計画だが、目標達成のために「技術者ノ供給」についても「特別ノ措置ヲ講ズル」ことを求めるものであり、後で見るようにそれが文部省の理工系高等教育の拡充にも、圧力を及ぼすようになるからである（同書、二二二―六頁。および米田『教育審議会の研究　高等教育改革』四二七―三五頁。以下『高等教育改革』と略す）。

物的資源の動員に力点を置いた企画院に対して、「人的資源」の動員にかかわりの深い文部省は、一三年五月、内閣改造によって陸軍大将荒木貞夫が大臣に就任したのを機に、軍部の意向を受けて急速に科学技術振興に動き始め、八月には荒木文相自身を会長に、文部・陸軍・海軍・農林・商工・逓信・大蔵の各省次官、企画院次長、それに各学会代表の計四三名からなる「科学振興調査会」を発足させる。この調査会が出した、第一「人材養成ノ問題及研究機関ノ整備拡充並ニ連絡統一ノ問題ニ関スル件」、第二「大学ニ於ケル研究施設ノ充実ニ関スル件」「大学専門学校卒業者ノ増加ニ関スル件」、第三「科学研究ノ振作及連絡ニ関スル件」「科学教育ノ振興ニ関スル件」という、三次にわたる答申（『日本科学技術史大系』第四巻、三二九―三五頁）はいずれも、大学・高等教育を国家総動員体制に組み込む上で大きな役割を果たすものであった。

科学振興調査会の答申

まず昭和一四年（一九三九）三月の第一次答申は、「現下時局ノ進展ニ伴ヒ国家ノ要望ニ鑑ミ我ガ国科学ヲソノ根底ヨリ振興セシムル為諸般ノ施設ヲ必要トスルモ、就中緊急ノ方策」として以下の二つを挙げ、その「急速ナル実施ヲ要望」している。

第一は「科学振興上焦眉ノ急」である「科学関係ノ業務ニ従事スベキ技術者並ニ研究員ノ養成」である。「最近ニ於ケル人的要素ノ需給状態ヲ調査シ速ニ之ガ対策ヲ樹立」する必要があるとして、①大学卒業生の最低三倍増、②高等学校理科の学級数と学級定員増、③文部省が立てている実業専門学校拡充計画の実現、を求めるものであった。第二は研究機関の「整備拡充」と「科学行政ノ中枢機関」の設置である。後者については文部大臣所管下に各「研究機関ノ連絡統一」と発展を図り、「権威アル審議機関」を置いて「科学行政ニ参与」させるべきだとしている。

一五年八月の第二次答申は、二つの答申からなり、いずれも極めて具体的で切迫感が伝わってくる内容になっている。第一の大学の研究施設については、大学における科学研究が、これまで基礎・応用の両面にわたって大きな業績を挙げ、産業の発展に寄与してきたことを指摘した後で、「然ルニ之等大学ノ研究ハ、人的並ニ物的施設ノ甚シク不備ナルニモ拘ラズ、既存ノ施設ヲ最大限度ニ活用シテ漸クニシテ挙ゲ得タル成果ニシテ、之ヲ世界ノ科学水準ニ比スレバ、尚幾多ノ遜色アルヲ免レズ。殊ニ今日ノ国際情勢ニ対処スルニ当リテハ、現在ノ施設ヲ以テシテハ其ノ機能ヲ発揮シ得ザルヲ遺憾トス」と高い調子で現状を批判し、大学における研究こそは「本邦科学ノ源泉」であり、科学振興のためには何よりもまず、「大学ニ於ケル這般ノ欠陥ヲ是正シ、研究施設充実ニ関スル根本方策」を確立する必要がある、としている。

具体的な提言は、①研究者の待遇改善、②研究者数および研究費の増加、③大学における研究所の整備充実と新設、④大学院・研究科の整備拡充、⑤文部省科学研究費の増額、⑥公私立大学における研究振興、と多岐にわたっており、強い危機感のうかがわれる内容になっている。大学の研究機能の貧弱な現実にふれ、その整備充実の必要性を強く訴えた答申として最初のものである。

研究者数については、現在の講座当たりの定員では、研究上の必要を満たすには到底足りない。「設立古キ大学ニ於テ特ニ然リ」であり、「教授ノ定員ヲ増加シ、一教授ノ下ニ少クトモ助教授二名、助手六名ヲ置」く必要がある。また研究費については「極メテ少額ニシテ、教授上学生ノ実験及研究ノ指導ニモ甚ダ不十分ナル程度ナルヲ以テ、基礎研究ニ要スル経費ノ如キハ殆ンド之無キ状況」にある。今後は「経常費トシテ新ニ一教授ニ付キ年額平均二万円ノ研究費ヲ計上スル」べきであるとしている。総力戦体制のための「国策」の一環とはいえ、従来の研究軽視ないしは無視の大学政策からするとき、画期的な提言といえよう。

画期的といえば、大学院・研究科の整備拡充に、初めて言及している点も重要である。科学振興は「独立シテ研究シ得ル研究者ヲ益々多数ニ必要」とするが、それには「大学院及ビ研究科ノ機能ヲ活用」することが不可欠であり、また「学生ノ研究費ヲ計上スルト共ニ、優秀ナル人材確保ノ為給費ノ制度ヲ設」ける必要があるとしており、研究者養成の場としての大学院・研究科の重要性が、ようやく認識され始めたことが知られる。

また、昭和一四年度に三〇〇万円で始まった文部省科学研究費について「甚ダ不十分」であり、「現下山積セル重要研究事項ノ解決」には、さらなる増額が必要だとしており、実際に一六年度から五〇〇万円に増額されたことも付け加えておこう。当時の七帝大の講座研究費は総額で一〇〇〇万円程度であったとされるから（『名古屋大学五十年史』五二八頁）、それがいかに大きな額であったかがわかる。

第二の「卒業者増加」は、第一次答申を受けたもので、「実業専門学校」拡充計画が実施された結果、官立七・公立一計八校の高等工業学校が新設され、既設校の学科増や学級定員増を含めて、収容力が昭和一二年比で三倍以上に増えたこと、また大学についても名古屋帝大理工学部や私立の藤原工業大学の新設、既設大学の学部・学科の増設、臨時定員増等を合わせてかなりの収容力増を見たことを、まず指摘している。しかし、それでは到底足りないとして、大学の理・工・農・医系の収容定員増のため、①先行要件としての高校と高校理科学級の増設、②進学者の大学・学部間での計画的な配分、③設備の整備拡充と学科の増設による収容力拡大、④第二学部を含む学部の増設、⑤帝国大学・単科大学の新設、⑥補助金交付による公私立大学学部・学科の充実、を求めている。

こうした拡張政策を推進するためには「教職員ノ養成ハ速ニ之ヲ実施スルノ要」があるので、既設大学の「教授、助教授及ビ助手等ノ定員ヲ増加スルト共ニ大学院及ビ研究科ノ施設ヲ充実シ、給費生制度ヲ設クル等ニ依リ、人材ノ養成確保ヲ図ルコト」を要請するなど、周到な内容の提言になっている。

一六年三月の第三次答申のうち「科学研究ノ振作及連絡ニ関スル件」は、文部省に「強力ナル学術行政ノ中枢機関」（仮称「学術局」）を設置し、「学術行政ノ諮問機関」を置くこと、また「学術研究ノ連絡綜合ヲ強化」するため、大正九年に「国際協力機関」として「科学及其ノ応用ニ関シ内外ニ於ケル研究ノ聯絡統一ヲ図リ其ノ研究ヲ促進奨励スル」目的で設置されたものの形骸化していた「学術研究会議」の強化を図り、人文科学部門を新設すること、さらには学生・研究者の海外派遣数を増やすことなどが提言されている（『学制八十年史』四一七頁）。

さらに「科学教育ノ振興ニ関スル件」では、「教学一体ノ本義ニ則」る必要にふれながら、「各学術部門ニ亘リテソノ研究ヲ促進スルト共ニ科学教育ニ対スル根本的方策ヲ樹立」する必要があるとして、学校・社会双方における「科学精神ノ涵養、科学知識ノ普及」のための教育内容・方法の改善、教員の養成、実験実習施設の整備拡充を図る必要があることを強調している。

国家総動員・国家総力戦体制の「合理的」側面を象徴するようなこれら一連の答申の多くが、政策化され実施に移されたことは、後で見るとおりである。

教育審議会の性格

昭和一二年（一九三七）一二月に設置された教育審議会を取り巻いていたのは、日中戦争に突入し、国家総動員、総力戦体制に向けて走り始めたわが国の、そうした厳しい時代状況である。

二〇年前、その教育審議会と並ぶ内閣直属の大審議会、「臨時教育会議」が設置された大正六年（一九一七）にも、日本は戦争の渦中にあった。ただ第一次世界大戦の主要な戦場はヨーロッパにあり、わが国は他の参戦国の戦禍と疲弊をよそに、経済の空前の活況を享受していた。欧州での大戦勃発以来「交戦列国ハ兵馬倥偬ノ間ニ処シ尚且教育上ノ施設ヲ怠ラス孜々トシテ学制ノ革新ヲ図リ以テ自彊ノ策ヲ講シツツアリ我帝国ハ現在ニ於テ兵火ノ惨害ヲ被ルコト與国ノ如ク甚大ナラスト雖戦後ノ経営ニ関シテハ前途益々多難」であるというのが、当時の寺内正毅首相の現状認識であり、そうした「中外ノ情勢ニ照シ国家ノ将来ニ稽ヘ教育制度ヲ審議シテ多年ノ懸案ヲ解決シ以テ学界ノ振興ヲ図」ってほしいというのが、臨時教育会議に対する期待であった（『資料　臨時教育会議』第一集、七五―六頁）。

その臨時教育会議での審議は、たとえば「小学教育」「大学及専門教育」というように、内閣から個別のテーマごとに九件の諮問を受け、それぞれについて「改善ヲ施スヘキモノナキカ、若シ之アリトセハ其ノ要点及方法如何」について答申する形をとっていた。寺内首相の開会演説によれば、(1)「国民教育」について「徳性ヲ涵養シ知識ヲ啓発シ身体ヲ強健ニシ以テ護国ノ精神ニ富メル忠良ナル臣民ヲ育成スル」、(2)「国家到富ノ淵源」である「実科教育」について「国民教育ト並ヒ奨メ空理ヲ避ケ実用ヲ尚ヒ以テ帝国将来ノ実業経営ニ資セシメ」る、(3)「高等教育」について「専ラ学理ノ蘊奥ヲ究メ学術ノ進歩ヲ図リ以テ国家有用ノ人材ヲ養成スル」という三点が、審議にあたっての主要な課題であった（同書、七六頁）。第一次世界大戦は、ヨーロッパ諸国にとって最初の国家総力戦であり、それが「孜々トシテ学制ノ革新ヲ図」る主要な動機になっていたが、日本の場合にはまだ、明治以来の課題である学校教育の制度と内容の近代化・合理化としての「学制改革」が、最重要の課題とされていたことが知られる。

これに対して二〇年後の教育審議会の前に見えていたのは、日本自身が主導的な役割を果たしつつ向かい始めた、第二次世界大戦への道であった。前途に想定されていたのはわが国にとって事実上最初の総力戦であり、そのための国家総動員体制の構築である。総動員は、すでに見てきたように物的資源だけでなく人的資源を含むものであり、動員の対象はその人的資源の量だけでなく質に、さらには精神的側面にも及ぶものとされた。「国民精神総動員実施要綱」が閣議決定されたのが日中戦争勃発直後の昭和一二年八月、一〇月に運動の「中央聯盟」が結成され、一三年四月の国家総動員法の公布を経て、一四年二月には「国民精神総動員強化方策」が政府決定され、「挙国一致・尽忠報国・堅忍持久」を三大スローガンに掲げる運動が展開された（百瀬『事典　昭和戦前期の日本』二二六頁、および井上参照）。見るべき成果もなく数年後には「新体制運動」や「大政翼賛会」に継承されていく、極度に精神主義的で、それゆえに建前的な運動であったが、教育審議会はそうした時代の空気のもと、平時から戦時への大きな政治的転換のただなかに、「高度国防国家」建設のための教育改革を目標に発足したのである。

諮問と答申

教育審議会への諮問は「我ガ国教育ノ内容及制度ノ刷新振興ニ関シ実施スベキ方策如何」という、包括的なものであった。設置の趣旨について当時の文部次官は、次のように説明している。「近時ノ学術・文化ノ発展ト内外情勢ノ推移トニ稽ヘ、教育ノ各方面ニ亘リ、刷新振興ヲ図ルコトハ刻下緊切ノ要務ナリトス、依ツテ教育ノ内容及制度ノ全般ニ関スル事項、各種ノ学校教育及社会教育ニ関スル事項、教育行政ニ関スル事項等ニ就キ、一層我ガ国教育ノ本義ヲ徹底シ、国運ノ伸暢ヲ図ルニ必要ナル方策ヲ求ム」（『資料　教育審議会（総説）』二一頁）。

「教育ノ内容及制度」と、「制度」よりも「内容」を前に置いているところに、審議会に対する期待の向けられた先をうかがい知ることができる（以下、審議会と答申については主として『資料　教育審議会（総説）』による）。これまで多くの審議会で「主トシテ制度ノ問題」が議され「内容ニ就テハ全面的ニハマダ余リ調査ガ進メラレテ居ラナカッタ」から、今回は「内容ト制度トヲ合セテ十分ニ調査スルト云フコトヲ一ツ試ミテ、従来ヨリモ一層進ンダ教育制度ノ改革ガ出来ルナラバ、大変仕合セデアル」という、第一回総会での木戸幸一文相の発言（八本木、二四六頁）は、それを裏書きするものといえよう。

教育審議会は委員数（臨時委員を含む）が、臨時教育会議の四〇名を大きく上回り八〇名近くを数える、戦前期最大規模の審議会であった。総裁には枢密院副議長が就任し、委員は各省の次官、大学総長、学校長、帝国議会議員など官職によって選出された「職権委員」と、大学教授や各種団体の代表等からなる「非職権委員」からなり、前者が全体の約六割を占めていた。

審議はまず総会で全体的な議論を行ったあと、総裁指名の三〇名の委員が特別委員会を組織して答申案の作成に当たる形をとった。その特別委員会では大きく五つのテーマが設定され、順次審議が進められたが、答申原案作成のため、別途、特別委員会委員長の指名による少人数の「整理委員会」も設けられた。答申案作りにあたって整理委員会に課せられたのは、①国民学校・青年学校・師範学校・幼稚園、②中等教育、③高等教育・各種学校、④社会教育、⑤教育財政・行政、という五つの課題である。その整理委員会から特別委員会に上げられ、最終的に総会で可決された答申は、以下の七件であった（カッコ内は答申の時期）。

(1)「青年学校教育義務制実施ニ関スル件」（昭和一三年七月）
(2)「国民学校、師範学校及幼稚園ニ関スル件」（昭和一三年一二月）
(3)「中等教育ニ関スル件」（昭和一四年九月）
(4)「高等教育ニ関スル件」（昭和一五年九月）
(5)「社会教育ニ関スル件」（昭和一六年六月）
(6)「各種学校其ノ他ノ事項ニ関スル件」（昭和一六年六月）
(7)「教育行政及財政ニ関スル件」（昭和一六年一〇月）

時代状況の変化

昭和一二年一二月の設置から一七年五月の廃止まで、四年半に及んだ審議と答申の対象は、このように、教育の全体にわたっているが、そこで提言された「刷新振興」の方策には、これまで見てきた「内外情勢ノ推移」が色濃く影を落としている。

審議会が幕を閉じて半年後の一七年一〇月、文部省から刊行された『学制七十年史』は次のように述べている。

教育審議会はその諮問事項に明らかな様に、教育の内容及び制度の刷新振興に関して実施すべき方策を答申したものであるから、あらゆる教育問題に就いての方策を樹立することが出来得る如くになつてゐる。然るに改善の要項として答申せられたものは、多くは教育の基本精神と、それに基く内容及び方法の改善に関する事項である。従つて学校制度の構成に就いての問題、例へば各学校の性格、年限、連絡関係等の改革に就いては

大体従来の構成を基にしてゐて、これを著しく改めるやうな方策を見ることが出来ない。（『学制七十年史』七九頁）

実際に、答申の内容を見ると「皇国の道を基とし、よく国家有為の人材を育成する方法を立て、国民として負荷の大任を果し得る者を錬成する」ことに、つまり「教学刷新」に力点が置かれ、「学制改革」という点では現状維持的で保守的なものにとどまっている。とはいえ、官・民にわたる長年の論議で論点はほぼ煮詰まっており、それを踏まえて学校教育制度の従来の「構成に関しても幾つかの改善方策は提出されてゐる」（同書、七九頁）ことを指摘しておかなければならない。『七十年史』によればその主要なものは次の通りである（同書、七九頁）。

(1)国民学校における義務教育八年制の実施
(2)青年学校本科義務制の実施
(3)師範学校の三年制移行と中等学校卒業の入学資格化
(4)中学校・高等女学校・実業学校の「中等学校」への統合と第二学年以下での相互転学制の導入
(5)男子に準ずる女子高等学校制度の導入
(6)大学令による女子大学の創設

これらを見ると、大正末・昭和初年に燃え上がった学制改革論議の争点のうち、初等・中等教育段階については、多数意見を入れてほぼ決着がつけられたこと、しかし最も激しい議論のあった高等教育段階については、女子高等学校・大学の設置を除いて、見るべき進展がなかったことがわかる。「著しく改めるやうな方策を見ることが出来ない」という『七十年史』の評価は、高等教育に向けられたものと見てよいだろう。

しかし、それはあくまでも、最終的な答申と法規を中心とした高等教育の「制度」改革レベルでの話である。審議の過程をたどってみると、大正七年（一九一八）の大学令の施行後に生じた「システム」レベルの構造的な変動が多面的に議論されたこと、またこれまで見てきた国家総動員・総力戦体制突入の衝撃を最も強く受けたのが、他ならぬ高等教育の世界だったことが明らかになる。制度の抜本的な変革には至らなかったとはいえ、明治以来、百家争鳴的な改革論議が戦わされてきた高等教育について、教育審議会で何が議論され、それがどのように答申に盛り込まれることになったのか。以下では、それを見ていくことにしよう。

2　高等学校制度の再検討

高等学校問題の位置

大正前期の臨時教育会議における高等教育改革の主要な論点は、第一に帝国大学以外の官公私立大学の設置承認の是非、第二にそれと不可分にかかわった高等学校の制度上の位置づけ、第三に同じく専門学校の位置づけにあった。

帝国大学以外の大学の設置を認めるとすれば、その予科としての役割を果たしてきた高等学校制度の再検討が必要になる。また官公私立大学の設置が、一部有力専門学校の「昇格」の形で具体化されれば、専門学校と大学との制度上の境界が問題になる。臨時教育会議の答申は結局、新「高等学校令」を公布し、「大学予科」であった高等学校を「男子ノ高等普通教育ヲ完成スル」学校に変更する一方で、「専門学校令」には手を付けず、また「帝国大学令」も残したまま、新たに「大学令」を制定することで具体化された。ただ、その「大学令」は「特別ノ必要アル場合」という条件付きではあるが、大学に予科の併設を認めるものであり、新設の公私立大学のすべてが（それに一部官立大学も）予科を開設し、また大学「昇格」後も専門学校に相当する教育課程を、「専門部」として併設や附属の形で残すことになった。

大方の学制改革論者の目からすれば、臨時教育会議の答申に基づくこうした大学・高等学校・専門学校の三者の制度上の関係は、妥協的・折衷的に過ぎて問題含みであり、さらなる制度改革が必要と見なされていたことは、昭和初年の学制改革論ブーム再燃が示しているとおりである。昭和一二年（一九三七）末に設置された教育審議会にとっても、高等教育改革はこれまで以上に重要性の増した、最重要の課題だったのである（天野『高等教育の時代』下、終章参照）。

教育審議会の高等教育関連の答申でまず注目されるのは、高等学校問題の扱いである。大学と専門学校の別を廃止して新しい大学制度に再編統合すべきだとする学制改革論議の多数派にとって、高等学校の位置づけは中核的な争点であり、論議の大勢も廃止・統合論に傾いていた。ところが教育審議会はその高等学校問題を、高等教育ではなく中等教育にかかわる議論の一部として取り上げ、しかも高等教育の議論に入る前に早々と答申を出し、高等学校制度存続の方針を打ち出すのである。

高等教育改革に関する審議の内容を分析した米田俊彦の研究（『教育審議会の研究　高等教育改革』）によると、審議会の冒頭、昭和一二年末から一三年春にかけて開かれた総会では、「大学と専門学校と高等学校を統合して単一の制度としての「大学」とし、大学がもっている研究機能を大学院に移し、学校制度全体を小学校、中等学校、大学の三段階にするという考え方が多くの委員から表明され」ていたとされる。それは、昭和初年に出現した多くの学制改革案、とりわけ民間の諸案にほぼ共通した意見でもあった。米田の言うように「この考え方は一九三〇年代のいわゆる学制改革論議の中心的な論点の一つであり、教育審議会はこの問題に決着をつけるために設置されたと言っても過言ではな」かったのである（米田『高等教育改革』五一頁）。

教育審議会が、「制度としては高等教育の段階に位置する」（『学制七十年史』二四二頁）その高等学校だけを取り出して、中等教育に関する特別委員会で議論し結論を出すことになった理由は明らかではないが、文部省の意向が強く働いていたことが推測される。

結果的に見れば その切り離された審議が、高等教育全体の改革を現状維持的な方向で決着させる上で、重要な役割を果たしたことは否めない。高等学校の存続が決まってしまえば、その卒業者を入学させる大学と専門学校との制度上の位置づけを変えることはできず、両者を統合する新しい「大学」像を描くことも、自動的に不可能になる。その意味で、大学・専門学校改革の方向性は、審議が始まる以前にすでに決まっていたといわねばならない。

高等教育問題の審議経過を議事録をもとに跡づけた前掲の米田俊彦の研究からも、それまでの学制改革論議を反映して、あるべき高等教育像をめぐって委員の間で激しい議論があったことが知られる。しかし、「中等教育の答申に高等学校の存置が盛り込まれたことで高等教育の一元化はすでにほとんど不可能になっており、しかも高等教育の審議の初期の段階で完全に否定」されていた（米田『高等教育改革』一四頁）。議論の決着はすでについていたのである。

「高等学校ニ関スル要綱」

「中等教育ニ関スル件」答申の一部として出された「高等学校ニ関スル要綱」を読むと、そこで重視されたのが、何よりも国家目的に沿った教育内容の変革であったことがわかる。それは答申の冒頭に掲げられた「高等学校ハ男子ニ対シテ皇国ノ道ヲ修メシメ、精深ナル高等普通教育ヲ為シ、国家有為ノ人物ヲ錬成スルヲ以テ目的トスルコト」という一文に、端的に示されている。

その後に、これに対応する形で、「高等学校ノ教育ハ左ノ点ヲ重視シテ之ヲ行フコト」として、第一に「皇国ノ道ヲ修メ東亜並ニ世界ニ於ケル皇国ノ使命ヲ体得シ質実剛健、自重自恃克ク国家ノ重キニ任ズベキ材幹ヲ錬成スルコト」、第二に「一般教養ヲ長ジ大学教育ニ必要ナル基礎的知識ヲ重ンジ究学心ノ作興、識見ノ向上ヲ図ルコト」、第三に「身心一体ノ鍛錬ヲ重ンジ修文練武ニカメ高邁闊達ノ気宇ヲ涵養シ強健ナル体躯ヲ練磨スルコト」が挙げられている。これと関連して、寮舎の整備と全寮制の実施、団体訓練の重視、修養道場や学校農圃の整備、修養鍛錬関連施設の組織化をうたっていることにも注目すべきだろう（『資料　教育審議会（総説）』一五四頁）。教育と生活の全体を国家目的に沿った「人物ノ錬成」に向けて再編成することが、高等学校教育に対する至上命令とされたことがわかる。

もちろん、それだけではない。制度改革という点でいえば、「要綱」には存続の決まった高等学校の教育目的を「高等普通教育」から「大学予備教育」への、実質的な切り替えを進めるための条項が含まれていたことを、指摘しておかなければならない。

学制改革論議の中で高等学校廃止論が多数を占めたことは、これまで指摘してきたとおりである。たとえば、文部省調査部が昭和一〇年（一九三五）時点での二四の改革案の内容を分析した結果によると、廃止七、実業専門学校に転換七、大学予科に転換四、文理科大学に改組二、などとなっており、現状維持はわずか三案にすぎなかった（石川、五五五頁）。予科や実業専門学校への転換も含めれば、圧倒的多数が高等学校制度の廃止を求めていたことになる。その理由は明治以来、多様な社会的・政治的な要請を充たすべく、いわば継ぎはぎ的に構築されてきた学校体系を、初等・中等・高等の三段階からなる合理的で効率的な制度に再編成しようという改革論者たちの理想主義的な主張だけにあったのではない。より現実的な理由は、明治以来の長い議論を経て大正七年（一九一八）の新「高等学校令」により、独立の完成普通教育の機関となったはずの高等学校の実態が、それまでと同じく大学予備教育の機関にとどまっていたところにあった。

昭和八年に刊行された『岩波講座　教育科学』に掲載されている「高等学校教育の問題」についての紙上シンポジウムで、提案者の東京高等学校長・塚原政次（もちろん彼自身は存続論者であった）は、高等学校の置かれた問題状況を次のように説明している。

新「高等学校令」により高等学校の性格は一変したはずだが、三年制・七年制ともに卒業者はほぼ例外なく大学、それも帝国大学進学を希望しているのが現実である。「高等学校は之を大学の予備教育と考へない者は殊に稀である」。それでも数が限られていたうちはよかったが、高校の新設が相次ぎ卒業者の数が増えると、大学・学部・学科によっては進学の際「激烈な競争試験を経」なければならなくなり、受験準備が常態化して「卒業者の大学入学の歩合によつて高等学校夫自身の鼎の軽重を問」われるようになった。「そこで高等学校の卒業生を尽く滞り無く大学へ入学せしめる為めにはどうしても高等学校は普通教育では駄目で予備教育といふ態度で進まねばならぬ」、すなわち「大学予科として学部及び学科へ最も適当に聯絡するやう施設せねばならぬといふ説が起つて来た」。昭和五年に開催された高等学校長会議での意見交換の結果は、すでに大学予科への回帰論が多数を占めていたと、塚原は述べている。高等学校長たち自身が、「高等普通教育」機関としての高等学校の存続には消極的で、大学予科への回帰を望んでいたことになる（「高等学校教育の問題」三—八頁）。

それは高等学校を受け入れる帝国大学側も同様であった。たとえば教育審議会の審議への対応を目的に東京帝国大学内に昭和一二年六月に設置され、一二月から審議を開始した「大学制度審査委員会」（一四年六月に「大学制度臨時審査委員会」と改称）の報告は、高等学校の存置を求めるものであったが、それだけでなく「高等普通教育ヲ完成スルヲ以テ目的」としている現行の高等学校を、「大学ノ基礎教育機関トシテ高等普通教育ヲ行フ」学校に、つまり実質的な大学予科に転換することを強く求めている（『東京大学百年史』資料二、二三頁）。

こうした大学・高等学校側の要請を受けて、「要綱」の第一次案では目的規定は「高等学校ハ男子ニ対シ皇国ノ道ヲ修メ、**大学教育ノ基礎トシテ**必要ナル高等普通教育ヲ為シ国家有為ノ人物ヲ錬成スルヲ以テ目的トスルコト」となっており、さすがに委員の間から強い反対意見が出され、太字部分の削除・修正を余儀なくされる一幕もあった（米田『中等教育改革』四五三—四頁）。

しかし、先に見た教育上重視すべき点の第二にある「一般教養ヲ長ジ大学教育ニ必要ナル基礎的智識ヲ重ンジ」るという一節（『資料　教育審議会（総説）』一五四頁）や、特別委員会の田所美治委員長の「専門教育ハ一般教養ヲ基礎トシナケレバナラナイモノデアリマシテ、最高ノ専門教育タル大学教育ハ当然最高ノ一般教養ノ基礎ヲ必要トスルモノデアリマスルカラ、高等学校ノ教育ハ大学教育ニ対シテ其ノ基礎タルベキモノデアリマス」という、答申の際の説明（同書、二三四頁）を見れば、「高等普通教育」の完成という当初の理念からの後退は、明らかであった。

大学基礎教育への転換

実際に答申には「大学予科」としての現実を容認し、強化する方向でのいくつかの改革が含まれていた。これまで高等学校の本体は七年制だとしてきたのを、「高等学校ノ修業年限ハ三年トシ特別ノ場合ニ限リ七年制高等学校ヲ認ムルコト」と逆転させたこと、また教育課程を文科・理科に分けるだけでなく、理科をさらに「二部ニ分チ、其ノ一ハ理学工学系統、其ノ二ハ生物学系統トスルコト」としたことなどがそれである。大正七年（一九一八）に新「高等学校令」が制定されたのは、教育目的をそれまでの「大学予備教育」から「完成高等普通教育」へと大転換させるためであったが、その理想は現実による厳しい抵抗を受け、教育目的は実質的に再び逆転されることになったのである。

答申に基づいて昭和一八年（一九四三）一月には、高等学校令の第一条のみの改正が行われている。その新しい条文は「高等学校ハ皇国ノ道ニ則リテ男子ニ精深ナル程度ニ於テ高等普通教育ヲ施シ国家有用ノ人物ヲ錬成シ大学教育ノ基礎タラシムルヲ以テ目的トス」（米田『中等教育改革』六五二頁）というものであった。審議の過程で否定され、一旦は答申から姿を消した「大学教育ノ基礎」という文言が、緊迫した戦時体制のもとで復活していることがわかる。

大学令により設置を認可された大学は、昭和一〇年時点で四五校と、専門学校一八三校に比べれば限られた数でしかなかった。大学は高等教育システムの上層を占める、いわば「エリート」高等教育機関であり、実質的に帝国大学および官立大学のための予科的な役割を果たす三二校の高等学校と、公私立大学に例外なく併設された、高等学校に準ずる名称通りの二九の大学予科とは、そうした大学の特権的な地位を保証する最重要の装置に他ならなかった。その既得権益化した高等学校・大学予科の存在を、大学関係者が自ら無用視し廃止を唱えるはずもなく、また主要校が昇格を果たした後の専門学校の側にも、一群の官立実業専門学校は別として、昇格を強く求め、同格化を勝ち取るだけのエネルギーは残されていなかった。仮に高等学校制度が廃止されたとしても、その機能は大学予科に姿を変えて残り、「高度大学」と「低度大学」の別を生み、予科を持つ「高度大学」の特権的な地位を保証し続けることになったであろう。学校教育の三段階化という、制度の民主化と関連づけて学制改革論者が主張してきた高等学校廃止論は、昭和一〇年代初めの時点ですでに理想論にすぎなくなっていたのである。

女子高等学校問題

こうした現実追従的な教育審議会の答申の中で、唯一大きな制度改革といえるのは、女子高等学校設置の容認であろう。答申の最後の項に「女子ニ関シテ女子高等学校ノ制ヲ認メ、其ノ内容等ハ大体ニ於テ男子高等学校ニ準ズルコト」とあるのがそれである。臨時教育会議で議論されながら、結局見送られた女子大学創設の可能性が、これによってようやく開かれることになった。

女子の高等教育については、大正期に入る頃から公私立の女子専門学校の新設が相次ぎ、文学系・家政系、医・歯・薬の医療系、裁縫等の技芸系などに分かれて、着実な発展を続けてきた。このうち文学系・家政系の中には、たとえば日本女子大学校や東京女子大学のように大学部を設置し、その下に予科に相当する教育課程を置き、「大学」を称する学校があり、他にも大学化を目指す学校が少なくなかった。しかし、正規の大学の設置が認められていないこともあり、せっかく設置された大学部も予科も十分な数の生徒を集めることができず、著しく不振というのが実状であった（天野『高等教育の時代』下、三三一—八頁）。

この他に女子の高等教育機会としては、専門学校教育に準ずる教育課程として、大正七年（一九一八）の「高等女学校令」改正により、従来からの専攻科の他に、高女卒業者を対象に「精深なる程度に於て女子の高等普通教育」を行う二〜三年制の「高等科」の設置が認められるようになっていた。「男子の為にする［七年制］高等学校高等科と其趣旨に於て同一のもの」（『明治以降教育制度発達史』第五巻、三六一頁）とされたその高等科の設置数は、昭和一三年（一九三八）時点でわずかに一〇校、生徒数も四〇〇人にも満たなかった。高等科を卒業したからといって、その先に進学先として女子大学が設置されているわけでも、また一般大学への進学が保証されているわけでもなく、また男子の場合と同様「高等普通教育の完成」への社会的要請が不足していた現実からすれば、当然と見るべきだろう。

しかし、進行する女子中等教育の大衆化のもとでの上級学校進学熱や、教育機会の男女平等化への要求の高まりを背景に、女子大学の設置問題が学制改革論議の重要な焦点の一つであることに変わりはなかった。湯川次義の研究によれば、昭和一〇年前後の学制改革論議の中で、女子大学の設置認可や一般大学の男女共学化を中心に、女子高等教育の拡充整備を求める意見が、大勢を占めるようになっていたことがわかる（湯川、四五〇—六二頁）。そうした時代の要請のもとに、文部省の設置した女子中等教育委員会が昭和五年、高等女学校高等科卒業者を高等学校卒業者と同等に扱うこと、また三年制の高等科の単独設置を認め女子高等学校とすることを求める答申を出し、さらに昭和九年には全国高等女学校長会議が文部省の諮問を受けて、女子高等学校と女子大学の設置、専門学校と大学の共学化の必要性を答申している（米田『中等教育改革』二六一—二頁）。教育審議会にとっても、それは避けて通ることのできない問題になっていたのである。

これらの議論にも見るように、女子高等学校の設置については、男子の七年制高等学校に近い高等女学校高等科の高等学校化、独立の三年制高等学校、それに大学予科などいくつかの形態が考えられていた。しかしそのどれをとるにせよ、前提になるのは女子大学の設置認可や一般大学の共学化の承認である。田所委員長の説明は、「女子高等学校創設ノ必要ヲ認メマシテ、新ニ其ノ制ヲ設クベキコトヲ決定」したが、「女子ノ高等学校ハ女子ノ大学教育トノ間ニ密接ナル聯関ヲ要シ、其ノ教育内容等ニ付テハ女子ノ大学教育ノ内容及制度ト相俟ツテ考究スルノ必要」がある、という歯切れの悪い内容になっている（『資料　教育審議会（総説）』二三八―九頁）。女子大学の設置問題は後で見るが、高等学校・大学とも、ようやく決まった女子高等教育の改革は、戦時体制下に結局実現されずに終わることになる。

3　研究重視の大学制度改革

目的規定の再検討

さて、「高等教育ニ関スル件」答申である。

昭和一五年（一九四〇）九月に出されたその答申は(1)「大学ニ関スル要綱」、(2)「専門学校ニ関スル要綱」、(3)「中等学校教員、高等学校教員及師範学校教員ノ養成及検定ニ関スル要綱」の三つの部分からなっている。後で詳しくふれるが、中等段階の教員養成問題が、高等教育の制度改革と絡む重要な政策課題に浮上してきたことがわかる。高等教育問題を議論する特別委員会の委員長を務めた田所美治は、東京帝大法科大学卒で普通学務局長や文部次官を歴任した文部官僚であり、当時は貴族院議員であった。「臨時教育会議以来の教育行政の経過に熟知」した「教育審議会の最重要人物」とされている（『資料　教育審議会（総説）』三四頁）。なお、審議会での審議経過等については先にふれた米田俊彦の研究（『高等教育改革』）があり、ここでの記述もそれによるところが大きい。

先に見たように、高等学校の存置と実質的な大学予科化が決まったことで、大学・専門学校をめぐる議論の内容は、臨時教育会議に比べて大きく変わった。何よりも学制改革問題の中核ともいうべき、大学・専門学校の制度的な統合をめぐる議論は下火になり、大学については全体として研究機能の強化の必要性が、専門学校については職業と関連した実践的・実務的な教育の重要性が強調されるようになった。しかし、それ以上に際立っているのが、「国体ノ本義」の徹底を図るための教育内容・方法をめぐる議論であったのは、高等学校の場合と同様である。

「大学ニ関スル要綱」は全体で二五の項目からなる、包括的な答申である（『資料　教育審議会（総説）』一五九―六三頁）。学制改革の視点からは見るべきものが少ないとはいえ、大学令の公布から二〇年余を経た時点での大学についての現状認識として読めば、興味深い内容を含んでいる。答申の際の委員長説明（同書、二四三―五一頁）と併せて見ていこう。

審議の過程で最も多くの時間が費やされたのは、「要綱」の冒頭に示された大学の目的規定［一］であった（以下、［　］内の数字は、答申の項目番号を示す）。

先に見たように、昭和一一年（一九三六）の教学刷新評議会の答申は「大学ノ刷新」に関する事項の筆頭に、「我ガ国ノ大学ハ国家ノ重要ナル学府トシテ、国体ノ本義ヲ体シ、以テ学問ノ蘊奥ヲ攻究シ、教養アル指導的人材ヲ養成スルヲ本分トス。凡テ大学ニ於ケル学問ノ研究、学生ノ教育並ニソノ制度ノ運用等ハ、コノ精神ニ合致スルモノタラシ」めることを要請するものであった（『日本科学技術史大系』第四巻、一七二―四頁）。大学の目的規定の再検討は、文部省や教学局からすれば、教育審議会に対する当然の期待・要望であったといってよい。

それにしても、なぜ目的規定が審議の中心的な課題にされなければならなかったのか。米田によれば、理由は教学刷新評議会からの課題の継承だけではなかった。東京帝大経済学部を舞台とした、昭和一二年末の「矢内原事件」やその翌年の「河合事件」などの「思想問題」により、この時期の大学は帝国議会で、明治以来慣行として獲得してきた自治と学問の自由を根底から揺るがし、否定しようとする厳しい批判と攻撃にさらされており（米田『高等教育改革』四七八―九五頁）、教育審議会の席上でも、「国民精神総動員中央聯盟ノ委員会ナドデモ大学ノ見直シ問題ガ盛ニ出」ている、「虚心坦懐ニ余程大学ハ反省シナケレバナラヌ」といった委員の発言が、繰り返されていた時代である（同書、六一頁）。大学令第一条の目的規定の再検討・再定義の問題は大学、とりわけ帝国大学を、国家目的の達成に全面的に奉仕する教育・研究の場へと「刷新」することを求める、強い政治的圧力にさらされていたのである。

その目的規定だが、大正七年（一九一八）制定の大学令第一条には「大学ハ国家ニ須要ナル学術ノ理論及応用ヲ教授シ並其ノ蘊奥ヲ攻究スルヲ以テ目的トシ兼テ人格ノ陶冶及国家思想ノ涵養ニ留意スヘキモノトス」とある。それを「大学ハ国家ニ須要ナル学術ノ理論及応用ヲ教授シ並ニ其ノ蘊奥ヲ攻究シ常ニ皇国ノ道ニ基キテ国家思想ノ涵養、人格ノ陶冶ニカムルヲ以テ目的トナス」と、変更しようというのが答申の内容であった。

一見して明らかなように、大きく変わったのは第一条後段の「兼テ人格ノ陶冶及国家思想ノ涵養ニ留意スヘキモノトス」の部分である。「皇国ノ道ニ基キ」という文言が加わり、「人格ノ陶冶」と「国家思想ノ涵養」の位置が入れ替えられ、「留意スヘキ」は「カムル」に、「兼テ」は「常ニ」に変わり、「常ニ」以下全体が「目的トナス」ものとされた。つまり、これまでは「国家ニ須要ナル学術ノ理論及応用ヲ教授シ並其ノ蘊奥ヲ攻究スル」ことが大学の目的であり、「人格ノ陶冶」と「国家思想ノ涵養」は「兼テ」、「留意」すべきものとされていたのが、「常ニ皇国ノ道ニ基」いてという限定つきで、しかも「国家思想ノ涵養」を上位に据える形で、「常ニ」「カムル」べき目的の一部に組み込まれたのである。

その「国家思想ノ涵養」については、それでは意味が広すぎるのでより限定的に「国体観念ノ涵養」とすべきだという委員の意見や、「国体ノ本義ヲ体シ」という文言を入れてほしいという教学局からの要望などがあり、議論は紛糾したが、結局、「国体」よりも意味の広い「国家思想ノ涵養」を残し、その代わりに「皇国ノ道ニ基キ」を入れるという形で妥協が成立したことが知られている（同書、一四七—六一頁）。国体観念や国体の本義を加えるべきだという要求に異議を唱え、押し返す役割を果たしたのは平賀譲総長・穂積重遠法学部教授ら、東京帝国大学関係の委員たちであった。

東京帝大と教育改革同志会

審議の過程を見ると、そうした委員たちの主張を支える役割を果たしたのが先にもふれた、東京帝国大学内に昭和一四年（一九三九）に設置された、「大学制度（臨時）審査委員会」の一連の報告であったことがわかる。最高・最大の教育研究機関として、明治以来、高等教育システムの頂点に君臨し続けてきた東京帝大に、全学の意思決定機関として置かれた評議会は、大学内部の問題だけでなく「政府の高等教育行政一般への建議権を与えら」れてきた（『東京大学百年史』通史一、八五七頁）。審査委員会は、その評議会の議を経て設置された、七つの学部から委員各五名、幹事各一名を選任して組織され、総長が会長を務める大委員会である。先ほどふれた高等学校の問題を含めて、大学関連の制度改革について「教育審議会トノ関係ヲ考慮シ緊急ト認メラルル問題ヲ可及的速カニ取纏メ」た結果は、評議会での報告・決定を経て順次公表され、審議会でもしばしば取り上げられて審議の過程に影響を及ぼすことになった（同書、通史二、六二八—三六頁）。

『東京大学百年史　資料二』に収録されたその「報告」によると、審査委員会が取り上げた課題のほとんどについて、出されたのは現状維持的な結論であったことがわかる。そのことが、強まる一方の外的な圧力に抗して、帝国大学が闘いとってきた「学問の自由」を辛うじて守る役割を果たしたことは、「大学令第一条問題」に見たとおりである。しかし、そうした審査委員会の現状維持的な報告が、裏返せば帝国大学の特権的な地位の擁護につながるものでもあったことを、併せて指摘しておく必要があるだろう。

審査委員会が発足したのは、学制改革論議が大きな盛り上がりを見せていた時期である。審議開始とともに委員会が討議の素材として、その中から「教育改革同志会」の改革構想を取り上げたことが知られている。同志会は、近衛文麿が主宰する昭和研究会と深いかかわりを持つ民間団体である（酒井、一六三—五頁）。近衛が総理大臣に就任したこともあり、最有力視された改革構想であったことからすれば、穏当な選択というべきだろう。改革案の取りまとめに中心的な役割を果たした阿部重孝が東京帝大文学部教授であり、文学部選出の審査委員会メンバーの一人であったことも付け加えておこう。

その教育改革同志会の改革案の前文を読むと、「国民をして我が国体の本義に徹せしめ」とか「我国民古来の特色たる内外文化の摂取融合の長所を愈々発揮せしめ、以て世界文化の新展開に貢献する」といった、昭和一二年という時代状況を反映した文言がちりばめられている。しかし、改革の狙いは何よりも「従来の方針を一新して重きを国民大衆の教育とその実際化に置き、その基礎の上に各種専門の教育機構を樹立し、学校卒業に伴ふ各種の特権を廃止すると共に、大いに社会教育を重視する」こと、さらには「従来の教育機構とその内容を根本的に改革して、国家社会の現代並に将来の要求に適応せる実際教育を施すと共に、常に社会的要求の変化に敏速に適応し得るものたらしむる」ことに置かれていた（『学制改革諸案』一三四―五頁）。大正末から昭和初期にかけて急激に進行し始めた教育の「大衆化」に対応するため、教育の実際化、教育機会の平等化、教育制度の合理化を図ろうとする、ひときわラディカルな改革案であったことがわかる。

制度改革の骨子は、学校の種類を「小学校、中等学校、大学校及大学院トシ、現行ノ高等学校及専門学校ハ之ヲ廃止」することにあった。学校教育制度の初等・中等・高等の三段階への再編・統合論である。高等教育段階についていえば、「現在ノ大学、高等学校、専門学校ヲ整理シテ大学校トス」る。修業年限は原則三年、医科などとくに年限を要する場合に限って五年制を認めることとし、五年制の中等学校卒業者を入学させる。別途「最高学術研究ノ機関トシテ大学院ヲ設ケ」、「一般ヨリ入学ヲ許可」するというのが、改革の構想であった（同書、一三六―九頁）。

多様な学校種を「大学校・大学院」に再編する理由は、次のように述べられている。

現行の大学は最高の学府であり、学術の蘊奥を攻究する有力な機関であるが、事実今日各大学に蝟集する学生の大多数は学術の研究を主眼とするものでなくて、卒業後は会社、銀行、官庁等に於て実務に当ることを目的にしてゐるものである。これ等の学生に対しては、今日の如き大学教育は実際上必ずしも必要ではなく、寧ろ将来の職業生活に関する職業教育を授くる方が、本人にとっても国家にとっても有意義である。現行の大学制度は、学術研究の向上を任務とする機関と、社会の実務に携はる者に対して適切有効なる職業教育を行ふための機関との両者の目的を追うてゐるため、其の何れの任務をも十分に遂行し得ぬ現状にある。本案の趣旨は両者を画然と区別し、最高学術研究機関としては後述の如き大学院を新設すると共に、現在の大学、高等学校、専門学校は、その官公立たると私立たるとを問はず、総てこれ等を国家社会の需要に応じて適当に整理し、専門の職業教育機関としての新制の大学校に改造するにある。（同書、一四六―七頁）

ここに見られるのは、高等教育の「大衆化」の進行に対応するための教育と研究の分離、そして教育の職業教育化であり、その帰結としての専門学校と大学の制度的統合と大学院の制度的独立である。そして『東京大学百年史』によれば、審査委員会で展開されたのは、帝国大学の存在そのものの否定につながりかねないこの「同志会案」に対する、全面的な批判であった（『東京大学百年史』通史一、六二〇―一頁）。

消極的な東京帝大

同案の作成に中心的な役割を果たした阿部重孝が、審査委員会の委員の一人として、そうした批判の矢面に立たされたであろうことは容易に想像される。その阿部は、次のようなコメントを残している。

今迄諸委員ノ意見ヲ承ルニ、余トシテモ帝大、殊ニ東京帝大ヲ中心トシテ考ヘルノナラバ更ニ異論ナシ、然シ問題ハ一般ノ教育制度ニアリ、常ニ之ヲ考慮シツツ大学ヲ問題トスルコトガ肝要ナリ、大戦後、各国ノ学生数ガ増加シタル結果、設備ノ不十分、教授負担ノ過重ヲ招来シ、次第ニ学力ノ規準ノ低下ヲ見ツツアリ、之ヲ如何ニシテ切リヌケルベキカガ各国ノ悩ヲ等シクスル処ナリ、同志会案モ之ヲ問題トセルモノニシテ、日本ノ

大学制度ヲ全体トシテ考ヘル場合、大学ヲ如何ニスベキカヲ論ゼルノミ
東京帝大或ハ帝大ノミヲ眼中ニ置キテハ低下ノ如キハ問題トナラザルベシ、然シ一国ノ大学令ニヨル大学全般ヲ考ヘル場合、問題ハ自ラ別トナラン（『東京大学百年史』通史二、六二一頁）

憮然とした阿部の顔が浮かぶような発言だが、帝国大学の独善性に対する痛烈な批判と読むべきかもしれない。「阿部は、大正期の高等教育拡充政策がもたらした大学の「大衆化」状況を前提にした上で、それに見合った新しい大学像を示そうとしたのであるが、委員会の大勢は、帝国大学の水準と既存の態勢を危くするものはこれを拒否するという一点において、一致していたのであり、両者の発想には大きな違いがあった」と、『東京大学百年史』は述べている（同書、六二二頁）。

実際に主要な改革課題についての審査委員会の審議の結論は、すでにふれたように、(1)高等学校は三年制の「大学ノ基礎教育機関」として存置し、理科を理学・工学・生物学の三系統に分ける、(2)「大学ノ本質及目的」については大学令第一条の後段の字句に若干の修正を加える、(3)学部の構成と在学年限は現在のまま、(4)「大学内部ノ行政機構及運用」は従来通りで支障なし、というものであった（『東京大学百年史』資料二、二三一—四九頁）。同様に「存置スベキモノ」とされながら、例外的に多くの改善要求が盛られたのは、(5)講座制と(6)大学院である。それは東京帝大にとっての関心事が何よりも日本帝国を代表する大学としての、というより自大学の研究機能の整備充実にあったことを物語っている。そして、その審査委員会の結論は、教育審議会の答申の内容にも大きく反映されることになるのである。

「錬成」中心の教育改革

答申の内容に戻ろう。

「目的規定」をめぐる議論が決着を見た後で、答申はそれを再確認するように、大学に「目的達成」のための具体的な努力を求める項目を置いている［三］。すなわち、(1)「教学ニ対スル大学ノ根本的態度」としては「国体ノ本義ヲ体シテ真摯ナル学風ヲ振作シ学術ヲ通シテ皇運ヲ無窮ニ扶翼シ奉ルノ信念ヲ鞏固ナラシムルコト」、(2)「大学ノ文化的使命」として「皇国ノ使命ノ自覚ノ下ニ独創的研究ニ力メ広ク東西ノ学術、文化ヲ摂取醇化シテ我ガ国学術、文化ノ創造発展ヲ図ルコト」、(3)「大学ノ教育的使命」として「学ノ綜合的理解ヲ旨トシテ専門的研鑽ヲ遂ゲシメ、識見ヲ長ズルト共ニ、学徳一体ノ修練ヲ積マシメ国家有為ノ指導的人材タラシムルコト」とあるのがそれである。また、教育面で「人物錬成ノ完キヲ期」するため、学生の「訓育、修養鍛錬」のための組織・施設の整備充実の必要性を挙げ［十一］、さらに体育を重視し「身心一体ノ修練」を求めている［十二］のも、同様の趣旨からである。いずれも時局色の強くにじんだ文言といってよい。

教育面ではその他、医学部・工学部等から延長の希望が出されていた年限については「各般ノ事情ヲ考慮」して現行通りとする、入学資格も高等学校あるいは三年制の大学予科卒業とする、私立大学の中には二年制の予科を置くところがあるが「従来ノ実績ニ徴シ、大学ノ基礎教育トシテハ十分ナラザルモノ」があるので廃止する［二］など、教育年限の短縮や高等普通教育の完成を目指した大正七年（一九一八）の高等学校・大学予科の改革理念からすれば、後退と見るべき改革方針が示されている。大学・高等学校の「聯絡」問題についても、高等学校に「適切ナル進学指導」を求め、「同一ノ学部又ハ学科ヘノ受験回数ヲ適当ニ制限シ志望者ノ集中ヲ避」けるべきだとしており［十九］、高等学校卒業者に認められてきた進学の自由を制限し、大学予科的な性格を強化する方向が打ち出されていることがわかる。

研究重視と大学院

こうした教育面での現状維持的、あるいは後退的な答申内容とは対照的に、研究面での整備拡充や改善には多くの項目が充てられ、多くの言葉が費やされている。それは大学、とりわけ帝国大学の要求であっただけでなく、先に見たように総力戦体制に突入し、「科学動員」の必要性を強調し始めた国家の要請に見合うものでもあった。しかし、その研究機能の拡充策についても、教育審議会が重視したのは講座制や大学院という、大学、とりわけ帝国大学における既存の諸制度の整備充実であり、革新的な提言は見ることができない。

大正七年（一九一八）の大学令の第一条の規定に見るように、大学は教育と研究の二つの機能を期待された最高学府とされてきた。しかし、そのうちの研究機能をどのような組織が担うのかについて、明確な規定は設けられることがなかった。明治一九年（一八八六）の旧帝国大学令には第二条に、「分科大学［学部］ハ学術技芸ノ理論及応用ヲ教授スル所」であり、「大学院ハ学術技芸ノ蘊奥ヲ攻究」するところであると明記されている。しかし大学令には「学部ニハ研究科ヲ置ク」とあるだけであり、改正された新帝国大学令（大正八年）にも旧令の第二条に相当する文言を見ることはできない。もちろん、それは研究機能の無視ないし軽視を意味したわけではない。しかし臨時教育会議の答申説明が、学術を授けるだけでなくその蘊奥を究めるのが大学の目的なのだから、「職能ヲ完ウスル」には研究科・大学院の設置が不可欠である、とするにとどまっていたことも事実である（『資料　臨時教育会議』第一集、一一二頁）。大正中期の時点では、帝国大学の役割に対する期待は、何よりも「国家ノ須要」に応える専門人材の育成にあり、研究の重要性に対する関係者の認識はまだごく低い水準にあったといわねばならない。

「学術研究所」構想

実は、臨時教育会議が高等教育問題の審議に入る直前の大正七年（一九一八）二月に、東京帝国大学教授一六名の連名による、「大学制度改正私見」という文書が同会議に提出されている（『資料　臨時教育会議』第一集、三六七—七三頁）。新渡戸稲造や吉野作造ら法科大学教授が中心だが、工科大学の大河内正敏の名前もあり、当時「新進気鋭の「少壮教授連の蹶起」」と評された（中野『近代日本大学制度の成立』二五五頁）というその文書を読むと、彼ら若手教授層が、帝国大学における研究の実状に強い危機感を抱いていたことがわかる。

欧米諸国の大学の最新の状況に通じた彼らの認識は、「現在の帝国大学は創立以来すでに年所を経ること久しく、各方面に有為の人材を供給して能く国家社会の須要を充たし、帝国の文運に貢献したること大なりと雖も、今や既に当初設立の目的に副ふこと能はざるに至れり」という厳しいものであった。それは「輓近十数年の内外に於ける急激なる学術の発達と社会の進歩との致す所」であり、現行の年限三〜四年の、しかも小規模で設備貧弱な大学では、「専門実務教育を施すの外余力」がなく、「到底学術の蘊奥を攻究して其進捗を図る」ことは不可能である。教育と研究の二つの役割を担わされた現在の帝国大学は「二兎を追ふて而かも一兎を獲ること能はざる」状態にあるといわねばならない。「学生の希望社会の期待」と「大学の実状」のずれがそのようなものであるとすれば、この際「断然専門教育と学理研究との両目的を分離独立せしめて、之を別個の機関に委し各々其特色を発揮せしめ」る必要がある——それが彼らの到達した結論であった。

もちろん帝国大学には「学術技芸の蘊奥を攻究する所」として、研究科・大学院が設置されている。しかしその「実際の施設に至ては不備甚たしく、又其の成績に至りても、遺憾とすへきもの多きは、関係者の熟知する所」である。この際「現在の帝国大学各分科大学専門学校（私立大学を含む）を適宜改造して大学とな」し、別途、官公私立を問わず「大学卒業者中優秀なる者」の入学を許し、「学術の蘊奥を攻究」させる「学術研究所（仮称）」を創設したらどうか。つまり、彼ら少壮教授たちは、帝国大学の貧弱な研究機能の強化を図るために、教育と研究の組織を分け、学術研究所という名称で、大学院と研究所を合わせたような独立の研究組織を創設することを主張したのである。

この構想には、曖昧な部分が少なくない。帝国大学・専門学校を「適宜改造」して新しい大学にするとしているが、入学資格は「中等教育七ヶ年を卒へたる者」とあるだけで、高等学校の存在にはふれていない。また「現在の帝国大学分科大学にて教授する学科には多少変更を加え其一部は之を学術研究所に移す」必要がある、「学術研究所は大学とは制度上全然別個の設備」だが、大学と「併置し両者をして互に設備及教授の一部を通用せしむること便宜ならん」といった文言もあり、帝国大学と学術研究所との関係もはっきりしない。当時の代表的総合雑誌『太陽』には「何と批評してよいか理解に苦しむ」「奇怪なる提案」という辛辣な批判が掲載されたという（同書、二五九頁）。臨時教育会議の審議でもこの文書にふれる委員の発言があったものの、文部省側（当時の次官は田所美治であった）の対応は消極的であり、議論はそれ以上の展開を見ることなく終わっている（『資料　臨時教育会議』第四集、八〇―一頁）。

教育と研究の分離論、さらにいえば帝国大学の事実上の解体論とでもいうべき若手教授たちの「私見」は、こうして事実上無視される形で終わったが、大正七年という時点でこのような研究重視の大学改革構想が、しかも帝国大学内部から提起されていたことは注目に値する。大学の教育機能と並んで、あるいはそれ以上に、研究機能が重視される時代がやってきたのであり、彼らの描いた「学術研究所」構想は、やがて大学院の整備と附置研究所の相次ぐ新設という形で、戦時下の「科学動員」体制のもとで実現されていくことになるからである。

科学振興調査会との関係

それはともかく、臨時教育会議から二〇年を経て設置された教育審議会では、大学の研究機能の強化が大きな議題の一つに取り上げられている。しかし、そこでの議論は意外なほど低調で現状維持的な、改革よりも改善のレベルにとどまっていた。

すでに見たように高まる科学動員への要請から、文部省に「科学振興調査会」が設置されたのが昭和一三年（一九三八）八月、その第二次答申「大学ニ於ケル研究施設ノ充実ニ関スル件」が出されたのが一五年八月である。教育審議会の大学関連の答申は同年九月だから、同じ時期に二つの審議機関で並行的に審議が進められていたことになる。その科学振興調査会の答申は、大学の研究の現状について、「世界ノ科学水準ニ比スレバ、尚幾多ノ遜色アルヲ免レズ。殊ニ今日ノ国際情勢ニ対処スルニ当リテハ、現在ノ施設ヲ以テシテハ其ノ機能ヲ発揮シ得ザルヲ遺憾トス」と、声高に危機感を表明し、「大学ニ於ケル研究所」の新設・拡充を含めて、多面的な改革構想を提示するものであった。ところが、教育審議会の答申は（それに影響を及ぼしたと思われる東京帝大の審査委員会の報告も同様だが）、研究機能の強化とはいっても、講座制度の整備や大学院における研究機能の充実を求めるにとどまり、学部や大学院から独立した附置研究所の新設・拡充の必要性にふれることはなかった。

二つの審議機関を比較検討した米田俊彦は「教育審議会は将来的な高等教育等のあり方を示すことを役割と自認し、科学振興調査会は当面の時局対応の方策を専門的かつ具体的に示すという限定された役割のもの」と受け止め、「いわば役割を完全に分担した」のではないか、としている（米田『高等教育改革』四七三頁）。しかし、そこには同時に、教育審議会の審議に強い影響力を持った帝国大学関係の委員たちの、制度改革に対する保守的で現状維持的な態度が、重要な要因として働いていたことが推測される。研究機能の強化の必要性を強調すれば、教育と研究の機能の分化、ひいてはそれに対応する大学と大学院の組織の分離、さらには大学と専門学校の制度的な統合問題が再燃しかねない。とりわけ学制改革論者たちが主張してきた専門学校との制度的統合を避けるためには、教育と研究との不可分性、それを象徴するものとしての講座制の重要性、ひいては学部と大学院の一体性を強調する方が得策である。研究機能の強化は、すでにある講座制と大学院の制度の整備・充実で十分に対応可能だとする帝国大学関係者の意見の基底には、そうした判断が働いていたと見るべきだろう。

学部・学科・講座制

答申の中の研究に関連した項目を具体的に見よう。それは第四から第十の六項目にわたっており、田所委員長は、このうち第五項から第九項を「大学ニ於ケル研究及教授ニ関スル制度施設ノ整備充実ニ関スル事項」として一括して説明している（『資料　教育審議会（総説）』一六〇—一頁）。

まず挙げられているのは、学部・学科・講座等の拡充整備である［四］。「学術ノ発達並ニ時代ノ進運」に伴うものとして、とくに工学・理学系の学部の拡充と、日本・東洋文化関連の学科・講座の整備拡充の必要性が挙げられ、前者については「国防ノ充実、産業ノ発展ニ即応シテ」、後者については「東亜及世界ニ於ケル我ガ国ノ地位使命ニ鑑ミテ」という説明がつけられている（同書、二四四頁）。

次は学科・講座等に所属する教授・助教授・助手定員の充実増加と、研究施設の整備である［五］。講座は担当教授に、その名称となっている学問分野の教育・研究責任を持たせる、その意味で教育と研究の一体化した、帝国大学だけに置かれた制度である。実験・非実験・臨床の三種に分かれ、それぞれ教授一、助教授一、助手一〜三のポストが配置されることになっていたが、先発の帝国大学、とりわけ東京・京都の両大学には、教授のみの「不完全講座」が多く残されており、「最高学府トシテノ使命達成上遺憾ナルノミナラズ、教授ノ後継者養成上ニモ支障ヲ来スコト稀デハナイ」（同書、二四五頁）という状態にあり、その改善が求められていたのである。

講座制についてはまた、委員長説明で、以前から批判のあった講座の細分化への対策として「特定ノ講座ニ属セザル助教授及助手ヲ置キテ、講座間ニ融通ノ途ヲ開ク外、新興学問ノ研究指導ニ当ラシムル」こと、および「各学科、講座等ニ配分サルヽ研究費ハ極メテ僅少ニシテ、研究及教授ニ著シク困難ヲ感」じているのが実情なので「将来之ガ経費ヲ潤沢ニシ、大学ノ使命遂行上支障ナカラシメンコト」を期待するという、答申本文にはない二つの改善策の必要性が強調されていることを、付け加えておこう（同書、二四五頁）。東京帝大の「審査委員会」の報告を読むと、この二点が、大学側の要請をそのまま受け入れての発言であったことがわかる（『東京大学百年史』資料二、三〇一頁）。

第四に強調されているのは研究の共同化・総合化の必要性である［六、七］。関連した学部・学科・講座の相互間の「聯絡ヲ緊密」にして「綜合大学ノ実ヲ」挙げ、また「共同研究、綜合研究ヲ促進スル」必要性が説かれている。講座の細分化がもたらす弊害と、講座や学部・学科の枠を超えた研究の必要性がようやく認識されるようになったことがわかる。

さらに第五として「学術ノ進歩発達ヲ期スル為特ニ大学ニ必要ナル総合研究機関ヲ附設スルコト」が挙げられているが［八］、委員長によるそれ以上の説明はない。帝国大学に独自の講座制の整備充実に多くの文言を費やす一方で、学部・学科・講座から独立した、専任のスタッフを持つ研究機関の設置には消極的な態度に終始しているところに、大学の研究機能についての教育審議会、ひいては帝国大学の基本的な認識を読み取るべきであろう。

研究科・大学院

第十項の「研究科及大学院ノ制度」について、委員長説明は「委員会ニ於テハ学術研究ノ振興、研究者ノ養成等ト関聯シテ特ニ本制度ノ刷新強化ヲ図ルノ要ヲ認」め、改革方策を打ち出したのだとしている（『資料　教育審議会(総説)』二四六頁）。その内容として挙げられているのは、(1)「研究科ヲ綜合シテ大学院ヲ置クコト」、(2)「教授指導ノ下ニ精深ナル研究ヲナサシムル所トシ之ニ必要ナル研究施設ヲ整備スルコト」、(3)「定員制ヲ設ケ入学者ヲ厳選スルコト」の三点である。この内容のどこが「特ニ（中略）刷新強化ヲ図」るものかわかりにくいが、一見あらためて強調するまでもないような改革、というより改善提言が並んでいるところに、大学院の深刻な実態があったことを指摘しておくべきだろう。

研究科・大学院について、大正七年（一九一八）の大学令第三条は「研究科」を学部に「置クヘシ」としたが、「大学院」については複数学部を持つ場合に「研究科間ノ聯絡協調ヲ期スル為、之ヲ綜合シテ大学院ヲ設クルコトヲ得」とするにとどまっていた。答申が、第十項の(1)で大学院を必置としたのは、共同研究や総合研究の促進という要請に応えると同時に、研究科によって著しく多様化した運用実態の改善を図る狙いがあったものと思われる。(2)も当然のように見えるがそこには、大学院が何をするところか、目的が曖昧なままに運用されてきた現実が反映されている。東京帝大の審査委員会報告が大学院の項で、「現在ノ大学院ハ学部ニヨリ、必ズシモ十分ニソノ機能ヲ発揮セルモノト称シ難」いとした後で、「大学院ハ学生ヲシテ指導教官ノ下ニ専門事項ヲ攻究セシメ学術ノ発達ニ資スルヲ目的トス」という条項を大学令に書き込むこと、つまり大学院の目的規定を新たに設けるよう求めていたことも付け加えておこう（『東京大学百年史』資料二、二六—七頁）。

(3)の定員制も同様である。審査委員会の報告に「入学志願者ハ之ヲ厳選スルコト」「大学院生ノ定員ヲ定ムルコト」などとあるのは、東京帝大においてすら、大学院が定員も入学者の選抜基準も曖昧なまま運用されてきたことの裏返しと見るべきだろう。教育審議会での審議の過程で、大学令策定当時の高等教育の担当局長だった松浦鎮次郎委員は「研究科ガナクテ大学ハ学部ノ本科ダケデアツテモ、立派ニ大学ノ本質ガ現ハレテ居ル」と発言し、また現職の東京帝大総長平賀譲委員も「大学院ハ附タリノ機構ト言ツテ宜イ」とまで言っている（米田『高等教育改革』一八四頁）。審査委員会の報告にも「従来大学院ヲシテ其ノ使命ヲ達成セシムル為ノ研究指導組織ニ付、欠クル所少ナカラザルノミナラズ、其ノ設備ニ至リテハ殆ド絶無ニ近シ。之ヲ充実スルニ非ザレバ、大学院ノ使命ヲ達成スルヲ得ザルモノト認ム」とある（『東京大学百年史』資料二、二七頁）。東京帝大においてすら、大学院の実態はそのようなものであった。

大学院については、この他に「研究科及大学院ノ学生ニ対スル特選給費制ヲ拡充」することを求めている点「十七」が注目されるが、ここでも委員長説明はその必要性を説くにとどまっている。後述するように、この「特選給費制」に相当する「大学院特別研究員制度」が発足するのは昭和一八年（一九四三）九月になってから、それも「戦時非常措置方策」の一環としてであった。

私立大学助成問題

このように見てくると、大学関連の答申が、大学一般の改革課題を取り上げているように見えながら実際には、もっぱら官立セクターの諸大学、それも帝国大学の在り方の改革、というより改善を求める内容になっていることがわかる。第十三から第十五の各項で、教授・助教授等の慎重な選任や待遇面での優遇措置、さらには在外研究や海外視察等の機会の拡充を提言しているのもその表れであり、「大学本部、其ノ他学部ニ於ケル行政事務ノ組織機構ヲ一層整備スルコト」という第十六項はまさに、帝国大学のためだけの提言といえよう（『資料　教育審議会（総説）』一六一―二頁）。「帝大ノミヲ眼中ニ置」くのと、「一国ノ大学令ニヨル大学全般ヲ考ヘル」のとは、全く別のことだという、先にふれた阿部重孝の審査委員会での批判は、教育審議会の場合にもそのまま当てはまるというべきかもしれない。

ただ、それ以外の大学について、重要な言及が全くないわけではない。とくに注目されるのは、一つは、私立大学への助成の必要性にふれている点である。第二十項が「特ニ自然科学ニ関スル施設ニ対シテ」という条件付きではあるが、「私立大学ノ堅実ナル発達ヲ期シ其ノ内容ヲ充実セシムルト共ニ適当ナル助成ノ方途ヲ講ズルコト」としているのがそれである（同書、一六二頁）。田所委員長はこれについて、私立大学が「夫々建学ノ歴史ト伝統トヲ有シ、官公立ノ大学ト相並ンデ人材ノ育成ト我ガ国学術、文化ノ進歩トニ貢献」してきたことを認めた上で、「其ノ内容ノ充実ヲ期シ、一層監督ヲ適正ナラシムルト共ニ必要ナル助成ノ方途ヲ講ズ」ることが「国家ノ須要」に応えるためにも必要なことだと説明している（同書、二四八頁）。

私立大学については、文部省が創設費の一部として一校当たり二五万円を、大正一〇年（一九二一）に七校、昭和二年（一九二七）に二校にそれぞれ一〇年間の分割で、昭和六年にはさらに七校に一六年間の分割で、助成金として交付したことが知られている（天野『高等教育の時代』下、三八二頁）。

しかし私立大学側はそれで満足したわけではなく、昭和七年には二三校の私立大学が結集して「全国私立大学連合会」を結成し、「私立大学に共通に重要な諸問題の解決」に乗り出した。連合会の最重要の問題として取り上げられたのは国庫助成の問題であり、昭和九年には「私立大学国庫補助法」の制定を政府に陳情し、翌年には衆議院に建議を提出、採択されている。私立大学が官立大学に及ばない理由は、何よりも「資金ノ不足」にある、「政府ハ速ニ、大学令ニ依リ設立セラレタル私立大学ニ対シ、毎年相当ノ国庫補助金ヲ交付スルノ法案ヲ立案」して、議会に提出してほしいというのがその内容であった（『専修大学百年史』下巻、一二四〇―二頁）。結局、部分的にしか実現を見なかったが、教育審議会の答申の背景には、そうした私立大学の運動があったことを指摘しておきたい。なお、私立大学への助成については「特ニ自然科学ニ関スル施設ニ対シテハ、一層之ガ助成ニ力ムルコト」という一条がつけられており、ここでも戦時対応の人材養成上の必要性が強調されていることがわかる。

このように、これまでの官学中心の大学政策からすれば、その実現可能性はともかくとして、審議会が私立大学の存在を評価し助成の必要性に言及したこと自体が、画期的なことといわねばならない。答申の最後の第二十五項には「大学ノ国家最高学府タルノ使命ニ鑑ミ本要綱ノ実施ニ関シ必要ナル経費ハ政府ニ於テ特ニ之ガ支出ノ途ヲ講ズルコト」とあるが、その「国家最高学府」は、当然、私立大学を含んでいたと見るべきだろう。

女子大学設置論

もう一つは「多年論議ヲ重ネテ今日ニ至リ而モ容易ニ解決ヲ見ナカツタ」（『資料　教育審議会（総説）』二四九頁）女子大学問題に、ようやく答えが出されたことである。すでに高等学校に関する答申で、「女子ニ関シテ女子高等学校ノ制ヲ認メ」るとしており、これを受ける形で、第二十一項に「大学令ニ依ル女子大学ヲ創設シ女子ニ対シ大学教育ヲ受クルノ途ヲ開クコト」が明記される運びになった。

委員長はこれについて、設置を認めることとしたのは「今ヤ世運ノ進歩ハ著シク、殊ニ東亜及世界ニ於ケル歴史的重大時局ニ当面シテ、男子ニ対スルト等シク女子ニ対シテ国家ノ期待スル所亦極メテ大ナルモノガアル」からである、「即チ国家社会ノ各方面ニ亘リテ指導的女性ヲ必要トスルノミナラズ、学術、文化ニ関シテモ女性ノ協力ニ俟ツベキ部分」が少なくない、「時代ノ要望ニ応ズル指導的女性ノ育成ト我ガ国女性文化ノ発揚トニ貢献セシムルコトハ、蓋シ喫緊ノ要務ナリト謂」わねばならないと、説明している。

そこからは、学制改革論者や女子高等教育関係者の要請に応えるというより、総力戦のための人的資源の動員・活用が求められる「歴史的重大時局」の到来に、やむなく女性に大学教育の機会を開くのだという認識が読みとれる。委員長が続けて「固ヨリ等シク大学令ニ由ルト申シマシテモ其ノ学部、学科ハ文学部、理学部、医学部ノ如キモノヲ主トシ、総ベテ之ヲ男子ノ大学ト同様タラシメル趣旨」ではない。「女子大学」として「特設」するのも「原則トシテ女子ノ大学教育ハ女子大学ニ於テナサルベキ」ものだからで、男女共学を奨励するものではないとしていることは、それを裏書きするものといえよう（同書、二四九頁）。

ただ審議会が、特設とはいっても別途「女子大学令」を制定することを避け、女子大学であっても大学令に準拠する大学であるからとして、「婦徳ノ教養、母性ノ存養」に特化した大学の設置を認めず、学問分野として未成熟な家政学を独立の学部でなく文学部ないし理学部の一学科とするにとどめ、対象は「女子」でも「大学」は学問の府であるという理念を貫くことで、見識を示したと見るべきかもしれない。いずれにせよ答申には盛り込まれたものの、女子大学の設置も、それと一体のものである女子高等学校制度の創設も、戦時下についに実現されずに終わったことを付け加えておこう。

科学動員と計画化

最後に、答申の第二十二項が「大学、学部特ニ女子ノ大学、学部等ノ設置ニ関シテハ国家ノ必要、学制ノ全体聯関其ノ他各般ノ事情ヲ考察シ之ガ企画ノ適正ヲ期」する、としていることにふれておく必要があるだろう。

学卒者の深刻な就職難を機に教育、とりわけ高等教育の人材養成の観点からする計画化は、昭和初年以来、文教政策の重要な課題の一つとされてきた。昭和一〇年代に入って国家総動員体制づくりが本格化すると、とくに理工系の人材を中心とした科学・技術者養成の計画化は、文教政策の範囲を超えて総合国策上の最重要課題の一つとされ、文部省もそうした要請に対応すべく、理工系の学部・学校の大幅な拡充を進めつつあった。昭和一四年（一九三九）から一五年にかけて、文部省の科学振興調査会が、需給調査に基づく技術者・研究員の養成計画の策定を文部省に求める答申を次々に出したことは、すでに見たとおりである。

こうした対米開戦直前の、「科学動員」に向けた一連の動きの中に置いてみると、女子の大学・学部の設置について「適正ヲ期」することだけを特記した教育審議会の答申は、いかにも切迫感に欠ける。「大学、学部乃至学科、講座等ノ設置、学生定員等ニ関シマシテハ、其ノ影響スル所甚ダ大ナルモノガアル」ので、「常ニ国家全体ノ見地ヨリ之ヲ考ヘ、学制全般トノ関係其ノ他各般ノ事情ヲ参酌シテ、一定ノ国家的企画ノ下ニ実施サル、事ガ極メテ肝要」だという委員長の説明（『資料　教育審議会（総説）』二四九頁）も、対米開戦とともに急進展し始める理工系人材需給問題へのなりふり構わぬ国家の介入と、それに伴って生じつつあった高等教育システムの構造的な変革とを考えると、二つの審議機関の間での現状認識と危機意識のギャップを強く印象づけられる。好意的に見れば、教育審議会は大学の目的論の場合と同様に、科学動員の要請に消極的な態度をとることによって、大学の自治と学問の自由を守ろうとしたというべきかもしれないが。

4　専門学校制度の改革

懸案としての専門学校

大正期の臨時教育会議では、高等教育の改革問題の焦点は、何よりも新しい大学・高等学校制度の創設にあった。専門学校関連の答申は「大学教育及専門教育ニ関スル件」に含まれていたが、「専門学校ニ関スル現制ハ大体ニ於テ之ヲ改ムルヲ要セサルコト」という、わずか一項で片づけられている。専門学校に関する答申の委員長説明にも「現在ノ専門学校ニシテ大学ノ新制度実施後進ンテ大学トナルニ至ルモノアルヘキモ専門学校ノ制度ハ固ヨリ教育上必要ナルモノナレハ専門学校カ徒ニ競ウテ大学トナラムトスルカ如キ弊害ハ厳ニ之ヲ防制セサルヘカラス」とあるだけであった（『資料　臨時教育会議』第一集、一〇九、一一五頁）。「大学昇格」運動の激化を危惧するあまり、高等教育システムの中で学校数・在学者数ともに最大の比重を占め、しかも最も時代の変化に鋭敏で変動的な専門学校の問題が、事実上棚上げされていたことがわかる。

それもあってか、答申からわずか三年後の大正一〇年（一九二一）には、文部大臣の諮問機関として設けられた「教育評議会」が、あらためて専門学校の制度改革について諮問を受け、「専門学校ヲ中学校第四学年ヨリ連絡スルモノトシ、其ノ年限ヲ四年トスルコト」、「専門学校卒業者及之ニ準スヘキ者ニ、大学卒業者ト同シク学士号ヲ許スコト」「官立専門学校卒業者ニシテ特殊ノ研究ヲ為サントスル者ノ為ニ専攻科（二年以内）ヲ設クルコト」の三件を審議している（天野『高等教育の時代』下、三二三―五頁）。長年の懸案事項に決着をつけてからわずか三年後、原敬を首相とする政友会内閣のもとに登場した、形を変えた大学・専門学校の同格化政策ともいうべきこの政府案は、教育評議会の承認を取り付けることはできなかったが、専門学校の制度上の位置づけが、依然として学制改革論議の中心的な争点の一つであり続けていたことを物語っている。

それからさらに二〇年近くを経て、専門学校をめぐる問題状況は大きく変わりつつあった。大学予科としての高等学校の存続が早々と決まり、大学との制度的統合論者が機先を制されたことはすでに見たとおりだが、それですべての決着がついたわけではない。帝国大学以外の、専門学校からの昇格を果たした官公私立大学を加えて、高等教育システムの上層を占める大学の整備・充実が進む一方で、専門学校制度はいくつもの新しい課題に直面していたからである。全体で二八項に及ぶ答申「専門学校ニ関スル要綱」を読むと、そのことが、大学関連の答申に比べてはるかに生々しく伝わってくる（『資料　教育審議会（総説）』一六三―七頁）。

教育審議会で、専門学校の何が議論されたのか。大学の場合と同様、目的規定の問題から見ていくことにしよう（以下、［　］内の数字は、答申の項目番号を示す）。

その目的規定だが、「高等ノ学術技芸ヲ教授スル学校ハ専門学校トス　専門学校ハ特別ノ規定アル場合ヲ除クノ外本令ノ規定ニ依ルヘシ」という明治三六年（一九〇三）の「専門学校令」制定時のそれに、その後長く変更が加えられることがなかった。「高等ノ学術技芸ヲ教授スル」教育機関で、「特別ノ規定アル場合」に相当するのは、帝国大学のほか高等学校、実業専門学校、高等師範学校である。いずれも官立のみ、あるいは官立主体であったから、専門学校令はそれ以外の公私立、とりわけ多様な私立の高等教育機関を対象にした極めて包括的な勅令であったことになる。

教育審議会の審議の過程でも、「学校の種類によって事情がさまざまなので細かい基準を一律に定めることはできない」（米田『高等教育改革』二一八頁）が、「一定の条件を満たせばあとは修業年限など自由に決められるという「妙味」があ」り、「この形は今後も維持していくべき」だという意見がある反面、「複雑化して「八百屋式各種学校式」になってい」るので「これを整理」する必要がある、「法学や医学など専門学校という形態がふさわしくない分野をはっきりさせるべき」だなど、包括性から生じる問題点がさまざまに議論されたことが知られる（同書、二〇〇頁）。目的・役割の明確な学校種を引き算した、こうしたいわば残余的な性格は、専門学校の長所でもあり短所でもあった。

教育審議会の答申による新しい目的規定［一］は、「専門学校ハ中等学校教育ノ基礎ノ上ニ皇国ノ道ヲ体シテ専門ノ学術技芸ヲ修メシメ国家思想ノ涵養、人格ノ陶冶ニカムルヲ以テ目的トナスコト」というものであり、教学刷新のための「皇国ノ道」や「国家思想ノ涵養」などを除けば、従来の包括性をそのまま継承する文言になっていることがわかる。それどころか、委員長説明には「専門ノ意義ヲ極メテ広ク解釈スルコト、シ、高等学校ノ如ク特別ノ規定ヲ有スル場合ヲ除キ、一般ニ高等ノ学術技芸ヲ修メシムルモノヲモ、専門学校トシテ認ムルコト」とするとあり、「高等ノ学術技芸ヲ教授シ」を「専門ノ学術技芸ヲ修メシメ」に変更し、「中等学校教育ノ上ニ」を加えることで、たとえばこれまで「各種学校」として扱われてきた諸学校にも専門学校化の道を開くなど、包括性を一層強める方向で目的規定に修正が加えられたことがわかる（『資料　教育審議会（総説）』二五一―二頁）。

年限延長への要請

こうした議論の方向は、とりわけ官立校を主体に「準大学」的な地位を占め、大正期の大学昇格運動にも積極的にかかわってきた官立主体の実業専門学校にとって歓迎すべきものではなく、関係者の間に強い反発を生じた。

専門学校問題の審議が始まった時点ではすでに、実業学校令による中等程度の実業学校を中学校・高等女学校とともに制度的に統合して、新しい「中等学校」の一種とすることが決まっていた。それは同時に実業学校令が廃止され、実業専門学校が専門学校令のみを準拠法令とする学校種になることを意味する。これまで実業学校令と専門学校令という二つの勅令に準拠することで、別格的な位置づけを享受してきた官立実業専門学校の関係者にとって、専門学校への制度的な統合は実質的な地位の低下につながるものと受け止められたのであろう。審議の過程で、実業専門学校関係の委員の間から一方では修業年限の延長、他方では専門学校制度内での特別の位置づけを求める強い意見が出されることになった。整理委員会では特別に、工・農・商等の官立実業専門学校長からのヒアリングが行われ、それぞれの立場から意見陳述がなされたが、それによるといずれの場合にも、学術の進歩に伴い教育・学習を要する知識・技術が増大の一途をたどっていることを理由に、年限延長を強く求める内容になっていたことが知られる。

たとえば高等工業学校長一同の名前で提出された、年限延長の建議書を読むと、「現行制度にては毎週の授業時間三十七時間乃至三十九時間を正規とするも実際生徒は概残留して実習、実験、製図に勉め正規の時間を超過するを常」としており、「加ふるに春夏の休暇毎に校外工場に於ける実習に就き休養の暇さへ少く、頻りに勤労に勤しまざるを得ず、そのため「自学自修による研究と精神上の陶冶とに到ては尚甚足らざるを遺憾とす」ると、人格教育どころではない詰め込み教育の弊を嘆き、年限延長を求める理由としている（米田『高等教育改革』二〇三―四頁)。

また官立高等商業学校長会監事提出の意見書は、現行の「制度ハ三十余年前ノ制定ニ係リ、時勢ノ推移環境ノ変化等ニ伴ヒテ其ノ内容ニ刷新改善ヲ加フベキモノ尠カラズ」として、「学科目ニ整理配合ヲ行ヒ、教授方法ノ工夫、設備ノ改善等ニ依リテ出来得ル限リ能率ヲ発揮」する努力を惜しむものではないが、それでも「猶三箇年ノ期間ヲ以テ商業ノ高等専門学校タルノ職分ヲ尽スニ遺憾ナカラシムルコトハ到底」不可能であるとして、四年制への移行、さらに「学術ノ蘊奥ヲ攻究」したいと希望する者のための、「大学院（又ハ研究科）」の設置まで求めている（同書、二〇五―六頁）。高等農林専門学校側からも、もともと「学修ノ広範囲」であるのに加えて「応用ノ領域」が拡大しており、「専門学科以外ニ一般教養ヲ高ムル必要」性が増したこと、さらには「東亜新情勢ニ対応」することが急務になっていることなどを理由に、四年制化の要請が出されている（同書、二〇八―一〇頁）。いずれも年限延長に形を変えた実質的な「単科大学」化、一般の専門学校との差異化の要請と見ることができる。

技術者を中心に専門的人材養成の拡充が緊要の課題とされる総力戦体制下で、教育審議会も、こうした人材の「質的向上」を理由とした実業専門学校側の要請を、無視し得なかったのであろう。答申の第二項は「専門学校中特ニ実業ニ関スル学術技芸ヲ教授スル学校ヲ実業専門学校ト称スルコト」を認め、また第三項では「修業年限ハ現制通リ三年以上トナスコト」とした後に「実業専門学校及其ノ他ノ専門学校中学術文化ノ進歩並ニ産業界ノ実際ニ照ラシ必要アルモノハ其ノ修業年限ヲ四年以上ニ延長スルコト」としている。関係者の要請は、そうした形で答申に盛り込まれることになったのである。「学問技術ノ進歩並ニ産業の発達ニ応ジテ、学修事項ハ益々広汎多岐ニ亘ルノミナラズ、基礎的教養ノ充実ト相俟ツテ実地訓練ニ一層力ヲ用フル必要モアリ、加フルニ身心ノ鍛錬、人物ノ陶冶ニ関スル教育的要求」もあって、三年では「到底其ノ使命ヲ満足ニ達成スルコト困難ナル事情」にある。しかし、年限延長の「影響スル所ハ国家、社会の各方面ニ亘リテ重大」であるので、「真ニ年限延長ノ国家的必要アリ」と認められるものに限定すべきであり、「政府ノ周到ナル調査ト考慮ヲ要望」するというのが、委員長の説明であった（『資料　教育審議会（総説）』二五二頁）。なお医学・歯学・薬学の医療系専門学校は早くから、四年制であったことを付け加えておく。

専門学校の大学化

実業専門学校の場合もそうだが、年限延長と並んで専門学校制度の抱える最大の問題は、高等教育機関としての目的、あるいは役割をめぐる大学との棲み分けにあった。

専門学校と大学の高等教育機関としての役割の共通性あるいは競合性は、「学術ノ蘊奥」を教授・攻究する「学問の府」として初めから制度設計された帝国大学だけが大学であった時代には、さほど大きな問題ではなかった。教育と研究の統合を前提とし、それを保証するための制度的装置として、学部・学科・講座という学問体系に応じた組織構造を持ち、学位授与と結びついた研究科・大学院を置き、一定の自治を認められた大学、しかも国家の大学であるわずか数校の帝国大学と、それ以外の雑多な学校種・学校群からなる多数の専門学校との間には、隔絶といってよいほどの差異が存在したからである。しかし、その地位に満足しない一部の専門学校が、「大学昇格」を求めて組織の整備を進め、教育の水準を高め、研究機能を持ち始めるとともに両者の関係は変わり、距離は次第に縮まり、差異は小さくなっていった。大正七年（一九一八）の大学令公布は、有力専門学校の「大学昇格」を認めることによって、そうした変化する現実への対応を図ろうとしたものに他ならなかった。

こうして大学令が公布され、帝国大学以外の大学の設置が承認されたことから、大正後半から昭和初期にかけて官公私立大学、とりわけ私立大学の大量新設の時代がやってくる。従前から「大学」を称してきた私立専門学校を始め、有力校が次々に「昇格」を果たし、三年制の高等学校あるいは大学予科の卒業生を入れ、研究科・大学院を置き、学位授与権に象徴される研究機能を持つ大学と、それを持たない専門学校とは制度上、明確に区別されることになったのである。

その一方で、大正七年時点での帝国大学五校から、昭和一〇年には官公私立合わせて四五校に急増したその大学は、第一次大戦後の経済変動がもたらした深刻な知識階級の就職難を背景に、大きく変質を遂げ、社会の大学観もそれに応じて変化していった。帝国大学においてすら弱体であった、研究機能の整備・強化を図る余裕もないままに「大衆化」した大学は、官公私立を問わず長引く経済不況の中で就職難に苦しみ、実務的な職業人養成を求める財界を中心とした、社会からの強い批判にさらされることになるのである。

社会評論家の戸坂潤は、そうした大学の変質を、「私立が帝大並みに昇格したのは、実は私立が帝大に屈したのではなく、云って見れば帝大が私大に屈したやうなもの」であり、「帝大と私大とは、いまでは殆ど同じブルジョア社会の市井的な授産場として同じ本質のものになって了った」と表現している（戸坂、二三六—七頁）。帝国大学を含めて大学全体が、「学術ノ蘊奥」の「攻究」よりも、その「理論及応用」、とりわけ「応用」重視の方向を、さらには職業人養成重視の「市井的な授産場」化、言い換えれば「専門学校化」の方向を目指し始めたというのである。

大学の専門学校化

すべてが専門学校からの昇格校である私立大学の場合、「市井的な授産場」的性格は当初から重要な特色であったといってよい。しかも大多数の私立大学が、昇格後も旧専門学校の部分を「専門部」の形で残し、大学教員のほとんどが専門部の教育を兼担していたから、大学と専門学校とは事実上一体的に運営されていたことになる。その専門部の量的規模は大学のそれを大きく上回っており、専門部抜きには大学・大学予科の維持・発展は望みがたいというのが、大方の私立大学の現実であった。私立大学は、いわば専門学校附設の大学であり、私立セクターで進行したのはまさに「専門学校の大学化」に他ならなかったのである。

官立セクターの場合にも、「授産場」化は例外ではなかった。昭和四年にようやく実現した神戸商業・東京工業・大阪工業・東京文理科・広島文理科の五大学の昇格の際、文部省は、実業系の三大学について「工科・商科」でなくあえて「工業・商業」を校名とし、「応用」重視をうたって帝国大学との差異化を図った。また文理科大学の場合にも文・理の二学部制をとらず、「教育者タルニ必要ナル特殊ノ教育」の場としたことが知られている（天野『高等教育の時代』下、一五三―六〇頁）。文部省は、単科大学を何よりも「実務家養成」の場として位置づける政策をとったことになる。

これら帝国大学以外の官立大学については、戦前期を通じて講座制の導入が見送られたこと、言い換えれば研究機能に対する期待が低かったことも指摘しておくべきだろう。先にもふれた昭和一四年（一九三九）の東京帝大・大学制度臨時審査委員会の、講座制の存置と強化を求めた意見書は「単科大学ニ於テモ、十分ニ大学トシテノ機能を発揮センガ為ニハ、講座制ヲ設置スルヲ至当ト認ム」としており（『東京大学百年史』資料二、三〇頁）、官立単科大学における研究機能の軽視が、帝国大学関係者の間でも問題視されていたことがわかる。

そうした「学問の府」であるべき大学の「市井的な授産場」化は、帝国大学の場合にも避けることができなかった。工・法・医の三学部に進学希望者が集中し、高等学校からの進学競争が激化の一途をたどるなかで、それ以外の学部、とくに文・理の両学部は定員割れから抜け出せないというのが、帝国大学の厳しい現実だったからである。東京帝大経済学部教授の矢内原忠雄は、「大学の使命」という一文の中で、「大学が職業教育の機関たることは、多数の学生の大部分は職業に就いてパンを得なければならぬ事情にある限り、到底否定は出来ない」とした上で、「如何なる程度の職業教育を授くべきであるか。疑ひもなく大学の使命は高等技術教育」、しかも「高等技術の理論の教育にある。理論即ち学問、これこそ大学の存在理由」であると述べている（帝国大学新聞編輯部編、一一八―九頁）。「理論」重視を強調することで、専門学校との差異が「理論即ち学問」にあることをあらためて強調しなければならないほど、帝国大学自身が「高等技術教育」に大学としての使命を求めざるを得ない時代がやってきていたのである。

もちろん、研究科・大学院、学位授与権と並んで、高等学校と大学予科での三年間の高等普通教育が、大学と専門学校を差異化する最重要の要件であり続けていた。その三年間の自由な時間と空間の経験の有無による両者の違いを、「大学卒業者ハ諸般ノ計画ヲナシ多数ヲ統率スルニ適シ、専門学校卒ハ元来是等ノ点ニ於テ劣ルベキモ、之ハ始ヨリノ教育方針ニ基ク処ニシテ当然ノ事」（A車輛会社。『大学及専門学校卒業者就職問題ニ関スル調査資料』五五頁）だとし、さらには「専門学校卒業者ヨリモ大学卒業者ハ学識並眼界ヲ以テ、自然優良ナリト認メ」る（A電鉄会社。同書、四九―五〇頁）と評価する企業も多かった。しかしその一方で「学校ノ程度ニヨリ大体ノ差ハアレド、大学出身必ズシモ優秀ナラズ、要ハ人物ノ如何ニヨル」（A電鉄会社。同書、四六頁）、あるいは「大学とは学術の蘊奥を極る学者を作る所である」はずなのに、「今日の大学生中そんな目的で入学して居る者は百人中一人もない。大抵みな手代か属官に就職する資格を得る切符を買はん為に入学して居るのである。こんな大学は専門学校とか職業学校とでも改称すべきである」という、厳しい評価も少なくなかった（第一生命保険社長・矢野恒太の発言。『大学及専門学校卒業者就職問題意見集』五四頁）。

長期化する経済不況の中で、「実務的能力」の効率的な育成が重視されればされるほど、高等学校・大学予科への風当たりは強くなる。高等学校の廃止と大学・専門学校の制度的統合を求め、併せて大学院の独立を主張する学制改革論者たちの立脚点は、何よりもそうした「授職機関」化した大学の現実にあったといってよい。

崩れる棲み分け

このように、専門学校と大学との棲み分けの問題は、職業人養成という社会的な機能をめぐって顕在化し始めたが、その基底にはさらに、この二種類の高等教育機関に開設された専門教育の分野・領域の重複の問題が隠されていた。そして、大学・専門学校ともに卒業者の大多数が、銀行会社等の民間企業を主体とする「サラリーマン」を志向するようになるにつれて、そのことが、高等教育政策の主要な課題の一つとして浮上してくるのである。

表1-1　大学・専門学校卒業者の専門分野別構成（大正4年）

(%)

	専門学校	大学	合計	専門学校比率
医歯薬系	26.4	17.1	24.5	86
医学	19.4	15.9	18.7	83
歯学	4.0	−	3.2	100
薬学	3.0	1.2	2.6	91
理工系	27.9	35.7	29.5	75
工学	17.2	19.9	17.8	77
農学	9.7	12.1	10.2	76
理学	1.0	3.7	1.5	50
社会系	33.4	39.2	34.6	77
法学	7.7	34.8	13.2	46
経済学	5.2	3.8	4.9	84
商学	20.5	0.6	16.5	99
文学系	12.1	8.0	11.3	85
その他	0.2	−	0.1	100
合計	100.0	100.0	100.0	80
実数（人）	6,410	1,640	8,050	

資料）『文部省年報』大正4年度より作成。

たとえば先の高等商業学校長会の意見書は、この問題について次のように述べている。

「近年単科ノ商科大学設置セラレ、又綜合大学ノ経済学部ニ商科ノ設置セラルルアリ、是等ノ機関ガ事実上職業教育ヲ掌リ、実務家養成ニ重点ヲ置カザルベカラザル一般ノ情勢ニ在リテハ、其ノ職能ト高等商業学校ノ職能トハ、制度本来ノ性質上別個ノ目標ヲ有スベキニ拘ラズ、事実ニ於テハ両者同一ノ目標ヲ有シ単ニ上下ノ差別アルモノトナスガ如キ有様」である。その結果、成績優秀な高商卒業者の中には、教育内容が大幅に重複していることを知りながら、「学問研究ノ熱意」よりも「最高学府ヲ卒ヘタリトノ誇リト特権ヲ得ンガ為」に、商科大学に進学する者が増えているのが実状である。このように「商業ノ高等教育ヲ目的トスル機関ニ二種アリテ然モ之ガ一般ニ階級的差別ナリト信」じさせ、学生に「不合理ナル修学」を強い、いたずらに「長キ学生生活」を送らせている現行の制度には問題が多い。「商科大学ト高等商業学校トノ間ニ名称、入学資格等ニ付階段的差別ヲ認ムルガ如キ制度ヲ改」める必要がある（米田『高等教育改革』二〇五―六頁）。

「階級的差別」という言葉には、ほぼ同じ内容の専門教育を受け同じ職務に就きながら、学歴・教育年数の違いによって差異的に扱われる不平等性と非合理性に対す

表1-2　大学・専門学校卒業者の専門分野別構成（昭和10年）

（%）

	専門学校	大学	合計	専門学校比率
医歯薬系	16.0	12.7	14.9	70
医学	5.3	12.5	7.8	44
歯学	4.2	–	2.7	100
薬学	6.5	0.2	4.3	98
理工系	17.8	18.4	18.0	64
工学	10.1	10.6	10.3	64
農学	6.4	4.5	5.8	73
理学	0.0	3.3	1.8	0
その他	1.3	–	0.1	100
社会系	43.2	52.9	46.6	60
法学	14.5	23.8	17.7	53
経済学	1.3	15.4	6.3	14
商学	26.6	13.7	22.1	78
その他	0.8	–	0.5	100
文学系	10.6	12.9	11.4	61
その他	12.4	3.1	9.1	94
裁縫家政	6.6	–	4.8	100
その他	5.8	–	4.3	100
合計	100.0	100.0	100.0	65
実数（人）	24,195	12,978	37,173	

資料）『文部省年報』昭和10年度より作成。

る、専門学校側からの厳しい批判が込められていると見るべきだろう。

同様の問題は、他の専門教育の分野にも広がっていた。それを知るために二つの表を見ておこう（表1-1、1-2）。大正四年（一九一五）と昭和一〇年（一九三五）という二時点での大学・専門学校の卒業者の専門分野別の構成を見たこの二つの表は、その二〇年間にいかに大きな変化が生じたかを教えてくれる。

まず、高等教育機関の卒業者数は八千人から三万七千人へと四・六倍に増えた。とくに大学卒は一六〇〇人から一万三千人へと八倍に急増し、高等教育卒業者に占める大学卒の比率も二〇%から三五%に上昇した。高等教育、とりわけ大学の「大衆化」が進行し始めたのである。そして、新設大学の事実上すべてが専門学校からの昇格校であったから、大衆化は「大学の専門学校化」として認識されるようになった。

社会系の専門教育

社会系の専門教育は、帝国大学以外の大学の設置が認められなかった時代に、多数の法学系私立専門学校の出現という形で始まった。法学は、帝国大学でも最重要視された専門分野であり、卒業者数では大学・専門学校ほぼ同数という時代が長く続いた。経済学と商学は、法学に遅れて専門学校中心に発展したが、大学令以降、経済学は大学主体となり、商学でも大学の比重が増した。卒業者の急増は何よりもその法・経・商の社会系で、また専門学校卒（三三％→四三％）よりも大卒（三九％→五三％）の増加を中心に、進行した。私立大学の大量昇格がもたらした経済学・商学中心の「サラリーマン予備軍」の増加が、一方では就職難の激化を招き、他方では教育内容の重複を顕在化させ、学歴による「階級的差別」を自覚化させる役割を果したのである。

商学教育の問題は先に見たとおりだが、法学教育についても教育審議会の整理委員会で大学とは別個に専門学校で法学教育を行う意味が問われている。ヒアリングの対象になった私立大学の専門部法科の関係者の回答は、大学では「専門的ニ学術的ニ教」えているのに対して、専門部では「法政ノ常識ヲ養フ」ことに主眼を置いていると、その役割の違いを強調するものであった。しかし同時にその関係者は自校の場合、大学卒とほぼ同数の専門部卒が高等文官試験に合格していること、「第一線ニ立ツテ実務ニ従事スル」ところに専門学校卒業者の役割があるのに、逆に最近ではそこに大学卒が入り込んでいることを併せて指摘している（米田『高等教育改革』二〇〇―一頁）。法学の場合にも、職業人養成という点で両者の機能的な類似性・共通性が強まる一方であったことがわかる。

理工系の専門教育

社会系と違って、教育内容の専門性が高い理工系の場合には、実業専門学校のほとんどが官立ということもあって、明治以来、理論重視の帝国大学卒と応用重視の専門学校卒という棲み分けがなされてきた。しかし、とりわけ第一次大戦後の重化学工業化の進展とともに、技術の高度化と理論的基礎の重要性が増した工学教育の分野では、昭和期に入る頃から専門学校と大学の「階級的差別」を疑問視する声が強まり、それが高等教育の二段階化、すなわち専門学校と大学の制度的統合の要請につながっていった。

たとえば昭和九年（一九三二）の日本工学会の「工業教育制度改革案」は、小学校七年・中等学校五年・大学四年の新学制を提唱し、高等学校・大学予科は廃止、「学術ノ蘊奥ヲ究ムル者」のためには大学院を置いて「大学卒業者ヲ考試」して入学させるとしている。その理由は「工業専門学校ハ中等技術者養成機関トシテモ高等技術者ノ養成機関トシテモ適当」ではなく、また「高等技術者ノ養成機関トシテ大学ニ達スルニハ普通学ノ階段徒ニ多ク、其ノ結果修業年限ノ延長ヲ招来」している、というものであった（『日本科学技術史大系』第一〇巻、一八九—九〇頁）。

教育審議会の有力委員の一人であり、東京帝大工科大学の卒業者で名古屋高等工業学校長の西田博太郎も、昭和一三年に、「現在の綜合大学の工学部及び工業大学なるものの内容が、既に工業専門学校の夫れと多くの軒輊を見ざるものに成りつつある」として、専門学校の四年制化を主張している。「研究と云ひ設計と称するものは事業の性質によって深浅難易著しく異り、現在の大学を出でたるもの必しも効を奏せず、現在の専門学校を出でたる者必しも不適ではなく、一に担当技術者の素質如何にある」というのが、西田の認識であった（同書、一九六—七頁）。

法商経の社会系と同様、理工系の場合にも、企業では大学と専門学校卒が同一の職場・職務で競い合うことが多い。その一方で、帝国大学のみに置かれた理学部がますます研究志向を強めるのと対照的に、工・農の応用的分野では大学における応用・実践重視、専門学校における基礎理論重視が進行しつつあった。両者の距離は着実に縮まり始めていたのである。

複雑な医歯薬系

医師・歯科医師・薬剤師という資格職業に直結した医歯薬系の専門教育の場合は、さらに複雑であった。医師資格の取得につながる医学教育は大学と専門学校の二層に分かれ、専門学校卒の医師が多数を占めてきたが、早くから大学への一元化論があり、大正七年の大学令施行を機に官公立医学専門学校はすべて単科の医科大学への昇格を果たした。問題は私立医専であり、二校は昇格を認められたが、大学設置を認められていない女子系の一校と、昇格に必要な要件を満たすことのできない医専一校が残されることになった。

その一方で、開業医を主とした関係者の中には、予科を含めて七年間の教育期間と多額の学費の必要な、医学部・医科大学への一元化に反対する者が少なくなかった。一元化によって「崇高なる理論に通暁せる博識ある学徒の各大学より輩出」されるようになったが、「実地診療に経験ある真の臨床家は誠に寥々たるもの」である、とりわけ地域医療にかかわる開業医には「学問である高級な医学よりも診療を目的とする医師の多数が必要」だ、「専門的研究を要する事項は別として普通一般的病症は医専教育で十分治療され得る」というのが彼らの主張であり、大正末から昭和初年にかけて、新たに医専の新設を企てる者が次々に現れ、消滅するはずだった医専は昭和一〇年（一九三五）の時点で八校（すべて私立、うち女子系三校）に増える結果になった（天野『高等教育の時代』下、三〇四―九頁）。それだけでなく、戦時体制への突入とともに高まった軍医の養成需要もあり、政府自身が一元化政策を棚上げせざるを得なくなり、昭和一四年には一三の帝大医学部・官立医大のすべてに「臨時附属医学専門部」を開設するに至っている。

こうした医育の一元化問題の揺らぎは、教育審議会であらためて取り上げられ、官立医科大学の医専への格下げ論が飛び出すなど紛糾したが、文部省側の「官立に関して大学に統一したとはいえ、医学教育の制度そのものの大学・専門学校の二本立ての制度をやめたわけではない」という、現状追認的な苦しい発言で収拾が図られている（米田『高等教育改革』二二二―三頁）。「医学ハ大学教育ヲ以テ本則トナスモ専門程度ノ教育施設ニ関シテモ之ガ整備充実ヲ図リ就中診療実習施設ノ完備ヲ期スル」というのが、この問題についての答申内容であった［十］。同一の医師資格を取得するための医学教育が二層に分かれ、専門学校卒が半数近くを占めるという状態は、こうして第二次大戦後まで続くことになる。

医療系専門職のうちで一段低く見られていた歯科医師と薬剤師の専門教育は、医師と違って昭和年代に入っても、全面的に専門学校によって担われていた。

薬学の場合、東京・京都の両帝大の医学部に創設当初から薬学科が置かれていたがその規模はごく小さく、薬学教育は官立医専の、これも小規模な薬学科（大学昇格後は附設の薬学専門部）と私立の薬学専門学校によって担われてきた。昭和一〇年の時点で薬専の数は官公立六校（うち附設専門部三）、私立一〇校（うち女子系六校）であり、薬学卒業者の九八％までが専門学校卒業者で占められていた（天野『近代日本高等教育研究』三一六―七頁）。専門学校と大学の間には、前者は薬剤師の養成、後者は主として薬専の教員養成という形の棲み分けが成り立っていたことがわかる。

大学に専門教育の課程の置かれていない歯学については、薬学の場合以上に専門学校、それも私立専門学校卒の世界であった。官立の東京高等歯科医学校が設立されたのは昭和三年になってからであり、歯科医師の養成はもっぱら、昭和一〇年時点で六校（うち女子系二校）の専門学校に依存していたことになる。歯学については棲み分け以前に、それを大学レベルの教育が必要な専門分野として認知するかどうかという問題が存在したのであり、教育審議会では唯一の官立校の校長からのヒアリングを中心に、歯学部あるいは単科の歯科大学の設置を認めるべきかをめぐって議論が戦わされた。しかし委員の間に「歯科医学というものが医学の一部なのかそれとも独立した領域なのか、独立した領域だとしてもそれは学問なのか技術なのか、といった基本的性格についての了解」がなく、歯学部や歯科大学の是非という制度改革レベルでの議論が繰り返されるだけで、意見が収斂するに至らず、「大学程度ニ於テ整備スル」という曖昧な形で決着が図られることになった（米田『高等教育改革』二二一―八頁）。

答申の歯科医学に関する項［十二］には「歯科医学ニ関シテハ大学程度ノ教育施設ヲモ考慮スルコト」とあり、委員長説明は、この分野には「今日充実セル大学程度ノ教育ヲ欠クノ実状ニ顧ミ（中略）適当ナル教育施設ニ付考慮」する必要がある、「具体的内容等ニ関シテハ、政府ニ於テ研究ヲ遂ゲ、適当ニ善処セラレンコトヲ希望」する（『資料　教育審議会（総説）』二五五頁）というものであったが、答申に沿った政策的な措置は、結局とられることなく終わった。

新専門分野の出現

こうした議論の過程で浮き彫りにされたのは、大学令に規定された「法・医・工・文・理・農・経済・商」の八学部以外の学部を新設するには、大学令自体の改正が必要であり、そのためには学部の名称に示された専門分野が「理論及応用ヲ教授」し、またその「蘊奥ヲ攻究スル」にふさわしい独立の学問分野であること、言い換えれば大学で教育研究されるべき学問としての正統性を持つことが証明されなければならないという、高等教育機関としての大学と専門学校の目的規定にかかわる、困難な問題の存在であった。歯学が独立の学問分野とするには未成熟であり、主として技術に専門性があるのなら医学の基礎の上に歯科技術を教育し、資格的にも医師の資格を取得したものにさらに歯科学を教授する大学を造ればよいことになるが、それは従来からの歯科医学専門学校の将来にもかかわる、容易に答えの出しがたい問題であった。

大学教育の必要な学問・専門分野としての認知の問題は、他の分野にも存在した。たとえば、家政学と女子大学の問題がそれである。

大正末から昭和初期にかけて急増した女子専門学校に開設されていたのは、主として英文・国文等の文学系学科と家政科、それに裁縫等の技芸科であった。このうち技芸教育についてはそれが、専門学校の目的規定にある「高等ノ学術技芸」に相当しないという文部省の見解から長い間、専門学校の学科として認められず各種学校扱いされ、関係者の努力と運動の末、大正一一年（一九二二）になってようやく認知されたことが知られている（天野『高等教育の時代』上、三四六―七頁）。そして女子大学の設置を認めるかどうかが議論になるとともに、今度は家政学が問題にされることになったのである。

女子大学の設置を認めるとすれば、一般の大学の文学部にも置かれた国文や英文はよしとして、開設数の多い家政科・技芸科を大学の学部・学科として認めるかどうかが問題になる。また、後で述べるように、中等教員の養成を専門学校でなく大学で行うとする教員養成制度改革の議論も進んでいた。女子大学は文学系だけでなく、家政系・技芸系の女子中等教員の養成の役割も担わなければならない。大学令を改正して家政学を学部の一つに認めるのか、別途「女子大学令」を用意して「家政大学」の設置を認めるのか、学問分野として未成熟な家政学を学部でなく学科にとどめるのかなど、女子高等学校の制度化とも絡んで議論は紛糾した。結局、女子大学は大学令による設置を認め、家政学は文学部ないし理学部の一学科として認めるという妥協的な線で決着がつけられたことは、前節の女子大学の項で見たとおりである（米田『高等教育改革』一九一―四頁）。

このように、家政学が学問として一つの「学部をつくり得るだけの幅」を持っているかどうかが問題にされた際、同様の問題を抱える専門分野として、先の歯科医学の他、水産・養蚕・鉱山などの例も挙げられている（米田『中等教育改革』三九〇頁）。委員の中には、これら特殊な専門分野については、幅は狭いかもしれないが奥行きが深いのだから、単科大学の設置を認めるべきではないかという意見もあった。しかし、臨時教育会議の際の専門学務局長で、九州帝大総長等を歴任した松浦鎮次郎の「狭イモノデ大学ヲドンドン拵へ出スト非常ニ恐シイ」という意見に見られるように、大学関係者は専門学校の大学化につながる、特殊領域の単科大学構想には消極的であった（米田『高等教育改革』一五二―三頁）。

しかし同時に、大学と専門学校に共通の教育目的として掲げられた「学術技芸」が、全体的として高度化し専門分化して、新しい専門分野が次々に出現し成長を遂げていく中で、それらを大学に限らず専門学校を含む高等教育の対象としてどこまでどのように認めていくのかが、避けて通ることのできない問題になりつつあったことも事実である。教育審議会の審議は、それまでの学制改革論議で見過ごされてきた、単純な学校体系の三段階化論や専門学校と大学の制度的な統合論だけでは解決しがたい、そうした新しい課題に直面せざるを得なくなっていたのである。

総力戦体制への対応

専門学校関連の答申に戻ろう。

答申を読んで気づくのは、大学については遠慮がちであった総力戦体制化に伴う国家的要請への対応姿勢が、専門学校の場合により積極的で、答申の全体を貫いている点である。それは「皇国ノ道ヲ体シテ専門ノ学術技芸ヲ修メシメ国家思想ノ涵養、人格ノ陶冶ニカムル」という、大学の場合と同様の目的規定の後に、それを達成する方策として挙げられた、「教育ヲシテ産業、文化ノ実際ニ即セシムルヲ旨」とし、実業専門学校については「特ニ経済産業ノ国家的意義ヲ明ラカニシ産業ヲ通シテ国ニ報ユルノ精神ニ徹セシムルコト」［五］という文言に、象徴的に示されている。

研究重視の大学と異なり、専門学校に関する答申の主眼は何よりも実業専門学校を中心に各種の実践的な職業人養成の推進を図り、国策に全面的に協力することに置かれていたのであり、それは答申の、「産業発展の趨向ニ随ヒ実業専門学校ノ拡充整備ヲ図」り、さらに「産業ノ専門化ニ伴ヒ必要ナル単科実業専門学校ノ創設ヲ考慮スルコト」という答申の第六項に端的に表現されている。委員長のこの項についての説明は、実業専門学校の「刷新振興」にかかわる「計画ニ当リテハ国防ノ充実、生産力ノ拡充等ニ関スル国策ニ順応シ、日満支ヲ一体トセル経済産業ノ根本国策ニ協力スルノ要」があるという、あからさまなものであった（『資料　教育審議会（総説）』二五三頁）。

答申はそれ以外に、これまで整備が遅れてきた、あるいは新たに整備が必要になった専門分野として「拓殖及貿易」、「海運」、「水産」、「体育」、「美術・音楽」、「工芸」を挙げ、それぞれに一項［七、八、九、十二、十三、十四］をあてて必要性を説いている。オーソドックスな学問分野に対応した、しかも八種に限られた大学学部と違って、専門学校については、「学術技芸」の専門分化や新しい人材需要に応じて、新学科や単科の専門学校の設置を奨励し、国策に対応するだけでなく高等教育「大衆化」の受け皿として、制度の積極的な活用を図る方向が鮮明に打ち出されていることがわかる。

答申のそれ以外で注目されるのは、次のような項目である。

第一は、答申の中で繰り返し言及されている、実業専門学校の教育に関連した項目である。「実業専門学校ニアリテハ産業界ト緊密ナル聯絡ヲ保チ実地ノ修練ヲ積マシムルノ方法ヲ攻究スルコト」〔十八〕、「専門学校ニ於ケル研究施設ノ整備充実ヲ図ルコト／必要ニ応ジ研究機関ヲ附置スルコト」〔十九〕、「実務従事者ニ対シ夜間其ノ他ノ機会ニ於テ専門教育ヲ施ス適当ナル施設ヲ整備充実スルコト」〔十七〕、の三項がそれだが、学生の教育の実務化・実践化の必要性を強調するとともに、専門学校においても教員と学生の自発的な研究活動のため、施設設備の整備を図る必要が説かれている。また、「実務従事者ニ向上ノ希望ヲ与」え、「産業其ノ他ノ振興」を図るためとして、成人対象のパートタイム教育の機会の開設を求めている点も重要である。想定されていたのは、戦時色が濃くなる中、慢性化した技術者不足に対応するための現職者の再訓練・技術向上であったと見てよいだろう。

第二は、女子専門学校教育についての、「女子ノ専門学校ニアリテハ特ニ婦徳ノ涵養ニ留意スルコト」〔五〕、「我ガ国女子ノ特性ヲ顧慮シ女子ノ専門教育ヲ整備充実スルコト」〔十六〕という、女子大学関連の答申にはない女子専門学校だけの、いわば念押し的な項目である。総力戦の遂行には、「銃後の守り」にかかわる人的資源として女子の動員・活用は不可欠であり、女子系の専門学校には、従来からの文学系・家政系の中等教員養成を大きく超える期待がかけられるようになっていた。とりわけ、戦線の拡大とともに従軍する医師・薬剤師が増加の一途をたどる中、地域医療の担い手となる医師・薬剤師の不足を補うために、女子の医専や薬専の整備拡充が、喫緊の課題になりつつあった。また、男子職員の徴兵や動員が進む一般の企業や官公庁でも、職員として採用される高学歴女性の数が増えつつあった。であればこそ、あらためて「女子ノ特性ヲ顧慮」し、また「婦徳ノ涵養ニ留意」することが求められたのであろう。「内外ノ重大ナル歴史的世局ニ直面」しているいまこそ、「我ガ国女子ノ特性ヲ顧慮シツヽ、或ハ母性トシテ主婦トシテ須要ナル高等ノ教養ヲ目的トシ、或ハ特定ノ女子専門教育ノ施設ヲ整備シテ其ノ内容ノ充実ニ力メ」る必要があるというのが、委員長の説明であった（同書、二五六頁）。

第三に、答申は「専門学校ノ設置、学生定員等ニ関シテハ国家ノ必要、学制ノ全体聯関其ノ他各般ノ事情ヲ考慮シ之ガ企画ノ適正ヲ期スルコト」［二十七］を求めている。同様の項目は大学関連の答申にもあったが、「学生定員」にまで踏み込んでいる点で異なる。委員長説明は「特ニ実業専門学校等ニ関シテハ国家ノ産業政策、地方産業ノ実情等ニ即シテ遺漏ナキ計画ヲ樹テ、且其ノ地方的配置ヲ適正ナラシメ」ることが必要だとして（同書、二五九頁）、戦時の人材養成需要に即応する、計画的な学校新増設と地域配置を求めている。この国策に沿った技術者養成主体の人材養成計画が、実業系専門学校の拡充政策として戦時下に具体化されるのは、後で見るとおりである。制約されていたとはいえ自治と学問の自由を認められた大学に対するのと同様の敬意や配慮は、ここには見ることができない。専門学校、とりわけ官立実業専門学校の教育は、国家権力の直接の統制下に置かれることになるのである。

第四に、大学附属の専門部の整備・充実を求めた項目がある。「大学ニ専門部ヲ附属セル場合之ガ質的充実ヲ期シ教員組織其ノ他必要ナル施設ノ整備ヲ図ルコト」［十五］とあるのがそれである。私立大学の母胎となった私立専門学校が、大学昇格後も附属の「専門部」の形で残り、しかも私立大学や独立専門学校に比べて、極めて大きな規模を保っていたことは、先に指摘したとおりである。昭和一〇年（一九三五）時点の私立セクターについて見れば、大学二五校、独立の専門学校九二校に対して大学附設の専門部は一九にすぎなかったが、入学者数で見ると、大学八六〇〇人、独立専門学校一万一三〇〇人に対して、附属専門部は一万三一〇〇人にのぼっていた。同じ年の私立高等教育機関入学者（高等学校・大学予科を除く）の実に四〇％までを、二〇校足らずの附属専門部が占めていた計算になる（天野『高等教育の時代』上、三五七―六二頁）。

その専門部は、多くの私立大学にとって重要な収入源であったが、教員の多くは大学と兼任で、施設設備も大学と共用であるか貧弱であり、教育の質という点から多くの問題を抱えていた。「専門部ハ今日極メテ多数存在スルニ拘ラズ、多クハ其の施設、内容共ニ不備ニシテ甚ダ閑却サレタル傾キナシトシナイ」ので独立を促進するか、「専任教員其ノ他必要ナル施設ノ整備ヲ図」るべきだという委員長説明は、そうした専門部の問題含みの実態を伝えるものといえよう（『資料　教育審議会（総説）』二五六頁）。しかも附属専門部の圧倒的多数を占めていたのは、法商経の社会系の学生たちであり、就職難の元凶視されてきただけでなく、国策に沿った人材養成という点での偏りも指摘されていた。日米開戦後に強行されることになる定員削減や理工系への転換政策の標的とされたのは、これら私立大学附属の法商経系の専門部に他ならなかった。

5　教員養成問題の登場

複雑な教員養成システム

教育審議会の重要な特徴の一つは、それが中等学校教員の養成問題を、しかも高等教育改革の一環として取り上げた点にある。なぜ、中等教員の養成問題なのか。それはわが国の学校教育制度の中で、中等教員に限らず教員養成が、「師範教育制度」として他の学校系統と分離された、独自の教育系統を作ってきたこととかかわっている。教員養成と高等教育の関係は、第二次大戦後の「新制大学」制度発足時に最重要の争点の一つとなるのだが、その発端は戦前期にある。なぜこの時期に教員養成が高等教育改革の重要課題として浮上してきたのか、中等教員の養成問題を中心に見ることにしよう。

教員の養成については明治以来、初等教員は（尋常）師範学校、中等教員は高等師範学校が担うものとされてきた。中等学校の種類としては、中学校・高等女学校（実科女学校を含む）・実業学校・師範学校の四種があり、明治三〇年（一八九七）の「師範教育令」によれば、高等師範学校はこのうち「師範学校尋常中学校及高等女学校ノ教員タルヘキ者ヲ養成スル所」とされていた。実業系の科目を担当する実業学校の教員養成については、別途、「実業学校教員養成規程」（明治三二年）が用意され、中等学校卒業を入学資格とする農業・工業・商業の各教員養成所が、帝国大学や官立実業専門学校に附設されていたことを付け加えておこう。

高等師範学校は、師範学校および中学校、高等女学校卒業者を入学させる四年制の、専門学校に準ずる官立高等教育機関であり、昭和一〇年（一九三五）の時点で男子・女子各二校の四校が置かれていた。この他、昭和四年には男子系二校の高等師範を基盤に、これも中等教員の養成を主目的とする、しかし「大学令」に準拠する大学として二校の文理科大学が新設されている。

しかし、このわずかな数の官立養成機関だけでは中等教員需要のすべてをまかなうことは困難であり、文部省は別途定められた「教員免許令」（明治三三年）による免許状の授与制度を通して、高等師範以外の供給源を確保し不足を補う政策をとってきた。同令によれば、中等教員となるために必要な免許状は、教員養成を目的とした官立学校の卒業者には無条件で授与し、それ以外の者は「教員検定」に合格する必要があるとされた。その検定は「無試験検定」と「試験検定」に分かれ、「無試験検定」の対象はさらに、文部大臣の「指定学校」卒業者と「認可学校」卒業者の二種類に分かれていた。つまり中等教員としての免許状取得には、①検定を必要としない官立の養成目的学校卒業、②無試験検定合格（指定学校卒業）、③無試験検定合格（認可学校卒業）、④試験検定合格の四つのルートがあり、この他に⑤免許状を持たない教員の任用も認められていたから、供給源は実質的に五つに分かれていたことになる。

具体的にいえば①は高等師範学校・文理科大学の他、臨時教員養成所、東京美術学校・音楽学校師範科のいずれも官立校、②は文部大臣の「指定」を受けた官公私立大学と官立の専門学校、高等学校など、③は同じく「認可」

表 1-3　中等教員の教育経歴（昭和 6 年）

(%)

	師範	中学	高女		
			男	女	計
① 無検定	45.1	20.8	18.5	28.4	23.1
高等師範	35.0	12.6	10.1	20.4	14.9
養成所	10.1	8.2	8.4	8.0	8.2
②③ 無試験検定	31.3	48.2	45.1	50.1	47.4
大学	13.9	17.3	15.4	1.6	9.0
その他	17.4	30.9	29.7	48.5	38.4
④ 試験検定	15.5	17.4	20.3	9.9	15.5
⑤ 無資格	8.1	13.6	16.1	11.6	14.0
合計	100.0	100.0	100.0	100.0	100.0
実数（人）	2,525	13,743	8,155	7,046	15,201

資料）『文部省年報』昭和 6 年度より作成。

を受けた公私立の専門学校や各種学校、④は「文検」と呼ばれ、難関として知られた文部省の「師範学校中学校高等女学校教員検定試験」を指していた。

この複雑な養成システムの問題点は、最も正統的な高等師範卒を中心とした①のルートが、中等教員全体のごく限られた部分しか供給し得ていない点にあった。昭和六年時点の数字を見ると（表1-3）、高等師範等の「目的学校」の卒業者は、師範学校ではさすがに四五％と半数近くを占めたものの、中学校（二一％）・高等女学校（二三％）では、その比率は二割強にすぎなかった。中学校・高等女学校とも、多数を占めたのは②指定・③認可の諸学校、それも「その他」に分類された専門学校、より具体的には私立専門学校の卒業者であり、④試験検定合格と⑤無資格任用の教員も、それぞれ一五％前後を占めていた（天野『高等教育の時代』下、三〇五―七頁）。

なお、文部省の指定・認可を受けるにあたっては、明文化された基準や要件、事後的なチェックの仕組みがあったわけではなく（米田『高等教育改革』五六七―七〇頁）、また「無試験検定」の合格率も、たとえば約一万四千人が出願した昭和一一年で九一％と著しく高かった（天野『高等教育の時代』下、三〇七頁）。指定・認可を受けた学校（学部・学科等）を卒業していれば、ほぼ間違いなく中等教員の免許状を取得できるというのが実態だったのである。制度の建前とはかかわりなく、中等教員養成のシステムは量的に見れば「正系」である高等師範・文理大ではなく、「傍系」の、私立を主体とした大学・専門学校中心に形成されており、また質的にも問題をはらんでいたことがわかる。

「大衆化」の衝撃

昭和期を迎えて、こうした多元的で水準維持の仕組みを欠いた中等教員養成システムの問題点を表面化させる役割を果たしたのは、何よりも中等教育と高等教育の双方で進行し始めた進学率の上昇と進学者数の増加、それがもたらした教員需要の増大、すなわち「大衆化」の進展である。文部省推計によれば、同年齢人口比で見た中等教育の在学率は大正九年（一九二〇）の二五・〇％から、昭和一〇年（一九三五）に三九・七％、一五年には四六・〇％まで、また高等教育のそれも同期間に、一・六％から三・〇％、三・七％へと上昇している（『日本の成長と教育』一八一頁）。中等教育は昭和戦前期にすでに、「エリートからマスへ」の段階移行（トロウ『高学歴社会の大学』二一―六頁）を終えていたことがわかる。

大正後半から昭和戦前期にかけて、中等教育がいかに急速にその段階移行を果たしたかは、表1-4に見るとおりである。人口増と進学率の上昇から、中等教育の学校数・教員数・在学者数とも急増し、「大衆化」の担い手も学校種でいえば中学校から高等女学校へ、さらには実業学校へと移行していった。学制改革論議の焦点の一つであり、教育審議会の答申にも書き込まれた中等教育の制度的な統合は、そうした「エリートからマスへ」の段階移行の避けがた

表1-4　中等学校の学校・教員・生徒数

（人）

	学校数	教員数	生徒数
大正9年			
中学校	368	7,665	177,201
高等女学校	514	6,566	151,286
実業学校	279	4,336	84,440
師範学校	94	1,766	21,833
合計	1,255	20,333	434,760
昭和10年			
中学校	557	13,906	340,657
高等女学校	974	15,917	412,126
実業学校	961	15,876	333,939
師範学校	102	2,283	19,066
合計	2,594	47,982	1,105,788
昭和15年			
中学校	600	15,798	432,288
高等女学校	1,066	19,066	555,589
実業学校	1,206	22,496	535,829
師範学校	103	2,566	22,402
合計	2,975	59,926	1,546,108

資料）『学制八十年史』より作成。
注）高等女学校には実科女学校を含む。実業学校は甲種のみ。師範学校は第一部のみ。

い帰結に他ならず、それは同時に、二〇年間で二万人から六万人と三倍に膨れ上がった中等教員の量と質を確保するための、養成システムの抜本的な改革を求めずにはおかなかった。

こうして改革への要請は高まったが、委員の一人である松浦鎮次郎の「此ノ儘デハ之ヲ存続スルコトガ難シイのは確かだが、解決策を見出すのは容易ではない、それが得られれば「審議会ノ大イナル収穫ト申シテモ差支ナイ」という発言（米田『高等教育改革』一二三頁）に見られるように、複雑化した養成システムの抜本的な変革は簡単に答えの出せる問題ではなく、教育審議会での議論の紛糾は避けられなかった。しかも、議論はそれだけでは終わらなかった。中等教育の大衆化は同時に、その一部とされてきた師範学校の制度上の位置づけ、さらには高等師範学校と文理科大学の関係の再検討を求め、ひいては明治以来、独立の教育系統を作り発展してきた師範教育制度と、正規の学校教育制度との統合の是非という、根本的な問題を投げかけるものだったからである。

専門学校化する師範学校

師範教育制度はもともと、初等教員の養成を主目的に設けられたものである。中等教育レベルに位置づけられたその（尋常）師範学校だが、明治四〇年（一九〇七）の「師範学校規程」によれば小学校卒業後、さらに三年間の高等小学校教育を経た生徒を入学させ、府県立で給費制をとり、四年間の教育を施し、卒業者には奉職義務を課すという特異な学校であった。教育目的もさることながら、制度を分かつ上で重要な意味を持ったのは、何よりも接続関係の独自性である。六年制の尋常小学校卒を入学させる他の中等学校と違って、師範学校は高等小学校卒を入学させるのが原則であり、しかも高等小学校は実際には二年制主体で三年制は限られていたから、大多数は高等小学校終了後一年の空白期間を経て入学するという変則的な状態にあった。師範学校は独立というより分離され、隔離された教育系統を作っていたことになる。

その「師範学校規程」にはまた、従来の課程を第一部とし、それとは別に中学校・高等女学校卒業者を入れる、一年制（高女は二年制）の第二部を設置することができるという一項が設けられていた。つまり、明治四〇年の時点で、特異な接続関係を持つ第一部とは別に、尋常小学校から中学校や高等女学校へという通常の教育系統の卒業者にも、「第二部」の形で師範学校進学と初等教員への道が開かれたのである。中学校・高等女学校卒業者の中に、初等教員を目指す者が増え始めた現状に対応するための措置であったが、本来傍系であるはずのその第二部がやがて、第一部と肩を並べ、さらには上回る規模に成長を遂げていくことになる。こうして大正から昭和にかけて、中等教育の大衆化の進展とともに、第一部と第二部のどちらを初等教員養成の主体とするのか、第一部の接続関係をどうするのか、第二部の年限延長の必要はないのかといった、師範学校・師範教育をめぐる新しい問題が次々に浮上し、それが高等師範学校・中等教員養成問題にも影響を及ぼすようになったのである。

師範学校制度をめぐるこうした問題は、大正前期の臨時教育会議でも、当然審議の対象とされたが、接続関係の改善も第二部主体への移行も、答申に盛り込まれるには至らなかった。その後、文政審議会の審議を経て大正一四年（一九二五）、ようやく第一部について入学資格を二年制の高等小学校卒業とし、年限を五年に延長すること、さらにその上に一年制の専攻科を設置することが認められた。第二部については昭和六年（一九三一）になって、修業年限の二年への延長と、第二部のみを置く師範学校の設置が認められることになった。その際の文部省の説明は「第二部ハ年々入学志願者ノ激増ヲ見ルノミナラズ其ノ新卒業者ノ数寧ロ本科第一部ノ新卒業者ヲ超ユルノ情況ヲ呈スルニ到レリ斯ノ如クニシテ本科第二部ヲ以テ教員養成上猶本科第一部ノ補充的地位ニ在ラシムルコトハ事実ニ於テ認メ難キニ至リタルヲ以テ今回多年ニ亘レル小学校教員養成ノ組織ヲ改メ本科第二部ノ修業年限ヲ二年ニ延長シテ其ノ師範教育ヲ充実シ以テ本科第一部ト対等タラシメ之ト併行シテ共ニ小学校教員養成施設ノ本体タラシムルコト」にした、というものであった（『学制七十年史』二六二頁）。

中等教育の「大衆化」が進行し、第一部主体のままでは優秀な生徒を他の中等学校に奪われ、また給費制による養成ではコストがかさみ、質・量ともに十分な教員を得ることが難しくなる中、第二部を養成の主流に据えるという形で、正規の教育系統との実質的な統合化が進められたこと、それがさらなる年限の延長と「専門学校」への昇格を、次の政策課題に押し上げていったことが知られる。

師範学校の改革論議

教育審議会における審議は、こうした師範教育の変革の流れを踏まえて進められ、昭和一三年（一九三八）一二月にまず、小学校六年と高等小学校二年を合わせた八年を義務制とする「国民学校」制度の創設と同時に、それに見合った師範学校の改革を求める答申が出された。それは給費制・奉職義務など従来からの独自性は残したまま、「修業年限ハ三年トシ、中等学校卒業程度ヲ以テ入学資格トスル」という形で、師範学校の高等教育機関化、専門学校レベルへの「昇格」を求めるものであった（『資料　教育審議会（総説）』一三八―四一頁）。委員長は「特ニ慎重検討ヲ加」えた上での結論だと断わりつつ、その趣旨を「新制師範学校ニ於テハ時代ノ進運ト国民基礎教育義務制ノ拡充整備トニ伴ヒ、従来ノ第一部及第二部ノ区別ヲ撤廃シテ之ヲ一元化シ、中学校高等女学校及是等ト同程度ノ実業学校等広ク各種ノ中等学校卒業程度ヲ以テ入学資格トシ、中等教育ノ基礎ノ上ニ国民学校教員トシテ必要ナル教育ヲ施スコト」にしたのだと説明している（同書、二一〇頁）。師範学校は、統合が予定された中等学校に直接続する、「専門学校」と同一水準の高等教育機関として、正規の学校体系の一部に組み込まれることになったわけである。

師範学校がこのように三年制になることは、初等教員と中等教員という養成目的の違い、それに三年制と四年制という年限の違いはあっても、師範学校と高等師範学校とが高等教育機関として制度上対等の位置づけとなり、高等師範学校だけでなく、それを中心に組み立てられてきた中等教員の養成システム全体の見直しが必要になったことを意味する。中等教員の養成は、高等師範学校や専門学校に委ねたままでよいのか、大学段階に引き上げる必要はないのか、高等師範と文理科大学の関係はどうするのか、高等師範学校、さらにいえば師範教育制度そのものがこれまで通り必要なのか、教育審議会はそうしたさまざまな問題に答えを求められることになった。

大学による中等教員養成

こうして審議会では、師範教育の全廃論と存続拡大論を両極に多様な意見が戦わされたが、それを集約するものとして昭和一五年（一九四〇）九月に、高等教育に関する答申の一部として、「中等学校教員、高等学校教員及師範学校教員ノ養成及検定ニ関スル要綱」という長い表題を持つ答申が出されることになった。全体で二〇項にわたるその要綱（『資料　教育審議会（総説）』一六七―七〇頁）の主要な内容は、次のようなものであった（以下、［　］内の数字は、答申の項目番号を示す）。

まず、答申の第一項に掲げられたのは、中等学校（および高等学校・師範学校）の「教員ハ大学卒業者ヲ以テ之ニ充ツルヲ本則トナスコト」という、画期的な提言である［一］。従来の免許制度のもとでも、大学はすべて文部大臣の「指定学校」となっており、卒業者はほぼ自動的に中等教員の免許状を得ることができた。しかし、量的に見れば中等教員養成の主流は依然として、高等師範学校と官公私立の専門学校にあった。それが大学卒業者を「本則トスル」というのだから、大改革である。答申の際、委員長は「国民学校教員ノ資格ヲ専門学校程度ノ師範学校卒業者ト定メ」たのだから、「当然ノ帰結」であり、「特殊ノ教育ニ依ルコトナク、教養広クシテ明朗豁達ナル人物ヲ得ルヲ旨トシテ、一般ノ大学教育ヲ受ケタル者ヲ以テ教員ニ充ツルノ建前ヲトリ、教育者タルノ修練ハ主トシテ初任後ノ試補期ニ於テ之ニ徹セシメンコトヲ期」することとしたのであり、「之迄ノ教員養成ノ考ヘ方ニ対シテ、重大ナル転期ヲ画スルモノ」だ（同書、二五九頁）、と説明している。

ただ、委員長がさらに続けて述べているように、「需給ノ実際ニ照ラシ」てみれば、大学の数は限られており、大量に中等教員を養成・供給する基盤は用意されておらず、「未ダ俄ニ大学卒業者ノミヲ以テ供給シ難キ実情」にある（同書、二六〇頁）。そこで答申の第二項は「中等学校教員ニ関シテハ当分ノ間修業年限四年以上ノ専門学校卒業者ヲ以テ之ニ充ツルヲ得シムルコト」としている。しかし、先に見たように四年制の専門学校自体、答申を受けてこれから増やしていこうというのだから、それでは対応策になり得ない。答申は、第二項の後段に「修業年限三年ノ専門学校ヲ卒業シテ教員タラントスル者ニ対シテハ更ニ一年間適当ナル施設ニ於テ必要ナル教育ヲ受ケシムルコト」と付け加えることで、辻褄合わせを図っている。だが、具体的に一年間の教育をどこでどのように続けるのかについて、委員長の説明は「当該学校若クハ其ノ他ノ適当ナル施設ニ於テ必要ナル教育ヲ補足セシムルコト」にするという、曖昧で具体性を欠いたものであった（同書、二六〇頁）。

このように、大学卒業者を本則とするとしたのは確かに「重大ナル転期ヲ画スルモノ」であったが、その理想をどのように実現するのかについて、教育審議会は結局、具体的な提言をするには至らなかった。実質的な腰砕けである。その結果として、高等師範学校と文理科大学の位置づけについての答申もまた、歯切れの悪いものにならざるを得なかった。

まず、文理科大学については、制度上は大学令に準拠する大学だが「文科理科ヲ綜合シテ一学部」とし、中等学校の「優良ナル教員ヲ供給」してきた実績を評価し、これを存続させ、新たに「予科」を置くことを認めるとしている［四］。高等師範学校についても、「明治以来多年中等教員ノ養成ニ任ジ」てきた功績を認めた上で、「時代ノ著シキ進運ニ伴」い、大学卒業者を以て充て、また「特別ノ教育ニ依ラザルコトヲ以テ建前」とすることになったのだから、当然その存廃が問題になるが、慎重審議を重ねた末、教育に関する「専門学校ニ改メテ之ヲ存置」し［六］、「必要ニ依リ文理科大学及ビ特設サルベキ女子大学ノ専門部」として残すことにしたとしている（同書、二六〇―二頁）。高等師範学校制度は廃止されるものの、「教育専門学校」として実質的な存続が決まったことになる。改革は中途半端なものに終わったといわねばなるまい。

現実と理想と

こうした曖昧な決着の背後には、もう一つ、教員養成にかかわる重要な争点が隠されていたことを指摘しておく必要がある。それは教員という専門的職業における専門性の問題である。教員の養成に特化した「目的学校」としての一握りの師範学校や高等師範学校等は別として、一般の大学や専門学校の出身者が中等教員になるためには、何が資格要件として必要とされるのか。

教育審議会の審議の過程で、文理科大学から提出された提案「中等学校教員養成ニ関スル要綱」は、中等教員たる者は「大学卒業程度ノ学力ヲ有シ、教育者トシテノ修養ヲ積メル者」であることが必要だとし、その「修養」、つまりは教員養成教育の中身として(1)「本邦教育ノ精神ヲ体得シ教育者トシテノ使命ヲ自覚セシムルコト」、(2)「専攻学科ノ研究ヲ中心トシナガラ力メテ広汎ナル教養ヲ得シムルコト」、(3)「教育ニ関スル理論ヲ教授シ且教育上ノ実習ヲ行ハシムルコト」の三点を挙げている（米田『高等教育改革』一三四―七頁）。

このうち(1)は、師範教育関係者が「教育者トシテノ精神」、「教員気質」、「教師タルノ風格」など、さまざまな言葉で語ってきたものであり、教育課程に組むことも客観的にとらえ測定することも難しく、一方では師範教育の必要性の最重要の根拠とされながら、他方では批判の対象とされてきたものである。(2)は教科の専門にかかわる教育だから、中等教員にとっては必要不可欠の「修養」である。問題は(3)の教育学と教育技術にかかわる教育である。「目的学校」の場合には、当然、(3)に相当する教育がカリキュラムの一部に組み込まれている。しかし、「認定学校」や「指定学校」では、そうではなかった。卒業者は免許状の取得にあたって文部省の「検定」を受ける必要があったが、教育理論の学習や教育実習はその前提条件とされてはいなかったのである。中等教員の免許制度は、この教員という職業の専門性にかかわる部分を必修とすることも、免許状授与の要件とすることもなしに運用されてきたことになる。

そうした「検定」の実態について、教育審議会の審議の中で関係者が行った「貴重な証言記録」が、米田俊彦の研究の中に収録されているが、それは以下のようなものであった——官公私立大学と官立専門学校が多数を占める「指定学校」の場合、「指定標準」自体が定まっておらず、教育学関連の科目履修は学校によってまちまちである。また卒業者の検定については、「学力、身体、性行」の三者を対象にすることになっているものの「実際ハ学力ダケデ検定ヲ進メテ居ルヤウナ状況」で、「洵ニドウモ嘆カハシイ」。公私立専門学校主体の「許可学校」の場合には、申請校の生徒を対象に学力試験を実施し、「専門家ヲ派遣シテ教育現状ヲ観察」した上で、優良と認められる学校を認可するようにしているが、事後チェックはしていない。また教育課程は「高等師範学校ヲ標準」にするよう求めており、学則を見ると完備しているように見えるが、こちらも教育の実態まで把握しているわけではない。卒業者は平均して八五%が免許状を得ているが、「力ノ無イ者ガ相当現今出ルヤウナ状況」である（同書、五六六—七一頁）。

中等教員の資格要件として最重要視されたのは専門教科の学力であり、それも評価の基準は高いとはいえず、教職教養・教職専門に相当する教育も教育実習も、必修科目としてカリキュラムに組み込んでいる学校は限られていたのである。

こうしたお寒い実態を放置したまま、養成の軸足を一般の大学に全面的に移したのでは、中等学校教員の質の向上どころか維持すら難しい。教員養成の総本山ともいうべき文理科大学を存続させ、その「専門部」という形で高等師範学校を残すという妥協的な改革構想は、そうした危機感に支えられたものと見るべきだろう。それだけでなく、答申が軸足を移すにあたって二つの条件を付けていることも、併せて指摘しておかなければならない。「大学及専門学校ノ学生ニシテ教員タラントスル者ニ対シ必要ナル課程ヲ履修スルヲ得シムルコト」［九］、「中等学校教員試補制ヲ設ケ初任後一定期間ヲ試補トシ特ニ教育者タルノ修練ヲ積マシムルコト／前項ノ修練ヲ積マシムル為教員練習所ヲ設置スルコト」［十二］という二項が、それである。

前者についての委員長説明は、大学卒業者を中等教員の「本則」とするからには、「在学中之ニ必要ナル課程ヲ履修スルヲ得シムルヤウ配慮」することが「肝要」である、ただし「必要ナル課程トハ必ズシモ教育学、心理学等ヲ意味スルモノデハナク、要スルニ教員トシテ須要ナル学識、識見ヲ修ムル上ニ必要ナ課程ヲ指ス」というものであり、後者については「初任ノ中等学校教員ニ対シ、凡テ一定期間ヲ試補トシテ特ニ教育者タルノ修練ヲ積マシムルコト」とし、そのために「教員ノ練習所ヲ特設」して六か月ないし一年間の訓練を実施するというものであった（『資料　教育審議会（総説）』二六三―五頁）。「検定」の強化［十五］や、「再教育ニ関スル恒久的制度」の確立［十四］が求められていることも、併せて指摘しておこう。裏返せば教科に関する知識以外の、教職にかかわる専門性を教育する必要性が認識されるようになったものの、それを保証するための基盤が全く未整備であったことを、これらの項目は物語っているのである。

中等教員の養成についての教育審議会の答申は、いまから見ても画期的なものであった。しかし、その画期的な内容は同時にそれが極めて理想主義的、というより空想的なものであったことを示唆している。中等教員としての「学識、識見ヲ修」めさせる課程の内容自体が具体性を欠いていたことは、委員長の説明に見るとおりである。日増しに緊迫度を増していく戦時体制下で、多大の努力と時間、経費の必要とされる理想の改革の実現は、期待する方が無理であったというべきだろう。

特殊科目の教員養成

答申のそれ以外の部分で重要と思われるのは実業教員、女子教員、それに体育・音楽・図画及工作などの特殊な教科目の担当教員の養成にかかわる項目である。中等教育の大衆化の進展とともに、これらの教員に対する需要が急増したにもかかわらず、その供給源は小さいか未整備であり、早急な対応を迫られていたことがうかがわれる。

実業教員についていえば、表1-4に見たように、戦時体制下での大衆化の主要な担い手となったのは、工業を中心とした実業学校群であった。他の産業・職業分野の人材需要と競合するこれら実業学校の教員は、この時期、慢性的な不足状態にあり、供給源の拡大が強く求められていたことは、中等教員の「需給配分ヲ適正ナラシムルヲ旨トシ之ガ企画ノ周到ヲ期スルコト」〔十九〕という答申項目についての、以下のような委員長説明に見るとおりである——「中等学校以上ノ教員ノ供給ニ関シテハ従来全体トシテ適確ナル企画ヲ欠キ、之ガ需給ノ調節ハ多分ニ社会ノ情勢ニ支配サレ来ツタノデアリマシテ、現ニ理科及実業等ノ教員ノ如キ著シク不足セル実情デアリマス。将来ハ斯クノ如キ弊ヲ改メ、養成及検定ヲ通ジテ一定ノ国家的企画ニ依ルコト、シ、需給ノ適正ヲ期スベキデアリマス」（『資料　教育審議会（総説）』二六六頁）。

その実業教員の養成について、答申は一項を設け「大学卒業者ヲシテ実業教員タル者ヲ多カラシムル為学生ノ定員ヲ増加シ又ハ大学ノ設置ニ考慮スルコト／実業教員養成機関ノ修業年限ヲ延長シテ其ノ拡充整備ヲ図リ実業教員ノ供給上支障ナカラシムルコト」〔七〕としている。切迫感のうかがわれる提言というべきだろう。

「音楽、図画及工作ノ教員養成機関ノ修業年限ヲ延長スルト共ニ其ノ拡充整備ヲ図ルコト／体育専門学校ヲ創設シ体操教員ノ養成ニ当ラシムルコト」〔八〕という提言も、これら特殊教科の教員に対する需要の増加に対応するものだが、同時にそれには中等教員の「本則」が大学卒業とされたことが大きくかかわっていた。「本則」としたのは「之ニ依ラザル例外アルヲ予想」したからで、「芸能科、体錬科等ノ教員ノ如キハ即チソレ」だという、委員長の説明（同書、二五九—六〇頁）が、それを裏書きしている。これら教科の教員は、官立の東京美術・東京音楽の二専門学校を除けばもっぱら私立の、それも各種学校で養成されており、大学には、体育・美術・音楽等の学部はおろか、学科も開設されていなかった。「例外」を認めるにしても、専門学校の年限延長や新増設を図らなければ、大学卒業を「本則」に組み立てられた答申全体が空文化してしまう。整合性を保つために、答申は文理科大学に「新ニ体育ニ関スル学科を設」け〔四〕、また先に見たように「体育専門学校」の創設と、芸術系専門学校の「年限延長」を求めたのである。

「女子大学ヲ創設シ其ノ卒業者ヲ以テ中等学校教員、女子高等学校教員及女子師範学校ノ教員タラシムルノ途ヲ開クコト」［五］とあるように、女子大学の創設も大学卒業の「本則」化と切り離せぬ関係にあった。新しい中等学校の一部となる高等女学校の場合、女子教員の養成はこれまでわずか二校の女子高等師範学校と、公私立の女子専門学校に全面的に依存してきたが、大学卒業が原則となればどうしても女子大学の創設が必要になる。「大学卒業者ヲ以テ教員タラシムルノ建前上、女子ノ教員ニ関シテモ大学程度ノ教育施設ヲナスノ要ガアル」という委員長の説明（同書、二六一頁）は、そのことを端的に表明したものといえよう。さらにいえば、女子大学の中にはすでに校名に「大学」をうたい、「大学部」を開設している学校もあったが、廃止の予定された女子高等師範にかかわる、「特設サルベキ女子大学ノ専門部タラシムルコト」を認めるという説明からすると、答申が想定していたのはそれら女子専門学校ではなく、女子高等師範学校の大学昇格であったと見るべきだろう。いずれにせよその結果として、家政学部の設置を許されなかった女子大学には「文科及理科ニ関スル諸学科ノ外、特ニ女子教育上須要ナル家政ニ関スル学科」（同書、二六一頁）の設置が認められることになった。

このように、大学による中等教員養成という建前に沿ったいくつかの措置がとられたものの、それは大学と専門学校という二層化された高等教育システムのもとで、その建前を実体化することがいかに困難であるかを、あらためて証拠立てる役割を果したにすぎなかった。高等教育に関する他の多くの提言と同様、中等教員養成の改革構想も空文に終わり、問題は未解決のまま戦後の学制改革に引き継がれることになる。

6　決戦体制と高等教育改革

大東亜建設審議会の答申

昭和一五年（一九四〇）九月に「高等教育ニ関スル件」答申を出した教育審議会が、一六年一〇月の「教育行政及財政ニ関スル件」に関する答申を最後に実質的な審議の幕を閉じたあと（一七年五月廃止）、教育改革問題は一七年二月設置の「大東亜建設審議会」に引き継がれることになった。

日中戦争から太平洋戦争へと、戦線の拡大をひかえて声高に叫ばれ始めた「大東亜建設」のための基本計画策定を目的に設置されたこの審議会は、四部会に分かれ、教育政策は第二部会の主要な審議課題とされた。五月には早くも答申「大東亜建設ニ処スル文教政策」が出されるが、それは「教育は原則として国家みずからの手によって、国防・産業・人口等の国策からの要請にもとづく国家計画にしたがって行なわれるべきであるという、これまでになく強い国家統制の方向」を打ち出すものであった（『日本科学技術史大系』第四巻、四一八―二〇頁）。

答申はまず「基本方針」として、「国体ノ本義ニ則リ教育ニ関スル勅語ヲ奉体［戴］シ皇国民トシテノ自覚ニ徹シ肇国ノ大精神ニ基ク大東亜建設ノ道義的使命ヲ体得セシメ大東亜ニ於ケル指導的国民タルノ資質ヲ錬成スルヲ以テ、皇国民教育錬成ノ根本義」とするという、国家主義的な立場を強く打ち出し、「真ノ日本諸学ニ基キ特ニ大学教育ノ刷新改善ヲ行フ」など、「教育内容ノ刷新」を第一に掲げている。しかし答申内容を読むと、その狙いがそれ以上に、国家計画の策定を基軸とした「教育制度の刷新」にあったことがわかる。

すなわち答申は、教育は「国家自ラ之ヲ運営スベキ体制ヲ整備」すべきものであると、教育の国家責任を明記し、「国策ノ要請ニ基キ教育ノ国家計画ヲ樹立シ学校、家庭、社会ヲ一体トシテ皇国民ノ錬成ヲ行フ教育国家体制ヲ確立」する必要があることをうたい、「国防、産業及人口政策等各般ノ国策ノ綜合的要請ニ基キ左ノ如ク教育制度ヲ刷新」するとして、①「将来ノ国家需要ニ基キ人材養成計画ヲ設定シ特ニ文科的学科ト理科的学科（中略）ノ均衡ヲ得シムルト共ニ学校ノ地方分散ヲ図ル」、②「教科目ノ整理統合、教授方法ノ刷新等ニ依リ修学期間ノ短縮ヲ図ルト共ニ上級学校ヘノ進学ヲ指導統制ス」る、③「大学院等ノ諸機関ヲ整備充実シ学術研究ニ従事セントスル者ノ育成ニ力ヲ致スト共ニ実務者ノ研究機関タラシメ以テ学術文化ノ高度ノ進展ヲ図ル」、④実務者の「再教育ノ施設ヲ整備シ其ノ資質ノ向上ヲ図ル」ことを求めている。

人材養成計画の策定や、大学院の整備充実、実務者の再教育施設の整備などは、教育審議会の高等教育関連の答申でも強調されていた政策課題である。しかし、ここではさらに踏み込んで文系・理系のバランス、教育機関の地方分散、修業年限の短縮、進学の指導統制、教育課程の整理・再編などを打ち出している点が注目される。⑤「国家最緊要ノ業務ヘ人材ヲ確保スルト共ニ普ク英才ヲ育英スル為国家的給費並ニ貸費制度ノ確立等ノ方途ヲ講ズ」るとして、「国家的育英制度ノ確立」を求めていることも指摘しておこう。⑥「大学、高等学校及専門学校ハ官立又ハ公立トスルヲ原則トシ私立ノ大学、高等学校及専門学校ノ新設ハ之ヲ許サザルヲ立前トシ且既存ノ学校ノ経営ハ国家ニ於テ之ヲ管理シ必要アルニ於テハ之ヲ国家ニ移管スルモノトス」と、私立セクターを国家の完全な統制管理化に置くとしているのも重要な点である。

戦後の昭和二九年に刊行された文部省の『学制八十年史』はこの答申を、「各般の国策の総合的要請に基き、一貫せる教育の国家計画を樹立」することを企図し、「国家が必要とする人材の養成計画、国土計画に基く学校教育の再編成および地方分散」の必要性を打ち出したものとして高く評価し、「これまでの教学刷新を中心とする文教政策が総合的国土計画的な文教政策に切りかえられた」という点で、画期的なものだと位置づけている（『学制八十年史』三六四頁）。そして、この国土計画と関連づけた教育の国家計画の思想もまた、戦後の文教行政に遺産として引き継がれることになるのである。

「教育ニ関スル戦時非常措置方策」

「物的資源」調達の逼迫を「人的資源」の活用、より具体的には戦争目的の遂行に必要な教育制度の合理化・効率化・高度化によって打開しようとするこれらの提言は、教育審議会答申に比べて極めて現実的かつ具体的であり、日米開戦以後次々に政策化されていく。昭和一八年（一九四三）一〇月に閣議決定された「教育ニ関スル戦時非常措置方策」は、その集約的な表れに他ならなかった（『日本科学技術史大系』第四巻、四四九—五二頁）。

「現時局ニ対処スル国内態勢強化方策ノ一環トシテ学校教育ニ関スル戦時非常措置ヲ講ジ施策ノ目標ヲ悠久ナル国運ノ発展ヲ考ヘッツ当面ノ戦争遂行力ノ増殖ヲ図ルノ一事ニ集中スルモノトス」と、まさに非常時体制への教育の即応を要求するこの「方策」は、高等教育についていえば、次のようなドラスティックな転換を目指すものであった。

(1)高等学校については、昭和一九年度の入学定員を「文科ニ在リテハ全国ヲ通ジ従前ノ三分ノ一ヲ超エシメズ理科ニ在リテハ所定ノ拡充ヲ行フ」

(2)「理科系大学及専門学校ハ之ヲ整備拡充スルト共ニ文科系大学及専門学校ノ理科系ヘノ転換ヲ図ル」

(3)「私立ノ文科系大学及専門学校ニ対シテハ其ノ教育内容ノ整備改善ヲ図ルト共ニ相当数ノ大学ハ之ヲ専門学校ニ転換セシメ専門学校今後ノ入学定員ハ概ネ従前ノ二分ノ一程度タラシムルヤウ之ガ統合整理ヲ行フ」

(4)「女子専門学校ハ前項ノ整理ノ目標ノ外トシ其ノ教育内容ニ付テハ男子ノ職場ニ代ハルベキ職業教育ヲ施スガ為ニ所要ノ改正ヲ行フ」

(5)「本要綱実施ノ為必要アルトキハ学校及学科ノ廃止、授業ノ停止、定員ノ減少、学校ノ移転等ヲ命ジ得ル如ク法制上必要ナル措置ヲ講ズ」

(6)「学校ノ整理、転換、移転等ヲ命ジタル場合ハ政府ニ於テ之ガ補助其ノ他必要ナル方途ヲ講ズ／尚特ニ私立ノ理科系大学及専門学校ノ場合ニ在リテハ其ノ学校ノ経理上必要アリト認メタルトキハ政府ニ於テ経常費ニ付適当ナル補助ヲ為スモノトス」

この「方策」に基づいて、二か月後に閣議決定された「学校整備要領」はさらに具体的に、学校種ごとにとるべき政策的措置を記している（『文教維新の綱領』附録、一二—七頁）。

(1)**高等学校**　昭和一九年度の募集人員を、官公私立を問わず「文科学級」については一学級のみとする（ただし第一高等学校だけは二学級）。理科学級の募集人員は、官立の第一～第八高等学校は八学級、他の官立は五学級とする。公私立高等学校もできるだけ理科の増募を図る。

(2)**官公立専門学校**　理科系専門学校は整備拡充する。高等商業学校は転換と刷新整備（一部は工業専門学校に転換。一部は工業経営専門学校に転換して都市工業経営者を養成。それ以外は高等商業教育の内容を刷新し経済専門学校に）する。外国語学校は外事専門学校にする。公立理系の拡充・文系の理系転換の経費は国庫から適当額を補助する。

(3)**私立専門学校**　理系専門学校を整備拡充する。文系専門学校の転換と刷新整備（学校の種類、規模、地理的配置等を勘案して可能なものは統合し、入学定員は従来の約二分の一に削減する。可能なものは理系に転換）。理系の拡充、理系への転換に必要な経費は適当額を政府が補助する。理系については経常費も補助する。

(4)**帝国大学・官公立大学**　理系大学・学部の入学定員増（高校理科学級増に対応）を図る。商科大学の組織・教育内容を刷新し「産業経営ヲ主眼トスル大学」に転換（入学定員は従来の三分の一程度に）する。

(5)**私立大学（専門部を含む）**　理科系大学・専門部は可能な限り整備拡充する。文科系大学・専門部については、以下のように措置する——①教育内容等の刷新整備。②可能な大学の統合。③大学・予科入学定員を三分の一程度に削減。④専門部入学定員を二分の一程度に削減。⑤可能な大学・専門部については理科系専門学校に転換。⑥これら転換等に必要な経費については適当額を国庫から補助する。

(6)**女子専門学校**　「女子教育ニ関シテハ別途考究ス」る（一九年一月に別途「女子専門学校教育刷新」を発表し、従来開設の学科の他、厚生・工業・農業・経済・法律・体育・音楽等の専門学科の開設を容認するとした）。

要約しておこう。

帝国大学・官公立大学は理系の定員増を図る。それに併せてこれまで文科・理科ほぼ同数だった高等学校の入学定員を、大きく理科主体に切り替える。官公立専門学校も理系主体とし、とくに高等商業については工学系への転換を進める。私立専門学校についても理系を重視し、文系は再編統合を図り入学定員を二分の一まで削減する。文系が圧倒的に高い比率を占める私立大学も同様に、大学・大学予科・専門部とも入学定員を二分の一ないし三分の一に削り、理工系への転換を奨励する。私学の再編・転換に必要な費用は、一定額を国庫から補助する。女子専門学校には、男子と同様理工系・職業系の学科の開設を奨励する――ここに見られるのは総力戦対応の人材養成を基軸にした、高等教育の徹底した構造変革の構想に他ならない。

昭和一八年末といえば米軍の反攻が本格化し、日本の敗色がすでに濃くなり始めていた時期である。その中で打ち出されたなりふり構わぬこうした文字通りの「戦時非常措置」がどのように実施に移され、戦後に遺産として何を残したのかは、後に譲る。ここでは教育審議会以後、総動員体制の一環として教育界の外で高まった軍部や企画院主導の改革や変革への要請を、文部省自身がどう受け止めていたのかを、文部官僚の執筆による『文教維新の綱領』（昭和一九年二月刊行）を手掛かりに、見ておくことにしよう。

『文教維新の綱領』

「国民学校制度に照応して実施された中等学校、高等学校の各制度並に教育内容の根本的刷新と専門学校の制度改革および現に進行中でほぼその方向の決定を見た大学改革、私学改革、専門学校教育内容の刷新等々は、まさにわが教育体制の壮大な復古顕揚であり、真の日本教育は今日より創まると称しても過言ではない」という高い調子で始まる、その『文教維新の綱領』は、文政研究会編となっているが、執筆者全員が「第一線の課長および視学官」であり、巻頭に岡部長景文部大臣の「序」が置かれていることからもわかるように、非常時下の文教行政を総括し解説した、準公的な文書である。

「この学制の基本構造の大改革に加へて、政府は昭和十八年十月苛烈な戦局に対応すべき国民動員の重要な一環として「教育に関する非常措置方策」を決定、教育の全面的な戦闘配置を断行した。非常措置と云ひ条もとよりこの配置替へは仮り初めの間に合せではなく、さきに着手した学制改革が主として教育内容に関するものとすれば、この非常措置方策はその内容に急速に即応すべき教育の容器たる学校の新編成を主眼とするもので、両々相俟つて決戦下行学一体の文教新理念を逞しく推進せんとするものである」。ところが「かかる未曾有の教育改革の全貌に関する文部当局の意図乃至説明は、遺憾ながらまだ纏まつた形としては紹介されてゐない」（『文教維新の綱領』序、四―五頁）。

軍部と企画院主導で急進展する一連の戦時対応の改革に振り回されてきた文部官僚の、建前と同時に本音が吐露された一文である。行政の第一線にある官僚たちはそれぞれの学校種ごとに、教育審議会から「戦時非常措置方策」に至る政策の流れの総括を試みており、彼らが改革の何をどのように評価していたのかが、よくわかる内容になっている。

まず高等学校の改革だが、評価されたのは目的規定の改正である。「国防と産業の各般に起つた統合の要求」は、「啻《ただ》に資本労力等に強い統制を将来［招来］した」だけでなく、「世外に超然たる如き学校と生徒とを時局の只中に引出し、ただ将来にのみ生きた学徒を現在の国防力生産力と結びつけ」ることを求めている。こうした動きの中、高等学校もまた学校制度総体の中の「離れ小島」でも「唯我独尊」でもあり得ない。「高等学校は「高等普通教育の完成」といふ従来の空名を擲ち、大学教育の基礎たる実状を率直に認容して、却つて教育本来の生命に蘇つたものと云ひ得る」（同書、一〇六―七頁）。

それ以外に重要な制度改革はないのだから、当然といえば当然だろうが、「高等普通教育の完成」を「従来の空名」と切って捨てているところに、文部官僚の現実認識を読み取ることができる。

講座制と大学院

大学についても、強調されているのは目的規定の改正である。教育審議会の答申内容は文部官僚から見ても、「中等学校・高等学校・大学と進むにつれ（中略）現状との差が尠くなり、「改革」とか「革新」といふよりは、「改善」の程度に過ぎぬといふ感が濃」いものであった。「答申案成立の当時とは時局にも一大飛躍があり、古今未曾有の国運を賭したる大戦争に突入してゐる今日に於ては、現在の情勢に即すると共によく国家の将来を洞察して根本的なる改革案を樹てねばならな」いというのが、答申からまだ四年もたたない時点での文部官僚の認識であった（『文教維新の綱領』一五二頁）。

ただ、それでは大学について何を改革すべきなのかについて、特段の指摘がなされているわけではない。大学の使命は「国家の指導的人材」の育成にあるが、その「選抜養成を国民学校・中学校・高等学校・大学・高等文官試験といふコースのみに頼つてゐる限り、将に危険な深淵に立つてゐる感が深い」などと感想を述べるだけで（同書、一五八頁）、唯一具体的なのは講座制の改革に関する提言である。「殊に最近のやうに学生の年齢が若くなつて来、なるべく短期に教育を終へさせる必要のある時代には、講座制を極く必要な適切な部分のみに止めて、もつと学科課程による制度を採入れるべきであらう。講座制度はむしろ大学院を主体」とする必要がある（同書、一六〇頁）。戦後の新学制のもとでの、講座制と学科目制の別による、教育・研究の新しい機能分離の着想がすでに芽生えていたことが知られる。機能分離といえば、『文教維新の綱領』が、後で見るように、昭和一四年（一九三九）以降の理工系主体の、大学附置研究所の大量新設について全く言及していないことにも、注目すべきかもしれない。科学動員の一環として科学局が新設され、科学研究費の増額が図られるなどの動きはあったものの、文部官僚の目は依然として研究よりも教育に向けられていたのである。

ただ、研究者養成の場である大学院については一項を設けて、その整備の必要性を声高に訴えていることを指摘しておこう。「わが学術、文化は明治維新以来欧米の学術、文化を採り入れて一大発展をなした。併しその反面模倣に流れて醇化されぬものありかつ独創に乏しく常に後塵を拝すると云ふ結果にもなつてゐることは否み難い。大学院の新制度すなはち大学院又は研究科に於ける特別研究生制度の実施はかかる現状に対処しわが学術文化の画期的向上を企図せんとするものである」（同書、一六二頁）。

文中にある「特別研究生制度」とは、教育審議会答申にはない、というより従来の大学院制度とは別個に構想され、昭和一八年（一九四三）一〇月に発足したばかりの研究者養成の新制度を指しているが、この「極めて国家性が濃厚」（同書、一六四頁）な「新制大学院」については、次章第4節でふれることにしよう。

戦力増強と専門学校

大きな制度改革が見送られたという点では、専門学校も大学や高等学校と同様である。しかし設置認可の基準が緩く、また大学と違って自治や学問の自由と関係のない、しかも多様性を特徴とする専門学校は、文部省からすれば高等教育の中で、政策的にも行政的にも最も扱いやすい部分であったと見てよい。教育審議会の専門学校関連の答申でも、国家的要請への積極的な対応姿勢が鮮明に打ち出されていたことは、すでに述べたとおりだが、総力戦体制の強化とともに、大学に比べて年限の短い、実践的な専門人材養成に特化した専門学校の整備拡充は、高等教育政策の最重要の柱になっていった。

高等教育機関としての専門学校の独自性は、何よりもその多様性にある。専門学校は「専門の学術を教授し実社会の必要に応ずるための教育機関であるところからして、その内容が複雑であり種類も亦様々であるべきは自然推察されるところであるが、これが教育行政上にもあらはれて爾来専門学校に対する統一的な方策が成立し難く、我が国産業及び文化の発展と共に国家並に社会の必要に応ずるがままに順に諸種の専門学校の設立を認めて来た有様」だというのが、文部官僚の認識でもあった（『文教維新の綱領』一二〇頁）。

基本法規である明治三六年（一九〇三）公布の専門学校令は、ごく基本的な条項を掲げるだけで、大正期の臨時教育会議答申でも制度の大幅な改革が求められることはなく、また大学や高等学校のように設置にあたって基本金の供託を要求されることもなかった。緩い設置基準のもとで「詳細な規程はこれをそれぞれの学校に於て定めさせ文部大臣が認可する」（同書、一二〇頁）という放任的な政策のまま、量的な拡大が進められてきたのであり、教育審議会の答申も、そうした政策の流れを根本的に変えるものではなかった。答申の主要な内容は、実業専門学校と専門学校の制度的統合による行政の一元化、四年制への年限延長奨励や新分野の専門学校の設置促進などであったが、その後に急進展を見たのは、一つは戦争目的の遂行に必要な人材養成のための構造変革であり、もう一つは人材養成の効率化のための教育課程の整理統合と標準化である。

前者が、「戦時非常措置方策」の大きな柱であったことは、先に見たとおりである。後者についていえば、「統一的な方策を欠」いた専門学校行政については、「専門学校の種類を多くしその学科目を著しく多岐に至らしめ、その内容をも極端に分化させ、従つて重複を含むに至」っており、その「弊は特に実業専門学校に於て著し」いという反省が、文部省内部にあった。専門学校は「制度と教育内容に就て既に早くより統合整備の必要に迫られ」ていたのであり、「戦力増強対策は学徒に種々なる負担を加重させてゐる」今こそ、「教育内容の簡素化」を図る好機だというのが、文部官僚の認識であり、そうした戦力増強に名を借りた教育課程の整理・効率化と合理化が、強行されることになるのである（同書、一二三頁）。

専門学校令が改正され、実業専門学校と専門学校の制度的統合が実現するのは、昭和一八年（一九四三）一月のことである。それと一〇月の「戦時非常措置方策」に応ずる形で、翌一九年三月には実業系専門学校の全面的な「学校名称の改正」が実施されることになった。たとえば高等工業学校は工業専門学校に、高等農林学校は農業専門学校にというように、「高等」をやめ専門領域を冠した専門学校名称にするというのがその趣旨であったが、同時に高等商業学校は経済専門学校、外国語学校は外事専門学校、高等蚕糸学校は繊維専門学校、高等獣医学校は獣医畜産学校というように、専門領域の名称自体が変更された学校もあった。

教育の「実ヲ端的ニ表ハサント」するのがその理由とされたが、実際には「時局の要請に即応させ、戦力の増強をめざ」すものであったことは、名称変更にとどまらず一部を工業経営専門学校に、また一部を工業専門学校に転換させるという、先の「非常措置方策」により高等商業学校について断行された、ドラスティックな改革の示すとおりである。実際にこの時点で一一校あった官立高商のうち、長崎・名古屋・横浜の有力三校が「技術ヲモ修得セル工業経営技術者ヲ養成」し、「工業経営能率ノ増進ヲ図」るための工業経営専門学校に、また、彦根・和歌山・高岡の三校が工業専門学校への転換を求められることになった（倉沢、九六六―七頁）のは、後で見るとおりである。

教育内容の整理・簡素化は、学科名称の整理と教育課程の簡素化の形で進められた。専門学校の「学科名を改めるとともに専門分野の教育については、つとめて代表的事象を取り上げて原理原則の理解を図り、個々の羅列的教育を排除し本質の練磨に重点を置き、正しい考察と応用能力の培養にその主力が注がるべきであるとの主張」は、修業年限の繰り上げや短縮問題とも絡んで昭和一六年頃からあり、各分野で検討が進められていた。それが昭和一九年四月に、農業・繊維・工業・経済・医学・歯科医学・薬学・外事の各専門学校規程の公布という形で、具体化されたのである（『専門学校資料』上、一九八頁）。

官立専門学校の規程は、それまで各学校毎に定められ、学科名称や開設される授業科目、授業時数等もまちまちであったが、これによって標準化が大きく進められることになった。工業専門学校についていえば「改正の目的は従来の自由主義的傾向を払ていし、又余り細分化せる科目分類を整理統合して相互の連絡を密にするとともに、内容の理論に偏する事を改め、勤労意欲及び能力に富む現場産業戦士を画一的に養成」することが、その狙いとされており、ここにも濃厚な戦時色を読み取ることができる（同書、二一〇頁）。

「教育の綜合計画化」

『文教維新の綱領』が、「教育の綜合計画化」という一章を設けて、教育の計画化の必要性を強く主張している点にも留意する必要があるだろう。これまでも部分的にふれてきたところだが、総力戦体制の構築と教育の計画化とは不可分の関係にある。昭和一三年（一九三八）四月の国家総動員法の公布以降、同年八月の「学校卒業者使用制限令」公布、一四年四月の「高等工業学校新設及拡張計画」策定、五月の七帝大・六医大への臨時附属医学専門部設置決定など、人的資源・労働力の国家統制に対応した計画化が進められてきたが、文部省が迫られていたのは部分的なそれを超えた「綜合的」な教育の計画化であった。

当時の教育計画論者で『総力戦教育の理論』（昭和一九年、目黒書店）の著者である倉沢剛は、「これまでの直轄諸学校の創設と拡張は、かの［臨時教育会議後の］第一次・第二次高等教育機関拡張計画で見たように、それはもっぱら入学志願者の増大に即応し、その志望に応えるというものであったが、この時期に入ると、国際情勢の推移に応じて軍が作戦計画を立て、これに要する人と物とを企画院が計算して生産力拡充計画を定め、これに要する要員を文部省が計画的に養成するという、計画養成の方式に転換した」と、戦時下に生じた文教行政の大転換を指摘している（倉沢『続　学校令の研究』九二八頁）。

教育の総合計画化に向けて文部省が本格的に動き始めたのは、昭和一五年七月の「国策基本要綱」と、それに基づく「国土計画設定要綱」「科学技術新体制確立要綱」などが策定された頃からである。昭和一六年には省内に、「文教ニ関スル時局対応ノ企画連絡及調整」に当たる「計画室」が置かれ、翌一七年一一月にはそれと従来の「教育調査部」とが統合されて、「文教ニ関スル綜合計画ノ設定」と「教育制度ノ調査研究」、それに「統計一般」の三つの役割を担う「総務局」が発足した。この時期は企画院を中心に「将来五ヶ年ニ亘ル大学専門学校及中等学校卒業者需要見込数調査」および「産業別事務職員教育程度調査」、それに「学校卒業者配置計画、各種の職域において必要とする人材養成計画等を樹立」する必要から「学校卒業者の卒業歩合・進級歩合・減少歩合に関する調査」が実施されるなど、計画立案のための基礎作業が、文部省内外で進められていた時期でもあることを指摘しておこう（天野『日本の教育システム』一五九頁）。

「現在教育の綜合計画化の中核乃至は中心目標となるものは何か。云ふ迄も無く高度国防国家の建設と大東亜の建設である。此の二大目標（中略）に向かって、差当り実施せられつつある教育部面の計画化は人材養成計画の設定と学校建設の国土計画である。それは学校の連絡や入学制度の改革とも深い関連を持つものである」（『文教維新の綱領』二八九頁）——こうした認識から、文部省が計画化の課題として設定したのは、人材養成、入学制度の改革、学校の地方分散の三つである。昭和一八年一〇月の「教育ニ関スル戦時非常措置方策」は、まさにそうした計画化の狙いの端的な表れに他ならなかった。

人材養成計画を実施に移そうとすれば「学校学科の新設拡充に対する設置認可の制限強化」が必要になる。「理工科系の大学高等専門学校の新設拡充及びこれがため必要なる高等学校、大学予科の拡張は出来るだけ迅速且つ大規模になされ」ねばならない。それだけでなく「企業整備の線に副つて」既存の学科も再検討し、「不急不要なるものの廃止又は縮小と、緊要なるものへの転換が急速に実施」される必要がある。「これに伴ふ教員補充計画、或ひは担任学科の転換に伴ふ教員再教育問題等が当然起つてくる」。こうした「人材養成計画は理論としては必然に人材の国家管理を要請する（中略）学校卒業者使用制限令の運用問題こそ、人材養成計画究極の問題と云つても過言ではない」（同書、二九一—二頁）。

その人材養成計画の実現には、上級学校への進学者の流れを統制することが必要になる。とくに帝国大学と官立大学については従来、高等学校卒業者に大学・学部・学科の選択の自由が認められてきたため、大量の「白線浪人」が生じていた。また定員を充たすことができず、やむを得ず実業専門学校等からの傍系入学を大量に認めている大学・学部も少なくなかった。昭和一八年には入学試験の受験を一回に限り、その成績とあらかじめ提出させた志望順位に従って入学者を配分するという「一種の綜合制」が導入されるが、「その理由とするところは時局柄所謂白線浪人の存在が許されないことと、高等学校教育がつきりと大学教育の基礎たらしむべきものとなつた」ためである。人材養成上の無駄を排除するために、入学者選抜の「半ばは国家の銓衡機関の手に移し、有為の人材は必ず何処かの大学によつて育成せしむるやうに国家に於て措置」せざるを得ないというところまで、時局は切迫していたことがわかる。実業専門学校の卒業者についても、大学進学は一割を限度とするという制限が課されるようになっていた（同書、二九六—七頁）。

こうした「入学制度が人材養成計画遂行の内包的な問題とすれば、学校建設に関する国土計画はその外延上の問題」に他ならない。すでに企画院・内務省等が国土計画の一部として、また国防上・防空上の問題として、高等教育機関の大都市集中を問題にしてきたが、文部省も昭和一七年に「学校規制地域ニ関スル暫定措置要綱」を定め、「特定地域を指定して学校規制地域となし、この地域内に於ける学校の新設、収容定員の増加、位置の変更等を認めないこと」にした。それをさらに広げて、「戦時非常措置方策」により「学校分散地域」を決め、「疎開計画」を立てる必要に迫られているが、「分散すべき学校の種類、分散の方法、時期、特に補償の問題等此の種国土計画策定上この分散問題が一番難しい」（同書、二九七—九頁）。

いずれにせよ国家挙げての総力戦の遂行に、教育の「綜合計画化」が緊急性を持つことは明白であっても、その実現はたやすいことではなかった。「学校種別による再検討と人材養成計画の設定に基く将来の学校新設拡充計画の樹立に伴ふ学校新設数の見透しと共に具体的な学校建設に関する国土計画が策定されるのも遠くない」（同書、二九九頁）のでは、という思いは願望であって空想に近く、二年足らずのうちに敗戦の時がやってくるのである。

私立学校の特殊法人化論

計画化の要請については、それが一方では私立セクターの統制、他方では優秀な人材の確保・育成のための国家的育英制度の創設を課題として提起するものであったことも、付け加えておこう。

明治以来のわが国高等教育の重要な特徴である私立セクターは、学校数・学生数の共に過半を占めるというその規模の大きさだけでなく、過度の大都市集中、高い法文系比率、低い一人当たり教育費と貧弱な教育条件など、計画策定上さまざまな困難をはらんだ存在であった。「現行私立学校の制度は大体に於いて、個人主義乃至は自由主義的な時潮を背景に整備され来つたもの」だが、戦争目的遂行のための計画化の視点からすれば、今はそうした「過去一切の因襲が検討され又は清算さるべき秋」である。実際に一部には「私学の全面的国営移管又は私学奉還論」まで出ている。それは極論にすぎるとしても「須く国家計画との綜合的関聯に於て速かにこれが統制を企図する必要がある（『文教維新の綱領』三二四―五頁）。

そうした認識のもと文部官僚がその第一歩、「起死回生」策として構想していたのは「国家によつて筋金を入れる」、すなわち「私立学校に公的機関としての性格を附与し、これに依つて国家事業補充機関としての真面目を完璧に発揮せしむる方策を断行」することであった。具体的には、私立学校を対象にした新しい法人制度の創設である。現行の「民法に依る財団法人としての性格は、それが教育事業団体のみを対象とせざるものたる関係上、極めて私的」なものにならざるを得ない。「指導・監督等を通じ国家の意思を強力に浸透せしめ得」るようにするには、「学校経営主体のみを対象とする特殊法人法の如き」ものを制定する必要があるというのである（同書、三二四―五頁）。国家統制の強化の是非はともかく、私立学校の公的性格を強化するために、戦後の「学校法人」につながる法整備が戦時下にすでに構想されていたことが知られる。ただこの構想もまた具体化されぬまま、敗戦を迎えることになる。具体化されたのは「戦時非常措置方策」による私立大学・専門学校の入学定員削減、文系から理系への転換、大学から専門学校への降格等だが、その実態については次章でふれることにしよう。

国家的育英制度の創設

もう一つの育英制度については、教育審議会の答申の中に、大学については「研究科及大学院ノ学生ニ対スル特選給費制ヲ拡充シ、其ノ他学部ノ学生ニ対スル奨学施設ノ整備ヲ図ルコト」（第十七項）、専門学校についても「奨学施設ヲ一層整備シ広ク専門教育ヲ受クルノ機会ヲ与フルコト」（第二十五項）とあるのを受けて、文部省が検討を進め、昭和一九年（一九四四）二月の「大日本育英会法」の公布にこぎつけたものである。

わが国の育英制度は、明治以来もっぱら旧藩関係者や篤志家による民間の奨学団体に依存してきたが、昭和一〇年代に入って帝国議会の議員の間に、経済的理由から上級学校進学の機会を奪われている優秀児童の救済策として、国家による育英制度の創設を求める声が高まっていた。それが、日米開戦による「東亜全域に送り出すべき厖大な人員の「指導者」を養成する」という軍部の要請と結びつき、後押しされる形で実現を見ることになったのである（『日本育英会二十年史』四―七頁）。

「教育の総べてが戦時体制に切り換へられた今日になつて反省」されるのは、「教育は常に強い国家の要請上に立つもの」だという認識を欠いてきた点である。その結果、学校は「個人或は一家の繁栄の手段として利用され（中略）学資の如きも、その利益のための投資であると云ふ風に解せられ」、「心身共に将来有為の材たり得る実質に恵まれてゐても、経済的能力を欠くものは、幾多の苦難の道を歩」かざるを得ない。そうした現実を変えるために、今こそ国家的な育英制度を創設する必要があるというのが、文部官僚が立てたロジックであった（『文教維新の綱領』三〇〇―一頁）。「優秀ナル学徒ニシテ経済的理由ニ依リ就学困難ナルモノニ対シ、学資ノ貸与其ノ他之ガ育英上ノ業務ヲ行ヒ以テ国家有用ノ人材ヲ育成スルコト」を目的に掲げる育英会法は、英才対象の教育の機会均等と戦時目的に沿った指導者養成という、二つの要請の結びつきの上に成立を見たことになる。

昭和一八年度から実施されたその制度では、義務教育終了時に経済的に恵まれない優秀児童を奨学生として採用し、以後学費の貸与を予約して中等学校から専門学校、大学まで「つぎつぎ上級に押し上げ、それぞれの優れた才能を伸ばしていくという、まことに理想的な考え方」を基本とし、同時に上級学校の在学者の中からも一定数の奨学生を、校長・学長の推薦を経て採用することになっていた（『日本育英会二十年史』三二頁）。奨学生の採用は一八年度から始まるが、戦況が急激に悪化し繰り上げ卒業、年限短縮、勤労動員、さらには授業停止と、大学も専門学校も正常な教育の場ではあり得なくなる中で、育英の対象とされた学生たちには学習の時間そのものが残されていなかった。

年限短縮・徴兵猶予停止

大学や専門学校の教育破壊につながる年限短縮は、対米開戦直前の昭和一六年（一九四一）一〇月、勅令「大学学部等ノ在学年限又ハ修業年限ノ臨時短縮ニ関スル件」の公布から始まった。

在学・修業年限を「臨時」の措置として短縮すること、具体的には在学年限を昭和一六年度は三か月繰り上げて一二月卒業、一七年度は六か月繰り上げて九月卒業とするというこの勅令については、枢密院での「勅令案説明要旨」が残されている。それによれば、この「教育上異例ノ重要措置」（倉沢、九八七頁）については、軍事上および労務対策上の二つの理由が挙げられているが、前者が最重要の理由であり、軍部とりわけ陸軍がそれを強く求めていたことが知られる。その軍事上の理由とは、次のようなものであった。

現代の戦争は国家総力戦であり、「長期戦ノ様相ヲ呈スル傾向」が強い。しかも「北ニ南ニ各種ノ事態ノ発生」が予想される。そうした中、わが国の兵力に不足はないが「将校ノ数ハ之ヲ急激ニ増加スル必要ガアル。然ルニ軍デハ将校デ第一線ノ部隊ヲ指揮シ得ル程ノ者ハ既ニ殆ドスベテ召集シテ居リ、年々士官学校デ養成スル二、三千人ノ外ハ、大部分幹部候補生ノ増加養成ニ俟ツノ外ハナイ、従テ［昭和］十七年ノ所要数ヲ充足スル為ニハ、本年三月専門学校以上ノ学校ヲ卒業シタ者ヲ第一次幹部候補生要員ト為ス外ニ、現ニ最高学年ニ在学スル者ハ、在学中ニ徴兵検査ヲ終了シテ、本年十二月卒業ト同時ニ入営サセタ上、第二次幹部候補生要員トシテ採用シ、更ニ明後年卒業予定ノ者ハ、十七年度第三次要員トシテ採用スルコトガ必要デアッテ、コノ事ハ作戦ノ準備上全ク猶予ノキカナイ、且不可欠ノ事項デアル」（同書、九八三―四頁）。

なお、労務対策上の理由としては、「軍需ノ充足並ニ生産ノ増強ヲ期スルコトハ、現下焦眉ノ急務デアルニ拘ラズ、近年労務ノ給源ハ著ルシク逼迫シ、各種計画産業ニ於ケル要員ノ充足ハ誠ニ容易ナラヌモノガア」り、とくに

「工鉱業関係ノ学校卒業者ニツイテ見レバ、近年ソノ需要激増ノタメ本年度ノ配当ノ如キハ、官民ヨリノ申請ニ対シ厳重ニ大幅ノ査定ヲ加ヘタニモ拘ラズ、大学、専門学校、中等実業学校、何レモ卒業者数ハ査定数ノ三、四割ヲ充足シタニ過ギナイノデ、コノ方面ノ卒業期繰上ゲニヨリ、一日モ早ク卒業者ヲ実務ニ従事セシメ、技術ノ運営上支障ナカラシムルコトガ肝要」（同書、九八四頁）だとある。

対米開戦を控えて緊迫した空気の中で、繰り上げ卒業という名の年限短縮が決定されたことがうかがわれる（福間、一一三—四頁）。「これがいわゆる卒業期の繰上げで、現場の学校にもはじめて戦時期の実感がひしひしとおしよせてきた」と、当時の関係者の一人は後に述懐している（倉沢、九九七頁）。

なお、この臨時措置は、昭和一七年八月「中等学校、高等学校高等科及大学予科ノ修業年限ニ関スル件」が閣議決定され、翌一八年一月に諸学校令の改正が行われたことで、修業年限の短縮として恒常化され、修業年限は中等学校が五年から四年、高等学校・大学予科が三年から二年に短縮されたこと、ただし専門教育の場である専門学校・大学については三年ないし四年の修業年限が維持されたことを付け加えておこう。

この時期には、高等教育機関の在学者に明治以来認められてきた兵役上の特典、徴兵猶予の制度が廃止されるが、それもまた年限短縮と深くかかわっていた。兵役法の規定によると、中等学校以上の学校に在学中の者は長い間、「本人ノ願ニ依リ学校ノ就学年限ニ応ジテ、年齢二十七ニ至ル迄徴集ヲ延期」することを許されてきた。延期の認められる年齢は、学校の種別・修業年限によって異なり、二七歳というのは大学、それも年限の長い医学部在学者の上限だが、昭和一四年の改正でそれが二六歳に一年引き下げられた際、改正時点での在学者については旧法が適用されることになっていた（同書、九九四頁）。年限短縮と絡んでそのことが問題になったのは、徴兵猶予の年齢や制度が、年限繰り下げの最大の目的である卒業直後の徴兵実施の妨げになることが明らかになったためである。

緊急に必要な幹部候補生を確保するには、在学中に徴兵検査を行い「卒業ニ引続キ入営シ得ル如ク特別ノ取計ラヒ」をする必要がある。旧法の適用が廃止され（同書、九八六頁）、それ以外の在学者についても猶予期間が一年短縮されることになったのは、そのためであり、猶予の上限は高等学校・大学予科が二二歳、専門学校が二三歳、大学は二四歳（医学部は二五歳）に短縮された。それだけでなく、一八年一〇月に「戦時非常措置方策」が決定されると同時に、理工系および教員養成諸学校を除く一般学生については、徴兵猶予そのものが停止されることになった。「内外ノ現時局ニ即応シ国内各般ニ亘リ戦力ノ急速ナル増強ヲ達成以テ大東亜戦争ノ完勝ヲ期センガ為先般国内態勢強化方策ノ決定セラル、ニ及ビ学徒ニ対スル徴集ノ延期ハ当分ノ内之ヲ行ハザルコト」とするというのである（福間、資料、八四頁）。「大東亜戦争の逼迫は残された唯一の戦力たるべき学徒の全面的動員を迫ってきた」のであり、「この緊急措置の結果学徒の全面的出陣となり、高等教育の戦時体制は急激な強化を見るようになった」（『学制八十年史』三六五―六頁）。一八年一〇月、明治神宮外苑競技場で学徒出陣の壮行会が催され、一二月には多数の学徒が入営（陸軍）・入団（海軍）し、前線に送られていったのである。

学徒動員

卒業者の使用制限から始まり、在学・修業年齢の繰り上げと短縮、さらには徴兵猶予の年齢引き下げから停止へと進行してきた、なりふり構わぬ高等教育機関の総力戦体制への組み込みは、昭和一八年（一九四三）一〇月の「緊急学徒勤労動員方策要綱」の閣議決定により、在学者全体にも及ぶことになった（以下、「要綱」等の資料は福間、一七七―九頁）。

高等教育機関在学者の勤労動員は昭和一三年の「国家総動員法」の公布以降、学生に勤労奉仕を求め、それを正課に準じて取り扱うことを認めるなどの動きがあったが（福間、二三―四頁）、一八年六月に「教育錬成ノ一環トシテ学徒ノ戦時動員体制ヲ確立」するとともに「之ガ勤労動員ヲ強化シテ（中略）其ノ総力ヲ戦力増強ニ結集」させることを目的とする「学徒戦時動員体制確立要綱」が閣議決定され、さらに同年一〇月「戦時非常措置方策」が策定を見、「教育実践ノ一環トシテ、学徒ノ戦時勤労動員ヲ高度ニ強化シ、在学期間中一年ニ付概ネ三分ノ一相当期間ニ於テ之ヲ実施」するとされたことで、一挙に具体化した。先の「動員方策要綱」は、この「非常措置方策」に対応するものであり、翌一九年一月の「緊急学徒勤労動員方策要綱」の公布によって、「同一学徒の一年につき四か月の動員期間を通年循環的に動員する方法」がとられ、学徒の通年勤労動員が決行されることになった（『学制八十年史』三六六頁）。

それにとどまらず、同年二月にはさらに「決戦非常措置要綱」が決定され、「中等学校以上の学生・生徒は一年を通じて常時勤労その他の非常任務に出動し、やがて予想される有事即応の態勢について万全の備えをなすこととなった」（同書、三六六頁）。そして二〇年三月になると「全学徒ヲ食糧増産、軍需生産、防空防衛、重要研究其ノ他直接決戦ニ緊要ナル業務ニ総動員ス」るとする「決戦教育措置要綱」の閣議決定により、学校における授業は原則として一年間停止されるに至る。五月にはさらに「学徒ハ尽忠以テ国運ヲ双肩ニ担ヒ、戦時ニ緊切ナル要務ニ挺身シ平素鍛錬セル教育ノ成果ヲ遺憾ナク発揮スルト共ニ、智能ノ練磨ニカムルヲ以テ本分トスベシ」とうたった勅令「戦時教育令」が公布され、教育全体が「最後の決戦段階に突入」する。

文部省編の『学制八十年史』は「これはまさに学校の教育的玉砕と見るべきであろう」と、教育の改革どころか、破局に至る道についての記述を締めくくっている（同書、三六六―七頁）。

付表　戦時期における高等教育関係政策・改革動向年表

12 年	5 月	文教審議会設置
	7 月	盧溝橋事件（日中戦争勃発）
	10 月	企画院設置
	12 月	教育審議会設置（諮問「我ガ国教育ノ内容及制度ノ刷新振興ニ関シ実施スベキ方策如何」）
13 年	2 月	企画院・科学動員協議会設置
	4 月	国家総動員法制定
		科学審議会設置（17 年 12 月，科学技術審議会に）
	5 月	近衛文麿内閣改造。荒木貞夫文部大臣に就任。
		日本学術振興会（昭和 7 年設立）が科学研究施設の人的物的増強を建議（帝国大学・大学施設の改善充実）
	7 月	教育審議会「青年学校義務制ニ関スル件」答申
	8 月	文部省・科学振興調査会設置。「科学振興ニ関スル具体的方策如何」を諮問。
		学校卒業者使用制限令公布（工業系卒業者の雇用統制）
	12 月	教育審議会「国民学校，師範学校及幼稚園ニ関スル件」答申
14 年		文部省所管・大学設置研究所の大量新設始まる
	1 月	企画院「生産力拡充計画要綱」策定
	3 月	科学振興調査会答申（第一次）「人材養成ノ問題及研究機関ノ整備拡充並ニ連絡統一ノ問題ニ関スル件」
		文部省科学研究費交付金創設
		徴兵猶予年齢の上限を 27 歳から 25 歳に短縮（兵役法改正）
	4 月	企画院に科学部設置（「科学動員ニ関スル事項及科学研究ニ関スル事項」を所掌，17 年 1 月技術院に）
		青年学校義務制実施
		文部省「高等工業学校新設及拡張計画」を策定
	5 月	7 帝大・6 医大に臨時附属医学専門部を設置
	9 月	教育審議会「中等教育ニ関スル件」答申
	10 月	企画院・科学動員委員会設置
15 年	2 月	文部省専門学務局に科学課設置（17 年 11 月科学局に）
	4 月	学術振興会理事会「我国の研究を向上する為の大学の組織制度の改善に関する意見」
		企画院「科学動員実施計画綱領」策定
	7 月	「基本国策要綱」策定
	8 月	科学振興調査会答申（第二次）「大学ニ於ケル研究施設ノ充実ニ関スル件」「大学専門学校卒業者ノ増加ニ関スル件」
	9 月	教育審議会「高等教育ニ関スル件」答申
16 年	1 月	「師範学校制度改善要綱」決定
	3 月	師範教育令改正（修業年限 3 年に延長，男子部・女子部を併設）
		国民学校令公布（4 月施行。8 年義務制への年限延長は 19 年度実施予定が延期される）
		科学振興調査会答申（第三次）「科学研究ノ振作及連絡ニ関スル件」「科学教育ノ振興ニ関スル件」
	5 月	企画院「科学技術新体制確立要綱」決定
	10 月	教育審議会の審議終了（17 年 5 月廃止）
		「大学学部等ノ在学年限又ハ修業年限ノ臨時短縮ニ関スル件」（勅令）公布
		在学年限の臨時短縮実施（16 年度は在学年限 3 か月繰り上げ，12 月卒業）
	12 月	太平洋戦争開戦
17 年	1 月	技術院設置
	2 月	大東亜建設審議会設置
	3 月	高等学校の生徒定員増（当分の間）
	4 月	在学年限臨時短縮実施　（17 年度は 6 か月繰り上げ，9 月卒業）
	5 月	大東亜建設審議会「大東亜建設に処する文教政策」を決定

	8 月	修業年限短縮決定　(中等学校 4 年，高校・大学予科 2 年に。18 年 4 月実施)
	10 月	『学制七十年史』刊行
	11 月	文部省に科学局設置
	12 月	内閣に科学技術審議会設置 (「重要国策ノ科学技術的検討其ノ他科学技術ニ関スル重要事項ノ調査審議」)
18 年	1 月	中等学校令公布
		専門学校令改正 (実業専門学校を専門学校に統一)
		師範教育令改正 (官立移管と専門学校程度への昇格)
	4 月	師範学校の官立移行
	6 月	「学徒戦時動員体制確立要綱」を決定
		研究費補助の強化。講座研究費の支給を開始。
	8 月	「科学研究ノ緊急整備方策要綱」閣議決定
		文部省・学術研究会議 (大正 9 年設立) の拡充強化
		学術研究会議・科学研究動員委員会設置
	9 月	大学院または研究科の特別研究生制度発足 (10 月実施)
	10 月	「科学研究ノ緊急整備方策要領」発表
		「教育ニ関スル戦時非常措置方策」決定
		徴兵猶予の停止 (理工系学生を除く)・学徒出陣開始
		大日本育英会創立
	11 月	理工系学生の入営延期措置
	12 月	「教育ニ関スル戦時非常措置方策ニ基ク学校整備要領」発表
		徴兵年齢を 19 歳に引き下げ
19 年	1 月	「緊急学徒勤労動員方策要綱」決定 (通年勤労動員，勤労則教育。年間 4 か月)
	2 月	『文教維新の綱領』刊行
		「決戦非常措置要綱」発表
	3 月	同要綱に基づく「学徒動員実施要綱」決定
		専門学校の名称変更
	4 月	各官立専門学校規程の公布
		青年師範学校制度発足 (専門学校への昇格と官立化，職業科と家政科の設置)
20 年	2 月	専門学校・高等学校生徒 (理工系) を入営延期措置対象から除外
	3 月	「決戦教育措置要綱」を決定，一年間の授業停止 (中等・高等教育)
	5 月	戦時教育令公布

資料)『学制八十年史』『近代日本総合年表』第 4 版等より作成。

第2章　高等教育の決戦体制

1　戦時高等教育の発展

変革と激動の時代

戦時期については、高等教育の低迷期・受難期というイメージが強い。大学の自治や教育研究の自由が大きく制約されたのは周知の通りである。前章で見たように、学生たちは徴兵猶予の特権を奪われ、学徒出陣で戦地に送られていった。残った学生たちについても在学・卒業年限が短縮されただけでなく、勤労動員に駆り出されて授業どころではなかったのだから、受難の時代であったことは疑いない。しかしその反面、規模的に見れば戦時期は低迷どころか高等教育の量的拡大期であり、また戦争目的遂行のための強圧的な政策の結果とはいえ、システムとしての大きな構造転換、「現代化」の時代でもあった。

研究費の増額や附置研究所の大量増設など、自然科学系を中心に大学の研究機能が著しく強化され、理工系の大幅な拡充、高等教育機関の地方分散化が進められ、女子高等教育の躍進、教員養成諸学校の高等教育機関への昇格、育英制度の創設などが実現したのは戦時下である。高等教育機関の数も進学・在学・卒業者の数も、後で見るように文系入学定員の強制的な削減策が採られたにもかかわらず、戦争の末期に向けて増加の一途をたどっている。それら強権的に実施された構造転換の結果は、ほぼそのまま、戦後の新しい大学制度に引き継がれることになる。高等教育の戦時期は、受難の時代であると同時に、変革と拡大の時代でもあった。

前章で跡づけた総力戦体制下の政策と制度改革の大きな流れの中で、具体的にどのような変動が高等教育の世界で進行したのか。まずは、規模の拡大から見ていくことにしよう。

急成長する高等教育

表2-1は、昭和五年（一九三〇）を一〇〇として、大正九年（一九二〇）から昭和二二年までの中等・高等教育在学者数の推移を見たものである。そこからは、戦間期から戦時・戦後初期にかけて生じた規模の変動の大きな波と、初期的な「大衆化」の進展の過程を見て取ることができる。

大正九年は、臨時教育会議の答申（大正七年末）を受けて一連の学制改革が実施に移され、また官立高等諸学校の第一次拡充計画が本格的に始動し、私立大学の昇格が始まった年である。そこを起点に昭和五年に至る一〇年（正確には一一年）間に、高等教育人口は二・三倍、女子だけをとってみれば五倍近くに達した。女子の場合には出発点の実数が男子の五％程度にすぎなかったとはいえ、急増したことに違いはない。いずれにせよ、同期間の中等教育人口の一・七倍増に比べて、高等教育の規模拡大は際立っており、「大衆化」に向けて最初の大きな一歩が踏み出されたことを教えている。

しかし、その「大衆化」は直線的に進行したわけではなかった。昭和五年から一三年まで、今度は規模拡大の停滞期がやってくる。その八年間に高等教育人口は、一〇〇から一〇八へとわずか八ポイント増えたにすぎない。この停滞期は言うまでもなく、世界的な大恐慌の時代と重なり合っている。先立つ一〇年間の急激な規模拡大によって出現した大量の高等教育卒業者を待っていたのは、縮小する雇用機会であり、そこから深刻な「知識階級の失業問題」を生じ、また長引く不況は家計の教育費負担能力の低下をもたらした。高等教育人口の伸びの低迷は、何よりもその結果に他ならない。

しかし、昭和一四年から敗戦の年である二〇年にかけて高等教育人口は再び急増期を迎え、わずか六年間で二倍弱に、女子の場合には二・四倍に膨れ上がる。昭和一二年の日中戦争の勃発に始まる戦時体制期は、高等教育機会の急拡大の時代でもあったのである。

戦時期に生じた大正期を上回る進学熱を分析した論文の中で、伊藤彰浩は、それをもたらした九つの「背景」を

表 2-1　在学者数の推移（大正 9～昭和 22 年，昭和 5 年＝100）

	中等教育			高等教育		
	計	男	女	計	男	女
大正 9	58	64	50	44	47	21
10	65	70	57	50	53	26
11	71	75	64	56	59	32
12	77	81	71	60	64	32
13	82	85	78	66	70	37
14	87	89	83	74	77	47
15	92	94	89	81	83	58
昭和 2	96	97	94	85	87	63
3	99	100	97	93	94	84
4	100	100	99	97	98	95
5	100	100	100	100	100	100
6	99	98	99	100	101	95
7	102	101	104	99	100	95
8	110	108	113	100	101	95
9	114	111	119	102	102	95
10	118	114	125	103	104	95
11	124	119	131	103	104	95
12	129	123	138	104	105	100
13	137	130	148	108	109	105
14	147	138	160	119	119	116
15	154	144	169	135	135	131
16	162	148	183	135	135	131
17	172	157	195	147	147	147
18	186	171	208	198	194	237
19	192	172	222	212	206	263
20	192	167	230	216	208	284
21	189	166	225	237	229	305
22	222	194	265	245	238	342

資料）『日本の成長と教育』177-9 頁より作成。

挙げている。①中等学校卒業者の増加、②学歴主義の普及、③戦時景気、④授業料水準の低下、⑤高等教育機関収容力の拡大、⑥修学年限短縮、⑦雇用統制——男子就労禁止、⑧経済統制——中小企業の転廃業、⑨徴兵に関する諸制度（徴兵延期措置、入営後の高学歴者優遇策）がそれである（伊藤「戦時期と進学熱」七九—九六頁）。多様な要因の複合的な結果であることは確かだが、昭和初年の伸びの停滞の原因が何よりも経済不況にあったのに対し、戦時期の高等教育人口の急増をもたらした主要因は、「戦時景気」の到来に求めることができるだろう。

日本経済が長引く不況からようやく脱出し始めたのは、昭和七年頃からである。「[昭和七年から一一年までの]五年あまりの間に、日本の産業は目覚ましい転換をなしとげた。まず低為替による輸出の増加が、ついで重化学工業を中心とする大規模な設備投資が、軍事費と農村救済事業費とともに需要を創出し、しかも高橋［是清］財政下の低金利政策が作用して、諸産業は急激な成長のきっかけをつかんだ」（中村『日本経済』一六九頁）。実質GNE（国民総消費）は昭和六年の一三九億円から一二年には二一三億円に急増し（三宅他編、二一〇頁）、低迷を続けてきた高等教育卒業者の就職率も昭和六年の三六％で底を打ち、一二年には六〇％にまで回復している（天野『高等教育の時代』下、二六二頁）。規模拡大の基盤となる経済的条件が再構築されたのである。

それに続く国家総力戦の時代は、すでに見てきたように、戦争目的の遂行に向けた人的資源の計画的な開発と活用の必要性が、極度に強調された時代であった。科学技術者を主とする高度の専門性を身につけた高学歴人材の需給が、「学校卒業者使用制限令」（昭和一三年）や「大学専門学校卒業者ノ増加」を求める答申（科学技術調査会、昭和一五年）が出されるまでに、逼迫した時代だったのである。それだけでなく伊藤の指摘するように、中等教育の持続的な発展が、学歴主義の浸透と相まって高等教育への進学欲求を高め、進学競争の激化を招く重要な要因として働いた。こうして昭和初年に一旦は低迷していた、高等教育機関の新増設ブームの時代が再びやってくる。

表2-2と表2-3を見てほしい。大正九年から昭和五年の一〇年間に、高校（二・一倍）・大学（二・九倍）・専門学校（一・六倍）ともに、相次ぐ新設・昇格により学校数が急増し高等教育人口を押し上げた。それに対して、

昭和初期の経済不況の時代には、高等教育人口の伸びが低迷しただけでなく、諸学校の新設もほとんど見られなかった。昭和五年から一五年の一〇年間、高校・大学の新設は事実上なく、専門学校だけが増えたが、それも一・二倍程度にとどまっている。昭和一五年から二〇年の戦時期になっても、高校・大学の数はほとんど増えず、在学者数の伸びもさほど大きくはない。ところが専門学校の数は五年間で一・六倍、在学者数も一・五倍と飛躍的に増加した。規模の拡大は高校・大学ではなく、高等教育システムの下層を占める専門学校主体に進行したことがわかる。

総力戦体制が要求したのは、何よりも実務的な専門人材の短期間での効率的な大量養成である。それは基礎や理論を重視し、教育年限が長く、したがってコストの高い大学ではなく、短い年限と安い教育コストの専門学校群に

表 2-2　主要高等教育機関数

	高校	大学	専門学校	高師
大正 9	15	16	101	4
14	29	34	135	4
昭和 5	32	46	162	4
10	32	45	177	4
15	32	47	193	4
20	33	48	309	7

資料）『学制八十年史』巻末統計表より作成。

表 2-3　主要高等教育機関在学者数

（千人）

	高校	大学	専門学校
大正 9	9	22	49
14	17	47	67
昭和 5	21	70	90
10	18	72	97
15	20	82	141
20	22	99	213

資料）『日本の教育統計　明治～昭和』6 頁より作成。

表 2-4　大学・専門学校卒業者数

（人）

	大学	専門学校	合計	専門学校比率（%）
大正 9	2,777	8,000	10,777	74
14	5,899	12,447	18,346	67
昭和 5	10,807	19,988	30,795	65
10	12,978	24,195	37,173	65
16	15,123	37,775	52,898	71
19	15,968	46,928	62,896	75

出所）天野『近代日本高等教育研究』316，351 頁より作成。

期待された役割であった。表2-4に見るように、主要専門学校の大学昇格によって、一旦は大正九年の七四%から昭和一〇年には六五%まで下がった高等教育卒業者に占める専門学校の比率は、戦時期に入って上昇に転じ、昭和一九年には再び七五%にまで高まっている。

以下では、そうした戦時下の量的拡大の構造を、戦後の「新制大学」の最大の母胎となり、高等教育「大衆化」の担い手となった専門学校の新設・発展の過程から見ていくことにしよう。

2　専門学校の戦時体制

専門学校の濫造

表2-2に見るように、大正末から昭和初年にかけての大恐慌期には新設校のほとんどなかった専門学校だが、昭和一二年（一九三七）の日中戦争勃発の頃から急増に転じ、昭和一〇年に一七七校だった学校数は昭和二〇年には三〇九校と、一〇年間に一・七倍に膨れ上がった。とくに昭和一五年から二〇年の五年間の新設数は一一六校にのぼり、戦時下に濫造というほかない急増ぶりを示している。しかもその新設校が工業系・農業系・医療系と、自然科学系に集中しているところにこの時期の重要な特徴がある。昭和一一年から二〇年七月までの新設校を専門分野別に集計した結果（表2-5）によれば、総数一三〇校のうち工業（四九）・農業（一一）・医療（四三）の三系を合わせると一〇三校、全体の八割近くを占めていることがわかる。

官立高等工業の新増設

この新増設ブームの口火を切ったのは官立セクターであり、それは専門学校の総力戦体制への即応を求める教育

表 2-5　専門学校の新設状況（昭和 11〜20 年 7 月）

	法文系	女子	工業	農業	商業	医療	その他	合計
昭和 11〜15 年								
官立	−	−	7	−	−	13	−	20
公立	−	−	1	−	−	−	−	1
私立	−	1	2	1	1	1	−	6
計	−	1	10	1	1	14	−	27
昭和 16〜18 年								
官立	1	−	1	1	−	1	−	4
公立	−	2	5	2	−	4	−	13
私立	6	5	5	−	1	2	1	20
計	7	7	11	3	1	7	1	37
昭和 19〜20 年								
官立	−	−	5	−	3*	4	−	12
公立	−	−	8	6	−	15	−	29
私立	−	5	15	1	−	3	1	25
計	−	5	28	7	3	22	1	66
合計								
官立	1	−	13	1	3	18	−	36
公立	−	2	14	8	−	19	−	43
私立	6	11	22	2	2	6	2	51
計	7	13	49	11	5	43	2	130

資料）『専門学校資料』下より作成。
注）＊は工業経営専門学校（併設）。

審議会の答申が出される以前から始まっていた。

官立専門学校の新増設は、工業系から始まった。大恐慌期にも法経商系に比べて就職率の落ち込みの小さかった工業系だが、昭和一〇年（一九三五）には就職率が八割を超え（天野『高等教育の時代』下、二六二頁）、技術者の供給不足が問題になり始め、日中戦争勃発直後の昭和一二年七月には、「技術者及熟練工養成方策ニ関スル件」が閣議決定されるに至っている。「稍々高級ナル技術者ノ養成施設トシテハ官立大学、高等工業学校、高等商船学校等ニ付特定科ノ収容力ノ増加ニ付考慮スルコト」としたこの方針に基づいて、翌一三年に高等工業学校の学生定員増（九五〇名）が、一四年にはさらに高等工業学校七校の新設と既設校の学科増が決定された（伊藤『戦間期日本の高等教育』二二一―二二頁）。理工系卒業者の採用にあたって、「員数ニ付厚生大臣

表 2-6　昭和 10 年以降の新設官立工業専門学校

年度	校名	戦後の移行状況
14	室蘭高等工業学校	室蘭工業大学
	盛岡高等工業学校	岩手大学工学部
	多賀高等工業学校	茨城大学工学部
	大阪高等工業学校	大阪府立大学工学部
	宇部高等工業学校	山口大学工学部
	新居浜高等工業学校	愛媛大学工学部
	久留米高等工業学校	九州大学工学部
18	長野高等工業学校	信州大学工学部
19	高岡工業専門学校	富山大学工学部
	彦根工業専門学校	廃止
	和歌山工業専門学校	廃止
19	九州大学附属工業専門部	廃止
	東京工大附属工業専門部	廃止

資料）『文部省年報』各年度および『専門学校資料』下より作成。
注）年度は昭和。なお，高岡・彦根・和歌山の三校は高商からの転換。

ノ認可ヲ受」けることを義務づける「学校卒業者使用制限令」が出されたのもこの時期、一三年八月のことである（『日本科学技術史大系』第四巻、二一〇―二頁）。技術者不足への対応が、国家総動員体制下の最重要の政策課題として浮上してきたのである。

一四年三月にはさらに、前年八月文部省に設置された科学振興調査会の第一次答申が、「科学関係ノ業務ニ従事スベキ技術員並ニ研究員ノ養成ハ科学振興上焦眉ノ急」であるとして、工業専門学校の拡充計画の早期実現を求め、実際に一五年までに「官立高等工業学校七校、公立高等工業学校一校ガ創設セラレ」ただけでなく、「既設ノ学校ニ於テモ、或ハ学科、学級ノ増設、或ハ学級定員ノ拡充等ニ依リ、生徒収容数ハ昭和十二年度ニ比シ三倍以上ニ増加スルニ至」った（同書、三三〇―一頁）ことも指摘しておくべきだろう。

しかし、対米開戦をひかえて軍需産業を中心に技術者需要は増加するばかりであり、一五年五月に出された第二次答申は、供給が三倍になったとしても「実際上ノ要求ハ五倍以上ナルヲ以テ、之ガ充足ニ関シコノ際更ニ適切ナル施設ヲ講ズル」ことが必要だと、さらなる拡充を求めている（同書、三三二頁）。こうして、既設の一九校に加えて、表2-6に見るように昭和一四年に、室蘭・盛岡・多賀・大阪・宇部・新居浜・久留米と七校の高等工業学校が地方分散的に新設されただけでなく、二部（夜間部）の開設や学科・学級増等も含めて、収容力の大幅な増強が図られることになった。

その結果、昭和一二年と二〇年を比較すると、官立高等工業の設置学科数は七六から一五八に倍増し（表2-

7)、また募集定員は昭和一三年の三五九八人から二〇年の一万三八〇三人へと、四倍近くに膨れ上がった(表2-8)。一四年の七校以降、新設は一八年の長野高等工業一校だけ、あとは戦争末期の一九年に高等商業からの転換で設置された高岡・彦根・和歌山の三校、それに九州帝大・東京工大附属の二工業専門部だから、収容力の大幅増は、もっぱら既設の高等工業の拡充で賄われたことになる。この拡充によって高等工業学校における教育は、機械・電気・応用科学を中心に、重化学工業関連主体の学科編成へと大きく構造転換を遂げた。米沢・桐生・福井等の色染紡織学科が化学科・機械科に転換されるなど、明治以来の学校ごとの個性・特色が失われ、課程編成の標準化・総合化が一気に進められたのである。夜間教育を行う二部が、一八年の横浜高等工業に始まり、一九年までに一五校に開設されたことも付け加えておこう。

このように拡充を切望された高等工業だが、昭和一四年の七校の新設についても順調に実現されたわけではなかった。前年、文部省が一一校の新設計画を発表すると、久しぶりの大量新設とあって全国各地で誘致運動が展開されたが、大蔵省の査定は厳しく当初予算では五校に削減され、追加予算でなんとか七校が認められた(『愛媛大学五十年史』四六六頁)。その七校も、大正期の計画的拡充時と同様に、誘致するには多額の地元負担が要求された。多賀高等工業の創設にあたっては、昭和一三年に創立三〇年を迎える地元の日立製作所が独自に、工業大学ないし高等工業の創設を構想しており、官立校の新設計画が発表されると、茨城県に三〇〇万円の寄付を申し出てそれに代えることとしたため、誘致は順調に実現している(『多賀工業専門学校十年史』三―七頁)。

しかし、たとえば宇部高等工業の場合、文部省の当初計画では山口市が予定されていたが「文部省の要求する土地や資金を提供し得る財政的余裕を持たず、結局断念」し、代わって立候補した宇部に決定するという経緯があった。宇部市は校地と四〇万円、山口県が四〇万円、さらに地元企業が七五万円を寄付しての設置であった(『山口大学三十年史』六五―六頁)。新居浜高等工業の場合にも、校地と八〇万円の他、寄宿舎と教員宿舎の建設費四六万円を県と地元が負担し、さらに住友本社が一〇〇万円を寄付することで、誘致にこぎつけている(『愛媛大学五十年

表 2-8　官立工業専門学校の学生募集状況（昭和 13・20 年）

学科名	昭和 13 年		昭和 20 年	
	人数	%	人数	%
機械	1,195	33.2	4,520	32.7
原動機	–	–	160	1.2
化学機械	–	–	160	1.2
鉱山機械	25	0.7	220	1.6
電気	477	13.3	1,882	13.6
電気通信	–	–	710	5.1
化学工業	406	11.3	1,381	10.0
電気化学	40	1.1	115	0.8
燃料	20	0.6	100	0.7
採鉱	265	7.4	670	4.9
冶金	75	2.1	475	3.4
金属工業	–	–	400	2.9
土木	340	9.4	740	5.4
建築	200	5.6	670	4.9
航空機	40	1.1	475	3.4
造船	40	1.1	360	2.6
紡績	140	3.9	60	0.4
色染	100	2.8	30	0.2
窯業	30	0.8	110	0.8
その他	205	5.7	565	4.1
合計	3,598	100.0	13,803	100.0

資料）『産業教育七十年史』276-7 頁より作成。

表 2-7　官立工業専門学校の設置学科1)（昭和 12・20 年）

学科名	昭和 12 年	昭和 20 年
機械	16	28
電気	10	21
応用化学2)	9	20
土木	7	7
建築	6	9
紡績・機織等	5	2
色染	4	1
冶金	3	6
採鉱・鉱山	2	8
図案	2	–
精密機器	1	–
造船	1	5
窯業	1	3
電気化学	1	1
燃料	1	2
醸造3)	1	1
製薬工業	1	1
鉱山機械	1	3
金属工芸	1	6
木材工芸	1	1
印刷工芸	1	1
写真	1	1
電気通信	–	13
航空機	–	6
化学機械	–	2
原動機	–	2
舶用機関	–	2
火兵	–	1
火薬	–	1
製鉄機械	–	1
採油	–	1
採鉱	–	1
ゴム工業	–	1
合計	76	158

資料）『専門学校資料』上，207-9 頁より作成。
注 1）第二部はふくまず。
注 2）昭和 20 年度は化学工業。
注 3）昭和 20 年度は醸酵工業。

史』四六六頁)。増大する一方の戦費に圧迫され、戦争遂行にとって最重要の技術人材の養成費用すら、ままならなくなっていたことがわかる。

しかも設置の決定が一三年の秋、一四年五月に設立され七月に入学式という慌ただしさであり、多賀高等工業の例でいえば、仮の校舎を旧県立高女、寄宿舎を海水浴旅館、実験・実習施設を日立製作所の工場としての発足であった(『多賀工業専門学校十年史』一四―一六頁)。それでもこの時期の新設は国土計画的な地域配置の下、七校それぞれの創設事務を帝大工学部と東京工大に委嘱して進められ、校舎や寄宿舎も順次新築されている。まだ恵まれた時期であったというべきであろう。

なお、昭和一九年新設の高岡・彦根・和歌山の三校は、いずれも「戦時非常措置」による高等商業からの転換校だが、「転換しても、当分その実習施設をうる見込みが立たないので、実習のためには生産会社の工場を利用することとなり、付近に工場地帯のある学校として、無理はあったが」選定されたものだとされている(『産業教育七十年史』三〇六頁)。戦争末期のなりふり構わぬ転換策とはいえ、官立校といえども新たな人的・物的投資が困難になっていたことが知られる。資源の不足が後で見る公私立の工業専門学校の場合にさらに深刻であったことは、あらためていうまでもないだろう。

軍医養成と官立医専

すべての帝国大学医学部と医科大学に、合わせて一三の臨時附属医学専門部が設置されることになったのも、同じ昭和一四年(一九三九)のことである。「医育一元化」政策の下で大正一一～一二年(一九二二～二三)に五校が医科大学への昇格を果たしたあと姿を消していた官立の医学専門学校が、戦線の拡大とともに急増する軍医の需要、さらには軍事動員による内地の医師不足に対応するべく、「臨時」医学専門部の名の下に、事実上復活することになったのである。

「今次事変ノ勃発ニ伴ヒ医師ニシテ陸海軍ニ召集又ハ徴用セラルル者頗ル多ク」、また「今後多数ノ医師ヲ大陸ニ送ルノ要アリ、為ニ国内医師ノ不足ハ一層甚シキヲ加フルモノト思惟ス、加之将来医師ノ総動員計画ノ実施セラルニ於テハ、之ガ需要ハ益々増大シ現在国内医学関係ノ大学、専門学校ニ於ケル卒業者約三千人ヲ以テシテハ、到底如上ノ急増スル需要ニ応ジ得ザルハ極メテ明ラカ」であり、「之ガ対策トシテ医師ノ増員養成計画ヲ樹立スルハ刻下国防上、国民医療上焦眉ノ急」であるというのが、臨時医専設置に際しての、政府による説明であった（『東京大学百年史』通史二、六九五―六頁）。

大学側、たとえば東京帝国大学では、「本件ハ臨時ノ処置ニシテ大学ノ本来ノ使命ヨリハ考慮スベキ点多々アルモ、国家ガ是非必要トアラバ不已得ズト見ル向モアリ、医学部ニ於テハ諒承」するということで、あくまでも「本年限リノ臨時措置」としてやむを得ず受け入れたことがわかっている（同書、六九六頁）。ところが一年限りの設置というので新規予算も組まれず、医学部の予算・人員の枠内で対応を求められたその附属医学専門部が、結局その後も存続することになり、一九年には「臨時」が外され常設の専門部になっている。この間、若干の予算・人員がつけられたものの十分とはいいがたく、東京帝大の例でいえば、入学定員も当初の五〇名が、昭和二〇年には一六〇人まで増員されるなど、医師の粗製濫造が強行されることになるのである（同書、六九七―七〇〇頁）。

こうして表2-9に見るように、七帝国大学医学部と六医科大学のすべてに臨時医学専門部が附設されたが、医師不足は戦争の激化とともにさらに深刻化し、昭和一七年には独立の医学専門学校一〇校の新設構想が浮上してくる。県立病院の移管を含めて、ここでも創設費用の地元負担を条件とする新設計画だったが、それでも誘致に手を挙げれば直ちに設置が決まったわけではない。戦争も末期に近づき、国家財政が破綻に瀕している中で、創設と維持にコストのかかる官立医専を多数新設する余力が、中央政府にはすでに残されていなかったからである。結局、官立で設置されたのは、前橋・青森・松本・米子・徳島の五校だけであった。その官立医専の設置も容易ではなかったことが、迷走を続けた松本医専の例から知られる。

新設計画が浮上する中、整備された市立病院を持つ松本市は、早くから設置の有力候補地の一つとされていたらしい。校史によれば昭和一七年の夏に、企画院の調査官が下調べに松本を訪れている。当時、松本市は官立高等工業の誘致をめぐって長野市と争っていたが、県の要望もあり、医専誘致に転換した。ところが高工の設置が長野市に決定する一方で、医専誘致の方は頓挫し、県立での設置申請を求められる事態になった。県と松本市側は政府に方針変更を求めて懸命に働きかけたが、法文系学部の閉鎖を求められた明治大学が、市立病院を買収して医学部設置を構想する動きなどもあって混乱し、ようやく一八年末に青森市とともに官立医専二校の設置が閣議決定を見ている。国庫負担はわずか二五万円、市立病院の移管と県と市の地元負担金各一五〇万円、さらに医専校舎の提供を条件とした誘致であった。

迷走は、その校舎問題をめぐってさらに続く。物資不足から当面新設は望むべくもなく、県立の工業学校、商業学校、さらには市立の家政女学校などの校舎転用が候補に挙がったものの、学校側の同意を得られず、文部省から設置中止をほのめかされた長野県が、ついに県立松本中学校の校舎提供を申し出たことで、ひとまず落着を見る。しかし、事前に中学校側の同意を得たものではなかったから、今度は県下随一の伝統校の教員・生徒、さ

表 2-9　医学専門部

設置年度	校名	戦後の移行状況
14	北海道帝大臨時附属医学専門部	北海道大学医学部
	東北帝大臨時附属医学専門部	東北大学医学部
	東京帝大臨時附属医学専門部	東京大学医学部
	名古屋帝大臨時附属医学専門部	名古屋大学医学部
	京都帝大臨時附属医学専門部	京都大学医学部
	大阪帝大臨時附属医学専門部	大阪大学医学部
	九州帝大臨時附属医学専門部	九州大学医学部
	千葉医大臨時附属医学専門部	千葉大学医学部
	新潟医大臨時附属医学専門部	新潟大学医学部
	金沢医大臨時附属医学専門部	金沢大学医学部
	岡山医大臨時附属医学専門部	岡山大学医学部
	長崎医大臨時附属医学専門部	長崎大学医学部
	熊本医大臨時附属医学専門部	熊本大学医学部
18	前橋医学専門学校	23 前橋医大→群馬大学医学部
19	青森医学専門学校	23 弘前医大→弘前大学医学部
	松本医学専門学校	23 松本医大→信州大学医学部
20	米子医学専門学校	22 米子医大→鳥取大学医学部
	徳島医学専門学校	23 徳島医大→徳島大学医学部

資料）『文部省年報』各年度および『専門学校資料』下より作成。
注）年度は昭和。

表 2-10　工・医以外官立校

設置年度	校名	戦後の移行状況
10	東京高等農林学校	東京農工大学農学部
	函館高等水産学校	北海道大学水産学部
16	帯広高等獣医学校	帯広畜産大学
20	北海道帝大附属農林専門部	北海道大学農学部
12	東京農業教育専門学校	東京教育大学農学部
16	東京高等体育学校	東京教育大学体育学部
19	金沢高等師範学校	廃止
20	岡崎高等師範学校	名古屋大学教育学部
	広島女子高等師範学校	広島大学教育学部
16	神宮皇學館大学附属専門部	廃止

資料）『文部省年報』および『専門学校資料』下より作成。
注）年度は昭和。

らには同窓会まで巻き込んでの激しい反対運動が展開されることになった。決着を見ないまま、医専は一九年四月、官立松本高等学校の校舎の一部を借りて開校する。文部省からの強い圧力のもと、県が新校舎の建設を条件に反対を押し切って、中学校側に校舎の国への移管と当分の間の共用を納得させたのは、同年九月になってからであった（『信州大学医学部25年史』一〇—五〇頁）。戦争末期の、無理を重ねての強権的な学校新設を象徴するような事例といえよう。

工・医以外の官立校新設

このように軍事目的と直結して拡充の図られた工業と医学の二分野だが、それ以外では、官立校の新設は極めて限定的であった（表2-10）。農業系では昭和一〇年（一九三五）に、東京帝大農学部附属の実科が独立した東京高等農林学校と、函館高等水産学校の二校が設置された後は、一六年の帯広高等獣医学校、二〇年に北海道帝大農学部の農業・林業実科が組織替えされた附属農林専門部、それに農業教員の養成を目的とした昭和一二年の東京農業教育専門学校の計五校のみであった。

ただこの時期、戦線拡大とともに軍馬の育成が重要な課題となり、それまで盛岡・東京・宮崎の三校にしかなかった獣医（畜産）科が、昭和一四年から一五年にかけて鳥取・鹿児島・宇都宮・岐阜の四校に増設され、さらに単独校として上記の帯広高等獣医の設置を見るに至ったことを付け加えておくべきだろう。また食糧増産の必要から、後で見るように、各府県が競って農業系の公立専門学校の設置に踏み切ったことも見落としてはならない。拡大の規模は小さかったとはいえ、農業系の専門学校も、戦時目的の遂行と無縁ではあり得なかったのである。

それ以外の官立専門学校では、教育審議会答申にもあった体育重視とかかわる東京高等体育学校（一六年）、国体思想の普及を目的に文部省に移管された神宮皇學館大学の附属専門部（一六年）、それに中等教員養成のための金沢（一九年）・岡崎・広島女子（二〇年）の三高等師範学校が新設されるにとどまった。なお、中等教員の養成については、この他に一四年に二校（広島高等工業・熊本高等工業）、一六年三校（名古屋高工・三高・東京女高師）、一七年五校（北海道・東北・九州・大阪の各帝大、奈良女高師）、合わせて一〇校に臨時教員養成所が附設されている。戦時体制期は、すでに見たように中等教育についても「大衆化」が急進展した時期であり、工業教員を中心に中等教員養成の拡充が強く求められていたことがわかる。

このように、国家的な戦略性の高い人材養成については明治以来、官立中心主義の堅持を目指してきた政府だが、高等工業学校や医学専門学校の例に見るように、戦線の拡大・激化とともに増加の一途をたどる軍事費の捻出に苦しむ中、多くの官立専門学校を設置し拡充するだけの財政的余力は、すでに残されていなかった。逼迫の度を加える戦略的人材の養成・供給には、地方政府や「民」の力に直接依存する外はなく、戦局の緊迫化とともに専門学校の濫造が、公立・私立の両セクター中心に急進展することになる。その濫造の過程を公立セクターから見ることにしよう。

公立医専の急設

わが国の公立専門学校の設置は、明治初期の多数の県立医学校の創設から始まる。高等教育レベルの甲種医学校の数は、明治一八年（一八八五）には二一校にのぼっていた。しかし、明治一九年に地方税による医学校の維持が禁止され、また主要医学校が高等中学校医学部として官立に移管されるなど、政府が官学中心主義を打ち出すとともにその数は急減する。その後も、公立の高等教育機関は、官立・私立と並立して一つのセクターを構成するほど

表2-11　公立専門学校数の推移（大正9〜昭和20年）

	大正9	昭和5	昭和10	昭和15	昭和20
医学	2	–	–	–	19
薬学	1	–	1	1	2
美術	1	1	1	1	1
女子	–	6	6	6	8
商業	1	3	3	3	4
工業	–	–	–	1	13
農業	1	–	–	–	8
合計	6	10	11	12	55

資料）『文部省年報』各年度より作成。

の数には、なかなか達しなかった。大正九年（一九二〇）の学校数は医学二・薬学一・美術一・商業一・農業一のわずか六校にとどまり、その後、女子専門学校の設置が進んだものの、昭和一五年（一九四〇）になっても総数一二校にすぎなかった。それが五年後の昭和二〇年には、実に五五校を数えるに至っている（表2-11）。いかに多数の公立専門学校が、短期間に集中的に新設されたかがわかる。その主流を占めたのは、医学（一九）・工業（一三）・農業（八）の三分野であった。地方政府もまた、そうした形で戦時下の人材養成の一翼を担うことになったのである。

まず、昭和一七年から二〇年の間に二二校が新設された、一般の専門学校について見よう。このうち女子二校、薬学一校、歯学一校を除く一八校が、医学専門学校で占められていた（表2-12）。

学校史等によると、府県における医学専門学校設置の動きは昭和一四年、すべての帝国大学医学部と官立医科大学に医学専門部が附設され、医育一元化政策が事実上放棄されたのを機に始まった。それに戦時体制下の医師不足が加わり、医学部・医科大学の未設置の諸県を中心に、政府（文部省・厚生省・陸軍省・企画院等）がこぞって積極的に奨励する、医専の設置に踏み切る県が続出したのである。明治初期に医学校を設置したものの、地方税による維持の禁止措置によって廃校に追い込まれ県立病院だけが残された記憶がよみがえり、その県立病院を基盤に医育機関の復活を目指す県も少なくなかった。

たとえば、広島医専の場合、明治二〇年に県立医学校が廃止されて以来、県下に医育機関がなく、早くから県立病院を中心に医専設置の念願があったとされる。「昭和に入り、日中戦争が拡大するにつれて医師不足が問題になると、軍部の主導で全国的に医学教育機関が設立されるようになった。広島においても、昭和十四（一九三九）年

表2-12　戦時期新設の公立専門学校

設置年度	校名	戦後の移行状況
16	山口県立女子専門学校	24 山口女子短大
18	都立女子専門学校	24 東京都立大学→平16 首都大学東京
17	鹿島県立医学専門学校	22 鹿児島県立医科大学→ 30 鹿児島大学医学部
18	山梨県立医学専門学校	22 廃止
	岐阜県立女子医学専門学校	22 岐阜県立医科大学→ 39 岐阜大学医学部
	名古屋女子医学専門学校	22 名古屋女子医科大学→ 27 名古屋市立大学医学部
	三重県立医学専門学校	22 三重県立医科大学→ 47 三重大学医学部
	兵庫県立医学専門学校	21 兵庫県立医科大学→ 39 神戸大学医学部
	山口県立医学専門学校	22 山口県立医科大学→ 39 山口大学医学部
19	北海道立女子医学専門学校	25 札幌医科大学
	福島県立女子医学専門学校	22 福島県立医科大学
	横浜市立医学専門学校	22 横浜医科大学→ 24 横浜市立大学医学部
	京都府立医大附属女子専門部	27 京都府立医科大学
	大阪市立医学専門学校	22 大阪市立医科大学
	山梨県立女子医学専門学校	22 廃止
	和歌山県立医学専門学校	23 和歌山県立医科大学
	広島県立医学専門学校	23 広島県立医科大学
20	秋田県立女子医学専門学校	22 廃止
	奈良県立医学専門学校	23 奈良県立医科大学
	高知県立女子医学専門学校	22 廃止
19	福岡県立歯科医学専門学校	（私立九州歯科医専の移管）　24 九州歯科大学
20	名古屋薬学専門学校	24 名古屋薬科大学→ 25 名古屋市立大学薬学部

資料）『文部省年報』および『専門学校資料』下より作成。
注）年度は昭和。「平」は平成。

から医学専門学校設立運動が展開された。官立医専誘致に向けての運動も展開されたが実現せず、県は独自に医学専門学校を設立することになった」（『広島大学五十年史』通史編、二二四頁）。文中の「官立医専誘致」については「文部省が昭和十八年度予算中に医専一〇校の創設を要求し、その候補地に広島も入っていた」のだが、結局「文部省案は予算や資材の関係でわずか一校［前橋医専をさすと思われる］しか実現しなかった」という指摘もされている（同書、包括校史、七一六頁）。

戦時体制との関連でいえば、三重県立医専の場合、軍医の不足から「四五歳までの開業医も召集」されるようになり「銃後の医療者の不足も甚だしくなってきた」ことから「短期育成の医学専門学校の設置」が企画・設置されることになったのだという（『三重大学五十年史』通史編・資料編、一四八頁）。

兵庫のように、全く別の、しかし戦時体制と深くかかわる理由から、医専の設置に踏み切った県もある。同県の場合にも医専の設置は、昭和一四年頃から話題になっており、政府が全国七か所に医学校の設置を構想しているという噂も流れていた。そうした中「昭和一七年、厚生省（中略）の方針に拠り、日本医療団が結成され（中略）各府県に支部を置き、県知事を支部長（中略）に任命した。全国の病院を買収統合して一率《［ママ］》の方針のもとに運営することにより大衆化を企図する、というのが基本方針であったが、その真意は、統合、合理化によって医師、看護師等の戦線への派遣が推定せられた。／日本医療団は各府県に中央病院を置くことを第一段階とし、これに既設の公立病院を充当する方針から、県立神戸病院の接収のため（中略）［同団の総裁が］（中略）折渉［衝］に来神すること再三に及んだ」。県は、この要請を拒否する理由として医専の設置を決意した、というのである（『神戸医科大学史』二七頁）。中央政府、しかも文部省以外の軍部や厚生省、企画院等からの働きかけが、公立医専設置の主因になっていたことがうかがわれる。

また一九校の中には七校の女子医専が含まれているが、総力戦体制はここにも色濃く投影されている。たとえばそのうちの一校、京都府立医科大学附属女子医学専門部の設置理由は、次のように説明されている。「大東亜戦争が次第にはげしくなり、学内はもちろん国全体にみても若い男子の医師が次々と戦線におもむきつつあった頃、つまり一九四二年（昭和一七年）の夏頃から、本学に女子の医師を養成する機関を設置してはどうかという意見が抬頭して来た。いいかえれば、大学や一般病院のような医療機関は、兵役と関係のない医師や女性の医師に依存する以外道がなかろうというのが主な発想の論拠であった」。一八年に府会で「銃後医療機関の充実をはかり、府下無医村の絶無を期するためには、女医の養成が必要」だという知事の説明のもとに予算化され、翌年一九年一月に設置認可されるのだが、「定員八〇名に対して志願者一一六〇名に達し、甚だきびしい競争となった。その多くは、当時深刻化していた女子に対する勤労動員（徴用）をのがれるためか、医家の子女で、男の兄弟が応召した後、急遽後継者となるために応募したというのが実状であった」（『京都府立医科大学百年史』二〇七頁）。

昭和一八年の「教育ニ関スル戦時非常措置方策」が契機になった、横浜市立医専のような例もある。同校史によれば「戦時非常措置方策」に基づき、「文部省は全国一三校の官公立高商を地域的に半減して理科系高専に転換する方針を決定し（中略）横浜市当局にはY専（横浜市立商業専門学校）を廃止して、その経費で十全病院を基礎とした医学専門学校を創設し軍医を養成せよという陸軍省の意向を通達し、市当局もそれに追随した」結果、設置に至ったというのである。横浜市立横浜商業専門学校は、それによって廃校の危機に立たされ、新設の校舎を医専に譲り、学級数を半減することでようやく存続したことも記されている（『横浜市立大学六十年史』七六頁）。

県の側に設置の希望や願望があったにせよ、「銃後の守り」を含む戦争目的の遂行に必要な医師の確保のために、政府がなりふり構わず、年限を四年から三年に短縮した医学専門学校の大量新設を許容したことに変わりはない。物資・人的資源ともに枯渇した戦争末期に開設されたこれら医専の質に、大きな問題があったことは否めない。敗戦後、医育機関としての質があらためて問われ、そのうち四校は廃校に追い込まれている。しかし、表2-12に示した戦後の転換校の名称に見るように、濫造された医専の大多数が、敗戦後も存続し国公立の大学医学部や医科大学に移行している。「貧弱」ではあっても戦時期の遺産が新しい医育システムに継承され、その内実を形成する役割を果したことに注目する必要があるだろう。

工業・農業系の公立校

濫造は、工業系の場合も同様であった。公立工業専門学校は、昭和一七年（一九四二）から二〇年までの間に一三校が新設されているが、後で見る私立の工業専門学校と併せて、当時の関係者の一人は、「これ等戦時急設の公私立学校は中等工業学校に併設したか、あるいは軍需会社がその設備の一部に設置したもの等が大部分で、折からの物資の甚だしい窮迫により施設設備甚だ不満足の場合多く、顧みて冷汗三斗の思ひがある」（『専門学校資料』上、二〇九頁）と回顧している。

たとえば昭和一八年から一九年にかけて三校が新設された大阪府の場合、「太平洋戦争たけなわとなるに及び、工業技術者確保の必要はいよいよ切実となり、政府は官立工業専門学校の増設または拡充に力を入れるとともに、府県に対しても技術系専門学校の設立を要請するところがあった。大阪府は特にこの国策に対応し、かつ、府下産業界の要請にもこたえるため相次いで高等工業学校を設置することとな」った。しかし人的・物的資源ともに窮迫した状況下で、純然たる新設は困難であり、いずれも府立工業学校に併設の形をとらざるを得なかった（『大阪府立大学十年史』四—五頁）。

昭和二〇年初めに設置が認可された広島市立工専は、市議会で一八〇万円の創設費支出が認められていたが、「当時の情勢下にあっては、即時開設という急迫した条件を満たす必要があり（中略）市立第一工業学校の校舎ならびに実験実習場の過半を接収し、また隣接する広島市立工業指導所の一部も合わせて転用する」ことで、なんとか発足することになった（『広島大学二十五年史』包括校史、六八四頁）。同年設置の鹿児島県立工専の場合にも県立工業学校の施設を利用し、「昼間は工専に、夜間は工業学校に使用せしめる」（『鹿児島大学十年史』四七八頁）という変則的な運営を余儀なくされている。なお同校の場合、地元企業の岩崎産業が創設費一〇〇万円を寄付しているが、各地の工業専門学校の新設については軍需景気に沸く、しかし技術者不足に悩む産業界からも強い要望が寄せられていたことがわかる。

中等学校を利用した開設は、八校が新設された農林専門学校の場合も同様であった。たとえば新潟県立農林専門学校は、県立「加茂農林学校の施設設備の一切を継承」して（『新潟大学二十五年史』総編、四九頁）設置されたものである。また山口高等獣医学校は県立小郡農業学校の獣医科の昇格だが、「戦局は日を追って不利になる時代であったため、校舎の新築もならず、当初は小郡農業学校に同居であった」（『山口大学三十年史』七六—七頁）。ただ、新潟県立農林の場合、母体になった加茂農林学校は「全国的にも屈指の農林学校として創立当初から既に農林専門学校に昇格することが予想され」ており、昭和一六年頃には、同窓会を中心に昇格運動が始まっていたとされる

表 2-13　戦時期新設の公立専門学校（実業系）

設置年度	校名	戦後の移行状況
17	府立化学高等工業学校	24 東京都立大学（平 16 首都大学東京）工学部
	岐阜県立高等工業学校	24 岐阜県立大学工学部（27 岐阜大学工学部）
18	府立航空高等工業学校	24 東京都立大学（平 16 首都大学東京）工学部
	愛知県立高等工業学校	24 名古屋工業大学
	大阪府立堺高等工業学校	24 浪速大学（30 大阪府立大学）工学部
19	都立機械工業専門学校	24 東京都立大学（平 16 首都大学東京）工学部
	大阪市立都島高等工業学校	24 大阪市立大学工学部
	大阪府立航空工業専門学校	24 浪速大学（30 大阪府立大学）工学部
	大阪府立淀川高等工業学校	24 浪速大学（30 大阪府立大学）工業短大部
	兵庫県立高等工業学校	24 姫路工業大学
	宮崎県高等工業学校	24 宮崎大学工学部
20	鹿児島県立工業専門学校	24 鹿児島県立大学（34 鹿児島大学工学部）
	広島市立工業専門学校	24 広島大学工学部
17	福岡市立拓殖専門学校	24 福岡県立農業専門学校→ 26 廃止
	大阪高等獣医学校	24 浪速大学（30 大阪府立大学）農学部
19	京都府立農林専門学校	24 西京大学（34 京都府立大学）農学部
	大阪農業専門学校	24 浪速大学（30 大阪府立大学）農学部
	山口高等獣医学校	24 山口大学農学部
20	新潟県立農林専門学校	24 新潟大学農学部
	長野県立農林専門学校	24 信州大学農学部
	愛媛県立農林専門学校	24 県立松山農科大学→ 29 愛媛大学農学部

資料）『文部省年報』および『専門学校資料』下より作成。
注）年度は昭和。「平」は平成。

（『新潟大学二十五年史』総編、四九頁）。山口高等獣医の場合には、獣医師法の制定によって、昭和一四年以降、農業学校獣医科卒業では獣医師免許が取得できなくなり、「昇格」を必要としていた（『山口大学三十年史』七六頁）ことを指摘しておくべきだろう。

工業系でも、大阪市立都島高等工業学校の母体になった市立都島工業学校は、尋常小学校卒業者を入学させる六年制の特異な工業学校として知られ、これをさらに七年制にする案や高等工業学校を併設する案が、昭和一二、三年頃から検討されていた（『大阪市立大学百年史』全学編上、二七七―九頁）。府県立の中等実業学校の一部伝統校の間に、昭和一〇年代に入って「昇格」への機運が盛り上がり、それが公立専門学校設立に結びついた例もあったことが知られる。

いずれにせよこれら工業・農業系の公立実業専門学校は、表2-13に見るように敗戦後も廃止されることなく、大多数が新制の国公立大学・学部に移行しているのは、医専の場合と同じである。

表 2-14　昭和 10 年以降の私立専門学校

設置年度	校名	戦後の移行状況
18	順天堂医学専門学校	21 順天堂医科大学
19	慶應義塾大学附属医学専門部	27 慶應義塾大学
	東京慈恵会医科大学附属医学専門部	27 東京慈恵会医科大学
	日本医科大学附属医学専門部	27 日本医科大学
10	名古屋薬学専門学校	25（市立）名古屋薬科大学
14	東北薬学専門学校	24 東北薬科大学
16	星薬学専門学校	26 星薬科大学
20	静岡女子薬学専門学校	27（県立）静岡薬科大学
16	身延山専門学校	25 身延山短大
	日本体育専門学校	24 日本体育大学
17	東亜専門学校	25 麗澤短大
	東洋語学専門学校	20 熊本語学専門学校→ 25 熊本短大
18	日本東部神学校	19 日本基督教神学専門学校→ 26 東京神学大学
	日本西部神学校	19 東部神学校と合併
15	天理女子専門学校	22 廃止
16	帝国女子理学専門学校	25 東邦大学
17	大妻女子専門学校	24 大妻女子大学
18	東京女子厚生専門学校	不明
	京浜女子家政理学専門学校	25 京浜女子短大
	日本女子神学校	23 廃校
19	東京女子体育専門学校	25 東京女子体育短大
	明治女子専門学校	26 明治大学短期大学部
	光華女子専門学校	25 光華女子短大
	岡山清心女子専門学校	24 ノートルダム清心女子大学
20	恵泉女子農芸専門学校	25 恵泉女学園短大
	京都女子厚生専門学校	不明
	大和女子農芸専門学校	25 大和農芸家政短大

資料）『文部省年報』および『専門学校資料』下より作成。
注）年度は昭和。

戦時期の遺産はここでも、戦後にそのまま継承されたことになる。

私立専門学校の急増

戦時下に濫設されたのは、私立セクターの専門学校の場合も同様であった。戦争末期の混乱もあり、校名変更や教育課程の改廃などをふくめて正確を期しがたいが、昭和一〇年（一九三五）から二〇年八月までの新設校数は、一般の専門学校二七校、実業系三三校の計六〇校にのぼっている。

このうち一般の専門学校では、官・公立セクターの場合に新設の主流を占めていた医学系は、独立校と附属医学専門部合わせて四校にすぎない。一三校と、半数を占めたのは、昭和一五年から二〇年の間に集中的に新設された女子専門学校である。高等女学校や各種学校を母体とするものが多いが、校名を見ると理学・農芸・厚生など、従来にない専門分野をうたう女子専門学校が出現したことがわかる。昭和一九年一月策定の「女子専門学校教育刷新」は、設置学科の名称として、家政（育児・保健・被服）・文・理・医・薬・音楽・美術の他に、厚生・工・農・経・法・体育を加えた一三科を挙げていたが、戦時色は、女子専門学校の場合にも濃くなる一方だったのである。

実業系三三校のうち突出しているのは、二八校（八五％）と圧倒的に多数を占める工業系であり、しかもそのうち二二校（六七％）が昭和一九・二〇年に集中している。

わが国の私立セクターが文系、とりわけ法商経系の専門教育中心に発展を遂げてきたことは、周知の通りである。総合化を目指して理工系の学部・学科の開設を構想し、また単独校の新設を図ろうとする試みは少なくなかったが、授業料収入だけでは高コストの教育課程の維持は困難であり、ほとんどが挫折を余儀なくされてきた。それが一九・二〇の両年度に二二校が新設されるに至ったのは、これまでもたびたびふれてきた、昭和一八年九月の「教育ニ関スル戦時非常措置方策」と、それを具体化するものとして同年一二月に発表された「学校整備要領」によるところが大きい。「方策」と「要領」の眼目は、何よりも大学・専門学校の「理系」の整備拡充に置かれ、そのためには「文科系大学及専門学校ノ理科系ヘノ転換」要求も辞さない、というところにあったからである。実際に政府はすでに見たように、官立について高等商業三校の高等工業への転換を断行している。文科系が大多数を占める私立セクターもまた、政府のなりふり構わぬ理工系拡充政策の衝撃を免れることはできなかった。一九年から二〇年にかけての工業系専門学校の大量新設は、そうした政府の強権的な措置に基づいて推進されたのである。

大学を含めて私立セクターの諸学校が政府の要請をどう受け止め、どのような対応を図ったのか、その全体像は節を改めて見る必要がある。ここでは工業系専門学校に限って、その設置の過程を跡づけておくことにしよう。

私立工専の濫設

技術者不足が叫ばれ、官立高等工業の大量新設計画が発表・実施された昭和一〇年代半ば、私立セクターで最初に動き出したのは工業系の各種学校である。理工系の各種学校の中には、明治・大正期から中・下級技術者の育成に大きな役割を果たしてきた学校が少なくない。それらの学校が、技術者需要の高まりや官立高等工業の計画的新設に刺激されて、次々に専門学校への「昇格」を目指すようになったのである。

昭和一四年（一九三九）、最初に昇格を果たした東京電気高等工業学校の前身は、明治四〇年創設の電機学校である。昭和三年に中学校卒業者を入れる二年制の高等工業科を開設しており、「技術者養成の急を告げ、官立では七つの高工が同時に新設されるような機運」に乗じ、その高等工業科を基礎に高等工業学校の設置に踏み切ったものである。当時「私立の高等工業としては独立したものは一つもなく、大学工学部付属の専門部工科が一、二在るにすぎなかった」（『学校法人東京電機大学六十年史』二八頁）。各種学校としての実績あってこその「昇格」だったことがわかる。

大正一一年（一九二二）関西工学専修学校から出発し、大正一五年の関西高等工学校を経て昭和一五年に発足した関西（摂南）高等工業学校、明治三〇年（一八九七）創設の数学塾以来の歴史を持つ研数学館が昭和一六年に設置した理数系の研数専門学校、昭和四年に中等学校卒業者を入れる三年制の各種学校・武蔵高等工科学校として誕生し、一六年専門学校への昇格を果たした武蔵高等工業学校の三校も、前身は各種学校である。時期は戦争末期にずれ込むが、明治二〇年の工手学校（昭和三年工学院と改称）以来の伝統を持つ、昭和一九年設立の工学院工業専門学校、それに同年設置の芝浦工業専門学校（昭和二年東京工商学校として発足、四年東京高等工学校と改称）の二校も同様である。いずれも新設とはいえ、工業教育機関としての歴史と蓄積を踏まえての設置であった。

昭和一九・二〇年に集中的に新設された、前記の各種学校出自の二校を除く二〇校の工業専門学校の場合には、その中に、戦争末期の技術者需要の逼迫に対応するため、企業が自社内に独自に設置した学校群も含まれている。

表2-15　昭和10年以降の私立工業系専門学校

設置年度	校名	戦後の移行状況
14	東京電気高等工業学校	24 東京電機大学
15	関西（摂南）高等工業学校	24 大阪工業大学
16	研数専門学校	廃止
	武蔵高等工業学校	24 武蔵工業大学
17	航空科学専門学校	20 東海科学専門学校→24 東海大学工学部
	川南高等造船学校	25 長崎造船短大
19	東北学院航空工業専門学校	22 廃止
	立教理科専門学校	24 立教大学理学部
	大日本滑空工業専門学校	21 筑波工業専門学校→25 法政大学工学部
	航空工業専門学校	21 法政工業専門学校→25 法政大学工学部
	久我山工業専門学校	24 久我山大学→25 廃止
	工学院工業専門学校	24 工学院大学
	芝浦工業専門学校	24 芝浦工業大学
	中央工業専門学校	24 中央大学工学部
	東京明治工業専門学校	24 明治大学工学部
	青山学院工業専門学校	25 関東学院大工学部に合併
	関東学院航空工業専門学校	24 関東学院大学工学部
	電波科学専門学校	20 東海科学専門学校→24 東海大学工学部
	同志社工業専門学校	24 同志社大学工学部
	福知山工業専門学校	25 山陰短期大学
	関西工業専門学校	24 関西大学短大部
	東亜石油工業専門学校	20 廃止
	甲陽工業専門学校	23 廃止
	立命館専門学校理学科・工学科	24 立命館大学理工学部
	関西学院専門部理工科	25 関西学院大学短期大学
20	柏崎石油鉱山専門学校	21 廃止
	東亜（湘南）冶金工業専門学校	25 湘南工業短大→26 廃止
	玉川工業専門学校	24 廃止

資料）『文部省年報』および『専門学校資料』下より作成。
注）数字は昭和年号。福知山・甲陽は高商からの転換。

久我山工業専門学校（一九年、岩崎通信機）、東亜石油工業専門学校（一九年、丸善石油）、柏崎石油鉱山専門学校（二〇年、帝国石油）、東亜冶金工業専門学校（二〇年、東亜特殊製鋼）、それに戦後、法政工業専門学校に統合される大日本滑空工業専門学校（一九年、大日本飛行協会附属）を加えた五校がそれである。いずれも敗戦後に廃校になっており、急造の学校であったことがうかがわれる（なお、昭和一七年設置の川南高等造船学校も企業立（川南工業）だが、唯一存続し、現・長崎総合科学大学に至っている）。

残る一五校の中には純然たる新設二校も含まれている。昭和二〇年設置の小原國芳の玉川学園にかかわる玉川工業専門学校と、逓信官僚であった松前重義が一九年に設置した電波科学専門学校がそれである。前者は戦後廃止され、後者は敗戦直後に一七年設立の航空科学専門学校と合併して東海科学専門学校になり、現在の東海大学に至っている。

こうして結局一三校が、「方策」と「要領」により、既設の大学・専門学校法人がやむなく開設することになった専門学校ということになる。校名に見るように一一校が独立校として設置され、二校（立命館・関西学院）が学科としての開設であった。これら一三校の内訳は、設置法人が大学のもの七校（立教・法政・中央・明治・同志社・関西・関西学院）、専門学校のもの六校（東北学院・青山学院・関東学院・立命館・福知山・甲陽）である。以下、「方策」と「要領」に促され、あるいは強制されて、多数の工業系私立専門学校が開設されるに至った経緯を見ることにしよう。

キリスト教系の整理統合

「方策」と「要領」で「整備」の対象とされたのは、文科系の中でもとくに、国家による経済統制の下で不要視された商業にかかわる高等商業系の学校・学科である。官公立校についてすら「一部ハ之ヲ工業専門学校ニ転換シ、其ノ他ハ生産技術ヲ習得セル工業経営者ヲ養成スベキ工業経営専門学校（仮称）又ハ従来ノ高等商業教育ノ内容ヲ刷新シタル経済専門学校（仮称）」に転換するとされ、実際に三校が工業専門学校に転換されたのは、先に見たとおりである。

私立専門学校の場合には文科系一般について「整備」を求めるもので、高等商業や商科に焦点が絞られていたわけではない。しかし文系で最大の在学者数を持つ専門分野が商業系であり、「整備」の狙いが実質的にそこに向けられていたことは疑いない。実際に七校の大学と六校の専門学校が、いずれも規模の大きい商学部あるいは商科を持っており、工業系に転換した福知山・甲陽の二校は、単独の高等商業学校であった。

第1章第6節でその概略にふれておいたが、「要領」によると私立専門学校の「整備」の具体的な内容は、(1)

「文科系専門学校ニシテ学校ノ種類、規模、地理的配置等ヲ勘案シ、統合可能ノモノニ付テハ之ガ実現ヲ図ルモノトス」、(2)「文科系専門学校ノ入学定員ハ従来ノ入学定員ノ概ネ二分ノ一程度トス」、(3)「文科系専門学校ニシテ理科系専門学校へ転換可能ノモノニ付テハ之ガ実現ヲ図ルモノトス」、(4)「理科系専門学校ヘノ転換ニ要スル経費ニ対シテハ、国庫ヨリ適当ナル補助ヲ為スモノトス」、「理科系専門学校ノ経常費ニ対シテハ、国庫ヨリ適当ナル補助ヲ為スモノトス」となっている。国庫補助というアメを用意した上での措置とはいえ、私立専門学校に再編統合・定員削減・理系への転換を強いる過酷なものであった。

こうした政府の要請・指示のもと、昭和一八年（一九四三）から一九年にかけて、大学法人・専門学校法人それぞれに、短期間に意思決定を求められ取り組みを始めるのだが、校史等を見ると、それがキリスト教系の諸学校にとってとりわけ厳しいものであったことがわかる。これらの学校は設置学科の理系への転換だけでなく、同系の学校であることを理由に統合を迫られたからである。

統合の対象とされたのは、明治学院・青山学院・関東学院の三校である。青山学院の校史によれば、一八年一一月、院長が「文部省に招致され、青山学院の専門部（文学部・高等商業学部）を、明治学院に合併すべきことを指示された。（中略）この「教育ニ関スル戦時非常措置方策」にもとづく合同は、明治学院・青山学院および関東学院の三者合同のこととなり、監督官庁の了解を得て」決定され、一九年四月を期して「青山学院高等商業学部、同文学部並びに関東学院高等商業学部を明治学院に統合」することになった（『青山学院九十年史』四六七頁）。明治学院の校史は「青山学院、関東学院の高等学部を明治学院に統合し、青山と関東は工業専門学校となるよう文部省から勧告を受けた」（『明治学院九十年史』二三七頁）としているが、各校の理事会決定を経た上での統合であったとはいえ、事実上「勧告」ではなく「指示」による統合であったことは間違いない。これにより青山学院・関東学院の高等商業部・文学部は廃部、統合先の明治学院も高等部・高等商業部を廃止して、経済科・経営科・東亜科を置く明治学院専門学校に組織変更されることになった。なお、同じキリスト教系の「東北学院からも専門部を本「明治」学院に統合してほしいとの申出があったが、これは取り止め」になったとされている（同書、二四〇頁）。

徴兵猶予停止の衝撃

理系への転換は、文科系学部・学科の廃止に追いやられた青山・関東の両学院にとって、専門学校としての存続を図るための避けがたい選択であったが、すべての私立専門学校に共通したさらに別の大きな問題があった。それは戦時非常措置の一環としての徴兵猶予措置の停止である。

兵役法によると、徴兵年齢は二〇歳と定められてきたが、高等教育機関の在学者については、特例として最長で二七歳まで（昭和一六年に二六歳に改正）の徴兵延期が認められていた。それが戦時非常措置の一環として昭和一八年（一九四三）、延期措置の停止、停止対象からの理工系の除外、徴兵年齢の一九歳への引き下げが、相次いで決定されたのは、すでに見たとおりである。それは官立諸学校に比べて年齢の高い学生が多く、しかも文科系中心で、授業料収入を経営の基盤としてきた私立諸学校にとって、とりわけ大きな打撃であった。『青山学院九十年史』はこの一連の措置が及ぼした衝撃を次のように記している。

「戦時の非常措置により、理工系以外の学徒の徴兵猶予が廃止せられ（中略）「学徒出陣」を行なうこと」になった結果、「当時の青山学院専門部の在籍学生徒数は文学部・高等商業学部を合せて七七二名、夜間部が四一二名で合計一一八四名であったが、その半数近い五四二名が徴兵猶予停止に伴う入営予定学生であったし、その上、さらに同年［昭和一九年］十二月には徴兵年齢が二十歳から十九歳に引き下げられることになっていた。このように専門部の学生数激減は必至である上に、青山学院に対する当局の弾圧が加わり文科系専門部の維持は困難になることは明らかであったので、学院はやむなく工科系の学校を新設することによって新しい活路を見出そうとした」（『青山学院九十年史』四六四―五頁）。

徴兵猶予の停止がいかに大きな影響を及ぼしたかは、他の学校の例からもわかる。たとえば同志社大学・専門学校の場合、一九年に七五〇名の卒業者を出したが、その半数近くが出陣中の者で占められていた（『同志社百年史』通史編二、一一九五頁）。それだけでなく、昭和一六年にはすでに、修業年限の短縮と繰り上げ卒業が始まっていたこと、文科系学部・学科の存続が認められた場合にも、定員削減を免れることはできなかったことを、指摘しておくべきだろう。「学生生徒も激減したが、それにともなって、教職員もまた同志社を去らざるをえなかったのである。同志社大学および専門学校は、まさに廃校の瀬戸際へ追いやられていた」（同書、一一九五頁）。

徴兵延期の停止により、「理科系学部を持っていない学院にとっては、兵役に服し得ない極めて少数の病弱者の在学者を残すのみとなり、学生のいない大学となるおそれが多分にあった。大学の存廃にかかわる重大問題に直面した」という関西学院の校史の記述も引用しておこう（『関西学院七十年史』一八八頁）。私立の大学・専門学校法人は最大の経営基盤である学生数の確保のために、なんとしてでも、徴兵猶予の対象となる理工系の学部・学科の開設を図らねばならなかったのである。

それが、決戦体制へと突き進む政府の目指す方向とも合致するものであったことは、あらためていうまでもないだろう。「文部省とても、この苦境を勿論知らぬわけもない。一方戦争が激甚になるに従つて、飛行機の需用は無制限に高まつて来るので、航空機関係の生産工業の要員がそれとともに必要となつて来た。そこで軍官両面から、文科系の専門学校を航空工業方面の理工科学校に転換するよう、殆んど命令的に躊躇をゆるさぬ要望を指示してきた。他の基督教主義の学校も同様で（中略）東北学院とても激甚な緊迫した戦時情勢下に鑑みて逡巡するを許されない局面に逢着したのであつた」（『東北学院七十年史』六六四—五頁）。

工業系への転換

こうして、青山・関東・東北の三学院に工業専門学校が設置されることになったが、そこに置かれたのはいずれも航空機関係の専門学科であった。東北学院の航空工業専門学校が「官軍両面」からの「命令的に躊躇をゆるさぬ要望」に基づいて設置されたことは先の引用に見るとおりだが、航空機・発動機・土木建築の三科を置く青山学院専門学校も、「文部省、海軍省、陸軍省の関係方面も賛成して援助の意向を示し」たことから、一九年四月の開校に至ったもの（『青山学院九十年史』四六五頁）とされている。

高等商業部の廃止と引き換えに、短い準備期間で航空工専の設置にこぎつけた経緯について、東北学院の校史は「幸いにも、学院は同窓生（中略）が東京に在つて大きな飛行機工場を経営し、その分工場を仙台市長町にも経営していた。またすぐ隣接した東北帝大工学部には航空工業科もあるので、それらの援助を求め得れば、割合航空工業専門学校に切り換えるに便宜な点もあつた。そこで学院理事会は、その方針を決定して、時の東北帝大総長熊谷岱蔵に諮って、航空学校設置について援助を懇請し、同大学工学部長（中略）を校長に迎えて、ここに「東北学院航空高等工業専門学校」を新設したのである」（『東北学院七十年史』六六四—五頁）と説明している。無から有を生じるような無理な新設であったというべきだろう。

しかしこれら急造の工業専門学校が、徴兵猶予の特権のゆえに多数の志願者を集め、廃止に追い込まれた文科系の学科に代わって、法人存続の支えになったことはまぎれもない事実である。青山学院工業専門学校を例にとれば、四〇〇人という入学定員自体が大きいが、昭和一九年の志願者総数は約三千人、八倍弱に達していた。

もちろん、戦争末期の新設校のすべてが拙速に急造されたわけではない。私立大学法人設置の工業専門学校の中には、それなりの前史を持つ例も見られるからである。

たとえば立命館の場合、京都帝大工学部の電気工学教室のスタッフが設立した私立電気工学講習所を継承する形で、昭和一三年（一九三八）に各種学校としての立命館高等工科学校を開学し、一四年にはそれを組織・名称変更した日満高等工科学校が、すでに存在していた。「満州国において活躍すべき有為な技術員の養成」を目的としたこの学校には、陸軍省を通じて満州国政府補助金五〇万円と、依託生の給費および委託費合わせて一四年度で七万五千円（一二五人分）が支給されている。法人立とはいえ、国策的な学校であったことがわかる（『立命館百年史』

通史一、五九八—六〇九頁)。昭和一七年に設置された立命館大学専門部の工学科・理学科は、その日満高等工科学校を継承したものに他ならない。

具体化はしなかったが「非常措置方策」以前から、総合大学化を目指して理工系の学部や学科開設の構想を持っていた法人も少なくない。たとえば明治大学では、昭和一二年頃すでに大学理工学部新設構想があり、調査費がつけられたものの時期尚早として自然消滅し、一七年から一八年にかけて再び大学に理工学部、専門部に理工科を開設することが役員会や商議会で議決されている。文部省が大学理工学部の設置を認めず、結局「非常措置方策」対応で造船科を置く明治工業専門学校が誕生するのである(『明治大学百年史』第四巻・通史編Ⅱ、一五三—六頁)。

中央大学の場合にも昭和初年に工学部設置構想が浮上し、昭和一〇年には一〇年後にやってくる創立六〇周年の記念事業として工学部新設が公言されている(『中央大学百年史』通史編下巻、一四四頁)。この場合にも、構想が工業専門学校の設置という形で実現したのは、昭和一九年であった。これら大学法人設置の理工系専門学校の多くは、敗戦後の新制大学発足時に引き継がれ、その工学部になっている。「非常措置方策」は図らずも、私立大学の間に蓄積されつつあったそうした総合大学化への願望を、強権的に実体化させる役割を果たしたことになる。

工業専門学校のこうした強制的な創設をもたらした「戦時非常措置方策」については、それが大学本体を上回る規模の専門部を抱えた私立大学法人の場合、専門学校法人以上に大きな圧力として、その変革を迫るものであったことを指摘しておかなければならない。当時の文部大臣・岡部長景が「学校教育の敵前転回」と呼んだという「教育体制の決戦段階即応への全面的切り換へ」(『立命館百年史』通史一、七六八頁)が、私立大学の世界にどのような衝撃を及ぼしたのかは、次節であらためて見ることにしよう。

師範学校の昇格

専門学校ではないが戦時下に同格の、いわば教育専門学校への「昇格」を認められた師範学校についても、最後にふれておこう。

前章で詳しくふれたが従来の師範学校は小学校卒業後、高等小学校二年を修了して入学した者に五年間の教育を施す第一部と、五年制の中学校・高等女学校を卒業した入学者を対象とする二年制の第二部とからなっていた。教育審議会の昭和一三年（一九三八）末の師範教育改革に関する答申は、その区別を廃止し、師範学校を、中等学校卒業者を入学させる三年制の学校に、つまり専門学校と同程度の教育機関とすることを求めるものであり、答申を受けて昭和一六年初めに「師範学校制度改善要綱」が閣議決定され、昭和一八年四月に、一〇三校の公立師範学校を再編統合して三年制の新しい官立師範学校五六校が、一斉に発足することになった。一道府県一校が原則とされたが、規模や地理的条件から複数校が設置された府県もある。

昭和一九年四月にはさらに、これも教育審議会の答申を受ける形で、四七校の官立青年師範学校が発足した。その前身は五五校の青年学校教員養成所である。青年学校は昭和一〇年に制度化された、尋常・高等小学校卒業の勤労青少年を対象とする定時制教育機関であり、青年学校教員養成所はその教員養成を目的に、各道府県に設置されたものである。入学者には、主として五年制の実業学校卒業者を想定したが、教育期間は二年であったから、昇格以前の師範学校第二部と同一年限だったことになる。ただ主眼は男子については職業科とくに農業科の教員、女子の場合には家事および裁縫科の教員の養成にあり、設置形態も農業学校や師範学校、専門学校等の附設がほとんどであった。青年師範学校の制度化は、その整備と教育水準の向上を図ったものだが、戦争末期のことであり、目的が達成されたとはいいがたい。開設学科も男子の場合、工業科や商業科を置いたのは大都市部の諸都府県だけであり、圧倒的多数は農業科であった。

このように、人的にも物的にも資源の著しく不足した戦争末期に「昇格」を果たした師範学校と青年師範学校は、ともに高等教育機関としての質の整備充実に大きな課題を残していた。その師範学校・青年師範学校が、戦後の学制改革の過程で新制国立大学の、とりわけ一県一大学原則により発足した、いわゆる「地方国立大学」の主要学部の一つになるのである。戦時期の負の遺産はそのような形でも、新しい大学制度に継承されたことを指摘しておかなければならない。

3　決戦体制下の大学

「非常措置方策」と私立大学

昭和一八年（一九四三）一〇月の「戦時非常措置方策」は、これまで見てきた専門学校法人の場合と同様に、私立大学法人についても決戦体制への対応に向けて変革を迫り、決断を求めるものであった。規模の大きい専門部に経営基盤を置いてきた多くの私立大学法人にとって、「措置方策」の衝撃は、専門学校法人以上に大きなものがあったといってよい。最大の衝撃は、その一環として政府が打ち出した、私立大学の「整理統合」構想にあった。前節で見た工業専門学校の設置自体、それに対する私立大学法人の対応策として具体化されたものに他ならない。

整理統合構想とは何であったのか。各大学への「方策」の通達の際に添付された「(私立大学事項) 説明」によれば、その意図と内容は次のようなものであった。

まず「学校ノ移転、整理」について。「文科系大学及専門学校ニ於キマシテハ、徴集猶予ノ停止ニ伴フ在学学生生徒数ノ激減ガ直チニ予想セラルル所デアリ、其ノ授業上ノ関係ヨリ考ヘマシテモ、又現時局下防空上ノ見地カラモ併セテ考ヘマシテモ、コノ際学校ヲ適当ナル個所ヘ移転、整理致スコトガ必要デアル（中略）其ノ具体的実施方法及時期等ニ関シテハ、目下鋭意研究ヲ進メテヰル」ところである。次に「私立ノ文科系大学及専門学校ノ整理統合」については「文科系ノ私立大学ハ（中略）移転整理ヲ行フ結果、相当数ノ大学ニ於テハ学部ノ教育ハ行ハレナイコトニナリマスノデ、将来ノ学制全般ヨリモ考慮シ之ヲ専門学校ニ転換スルコトニ方針ガ決定」している。さらに「大学ヨリ転換セル専門学校及既存ノ専門学校相互間ニ於テ整理統合、或ハ理科系ヘノ転換」を求めることになる（『明治大学百年史』第四巻・通史編Ⅱ、二八二―三頁）。

設置認可を含めて文部省の統制下に置かれてきたとはいえ、それまで原則として認められてきた私学の自由を奪い、官立の諸学校同様、国家の完全な統制下に置こうとするこの超法規的な措置に、私立大学法人側が強く反発し、抵抗したのは当然である。『中央大学七十年史』には、政府の強権的な要請に私立大学側がどう対応しようとしたのか、その経過が生々しく書かれている。

　太平洋戦争が漸次落潮を示した昭和十八年、東条内閣は突如として全国にわたって、大学の数のいちじるしい滅少［ママ］をくわだてた。伝えられるところによると、官立大学にあっては東北帝国大学を東京帝国大学に、九州帝国大学は京都帝国大学に併せ、東京、大阪、神戸の三商科大学はあわせて一とし、私立大学については、その二、三を残して他はことごとく専門学校に格下げせしめるか、統合するかし、かつ教育の重点を専ら理科系に置いて、文科系学科について、特にかかる統合整理を実現するということであった。（中略）

　しかしながら、統合案とか、整理案とかいっても、具体的内容については公表されるところがなく、残される大学とか、整理される大学とかいっても、それは憶測の範囲を出るものではなかったが、それがまた暗中模索のいら立たしさを、いっそう痛感させたのであった。（中略）

　この問題はだんだん具体的な形を示すようになり、そして、ついに政府は文部省専門学務局長をして林［頼三郎］学長に対して、中央大学は専門学校に変更するようとの意を伝えてきた。（中略）

　医科大学をはじめ、理科系学部を有する大学の多くが統合案から除外され、文科系大学はすべてが本学同様の立場にあった。（中略）

［中央大学評議会は「かかる偏向は文教政策上国家の将来を誤まるものである」として、他の私立大学にも働きか

けて反対運動に立ち上がり、衆議院の」文教委員会に文部省側と大学側双方の出席を求めて、統合案に対する両者の意見を聴取して他日議会における審議の資料にするという方法を採らしめた。これらの運動の効果は大きく、大学側の形勢は著しく有利に展開し、世論もまた挙げて大学側の立場を支持する方向に進んだ。（中略）

このように、戦力の増強をねらったはずの統合案は、かえってむしろ戦力の減殺を来すものだとの大学側の主張は、ついに社会一般の認識と支持とを得るものとなってきたから、さしもに強硬であった政府もついに屈し（中略）閣議は大学の整備統合案撤回を決し、教育界挙げての大問題もここに全き解決をみたかの如くであった。

しかるに文部省はあくまでもこの法案に執着し、今度は、大学の統合廃止その他の絶大な権限を文部大臣に附与する勅令を制定しようとはかった。もしこれが実現すれば、文部省は私学に対し、生殺与奪の権を握ることになるわけで、統合案にもまして重大な案件である。（中略）勅令案は果して十二月末文部省から枢密院に提出せられ、翌年一月早々その審議がはじまった。（中略）

審議の結果、私学の統合廃止は文部大臣の独裁に委すべきものではなく、半数の民間人を交えた委員会の審議を必要とし、かつ勅裁を経べきものであると修正されて、全く骨抜きとなり、大学安泰のことは、ここにおいて確定したのである。（『中央大学七十年史』一六三―七頁）

中央大学の動きを中心とした記述になっており、事実関係に若干の問題はあるが、当時の雰囲気を伝える一節といってよいだろう。そして「非常措置」は、部分的ではあったが実施に移されていくのである。

整理統合構想の挫折

衝撃の大きさは各大学の校史がほぼ例外なく、この問題に自大学がどう対処したかに頁を割いていることからもうかがわれる。政府の一方的な、私立大学の死命を制しかねない整理統合構想の登場から実施に至る経緯を、それら校史の記述に依りながらさらに詳しく見ていこう。

昭和一八年（一九四三）一〇月一二日の「非常措置方策」の決定を受けて、文部省は一〇月二二日、専門学務局長名で、各大学に通牒を発した。「文科系大学、専門学校ニ付テハ徴集猶予ノ停止ニ伴ヒ、学生生徒ノ減少ヲ来ス為授業上ノ関係ヲ考慮シ、且防空上ノ見地ニ基キ適当ナル箇所ヲ選ビ、集合シテ授業ヲ行フコトト相成、且相当数ノ私立大学ハ之ヲ専門学校ニ転換シ、其ノ教育内容ヲ整備改善スルト共ニ、大学ヨリ転換セルモノト既存ノモノトヲ併セ、専門学校ノ入学定員ヲ全国ヲ通ジ概ネ二分ノ一程度ニ止ムルコトト相成、従ツテ専門学校ニ於テモ相当数ノ統合整理又ハ理科系ヘノ転換ヲ要スルモノト認メラルルニ付テハ、之ガ実施上ノ資料ト致度ニ依リ（中略）貴法人経営ノ学校ニ対スル措置トシテ（中略）御意見、希望等至急文書ヲ以テ」回答されたい、というのである（『立命館百年史』通史一、七六九―七〇頁）。

さらに一〇月二五日には、文部省で「私立学校経営財団法人代表者会議」が開かれた。そこで文部省が「重点議題にしたのは私立大学の整理統合である。それによると、十一月中に整理統合の具体策を決め来年三月までに準備を完了すること、統合の形式は一律ではなく学校の歴史、其の他の事情を考慮して合併、吸収などの方法をとること、統合後の不要校舎の利用は軍と文部省が協議して決めること、大学付属研究所は出来る限り存続すること――など」であった（『関西大学百年史』通史編上、八六二―三頁）。それだけでなく「文部省は同月、私立大学総長学長会議を文相官邸に開いて、岡部長景文相および永井浩専門教育局長から、右の非常措置方策と、これに基づく学校整備要領の趣旨を説明した。（中略）この政府の非常措置は、私学にとって死活的な大問題だったので、各大学は評議会や教授会を開き、一部の大学は猛烈な反対運動をおこした」（『専修大学百年史』下巻、一三〇七頁）。「京都では宗教系学校の反対運動があり、東京では日比谷公会堂において政府の方策を批判する大講演会が開催されたりしている」(『立命館百年史』通史一、七七三頁)。

反対運動に直面した政府の側は「具体的に大学を整理統合するに当っては、「教育ニ関スル戦時非常措置方策」とこれに基づく学校整備要領等の実施に必要な法制的措置が十分に講ぜられていたわけではな［く］(中略)そのため、私学、特に長い歴史を有する各大学側は整理統合に強く抵抗し得たわけであるが、文部省はこれに鑑みて、広範な命令権を持つことができる法的整備を進め、「国民学校令等戦時特例勅令案」して閣議に提出し、決定を見た(『早稲田大学百年史』第三巻、九七八頁)。

大学の整理統合との関連では、この「勅令案」の第七条が重要である。それは「監督官庁特ニ必要アリト認ムルトキハ公立又ハ私立ノ学校ニ付左ニ掲グル事項ニ関シ必要ナル命令ヲ為スコトヲ得」として、「一　学校ノ整理及統合、二　学部、学科又ハ課程ノ設置及廃止、三　学生生徒ノ定員変更及募集停止並ニ授業ノ停止、四　授業ノ委託及受託、五　校地及校舎ノ変更」を挙げている(『専修大学百年史』下巻、一三〇八頁)。つまり整理統合について、文部省に全権を与える内容になっていたのである。

この案は枢密院に送られたが、院内には反対が強く、審査委員会の席上、とくに顧問官で中央大学学長の林頼三郎が「特例第七条ハ監督官庁ノ独裁ニ依リ、学校ノ生殺与奪ノ権ヲ揮ハシメントスルモノニシテ、教育機関ニ対スル権能トシテ甚ダシク当ヲ失スルノミナラズ、規定ノ意義範囲明確ヲ欠キ、特ニ大学廃止ノ命令ト勅裁トノ関係、及法人ニ対スル民法規定トノ関係、並ニ学校移転ノ命令ト所有権ニ関スル憲法規定トノ関係ニ於テ、疑問ノ余地少カラズ」という、厳しい意見を述べたことが知られている。結局原案通りではあるが、第七条の「第一号又ハ第二号ノ規定ニ依リ公立又ハ私立ノ大学又ハ其ノ学部ノ設置又ハ廃止ニ係ル命令ヲ為サントスルトキハ、別ニ定ムル公私立大学戦時措置委員会ノ諮問ヲ経ベシ」という付帯条件付きでの承認となった(同書、一三一〇頁)。引用中の「戦時措置委員会」は「官吏と同数の学識経験者により構成」されることになっていたから(『立命館百年史』通史

一、七七四頁)、『中央大学七十年史』の言うように、設置廃止の命令権は事実上、骨抜きにされたわけである。

しかし、学生生徒定員の変更等、それ以外の項目については文部省の権限が認められたのだから、各私立大学が否応なく「非常措置」への対応を迫られたことに変わりはない。大学・専門部ともに定員削減や、法文系学部・学科の整理統合は避けがたく、たとえば昭和一八年一二月には、関西の四私立大学(関西・関西学院・同志社・立命館)が文部省から呼び出され、大学は当分存続を認めるが一九年度の募集人員を大学予科は三分の一、専門部は二分の一に減らすよう指示されている(同書、七七三頁)。他の私立大学も同様であり、定員削減はほぼ政府の指示通り実施されることになった。学部・学科の整理統合についても、文部省から直接の指示がなされている。こちらの方は大学それぞれの事情が加味されたものの、どの大学とも無傷ではあり得なかったことが校史の記述から知られる。順不同にいくつかの大学について、具体的に何があったのか見ておくことにしよう。

各大学の対応

立教大学　文・経済の二学部のうち、創設以来の歴史を持つ文学部は廃止、学生の一部は慶應義塾大学に転学することになった。経済学部の経済科は国家経済科、商学科は経営経済科に名称変更された。専門部を持たない同大学は、新たに入学定員四〇〇名という大規模な理科専門学校を設置して、経営基盤の維持を図らざるを得なかった(『立教学院百年史』三七六―七頁)。

上智大学　文・経済の二学部のうち「一学部を他の大学の学部と統合しなければならぬ破目となった。大学としては、伝統のある文学部はどんなことがあってもゆずることができないので、経済学部［商学部を名称変更］を慶應義塾大学の経済学部にゆだねることとした」(『上智大学五十年史』一三六頁)。専門部の経済科(商科の変更)と新聞科は存続することになった。

専修大学　大学は経済・法の二学部の存続を認められたが、大学夜間部は廃止になった。専門部の経済科・法科、商科・計理科は統合されて、それぞれ法経科、経営科に変更された。理工系の設置を求められることはなく、「本学に対する政府当局の指示は頗る寛大」であったとしている（『専修大学百年史』下巻、一三一二頁）。

関西大学　大学の法文学部は文学科・政治学科を廃止して法学部に、経商学部は商業学科を廃止して経済学部に組織変更、専門部の高等商業科は経営科に名称を変えた。「廃止された文学科の学生は関西学院大学に委託されることになったが、学生たちは転学を断って本学の法経学部に移った」（『関西大学百年史』通史編上、八七一頁）。専門部に工学科を設置する計画だったが、文部省から「別個の学校として申請し直すよう指示」があり、関西工業専門学校を設置した。同校の初年度の競争率は一八倍と、異常な高さであった（同書、八六七頁）。

同志社大学　大学の法学部・文学部を統合して法文学部に変更し、法経学科・神学科・厚生科を置くことになった。専門部の高等英語部と法律経済部は合体して小規模の外事専門学校に、高等商業学校は経済専門学校に組織変更。以前から農業専門学校の設置を検討していたが、断念して工業専門学校を設置した（『同志社百年史』通史編二、一一九二―三頁）。

関西学院大学　大学の法文学部を残して商経学部を募集停止。専門部文学科と高等商業学校は統合して専門学校政経科とし、新設の理工科を併置することになった（『関西学院七十年史』一八九―九〇頁）。

東洋大学　整理統合が帝国議会で問題になった際、代議士の一人が「東洋大学と国学院だけは残せ」と演説し、「後の世までの語り草になっ」たという。しかしここでも大学部の五学科が東洋哲学科と文学古典科に、専門部は倫理・国語・経国の三科に整理され、定員も削減された。それでも「文科系大学の弾圧状況から見れば、まだまだ本学は優遇されている数字」であったとしている（『東洋大学八十年史』三八六頁）。

法政大学　校史に戦時対応にふれた部分は少ないが、大学の法文・経済の二学部、専門部の諸学科はそのまま存続し、別途、航空工業専門学校が設置されている（『法政大学八十年史』）。

中央大学　文部省より専門学校への組織変更を求められたが抵抗し、大学・専門部とも存続が認められた。専門部にかねてから念願とされてきた理工系学科の開設を計画したが、中央工業専門学校として実現されることになった（『中央大学七十年史』一六四、一九〇頁）。

日本大学　大学は法文・商経・工・農・医の五学部、専門部は文・法律・政治経済・商・経済・拓殖・芸術・工・医・歯の一〇学科、それに高等師範部を置く最大の総合高等教育機関であったが、文系については大学の二学部を残し、専門部は拓殖科を除く六科を全廃、高等師範部も廃止という思い切った選択をした。国家の文系縮小政策には従わざるを得ないが、「日本文化を向上する為に日本法律学校を創った」という建学の理念からすれば、「文系の［大学］学部を失ふことは絶対に出来ない」という、山岡万之助総長の決断による選択であったとされる（『日本大学百年史』第二巻、八一一―二頁）。なお農学部は昭和一八年（一九四三）五月の新設である。

明治大学　法・商・政治経済の三学部はそのまま存続となった。商学部については、官立の東京商科大学は産業大学に、神戸商業大学は経済大学に、それぞれ名称変更されたが、「私立に対してはなぜか文部省の対応が遅れ、改称されることなく終戦を迎えた」。専門部についても商科が経営科に名称変更されただけで、法・経営・政経・文化文芸・興亜の五科がそのまま残った（『明治大学百年史』第四巻・通史編Ⅱ、二八八―九頁）。理工系については大学工学部案もあったが、東京明治工業専門学校の設置で決着した（同書、一五五―六頁）。

立命館大学　「中川［小十郎］総長の意向が強く働いて、他大学に例のない素早い対応がなされた。一一月一五日緊急に財団理事会を開催し、文部省通牒に基づき、大学付属専門学科を改組し法経・文・理・工の四学科を置く「立命館専門学校」の設置を決議した」（『立命館百年史』通史一、七七〇頁）。つまり法文学部一学部の立命館大学を廃止して、専門学校に組織変更したのである。旧専門部には法政・経済・高等商業・文の文系四学科があったのが、法経・文の二学科に整理されている。大学から専門学校への「降格」という異例の選択について、中川総長の行った演説がある。その内容を校史は「極めて声高に政府、文部省への追随（協力）を語り、これにより文部省お墨付きの定員確保で経営基盤を守り、しかも大学を維持しようとする学内外の声にも一定の理解を示し（中略）実際に大学への学生の受け入れを行うなど（中略）中川の現実主義的なしたたかさを見る思いがする」と要約している。専門学校の新定員は一五〇〇名で「全国の私立一般専門学校全入学者（男子）の約一〇パーセントを占め」、しかも大学も事実上存続していたというのだから、まさに「したたか」な対応であった（同書、七七六―七頁）。

早稲田大学　大学に政治経済・法・文・商・理工の五学部、専門部に政治経済・法律・商・工の四科、それに高等師範部を持つ総合大学だが「結論から言えば、学苑では統廃合そのものは行われなかった」。理事会で「議題として取り上げ、政府の方針に従い善処することを決め」たものの、商学部の名称変更にすら抵抗し、専門部の商科を経営科とするにとどまった（『早稲田大学百年史』第三巻、九八六―七頁）。

慶應義塾大学　大学の文・経・法・医・工（一九年八月に藤原工業大学を統合）の五学部編成に変更はなかったが、専門部にあたる「高等部」を廃止し、理系拡充の要請に応じて附属医学専門部と獣医畜産学校を新設している。また、経済学部に上智大学商学部学生五五名、文学部に立教大学文学部学生七名を委託学生として受け入れた（『慶應義塾百年史』中巻（後）、八五二頁）。

「非常措置方策」の破綻

このように見てくると、文科系入学定員については従来定員の、大学が三分の一、専門部二分の一を基本に、ほぼ「方策」の線に沿って削減が実施されたものの、大学と専門部、学部と学科の整理統合の実態は、大学によって著しく多様であったことがわかる。文科系の学部・学科の再編についても、商学部・商業科が経済学部や経済科・経営科に名称変更を迫られ、文学部・文学科が廃止を求められるなどのことはあったが、そのまま存続を認められた大学もある。また理工系専門学校の設置も、すべての大学が求められたわけではない。文部省の指示に従順に従った（従わざるを得なかった）大学がある一方で、従わなかった大学もある。そこにどのような政治的力学が働いていたのかは明らかではないが、緊迫した状況のもとでも、生き残りをかけた大学の側の「したたか」な抵抗や駆け引きが、「方策」の額面通りの実施を阻んだことは間違いない。

それだけでなく、実際の数字を見ると削減がどこまで指示通りに実施されたのか、疑問が残る。たとえば私立大学予科の入学者数を見ると、昭和一五年（一九四〇）の九九三八人に対して、二〇年は八五一九人（文科五七九八、理科二七二一）となっている。一五年の文科・理科別の内訳は不明だが、文系の三分の一への削減が実現しなかったことは確かである。

何よりも、「方策」に基づく「学校整備」が実行された昭和一九年は、戦局が逼迫する中すでに徴兵猶予が停止され、徴兵年齢も一九歳に引き下げられた後の時期である。「学徒出陣」によって文系の学生のほとんどがキャンパスから姿を消し、残った学生も「勤労動員」で授業どころではなくなっていた。昭和二〇年二月には、理工系学生に対する徴兵猶予も停止され、翌月は授業の一年間の全面停止が決定されている。大学にせよ専門学校にせよ教育自体がすでに崩壊し、高等教育の私立セクターを揺るがせた「戦時非常措置方策」は、それ自体が事実上無意味化し、破綻を来していたのである。

官立と私立

このように、その実効性はともかく、戦時下の「非常措置方策」による「学校整備」は、文系主体でしかも大規模な専門部を抱えた私立大学にとって、規模の縮小にとどまらず、学部・学科の統合再編や廃止、大学と専門部との統合、他大学への学生委託、専門学校への「降格」など、存続を危うくするほどの厳しい対応を迫るものであり、理工系の専門学校設置も、法人としての経営基盤の維持のためのやむを得ない選択であったことがわかる。ところが、官立セクターの諸大学、とりわけ理工系主体の帝国大学の場合には、それとは対照的に、同じ「方策」が規模の拡大と研究機能の強化を約束するものであった。

文系学部の整理統合問題は官立セクターについても無縁ではなく、当時「官立大学に在っては、東北帝国大学法文学部は東京帝国大学に、九州帝国大学法文学部は京都帝国大学にあわせ、東京・大阪・神戸の三商科大学はあわせて一つとする」という噂があったことが、『九州大学五十年史』に記されている。実際に昭和一八年（一九四三）一〇月には文部省から九州帝大に対して、「防空上および授業上の見地から京都帝国大学へ学生を委託させてはどうかとの内示」があり、法文学部教授会が「根本的に考慮を要す」として強い反対の意見書を提出し、結局沙汰やみになったことが知られている（『九州大学五十年史』通史、四九六―七頁）。

しかし官立セクター全体として見れば、商学系の二大学こそ校名や教育課程の変更を強いられたものの、帝国大学はもちろん他の官立大学でも、理工系中心に学科の新設が進められ、学生定員は拡大され、教員の増員が進み、帝国大学院の整備が図られ、附属研究所が次々に設置されていく。戦時体制は、官立セクターの諸大学にとって、一層の整備・拡充を約束するものであった。決戦体制下に、文系主体の私立セクターと理工系主体の官立セクターとで、明暗が大きく分かれたことになる。

「科学動員」が言われるようになってから「非常措置方策」が発動されるまでに、大学の官立セクターにどのような変化が生じたのか。以下では理工系を中心に、帝国大学と官立大学における教育と研究の変貌の過程をたどることにしよう。

最初に、戦時下に濫造ともいうべき大量新設が推進された専門学校と違って、大学・学部について新増設は全体としてごく限られていたことを、確認しておく必要があるだろう。変化は特定の教育研究分野、具体的には理工系の規模拡大の形で進行したのである。

本章第1節（表2-2）で見たように、昭和一〇年に官公私立合わせて四五校あった大学の数は、昭和二〇年にも四八校と、わずか三校が増えたにすぎない。昭和一五年に内務省から移管された官立の神宮皇學館大学を除いて、新設されたのは藤原工業大学（一四年）と興亜工業大学（一七年）、大阪理工科大学（一八年）のいずれも工学系の私立三校であり、このうち藤原工大は昭和一九年、慶應義塾大学に工学部として統合されている。

表 2-16　大学開設学部の種類と数（昭和 15 年）

	帝国大	官立大	公立大	私立大	計
文	2			13	15
文理		2			2
人文系小計	2	2		13	17
法	2			6	8
法文	2			4	6
法経				1	1
政経				2	2
経	2			4	6
商		2	1	6	9
経商・商経				3	3
社会系小計	6	2	1	26	35
理	6				6
理工	1			1	2
工	6	1		2	9
農	4			1	5
理工系小計	17	1		4	22
医	7	6	1	3	17
合計	32	11	2	46	91

資料）『文部省年報』昭和 15 年度より作成。

既設大学における学部の新設も限られていた。日米開戦直前の昭和一五年時点で、開設学部の種類と数は表2-16に見るとおりだが、それ以後、二〇年までの変化は、官立セクターでは東京帝大の第二工学部の新設と、名古屋帝大理工学部の理学部・工学部への分離だけである。私立セクターでは、日本大学が一七年に工学部、一八年に農学部を新設している。官立・公立とも新設学部は理工系に限られていたことがわかる。それ以後は、とくに私立大学の場合、学部の新設どころか統廃合、さらには廃止まで求められたことはすでに見てきたとおりである。「非常措置方策」の発動後に、工学部の新設を計画した私立大学もあったが文部省は認めず、短期速成の可能な専門学校の設置を指示されて終わっている。

理系と文系

昭和一五年時点での学部構成を見ると、私立大学は四六学部のうち社会系（二六）と人文系（一三）合わせて文系が八五％を占める、圧倒的に文系主体の大学群であった（表2-16）。理系は医学部三、工学・理工学三、農学一の七学部だけであり、昭和二〇年時点でも、これに工学二、農学一が加わったにすぎない。しかも、文系・理系の双方の学部を置いているという意味での「総合大学」は、慶應義塾・早稲田・日本の三大学にとどまり、大多数を占めたのは人文系あるいは社会系の、実質的な単科大学に他ならなかった。

官立セクターの大学は、それとは対照的な学部編成を示している。七校の帝国大学群は三二学部中、理工系（一七）と医学系（七）が四分の三を占めており、これに官立単科大学群を加えた四三学部では、理工系が一八、医学系が一三と（それに表2-16では文系に分類した文理学部（二）も加えれば）、その比率はさらに高くなる。しかも総合大学であるはずの帝国大学の場合にも、北海道・大阪・名古屋の後発三校は文系を欠いた、理系学部のみのいわば

表2-17　私立大学の設置学部と入学者数（昭和15・20年）

	開設学部		学部入学者数（人）	
	文系	理系	15年	20年
慶應義塾	文・法・経	医・工	1,334	1,224
早稲田	文・法・政経・商	理工	1,765	1,164
日本	法文・商経	工	1,240	1,566
明治	法・政経・商		865	264
中央	法・経・商		1,578	694
同志社	文・法		361	252
立教	文・経		309	258
上智	文・商		82	49
専修	法・経		598	52
法政	法文・商		506	365
関西	法文・経商		359	242
関西学院	法文・商経		280	97
国学院	文		117	62
龍谷	文		135	49
大谷	文		64	100
立正	文		59	38
駒澤	文		73	111
高野山	文		39	36
大正	文		97	95
東洋	文		48	88
立命館	法経		384	251
拓殖	商		238	241
藤原工業		工		
東京農業		農	158	88
東京慈恵会医科		医	161	173
日本医科		医	178	164
興亜工業		工		145
大阪理工科		工		155
合計			11,028	8,023

資料）『文部省年報』昭和15年度・20年度より作成。

表 2-18　私立大学の理系学部入学者数

（人）

	昭和 15 年				昭和 20 年			
	工	農	医	計	工	農	医	計
慶應義塾			116	116	115		124	239
早稲田	284			284	513			513
日本	510			510	565	126	111	802
興亜工業					145			145
大阪理工科					155			155
東京農業		158		158		88		88
東京慈恵会医科			161	161			173	173
日本医科			178	178			164	164
合計	794	158	455	1,407	1,493	214	572	2,279

資料）『文部省年報』昭和 15 年度・20 年度より作成。

「理系総合大学」であった。

文系主体の私立大学と理系主体の官立大学、その違いが総力戦体制下に縮小と拡大という明暗を分けることになったわけだが、それを数字で確認しておこう。

まず私立セクターについてみれば、昭和一五年と二〇年の間に、学部入学者数は一万一千人から八千人に二三%減少しており、理系の大幅増員を考慮に入れて文系だけを比較すれば、四〇%の減になる（表2-17、表2-18）。三分の二減という、「非常措置」の目標値には至らなかったにせよ、授業料収入に頼る私立大学にとって大打撃であったことがうかがわれる。それに対して官立セクターの諸大学への入学者数は、帝国大学だけで四六%、全体でも四八%という大幅な増を示している（表2-19）。その増加が、もっぱら理系学部で生じたことはいうまでもないだろう。文系の増加率が一二%にとどまった（私立大学文系の大幅削減からすれば、それでも増えすぎというべきかもしれないが）のに対して、理系はわずか五年の間に実に七八%増と急拡大している。とくに工学部の入学者は一七五〇人が三三七二人へと二倍に近い数に増えており、決戦体制下にあって、技術者養成の拡大にいかに集中的な努力が注がれたかがわかる。

帝大の理工科拡充

総合大学としての帝国大学の場合、昭和一五年の時点では、東京・京都の両帝大の理系の比率はまだそれぞれ四

表 2-19　帝国大学・官立大学の学部別入学者数

昭和 15 年

(人)

	東京	京都	東北	九州	北海道	大阪	名古屋	帝大計	官立大	合計
文	241	120						361		361
法	660	324						984		984
経	367	275						642		642
商									570	570
法文			247	262				509		509
文理									116	116
小計	1,268	719	247	262				2,496	686	3,182
理	119	82	76		60	57		394		394
工	482	282	99	167	104	210	150	1,494	256	1,750
農	183	127		78	89			477		477
医	168	154	74	119	86	116	82	799	312	1,111
小計	952	645	249	364	339	383	232	3,164	568	3,732
合計	2,220	1,364	496	626	339	383	232	5,660	1,254	6,914

昭和 20 年

(人)

	東京	京都	東北	九州	北海道	大阪	名古屋	帝大計	官立大	合計
文	310	170						480		480
法	650	412						1,062		1,062
経	401	264						665		665
商									522	522
法文			286	239				525		525
文理									302	302
小計	1,361	846	286	239				2,732	824	3,556
理	189	142	163	96	134	91	49	864		864
工	547	484	329	332	193	354	205	2,444	509	2,953
二工	419							419		419
農	248	197		99	156			700		700
医	193	225	160	128	131	120	127	1,084	625	1,709
小計	1,596	1,048	652	655	614	565	381	5,511	1,134	6,645
合計	2,957	1,894	938	894	614	565	381	8,243	1,958	10,201

資料)『文部省年報』昭和 15 年度・20 年度より作成。

三％、四七％にとどまっており、文系入学者が半数を超える文理のバランスのとれた総合大学であった。それが二〇年には理系がそれぞれ五四％、五五％と、完全に理系上位へと移行している。東京帝大では既設の工学部の拡張が限界に達し、千葉に急遽、第二工学部の新設を図らねばならなかった。法文学部しか持たない東北・九州の二帝大でもそれぞれ四九％から七〇％、五八％から七三％へと、理系上位がさらに顕著になっている。理系のみの他の三校と併せて、帝国大学は戦時下に急速に理工科大学化を遂げたことになる。

こうした帝国大学の理工科大学化推進の基盤になったのは、前章でもふれた文部省の科学振興調査会の答申、とりわけ昭和一五年八月の第二次答申である。この答申は「㈠大学ニ於ケル研究施設ノ充実ニ関スル件」「㈡大学専門学校卒業者ノ増加ニ関スル件」の二つの部分に分かれており、前者についてはあとで取り上げるが、後者は大学について強い調子で、理工系の量的拡大を求める内容になっている（『日本科学技術史大系』第四巻、三三一―二頁）。

すなわち答申は、「大学ニ在リテハ、理工学部ヲ有スル帝国大学及ビ私立工業大学ガ創設セラレ、既設ノ大学ニ於テモ、或ハ学部、学科ノ増設、或ハ恒久又ハ臨時ノ施設トシテ、学生ノ増募等ニ依リ学生収容数ノ増加ニ努メ、昭和十二年度ニ比シ昭和十五年度ノ学生増加数ハ、官立ニ於テハ臨時増募ヲ加ヘ工、理、農、医学部計約七四〇名、私立ニ於テハ工、農学部計三〇〇名ヲ算スルノ実情ナリ」と、近年の増員実績にふれた上で、「然ルニ臨時増募ノ継続ハ現在ノ施設ヲ以テシテハ到底不可能ナルノミナラズ、大学ノ学生収容数ノ増加ノ為ニハ、之ガ先行要件トシテ高等学校卒業者ノ増加ヲ絶対ニ必要トスル関係等ヨリシテ」、次のような施策を早急に実施することが必要だとしている。

⑴高等学校の増設と既設校の「理科学級増加及ビ文科理科学級ノ組替」

⑵進学希望者が特定大学に集中するのを避けるための、選択の自由の制限

⑶各大学学部施設の整備拡充、学生定員増、学科の新設

(4)学部の増設または「第二学部」の設置
(5)複数の帝国大学または単科大学の新設
(6)公私立大学の学部学科の充実のための補助金交付
(7)拡充に必要な教職員養成のための、既設大学の教員定数増加と大学院の整備、給費生制度の導入

さらに進めて、学部別の入学定員増加策も具体的に示されている。

(1)工学系　学科を増設し定員増を図る。東京帝大に第二工学部を設置する。工学部を置く帝国大学または官立工業大学を新設する。
(2)理学系　各大学の施設を拡大し定員増を図る。「名古屋帝国大学外一大学」に理学部を設置する。「二帝国大学ニ第二理学部」を設置する。
(3)農学系　各大学の施設を拡大し定員増を図る。「東北帝国大学外二大学」に農学部を新設する。「一帝国大学ニ第二農学部」を設置する。
(4)医学系　各大学の施設を拡大し定員増を図る。附属臨時医専はなるべく早期に廃止する。

科学振興調査会のこうした要請は、その実施に巨額の資金投入が必要であり、そのまま実現されたわけではない。というより、以下に見るように実現されたのはそのごく一部にすぎなかった。

高校の理科拡充策

ほぼ答申通りに実現されたのは、高等学校の理系学級の増設・組み換えである。さすがに高校の新設は困難だったが、理科学級については劇的な増員が図られた。表2-20は、その過程を示したものである。

表 2-20　高等学校入学者数の推移
（人）

	文科	理科	合計
昭和 5 年	3,005	3,119	6,124
10	2,249	2,399	4,648
15	3,046	3,297	6,343
16	2,867	3,571	6,438
17	2,945	5,683	8,628
18	1,822	5,666	7,488
19	1,133	7,255	8,388
20	2,024	7,556	9,580

資料）『文部省年報』各年度より作成。

もともと大学予科としての高等学校の入学定員は、一学級四〇人、文科・理科同数を原則に、帝国大学の収容力に合わせて定められていた。それが大正七年（一九一八）の新高等学校令で高等普通教育の機関へと、高等学校自体の性格が変わり、他の官公私立大学への進学も自由ということになった。しかし、すべての公私立大学と一部の官立大学に予科が置かれており、また進学希望者が特定の帝国大学・学部に集中したことから、多数のいわゆる「白線浪人」を生じ、昭和八年（一九三三）には学級定員が三〇人まで引き下げられている。昭和一〇年の入学者数が、昭和五年に比べて二四％も減少し、四六〇〇人になっているのはそのためである。それが昭和一五年に再び六千人台に増加したのは、前年に学級定員を四〇人に戻す措置がとられたことによる。

それだけでなく、昭和一五年と一七年には、先の答申に沿って理科学級の大幅な増設が行われ、八六〇〇人に増えた一七年の入学者数のうち、六六％を理科が占めるようになった。帝国大学・官立大学の理系の入学定員増の前提条件として、経費のかからない高等学校の学級増がまず図られたのである。一八年末には「戦時非常措置方策」により、高等学校についてさらなる理科重視策が打ち出され、「昭和一九年度ノ入学定員ハ文科ニ在リテハ全国ヲ通ジ従前ノ三分ノ一ヲ超エシメズ、理科ニ在リテハ所要ノ拡充ヲ行フ」ものとされた。さらにすでに見たように「学校整備要領」ではより具体的に、「官立高等学校文科ノ募集人員ハ第一高等学校ニ在リテハ二学級、其ノ他ノ高等学校ニ在リテハ一学級トス、公私立高等学校文科ニ在リテハ右ニ準ズルモノトス」、「官立高等学校理科ノ募集人員ハ第一高等学校乃至第八高等学校ニ在リテハ八学級、其ノ他ノ高等学校ニ在リテハ五学級トス、公私立高等学校理科ニ於テハ可能ナ限リ之ガ拡充ヲ図ルモノトス」と、文科から理科への大幅な「学級組替」が強行されることになった。一九年の入学者約八四〇〇人のうち、理科は実に八六％を占めるに至っており、なりふり構わぬ理工系拡充策が、実施されたことが知られる。

東京帝大第二工学部の新設

それに対して、巨額の資金の新規投入が必要とされる大学の理工系学部の拡充は、容易ではなかった。答申は、入学定員の増員だけでなく、複数の帝国大学・官立大学の新設、既設大学の学部新設、理・工・農系の第二学部新設、理工系学部の学科増設と、大がかりな拡充を要請するものであったが、学科増や講座増は別として大学が新設されることはなく、前述のように東京帝大に第二工学部が新設され、また名古屋帝大の理工学部が理と工の二学部に分離されるにとどまった。戦争目的の遂行に必須の科学技術者養成拡充への強い要請にもかかわらず、財政的な困難がいかに大きな壁であったかは、唯一実現した東京帝大の第二工学部新設の経緯からもうかがわれる。

『東京大学百年史』によれば、東京帝大の工学部では昭和一二年（一九三七）頃から「技術者増員ガ国家ノ緊急事ナルヲ痛感シ」、拡充を計画して一三年度の予算要求をしたが認められず、「多大の困難ヲ忍ンデ二部授業、又ハ類似ノ方法ニ依リ二ヶ年ヲ限リ学生増員ヲナスコトヲ決意シ」、一四、一五年度に「定員約三分ノ一以上（約百三十名）ノ臨時定員」増を行った。しかし臨時的な措置では限界があることから、昭和一六年に「第二工学部」の新設を構想し予算要求をしたが承認を得ることができず、追加予算でも見送られてしまった。それが一転して実現を見ることになったのは、海軍の後押しによる。自身が海軍出身（造船中将）の当時の平賀譲総長は、その経緯を次のように説明している。

海軍当局には、「技術者急速補充ノ対策」として、かねてから「卒業短縮ノ希望」があり、昭和一六年の初め、平賀にその旨申し出があった。これに対して平賀は卒業時期を早めるだけでは「人員増加ニ影響ナク且ツ質ノ低下ヲ免レ」ない、「真ノ技術者急速補充唯一ノ道」は現工学部の拡充と同時に、「四百二十名ノ大量入学実施ヲ企図」して昭和一七年四月開学を目途に予算要求をしている「第二工学部」の実現にあることを縷々説いた。「海軍当局

表 2-21　帝国大学・官立大学工学部開設学科の種別と数（昭和 20 年）

	東京	東京二	京都	東北	九州	北海道	大阪	名古屋	東京工	合計
土木工学	1	1	1		1	1				5
機械工学	1	1	1	1	1	1	1	1	1	9
電気工学	1	1	1	1	1	1	1	1	1	9
建築学	1	1	1						1	4
応用化学	1	1			1		1	1	1	6
工業化学			1							1
化学工学				1					1	2
鉱山冶金	1									1
鉱山			(1)	1		1				3
採鉱					1					1
冶金		1	(1)		1	1	1			5
金属工学				1				1	1	3
船舶工学	1	1								2
造船					1		1			2
造兵学	1	1								2
火薬学	1									1
航空工学			1	1	1		1	1	1	6
航空機体	(1)	1								2
航空原動機	(1)	1								2
石油工学	1									1
燃料化学			1							1
燃料工学						1			1	2
化学機械			1							1
繊維化学			1							1
通信工学				1	1		1			3
計測工学	1									1
応用理学					1					1
醗酵工学							1			1
精密工学							1			1
溶接工学							1			1
染料化学									1	1
電気化学									1	1
繊維									1	1
窯業									1	1
合計	13	10	11	7	10	6	10	5	12	84

資料）『文部省年報』昭和 20 年度より作成。

注）網掛けは 15 年から 20 年の間の新設学科。（　）は東京帝大が航空工学を機体と原動機に，京都帝大が採鉱冶金を鉱山と冶金に，それぞれ改組。

ハ善ク諒解セラレ、翌日直ニ文部当局ニ交渉セラレ、建設ニ必要ナル資材ニ就テハ海軍ニ於テ考慮スベキコトモ言及セラレタル由ナリ、茲ニ於テ再ビ追加予算トシテ提出サルルコトトナリ陸海軍、企画院一致シテ文部省ニ協力スルトコロトナリ（中略）大蔵省トノ間ニ第二工学部設立ノ折衝成リ、議会ニ提出ノ運ビトナ」った、というのがその顚末である（『東京大学百年史』通史二、七〇一―三頁）。

こうした交渉の途中経過は帝国大学評議会に報告されることがなく、事後承諾という異例の事態になったことから、総長が「評議会ニ諮リタル上ニト存ジタルモ予測シ難キ事情モアリ、本学カ国家ノ為ニ尽ス所以ナルヲ信ジ対処シ来レリ、手続上欠クルトコロアリタルモ此ノ際承認願ヒ度」と弁明・陳謝し、了解を求める一幕もあった。軍部の了解や協力がなければ、緊要の工学部の拡充すら実現は望みがたくなっていたことが知られる（同書、七〇四頁）。そして、「決定の経緯自体が、陸海軍と深くかかわりをも」ったその第二工学部の創設ですら、「建設資材の極端な不足と、輸送手段の麻痺状況という最大の難問に直面」し、「軍関係や企画院の全面的な協力を前提として」、なんとか動き出したというのが、日米開戦当時の実状であった（同書、七〇九頁）。

表 2-22　工学部入学者数の変化

（人）

	15年	20年	増加率(%)
東京	482	966	200
京都	282	484	172
東北	99	329	332
九州	167	332	199
北海道	104	193	186
大阪	210	354	169
名古屋	150	205	137
東京工	256	509	199
合計	1,750	3,372	193

出所）表 2-19 より作成。

こうして新大学・学部の設置が困難化する中、技術者養成機関の拡充はもっぱら、相対的に少額の資金投入で可能な工学系の学科の新増設の形で進められることになるが、表2-21を見ると昭和二〇年時点の設置学科八四のうち、東京帝大第二工学部の一〇科を除けば、昭和一五年以来の新設数は一二科にとどまっている。収容力の拡大は結局、学科ひいては学部の募集定員増に依存しなければならなかったのである。

表2-22は、表2-19の大学・学部別入学者数の中から、工学部の数字だけを抜き出したものである。それを見ると、昭和一五年と二〇年の間に、第二工学部を設置した東京帝大の二倍は当然として、他の大学も東北帝大の三・

三倍を筆頭に軒並み入学者数を増やし、全体として一・九倍に膨れ上がって敗戦を迎えたことがわかる。先に見た高等学校の理科定員増からすると、戦争が長引けば入学者数はさらに増員されることになり、学徒動員や勤労動員がなくとも教育は質的に破綻を来していたことだろう。なお、工学部を含む理系学生の徴兵猶予が停止されたのが昭和二〇年二月、翌年三月には教育そのものの一年間停止が決定されている。

4　研究機能の強化

年限短縮問題と大学院改革

理工系の拡充を求める科学振興調査会の第二次答申との関連でもう一つ重要なのは、拡充に必要とされる教員の確保・養成の問題である。募集定員増は、十分ではないとはいえそれに応じた講座増、教員定数増を伴って推進されたが、それはあらためて養成機関としての大学院の制度改革の必要を喚起するものだったからである。大学院の整備と給費生制度の導入の必要性は、高等教育改革にかかわる昭和一五年（一九四〇）九月の教育審議会答申でもふれられていたが、それが理工系の拡充と絡んで切実な政策課題として浮上してきたのである。

『大阪大学五十年史』は、その拡充と大学院制度の関連について、日米開戦以後、文系の学生は学業半ばで学徒出陣し、「理科系学生は、特別に卒業まで兵役に就くことを延期できたが、卒業と同時に兵役に就くか、あるいは軍需工場に動員の形で就職するという有様であった。したがって大学内では教授・助教授はかろうじて定員を確保できたが、若い講師や助手はほとんど在籍せず、研究・教育面で支障が出始めた。（中略）理科系の研究・教育には実験は必須であって、そのためにも若い人の確保は緊急を要した。さらに重要なことは、教育・研究で、人材の断層を作ってはならないということである」。そこで「大学内に若い人材を確保するため」に文部省が省令で「大学院又ハ研究科ノ特別研究生ニ関スル件」(一八年九月)を定めたのだと述べている(『大阪大学五十年史』通史、二〇一―二頁)。後継者養成への危機感が、大学院制度の再検討の必要性に関係者の目を向けさせたというのである。しかし、大学関係者の間にはそうした将来の教員の量にとどまらず、あるいはそれ以上に、質についての強い危機感があったことが、『東京大学百年史』の記述からうかがわれる。

東京帝大が、教育審議会の審議との関連もあって、昭和一二年に「大学制度審査委員会」を設置し、制度改革の議論を進めていたことは前章で見たとおりである。その中で大学院の問題も検討課題とされ、一四年一一月には改革案が委員会決定されている。ただ、その内容は大学院の現状をベースに整備拡充の方針を打ち出すにとどまっており、制度そのものの抜本的な改革を求めるものではなかった。一五年九月の教育審議会の答申も、具体的に改革を指示する内容にはなっていない。

それが数年後に一転して、東京帝大自身が新大学院構想を打ち出すに至るのだが、その背景には、大学側の反対を押し切って一方的に実施された修業年限の短縮があった。すでに見たように、昭和一六年度には三か月、一七年度に六か月の在学年限臨時短縮・繰り上げ卒業が強行されただけでなく、一八年度からは中等学校は五年制から四年制、高等学校・大学予科は三年制から二年制へと、入学前の教育年数自体を各一年短縮することが決定されている。大学・専門学校の修業年限は三年に据え置かれたが、入学者・卒業者の学力低下は避けがたい。それが大学側の危機感に火をつけることになったのである。

一七年九月、平賀総長は評議会で、「今回ノ高等学校、中学校ノ学年短縮ハ甚ダ遺憾ニシテ、本学ニ及ボス影響ハ勿論、学者・研究者ノ学力ノ低下ハ或程度迄防ギ得ルトスルモ、国家ノ指導者タルベキ者一般ノ学力ノ低下ハ免レ」ない。「[帝国大学]総長会議ニ於テ大学院強化ノ議アリタルトキハ、学年短縮ニ利用セラルルヲ恐レ問題」にしてこなかったが、年限短縮が決定され、「専門学務局長ヨリコノ上ハ大学院強化ヲ問題トスルモ差支ナク、大学側ノ意見ヲ伺ヒタシ」と言ってきている。この際各学部教授会で緊急にこの問題を検討してほしいと要請した。大学院改革の必要性が、年限短縮問題への対応策として急浮上してきたことがわかる（『東京大学百年史』通史二、六四六—七頁）。

東京帝大の意見書

検討の結果を取りまとめた総長名の東京帝大の意見書、「修業年限短縮に関する対策に付きて」が文部大臣に提出されたのが一七年（一九四二）一〇月、そこに述べられた「大学院に関する意見」は以下のようなものであった。戦後の新制度の大学院にもつながる内容であり、若干長くなるが紹介しておくことにしよう（『日本科学技術史大系』第四巻、四二一—五頁）。

意見書は、「修業年限短縮が大学卒業者一般の学力に悪影響を及ぼすべきは必至」であるという、冒頭の一文から始まる。それが長引けば、学術文化全般の水準低下は避けがたい。「大学院にして拡充強化せらるゝに於ては一般卒業者の学力低下するも支障なしとする説」がある。しかし、それは「一国学術の維持向上が学者と学識ある実務者と両々相俟つて初めて可能なる所以を解せず、学界の実情に通ぜざるもの」の言といわざるを得ない。といって、中等学校・高等学校・大学学部の教育の改善だけで問題に対処することはできない。「修業年限短縮の結果生ずべき大学卒業者の学力低下による欠陥を補塡する唯一の方策として考へらるるは大学院制度の活用」である。その活用の方法として、「大学卒業者中相当数のものを大学院に入学せしめ適当なる指導の下に高級の研究を為さしむるに於ては、彼等の学力を伸長せしめ以て或程度まで国家社会の要望に応へ得べきことは言を俟」たない。しかし、問題は、学部卒業後直ちに就職する「実務者」たちの学力である。彼らの学力が低くては「たとひ大学院の研究によりて少数優秀者を育成し得とするも、彼等によりて成就せらるべき研究の成果を十分実務的に消化活用するの力なく、又他面実務の間に体験したる結果を学的に捕捉整理して研究者に提供聯絡するの力を欠き、学術の向上を阻害することとなる」。

このように問題点を整理した上で、意見書は「かかる欠陥を或程度迄是正するが為には、少くも卒業生中実務に就かんとするものの中優秀なる若干数を選んで卒業後引続いて学ばしめ得べき「期間を凡そ二年とし教育と研究の両性格を兼ねたる大学院制度」を設くることを此際最善の策」と考えるとしている。「或はかかる新制度は事実上大学修業年限の延長にして、年限短縮の趣旨に反すとの説を為すものあらん。然れども今後戦争に勝抜き、大建設を遂行せんが為には必至の奮闘を為さざるべからず。殊に米英の学術の力強盛なることを考ふるとき、学術の発達は勝利への礎と言ふべく、新制度下に於ても少数優秀者に対する特殊の考慮は之を講じて然るべきものと信ず」。

そのための具体的な制度改革については二つの案が考えられる。第一案は上に述べた教育と研究を兼ねた二年制の新しい課程を設置し、「在来のものと併行して大学院内に二つの部として存立する」もの、第二案は大学院を「前期後期に分ち、前期二ヶ年は教育並に研究機関としてすべての大学院生を収容し、後期三ヶ年或は四ヶ年は在来の研究機関たる性格を有せしめ将来の大学教授、研究者等たらしむべく前期修了者中の一部を選択収容する」ものである。「之等の方策に付きては尚十分の研究を要す」るが、「既存の大学院の拡充利用」策として「優秀者をして大学院に入学し研究を為さしむるが為」には、待遇改善を図り「安んじて研究に従事し得るやう考慮する」必要があるとして、徴兵猶予の特典付与、学資の支給、修了後の就職斡旋などを挙げていることも付け加えておこう。

特別研究生制度の発足

これまで大学院の役割といえば教授や研究者の養成ばかりが考えられてきたが、これからは研究能力を備えた「実務者」の養成が重要である。そのための新たな二年制の課程を設け、従来の課程と併存させるか、あるいは大学院を前期二年・後期三〜四年に分け、将来の教授・研究者は前期修了者の中からさらに選抜入学させるようにしたらどうか、というのである。年限短縮の「欠陥を補塡」するためとはいえ、提案は第二次大戦後の新しい大学院制度のもとでの修士課程と博士課程に通ずる、革新的な構想を含むものであった。

この「意見書」を文部省がどのように受け止めたのかは、明らかではない。しかし、昭和一八年（一九四三）九月に公布された省令「大学院又ハ研究科ノ特別研究生ニ関スル件」の具体的な内容を見ると、教育審議会答申を踏まえ、この東京帝大案を大幅に取り込んだ内容になっていることがわかる（『日本科学技術史大系』第四巻、四四一―三頁）。ただ戦争末期のこの大学院改革は、根本法規である「大学令」の改正にまで踏み込むものではなかった。「新制大学院」と呼ばれたその新制度発足時の文部省説明には、「科学戦、思想戦タル様相ガ益々激化シタ現下ノ情勢ニ於テハ学術ノ研究ハ洵ニ焦眉ノ急トナリ又研究者ニ其ノ人ヲ得ルコトハ極メテ肝要ナコトトナツタ」とある。またこの「新制大学院」の学生は「特別研究生」と呼ばれ、以下に見るように一定数に限って銓衡入学を認める制度になっていたが、初年度の「銓衡ニ当ツテハ特ニ決戦下戦力増強ニ直接関係アルモノニ限ツテ選バレル予定」とされている。戦争目的の達成に関連づけられた、その意味で暫定的で特別の措置と位置づけられていたことがわかる。

より具体的に制度の概要を見れば、⑴特別研究生の研究年限は第一期二年、第二期三年、⑵定員は第一期約五〇〇人、第二期約二五〇人とする、⑶学資として月額九〇円以上を支給し、別途、受け入れ大学に相当額の研究費を交付する、⑷修了後は「研究年限ノ一倍半ニ相当スル期間、文部大臣ノ指定ニ従ツテ就職」する義務を負う、⑸選定にあたっては「大学ガ推薦シタ者ニ付テ審査ノ上、文部大臣」が認可する、⑹「審査ニ当ツテハ銓衡会ヲ設ケ之ニ諮テ決定」する、⑺第二期の学生は第一期修了者の中から大学が推薦し銓衡会で審査決定する、とされている。

重要なのは、この特別研究生の推薦や受け入れがすべての大学に認められたわけではなく、七帝国大学および東京商科・東京工業・東京文理の三官立大学、それに慶應義塾・早稲田の二私立大学の、合わせて一二校に限られ、それ以外の大学卒業者はこれら指定大学に願書を出して推薦を受けるものとされた点である。それは裏返せば、昭和一八年の時点で研究者養成機能を持つ大学はこの一二校だけという認識が、関係者の間で共有されていたことを物語っている。

私立大学の反発

実は、この指定に際しては一波乱あったことが知られている。当初案では、推薦・審査の権限を帝国大学だけに限るとなっていたことから、それを知った早稲田・慶應の両大学が猛反発したのである。とりわけ早稲田の田中穂積総長は昭和一八年（一九四三）一月、反対の意見書を文部省や関係者に配布し、同時に慶應義塾の小泉信三塾長にも協力を求めた。

田中が恐れたのは何よりも、帝国大学出身者による私学支配である。「政府は年期短縮の結果大学卒業生の学力低下を防止すると同時に、更らに一歩を進め優秀なる学者を養成する目的を以て帝国大学の大学院を拡充整備し、年々全国官私大学の卒業生中より五百名を限り文部省に於て選抜試験を行ひ、之を七帝国大学に配付して研究に従事せしめ」る計画を立てているという。「該計画は率然として之を聞けば時宜に適せるが如きも、其実は官私大学を平等視せる三十年来の伝統を破壊し、官学万能の旧態を復活するのみならず、我邦文化の発展を根柢より阻礙するものにして、到底之を黙過すること」はできないとした田中は、反対の理由を次のように述べている。

第一に「官私大学が有する大学院の使命は一般学者の養成にあるも、最も重点を置く所のものは即ち其大学自体に於て将来教授たるべき人材の養成にあり。然るに政府案によれば例へば早稲田大学の教授たるべき人材の養成も、之れを帝国大学に托することとなり、我邦官私四十余校の大学の教授、助教授は挙げて帝国大学に於ける大学院の出身者のみを以てする結果を出現すべく、此の如きは官私大学各其特長を発揮して我邦文化の発展を促進する所以」ではない。第二に「元来大学院の整備拡充は年期短縮の結果大学卒業生の学力低下を防止すると同時に、更らに一歩を進め優秀なる学生を養成するにありとせば、官私を問はず大学院の整備拡充に思を致すべきに拘はらず、之れを七帝国大学にのみ限るは本末矛盾の非難を免れ」ない。決戦体制への対応重視の、性急で中途半端な制度改革の矛盾を突いた正当な批判というべきだろう（『早稲田大学百年史』第三巻、九八二―三頁）。

慶應義塾大学の小泉塾長もまた、「大学院問題所見」という意見書を公表し、大学院の整備拡充の必要性を強調した上で、「高度なる学術研究はたゞ官立大学之ありて私立大学与からずと言ふものあらば、独り私立大学当事者の之に甘んぜざるのみならず、事実も亦明かにその然らざるを示すことあらん。実状既に斯の如くなるに大学院の設置を独り官立大学に限り、官私大学専門学校の教授、各種研究所に於ける研究者より一般世論の指導者に至るまで苟も学者は凡て此処に養成せざるべからずとなすが如き、決して行はるべからず」と、政府の方針を厳しく批判した（『慶應義塾百年史』中巻（後）、八四四—五頁）。

特別研究生の詮衡

こうした批判を受けて、文部省は一八年六月、七帝国大学の総長と官立文理科・商科・工業の大学長に、早慶の総長・塾長を加えた大学院問題に関する懇談会を開催して協議の結果、最終的に決定されたのが前記の「省令」に他ならない。この新しい大学院課程は「新制大学院」と呼ばれ、私立大学についても研究費や指導者費を含めて予算措置を講じ、各大学への特別研究生の配分は講座数の三分の一を基準に、講座制を採らない大学にはそれに準じて考慮することとし、早慶の二大学にも設置を認めることで決着を見た。当初は文部省が行うことになっていた研究生の銓衡が、各大学教授会の推薦に基づき、各大学の総長・学長を委員とする委員会で行われることになったのも、懇談会での議論の結果とされている（同書、八四六頁）。なお、銓衡会の会長には文部次官が就き、関係官庁からも企画院第三部長、陸軍省兵務局長、海軍省人事局長などが臨席していた（『九州大学五十年史』通史、五〇一頁）。

特別研究生は第一回（一八年度）が文科系・理科系合わせて四三四名、第二回は理科系のみで三五〇名が選定されている。一八年度の数字を各大学史から拾ってみると、帝国大学では東京一一一名（文一三、法一二、経七、理一五、工三一、農二〇、医一三）、京都七九名（文一二、法一一、経四、理一一、工二一、農一〇、医一〇）、九州五五名（法文一五、理三、工一〇、農九、医一八）、北海道四一名（理一二、工五、農一三、医一一）、名古屋二六名（理七、工一〇、医九）、それ以外では早稲田一七名（文一、法一、政経一、商二、理工一二）、慶應義塾一四名（文一、法一、経二、医一〇）などとなっている。

なお、割当数は大学学部ごとに決められており、たとえば一〇学科を置く大阪帝大工学部では一学科当たり二名ということで計二〇名（『大阪大学五十年史』通史、二〇二頁）、慶應義塾の場合には文系三学部で四名、医学部一〇名の計一四名が割当数であった（『慶應義塾百年史』中巻（後）、八四七頁）。理工系への偏りは当然として、大学としての研究教育の実力を正当に反映した割当数であったのかどうか、釈然としないものが残されたことが想像される。それはともかく、この特別研究生制度は敗戦後も昭和三二年まで続き、激変期の大学の教員・研究者養成に大きな役割を果たすことになる。

研究の機能強化策

研究者の計画的な養成を目的とした大学院制度の整備が、ようやく重要な政策的課題として認識されるようになった戦時体制期はまた、大学における研究機能強化の必要性が強調され、大学附置の研究所が多数新設された時期でもあった。

大学の研究機能の強化について、昭和一五年（一九四〇）八月の科学振興調査会第二次答申「大学ニ於ケル研究施設ノ充実ニ関スル件」が、大学院・研究科の整備拡充、研究者の待遇改善、研究者数の増加、研究費の増額等と並んで「研究所ノ整備拡充並ニ新設」を挙げていたことは、前章で見たとおりである。具体的には「大学ニ於ケル既設研究所ノ施設ヲ整備拡充シ、必要ニ応ジ各種重要事項ニ関スル研究所ヲ新設シ、之等研究所ニハ十分ナル研究専任ノ教授、助教授及ビ助手ヲ配置スルコト」とあるのがそれである。その説明では「大学ノ使命タル基礎及ビ応用研究ノ遂行ニハ、多数ノ研究所ヲ設置完備スルト共ニ、之ニ多クノ研究員ヲ配」する必要があるが、「現在大学ノ研究所ハ此ノ要求ヲ充スニ足」らないと、現状を厳しく批判し研究所の増設を求めると同時に、そこに「優秀ナ

表 2-23　帝国大学・官立大学の附置・附属研究所

設置年度	設置大学	研究所名	戦後の移行状況
大正 5	東京帝大	伝染病研究所	
10	東京帝大	航空研究所	21 理工学研究所
11	東北帝大	金属材料研究所	
14	東京帝大	地震研究所	
15	京都帝大	化学研究所	
昭和 6	九州帝大	温泉治療学研究所	
9	大阪帝大	微生物病研究所	
	東京工大	建築材料研究所	
14	京都帝大	人文科学研究所	
	東北帝大	農学研究所	
	大阪帝大	産業科学研究所	
	東京工大	資源化学研究所	
	東京工大	精密機械研究所	
	熊本医大	体質医学研究所	
16	東京帝大	東洋文化研究所	
	京都帝大	結核研究所	
	京都帝大	工学研究所	
	東北帝大	選鉱製錬研究所	
	東北帝大	抗酸菌病研究所	
	北海道帝大	低温科学研究所	
17	九州帝大	流体工学研究所	
	東京商大	東亜経済研究所	21 経済研究所
	金沢医大	結核研究所	
	長崎医大	東亜風土病研究所	21 風土病研究所
18	東北帝大	科学計測研究所	
	東北帝大	高速力学研究所	
	九州大学	弾性工学研究所	26 応用力学研究所
	北海道帝大	超短波研究所	21 応用電気研究所
	北海道帝大	触媒研究所	
	名古屋帝大	航空医学研究所	21 環境医学研究所
	岡山医大	放射能泉研究所	
	東京工大	窯業研究所	
19	東京帝大	南方自然科学研究所	21 立地自然科学研究所
	京都帝大	木材研究所	
	東北帝大	非水溶液化学研究所	
	東北帝大	電気通信研究所	
	九州帝大	木材研究所	
	大阪帝大	音響科学研究所	
	東京工大	燃料科学研究所	
	広島文理大	理論物理学研究所	
	神戸商大	経営機械化研究所	24 経済経営研究所
20	東京帝大	輻射線化学研究所	
	東北帝大	硝子研究所	
	九州帝大	活材工学研究所	21 廃止

資料）『大学関係法令の沿革』および各大学史等より作成。

ル大学卒業者、大学院及ビ研究科修了者」を配置し、「権威アル指導者ノ下ニ重要ナル研究ニ参加」させ、「将来独立シテ研究ヲ為シ得ル素養」を与えることを求めている（『日本科学技術史大系』第四巻、三三一頁）。かつての東京帝国大学の少壮教授たちの「学術研究所」の構想が、そのような形で復活したと見るべきかもしれない。

いずれにせよ、昭和一四年以降の大学附置研究所の大量増設の基底に、低水準にとどまる研究機能に対するそうした強い危機意識があったことは間違いない。表2-23に見るように、大学附置の研究所は昭和一〇年代に入るまで、わずか八しかなかった。それに対して昭和一四年から二〇年までの六年間に設置された附置研究所の数は三六、しかもその三分の二にあたる二四が、日米開戦後の一七年から二〇年に集中的に設置されている。いかに戦争目的の遂行に向けた、なりふり構わぬ拡充策が採られたかが知られる。

明治以来わが国の大学、とくに帝国大学に期待されてきたのは、近代化・産業化の早急な推進に必要な専門人材の育成、つまり専門職業教育であった。それは法・医・工・文・理という、帝国大学創設時の分科大学・学部間の序列に象徴的に示されている。モデル視されていたドイツ大学の筆頭学部が哲学部であり、基礎的な文・理の学問研究を重視したのとは異なり、帝国大学の教育の重点は、何よりも応用的な学問分野に置かれていたのである。たしかに、帝国大学令第一条には「国家ノ須要ニ応スル学術技芸」を教授するだけでなく、「其蘊奥ヲ攻究」することが大学の使命であり、大学院こそがその「攻究」のための場であることが明記されていた。しかしその大学院は組織的な研究と研究者養成の場とはいいがたく、修業年限や定員も不定で、学位取得との関係も曖昧な、未整備状態のまま放置されてきたことは、すでに見たとおりである。

明治二六年（一八九三）になって講座制が導入され、担当教授には教育だけでなく、講座名に示された学問分野の研究責任が求められることになった。しかし、教育研究の基礎単位とされた講座自体、設置されても教授不在の場合や、教授はいても助教授・助手ポストの配分されない「不完全講座」が少なくなく、また研究費への配慮もなかった。教授候補として選ばれて欧米諸国に送られ、大学における研究機能の拡充・強化を目の当たりにしてきた留学帰りの少壮教授たちが、そうしたわが国の大学の現実に強い危機感を抱いたのは当然であろう。

前章でもふれた、大正七年（一九一八）の初めに公表された、法文系を中心とした東京帝国大学教授一六名の連署による「大学制度改正私見」は、そうした新世代の研究者たちの危機感の端的な表れと見てよい。「断然専門教育と学理研究との両目的を分離独立せしめ」、それぞれを「別個の機関に委」ねるべきであり、そのためには帝国大学の解体・廃止もいとわない、研究の場としては「大学とは制度上全然別個の設備」として「学術研究所（仮称）」を新設する必要があるという「私見」が、具体例として挙げたのは東京帝大の伝染病研究所と、「朝野一斉の希望に依」って「理科大学の外に特設」された理化学研究所であった。

伝研・理研・航空研

このうち、伝染病研究所は、ロベルト・コッホに学んで帰国した北里柴三郎が明治二五年（一八九二）に設立した大日本私立衛生会伝染病研究所が、明治三二年に内務省立となり、大正三年（一九一四）文部省に移管されたのち、大正五年に独立の官制による研究所第一号として、東京帝大に附置されたものである。ただ、所長や所員は東京帝大教授を以て充てるとされたものの、「血清予防液」や「痘苗」の製造販売も行っており、「衛生行政ニ関スル事項ニ付テハ内務大臣ノ監督ヲ受」けるなど、純然たる大学研究所であったとはいいがたい（『東京大学百年史』通史二、一〇六—七頁）。

また理化学研究所は、大正二年に化学者高峰譲吉が行った「将来の国際的競争上是非とも日本に一大研究所を」という講演を発端とし、第一次世界大戦勃発による化学工業振興の必要性の高まりを背景に、官民の協力のもと、大正六年に財団法人として発足したものである。政府は「理化学ヲ研究スル公益法人ノ国庫助成ニ関スル法律」（大正五年）によって、向こう一〇年間、年間二五万円以内の補助を約束し、民間からの寄付金も二〇〇万円を超えた（『日本科学技術史大系』第三巻、一五八—九頁）。帝国大学の教授たちが個別に研究に参加・協力しているが、大学と組織的な関係を持って運営されていたわけではない。大学附置の最初の本格的な研究所は、大正七年設置の航空研究所と見るべきだろう（なお独立の官制を持つ附置の施設としては、この他に、明治二一年理科大学附属、大正一〇年に官制化ののちに東京帝大附置となった東京天文台があったが、特殊性からここでは除外しておく）。

その航空研究所の設置構想を最初に抱いたのは、東京帝大総長・山川健次郎である。山川は第一次世界大戦が勃発し、軍用航空機の重要性が認識されるようになったのを機に、東京帝大内に基礎研究を行うための研究所の創設を構想し、大正四年には予算案を提出し、同年末に二〇万円の創設費が認められた。翌五年から大学内に「航空学調査委員」を置いて準備を進め、七年に人材養成のため工科大学に航空学科（四講座）、理科大学に航空物理学講座、それに基礎研究のための航空研究所の開設にこぎつけたものである。当初は「大学附属」の小規模な研究所であったが、大正一〇年、「官制」による独立の研究所となり、あらためて「大学附置」の研究所となった（『東京帝国大学学術大観』工学部・航空研究所、三九五―七頁）。

「附属」の研究所が人員・予算とも大学の一部局として、「東京帝国大学官制」により設置されるのに対し、「附置」となれば「航空研究所官制」という独立の官制を持ち、別途人員・予算が認められる。その航空研究所は、所長は東京帝国大学教授の中から選任されるが、所員は東京帝大に限らず「帝国大学教授及助教授ノ中」から任命される、いわば帝国大学教官による共同利用研究所であった。しかも「所員ニ補セラレタル者ニハ講座ヲ担任セシメサルコトヲ得」とされた。つまり講義を担当する必要のない、研究に専念することを認められた教官が初めて出現することになったのである。「研究所専任の所員が出来て研究にのみ専心することの出来る教授、助教授が認められるやうになつたことは、大学に於ける研究に一新した観念を与へるものであつて、本学の歴史上画期的の出来事」であった（同書、三九七頁）。以後それが、次々に設置される大学「附置」研究所のモデルとなる。

なおこの研究所には、陸軍と海軍から佐官・尉官クラスの軍人、あるいは担当官各二名が所員として加わり、軍と大学の連絡調整に当たることになっていたことを付け加えておこう。研究所は「陸海軍始め官民各方面の応用或は実用研究機関とともに我国に於ける一大航空研究機構の一要素を構成し、学術的研究を担当する部門」（同書、三九七頁）として位置づけられていたのであり、最初の大学附置研究所とはいえ、国策的な色彩が極めて強かったことが知られる。その意味では、次に見る東北帝大の金属材料研究所が、純然たる大学附置研究所として最初のものというべきかもしれない。

東北帝大の金属材料研究所

実質的に理科大学のみで出発した東北帝国大学は、発足当初から研究志向の強い、その意味で個性的な帝国大学であった。『東北大学五十年史』によれば、大正三年（一九一四）の第一回卒業式演説で、当時の総長北条時敬（大正二〜六年）は、大学は一つではないとして、「一、真理ノ発見ト発表ヲ目的トスルモノ［ドイツ］。二、考察ノ力ニ依リ人格ノ発達ヲ主要ノ目的トスルモノ［スコットランド、アメリカ］。三、紳士（中略）ノ養成ヲ目的トスルモノ［英のオックスブリッジ、アメリカの一部私大］。四、有用ノ材、人材ノ養成ヲ目的トスルモノ［東京大学、カルカッタの大学、北京］」の四種類を挙げ、このうち「四」のタイプの大学は「糊口の為めに学問するものを養ふが故に、工科の学校と同様に職業学校」にすぎないと断じ、東北帝大の理科大学は「ドイツの大学にひとしくするのが本領」であり、「東京大学の如き職業学校たるべきでない」（『東北大学五十年史』上、一二八頁）と述べている。

この演説については「理科大学は、はなはだ学問的で、直接に東北地方に関係するでもなく（中略）卒業生もまた東北にあまり使い道もない状態で（中略）大学は研究第一主義で実用的であるべきでないとでもいうよりほかはなかった」のではないか、また「新しいが故に、とくに既存の大学とちがった個性を出したいという願望が、何かの主義を主張したい気持となっていたのであろう」という醒めたコメントもある（同書、一二九―三〇頁）。しかし後で見るように、東北帝大の附置研究所数は昭和二〇年（一九四五）時点で九と、帝国大学中最多を誇っており、「研究第一主義」を学風として標榜してきたのには、それなりの理由があったと見るべきだろう。

その東北帝大の附置研究所群は、第一号である「金属材料研究所」に見るように、産業界との強い結びつきのもとに形成された点に特徴がある。金属材料研究所の出発点は、大正四年、三共株式会社や住友家の寄付を仰いで理科大学内に設置された「臨時理化学研究所」にあり、化学・物理学の二部門を置いて発足したその研究所の物理学部門が、住友家からの三〇万円の寄付を基に恒久化されて「大学附属」の鉄鋼研究所となったのが大正八年、一一年には独立の官制を持つ「大学附置」の金属材料研究所へと成長を遂げた。

『東北大学五十年史』は、この附置研究所の性格について、「帝国大学関係の一個独立の国立研究所で、所員に各帝大の教官をあつめ、所長に東北帝大の教授をあて、東北帝大総長の監督下に、その機能を果たす立前である。（中略）そこで研究所の強力な機能を果たすためには、専らこれにあたる人が必要なので、巧妙な便法が設けられることになった。それは、まず所員たる帝大教授は講座を担当しなくてもいい。つぎにその教授と、所員であつて実際にもつぱら金研の仕事に従事する帝大助教授は、所属帝国大学の定員外とするというのである。しかし、教授・助教授ともに実情に応じておかれるのであるから、確実に専任所員が採れるわけではない。予算の折衝——教授・助教授定員の増加要求の成否によつて左右されることになるのであつた」（同書、一九五頁）としている。実際に、発足時の研究所員は鉄鋼学講座三講座の教授三・助教授八が兼任で、専任としては一八の助手ポストがついているだけであった。昭和五年になってようやく教授五・助教授一四、それに助手三二の専任教官定員が認められ、昭和一四年にはさらに七つの部門にそれぞれ教授一・助教授一が配置されるという形で、講座制をとる学部と変わらぬ組織編成となった（同書、下、一四一七頁、上、三九〇頁）。

この措置が、研究所の学部に対する優位を保証するものであったことが、以下のような記述からわかる。すなわち「学部は講座数を明定されていても、教授以下の定数は全学部を通計して（附置研究所は定員外）定められて、学部毎の教官数は明定されてないから、附置研究所の方が一段と確実な枠をにぎつたこととさえなつた」。それだけでなく「従来金研が所員を得るために開設した学部講座の中には、その定員を金研がもつて行つてしまつたため、定員がないものもでき（中略）大学は講座の数だけ教授定員をみとめられないことになつた。また金研の助手の定員は割合からみて、理工学部よりはるかに多い。（中略）人員は別立されたけれども、予算はやはり東北大学全体としてくる。大学としては他帝大に比して劣らないほど与えられても、研究所が盛大になればなるだけ、相対的には学部は圧迫をこうむらざるをえない。いろいろな面で複雑な作用がおき（中略）研究所重視の傾向はこれからますます盛んとな」った（同書、上、三九〇—一頁）。ただし、それがどうやら東北帝大に独自の現象であったことが、他の帝国大学と附置研究所の関係を見るとわかってくる。

附置研究所の増設

大正一二年（一九二三）の関東大震災を機に構想され、一四年に東京帝大に附置された地震研究所も、国策的な見地に立つ研究所であった。東北帝大教授、中央気象台長、内務省土木試験所長を外部から所員に加え、また専任所員にも従来の地震学以外の専門家を登用し、「それまでの地震学とは別の観点から」の研究を目指した。研究所の発足と同時に、震災予防に関する重要事項を審議し建議する機関として、文部省に震災予防評議会が設置され、地震研究所はそれとの密接な関係のもとに「地震の学理研究」を目指すことになる（『東京大学百年史』通史二、三二六―七頁）。伝染病研究所や航空研究所の場合もそうだが、東京帝大が最大規模の、しかも政治と行政の中枢である東京所在の筆頭総合大学として、国家の諸政策と密接なかかわりを持ち、研究所の附置についても他の帝大とは異なる特別の位置づけを与えられていたことがうかがわれる。

次に開設されたのは、大正一五年の京都帝大化学研究所である。前身は、大正四年、世界大戦の勃発により輸入不能となった医薬品、とりわけサルバルサンの開発研究と製造を目的に同大学の理科大学に設置された「化学特別研究所」である。その後、京都帝大内に化学の総合研究機関を創設する構想が浮上し、それを吸収する形で大正一五年に独立官制による化学研究所の附置が決まった。発足当初の所員はいずれも京都帝大教授・助教授の兼任、助手三名のみが専任だったが、彼らの人件費、それに研究費の一部も「各研究室の研究に基づく特許の実施あるいは試作製品の払下げによる収入」でまかなわれていた。その後、専任所員の増員が図られたものの、終戦時にも兼任教授三五名に対して専任教授はわずかに五名（うち一名は収入金支弁による）、それ以外の専任は助教授一四、助手三〇であった（『京都大学七十年史』八三七―九頁）。同じ附置研究所でも、組織や運営方法にはかなりの差異があったことが知られる。

附置研究所の設置については、日本列島の東西の軸も意識され始めていたことが、大阪帝大の微生物病研究所の例からわかる。同研究所の発端は昭和二年（一九二七）、まだ府立だった大阪医科大学に、東京帝大伝染病研究所の所員が細菌血清学講座の教授として着任したことにある。彼は「伝研在職中、関東大震災に際して防疫活動に関与した経験から、東京の伝染病研究所一ヵ所のみでは、今後発生するであろう天災地変にたいして十分な対応ができないとして、大阪に伝染病研究所の設置の必要を訴」え、大学当局も大阪財界に働きかけてその実現に努力を重ねた。府立大阪医科大学は大正八年、医学専門学校から昇格を果たした時点で、大阪の財界や資産家からの寄付金で別途財団法人を設立し、「他の官立大学にすら無き補助研究機関」を擁する、その意味で特色ある公立医科大学であった（高梨、四六九頁）。昭和六年の大阪帝大への移管時にはさらに、篤志家による二〇万円の寄付を得て微生物病研究所の創設に着手し、昭和九年の建物竣工と同時に附置研究所として官制が公布されるに至ったものである。なお「微生物病」という所名は、東京帝大の伝染病研究所と同名称になるのを避けてのことであったとされている（『大阪大学五十年史』通史、一六九―七三頁）。

大量増設が始まる昭和一四年以前の大学附置研究所は、この他に、昭和六年に附属病院の収入金により九州帝大に附置された小規模の温泉治療学研究所、官立大学の附置研究所として最初の東京工大建築材料研究所（昭和九年）を加えた、八つだけであった。

このように見てくると、大正期から昭和初年にかけて設置された附置研究所のほとんどが、研究機能の整備・強化を求める大学教授たちの純粋に内発的な要求というより、国家政策上の要請に対応するものであったことがわかる。その意味でこれらの附置研究所群は、先に見た東京帝大の一六名の教授たちの「私見」が構想した「学術研究所」とは異なるものであり、帝国大学制度自体の改革につながることはなかった。

しかし同時にこうした附置研究所群の出現が、航空学や地震学の場合に見るように、学部・学科・講座の枠を超えた、共同研究の必要性に対する認識の高まりの一つの表れでもあったことを、併せて指摘しておく必要があるだろう。それは講座制のもとで進行する、学術研究の細分化に対する反省や批判とも深くかかわっており、学際的な研究の推進を求める声は大学内部でも高まりつつあったからである。

研究共同化への志向

前章で見たように昭和一二年（一九三七）の教育審議会の設置に伴い、東京帝大は総長のもとに大学制度審査委員会（昭和一四年に大学制度臨時審査委員会と改称）を置いて「大学制度ニ関スル再検討」を行い、「大学ノ意見ヲ明確」にする作業を開始していた（『東京大学百年史』資料二、一二二頁）。教育審議会が高等教育に関する審議に取り組んでいた昭和一四年から一五年にかけて、その審査委員会の報告が次々に提出されるのだが、その内容を見るとさまざまな箇所で、研究の共同化に向けた改革の必要性に言及していることがわかる。

まず、「学部ノ構成」の項では、「時代ノ進歩ニ伴ヒ二以上ノ学部ニ亘ル研究事項ハ益々多キヲ加ヘツアルニ拘ラズ、場所ト設備ト研究費ノ不足ノ為メ、コレガ実施ヲ阻マルル現状ニアリ、共同研究ヲ促進シ綜合大学ノ実ヲ挙グルガ為」には、「総長直属ノ綜合研究機関ヲ設ケ建築及設備ヲ整ヘ尚充分ナル研究費ヲ準備スルヲ緊要ナリト認ム」とし（同書、二五頁）、大学院の項でも、大学院は「各研究科間ノ聯絡協調」以上に、「各研究ノ聯絡協調ヲ期スル」ことを目的とすべきであるとしている（同書、二六頁）。講座制について、「講座ニ所属セザル助教授、助手ヲ置ク」ことを提言している（同書、三〇頁）点も重要である。

講座制の細分化については、すでに大正期の臨時教育会議で、「過度ニ講座ヲ細分シテ其ノ範囲甚タシク狭隘ニ失スルノ弊ニ陥」っているという指摘があり、「当局者ニ於テ適当ニ是ヲ整理」することが要望されていた（『資料臨時教育会議』第一集、一一七―八頁）。委員会報告は、講座制の是非には直接ふれていないものの、講座ごとに教授・助教授・助手が配置されている現状では「研究範囲ノ融通性ヲ欠キ、学問ノ発達ニ即応シ得ザルノ嫌イナシトセズ、故ニ別ニ何レノ講座ニモ所属セザル助教授、助手ヲ置キ実際ノ必要ニ応ジ融通ノ道ヲ開キ且ツ新興学問ノ研究指導等ニモ当ラ」せることにより、その弊を是正することを提言している（『東京大学百年史』資料二、三一頁）。

肝心の研究施設の項では「研究並実習施設ノ新設ニ関シ十分ナル考慮ヲ加フルコト」を求め、「本学ニ於ケル綜合研究ノ実ヲ挙ゲ且ツ各学部ニ於ケル研究並学生ノ実習・演習ニ遺憾ナカラシメンガ為メニハ、新ニ必要ナル研究・実習等ノ施設ヲ整フルヲ急務ナリト認」めるとして、先の全学的な「綜合研究機関」の他、法学部外国法研究所、文学部教育研究所、理学部基礎科学研究所、農学部綜合研究所の名前を挙げている（同書、三八頁）。

こうした講座・学部・学科の枠を超えた研究の共同化と、そのための研究所設置への要請は、教育審議会の答申にほぼそのまま盛り込まれたが、審議会は学部・学科・講座から独立した、専任のスタッフを持つ研究機関の設置には消極的であり、大学の側もまた強くそれを要求するには至らなかった。というより昭和一四年以降、とくに日米開戦後の附置研究所の設置は、大学側からの要請を待って文部省がそれを審査し、帝国議会での予算審議を経て官制化するという手続きをとる以前に、戦争目的の遂行にかかわる研究所を主として政府自身が計画し、あるいは軍需産業の要請に応える形で各大学に附置されていくことになる。

昭和一七年、紀元二千六百年の奉祝事業の一つとして刊行された『東京帝国大学学術大観』の総説中の「附属・附置の諸機関」の項は、そうした研究機関の増設について次のように述べている。

> 明治の初年には各官庁に夫々教育施設と調査機関とを設ける事が行はれたが、本学が帝国大学となる頃からそれ等の教育機関の多くが、大学に合併した如く、各官庁の研究機関も亦次第に大学に合流する傾向を示し、かくて本学の附属附置の諸研究機関の整備となつた。近時に至つて再び各官庁の調査機関設置の形勢となり、現在その数は頗る多きに上るに至つた。しかし大学の研究機関は特に大学の使命に基いて学術的基礎的であり、それ等が研究及び教授に於ける本学の使命達成の上に不可欠のものたるは言ふ迄もなく、その中には特に現時の国家的必要に応じて居る点の顕著なるものがある事を認め得る。（『東京帝国大学学術大観』総説、七四頁）

「学術的基礎的」なものから応用的なものへ、また「現時の国家的必要に応じ」たものへと、附置研究所は急展開を遂げていくのである。

大量新設の時代

附置研究所の大量新設は昭和一四年（一九三九）の六研究所に始まり、一年置いて一六年六、一七年四、一八年八と続き、一九年には九、二〇年八月までにさらに三研究所が設置され、総数で三六に達している。戦時期は、濫設といえるほど附置研究所が急増し、大学の研究機能の重要性が強調された時代でもあった。これらの研究所は敗戦後も、たとえば東京帝大の航空研究所が理工学研究所、南方自然科学研究所が立地自然科学研究所というように、名称の変更はあったものの、そのまま新しい大学制度に継承されていく。「この多数の研究機関のほとんどがこんにち存続している。科学動員は、すぐ戦争に役立つという面ではまことに遅々たる歩みしか示さなかったが、科学研究そのものはそれに乗ずることによって大いに拡大した」（広重『科学の社会史』一六三頁）のである。

表2-24は、戦前期に創設された附置研究所の、大学別の内訳を見たものである。大量増設が始まる以前には帝国大学にほぼ独占されていたのが、官立大学にも次々に附置されるようになり、わが国の大学の多くがようやく、研究に特化した独立の組織を持ち始めたこと、また帝国大学では東北、官立大学では東京工業大が、附置研の集積大学として登場し、とくに九つの附置研が集中する東北帝大は、「研究所大学」ともいうべき特徴を持つようになっていったことがわかる。

これら附置研究所の中には理・工・農・医の各分野横断的な、総合的・学際的なものもあったが、主としては工学系であったことは、表2-23の研究所名からうかがわれるとおりである。また講座制のもとでの研究蓄積を踏まえ、大学側からの要請に基づいて予算化されたものも多いが、理学系と工学系とを問わず、ほとんどが基礎研究というより応用研究を目指し、あるいは求められ、経緯はさまざまではあるが戦時体制下の科学動員の一環として設

表 2-24　附置研究所の設置数（～昭和 20 年）

帝国大学				官立大学			
	～13 年	14～20 年	合計		～13 年	14～20 年	合計
東京	3	3	6	東京工業	1	4	5
京都	1	4	5	東京商科		1	1
東北	1	8	9	神戸商業		1	1
九州	1	4	5	広島文理科		1	1
北海道		3	3	長崎医科		1	1
大阪	1	2	3	熊本医科		1	1
名古屋		1	1	金沢医科		1	1
				岡山医科		1	1
合計	7	25	32	合計	1	11	12

資料）表 2-23 より集計・作成。

置され、戦局の悪化とともに否応なく軍事色を強めていった。とくに一八年以降に創設・附置された二〇研究所についてはその色合いが濃い。昭和一八年七月に、岡部長景文相は大政翼賛会の中央協力会議で「従来比較的放置されていた大学も挙げて戦力増強に集中動員するつもり」だと言明し、また同年八月に開かれた「帝国大学総長会議では、陸海軍当局者も出席し、文相から、研究所は戦場と心得、研究成果を第一線に応用する熱意をもってすること、ために一時教育上の任務を中止することもやむを得ない、と訓示」している（『日本科学技術史大系』第四巻、四三七頁）。時代状況はそこまで切迫していたのである。

たとえば東北帝大に昭和一九年に附置された電気通信研究所は、典型的な事例の一つだろう。同研究所はそれ以前の昭和一〇年、「附属」研究所として設置され、工学部電気工学科と一体的な運営をされてきたものである。それが日米開戦後、「緊急事態における国家の要請、陸海軍の要請によって総動員体制となり、主な研究者はいずれも陸軍または海軍、あるいはその両者の要請で参与または嘱託となり、軍事研究に日を追われることが次第に多くなってきた。さらに昭和十八年頃になると、大学を離れて長期出張により海軍の研究に協力する者もでてくる一方、昭和十九年の春には多摩陸軍技術研究所（電波兵器担当）が本研究所内に仙台分室を設け、軍服の技術将校と同時に《ママ》（中略）（電波機器の）性能の改良に本腰を入れ研究を推進することになった」。このため「ほとんど全職員がそれに協力を求められ（中略）文字通り昼夜を分かたぬ努力が続けられた。これと前後して第五陸軍技術研究所、海軍技術研究所もそれぞれ本研究所内に分室を設け」るなど規模を拡大し、附置研究所になった頃には、「これら分室員と電気工学科、通信工学科および本研究所を合せると三五〇名を越えるくらいにまでなつて」いた（『東北大学五十年史』下、一六三〇頁）。

軍部の協力で設置された研究所もある。昭和一〇年設置の常時低温研究室を前身とする、北海道帝大附置の低温科学研究所がその例である。昭和一六年の設置にあたって提出された計画書には、「低温ニ関スル研究ハ学術上ハ勿論産業上国防上極メテ重要ナル意義ヲ有スルモノナリ」とあり、設置に際して「海軍は提携援助の意味で海軍の研究所を併設し、これを北大に委託することを申し出」、実際に建物のほぼ半分が「海軍省の資金によって建築され北大に管理を委託」されている（『北大百年史』通史、二八九頁）。

軍部と直接の関係はないが、軍需産業からの要請に応える形で寄付金を仰いで設置され、軍事目的の研究に組み込まれていった研究所も少なくない。たとえば東北帝大の選鉱製錬研究所は、戦時下の物資不足への対応が求められる中、「金属増産関係については基礎となる研究がなく、対策を講ずることが困難の状況にあり、早急なこの方面の研究推進が要望され」、一六年に設置された（『東北大学五十年史』下、一五二四頁）。研究所の建築費は「民間各鉱工業会社に寄付を依頼し（中略）約六〇万円の寄付金を募集すること」で賄われている（同書、一五二七頁）。工学部機械工学科の水力実験室から出発した高速力学研究所も、「第二次世界大戦に突入して以来、工業界における流体器械への要望」が「当時の軍部の要求をも反映し」て、水車・ポンプ・船舶推進器等の水力機械の高速化に向けられていたことを背景に、一八年に官営化されたが、その際、設立費および研究費として日立製作所、三菱重工業、中島飛行機等から、総額六〇万円の寄付を受けている（同書、一六〇七―九頁）。

決戦体制下に科学技術における産・官・学、というより産・軍・学の一体化した研究体制が出現したのであり、戦後の新制国立大学の附置研究所群は、その遺産を継承しつつ再発足を遂げることになる。

文系研究所の出現

附置研究所の大量新設の中で、数は少ないが文系の研究所が出現したことにもふれておくべきだろう。その最初のものは、京都帝大の人文科学研究所（昭和一四年）であり、東京帝大東洋文化研究所（昭和一六年）がこれに続くが、『京都大学百年史』総説編の記述によると、この二つの文系の総合研究所設置の契機もまた、戦時体制にかかわる国策にあったことがわかる。

すなわち、昭和一四年（一九三九）一月に「文相官邸で開かれた文部省と六帝大総長との懇談会の席上、大学新建設のテーゼとして日本的学問の建設、人格陶冶、東亜文化建設、生産力拡充への積極的協力などが論じられた」。京都帝大では「羽田〔亨〕総長の帰学後、人文科学についての総合的研究所を設立する動きが一挙に高まり」、直ちに人文科学研究所計画委員会が発足し、二月には早くも官制案が評議会決定されるに至ったというのである。昭和一四年度の追加予算で設置が認められ、八月には官制が公布されている。文部大臣のお墨付きを得て、帝国大学最初の文系研究所設置がごく短期間で実現したことがわかる。『京都日日新聞』は、「京都帝大では全国大学のトップを切つて東亜新建設に即応あらゆる日本の頭脳たる文化科〔学〕の綜合的横の連絡を緊密にし新事態に適応した若き頭脳の養成に乗り出すことになつた」、この研究所は「法、文、経、農の綜合的研究機関」として、「政治、経済、哲学、地理、歴史その他の人文科〔学〕の研究完成に当る筈」だ、と報じている（『京都大学百年史』総説編、四〇〇—三頁）。

二年後の昭和一六年にずれ込むが、東京帝大の東洋文化研究所も同じ経緯で設置されるに至ったものである。京都と同時期に実現しなかったのは、当時の東京帝大が経済学部の人事をめぐる、いわゆる「平賀粛学問題」で揺れていたためとされている（『東京大学百年史』部局史四、二九一頁）。昭和一六年の設置に際して提出された文書を読むと、それが国策への協力だけでなく、先に見た同大学の「綜合研究機関」構想とも、深くかかわっていたことがうかがわれる。

すでに「自然科学ニ関シテハ（中略）関係諸学部諸学科協力連繋シテ綜合研究ノ実ヲ挙ゲツツア」る。しかし「人文科学ニ至リテハ、法文経ノ綜合的研究ハ、現在ノ制度、施設ヲ以テシテハ到底之ヲ行フコト難ク、然モ法文経ノ相関聯セル研究問題ハ甚ダ重要ニシテ且ツ極メテ多数」にのぼる。「斯カル問題ニ就キ、関係ノ諸学共同シ、自然科学方面ノ協力ヲモ求メ、綜合的研究ノ成果ヲ齎ラスコトハ、本来ノ使命ニ鑑ミ肝要且適切ナルヲ以テ、此ノ種研究機関ノ設置ハ年来切望シ来レル所」である。「今ヤ大東亜共栄圏ノ建設ヲ図リ、東洋永遠ノ平和ノ基礎ヲ固クスルハ、我ガ国不動ノ方針ナルヲ以テ、此ノ際特ニ東洋文化ヲ根本的ニ攻究シテ、我ガ国策ノ遂行ニ寄与スルハ、実ニ喫緊ノ急務」であると考える（『東京大学百年史』通史二、七三五―六頁）というのが、その設立の目的であった。

こうして東と西に、東洋・アジア研究に焦点を絞った人文・社会系の二つの総合研究所が附置されることになった。帝国大学については、これが戦前期における文系研究所のすべてである。その他に官立大学にも、昭和一七年にこれも大東亜戦争の遂行に向けて「戦時体制の「合理的」運営をめぐる実証的研究」を目的とした東亜経済研究所が東京商科大学に附置され（昭和一四年創設の学内研究所の官制化。『一橋大学百二十年史』一五八頁）、また戦争末期の昭和一九年、神戸商業大学に経営機械化研究所（昭和一六年学内設置の経営計算研究室の改組拡充と官制化。『神戸大学百年史』通史Ⅰ、二五四頁）が置かれている。ただ、いずれも小規模の専門特化した研究所であり、また帝国大学と違って、附置とはいっても独立の官制は持たず、「官立大学官制」により、各大学の組織の一部として設置された研究所だという点で、帝国大学のそれとの差異化が図られていた。こうした帝国大学との設置形態の違いは、他の単科大学附置の研究所にも共通していることを、付け加えておこう。

第Ⅱ部　戦後の高等教育改革

第3章　使節団報告書から学校教育法へ

1　米国教育使節団と教育刷新委員会

ＣＩＥ・使節団・教育家の委員会

昭和二〇年（一九四五）八月一五日、ポツダム宣言の受諾により太平洋戦争は終結し、八月二八日には連合軍が日本に進駐、九月二日にミズーリ艦上で降伏文書の調印式が行われた。占領体制下に置かれた日本で、ＧＨＱ（General Headquarter：連合国軍最高司令部）が活動を開始したのが一〇月、同月二二日には「日本教育制度ニ関スル管理政策」の指令を発して、日本政府に教育における軍国主義の一掃を命じ、戦後の教育改革が始動することになった。

これより先、占領軍に対してアメリカ本国から「再建日本の教育問題に関する顧問」を送りたいとの申し出があり、ＧＨＱの民間情報教育局（ＣＩＥ：Civil Information and Education Section）の教育課を中心に教育使節団の招聘計画が進められた。二一年一月になるとアメリカ国務省で人選と編成が始まり、この動きに呼応してＣＩＥ内に、予想される調査研究課題に対応する「教育課程・教科書、教員養成教授法、一般行政、高等教育」の四つの委員会が組織された。招聘計画の推進と並行してGHQは日本政府に、使節団の「相談相手として日本側から応接すべき人びとの推薦方」を求めており、二一年二月に文部省の人選を中心に「日本教育家の委員会」が発足し、ここにもCIEの四委員会に対応する形で四つの部会が設置されることになった。

昭和二一年三月五日から七日に分かれて来日した、フィラデルフィア市教育長（のちにイリノイ大学学長）のアレキサンダー・J・ストッダードを団長とする総員二七名の使節団にも、同様に四つのサブコミッティが置かれ、敗戦国日本の新しい教育制度の検討は使節団を中心に、CIE、日本教育家の委員会との、三者の連絡協力のもとに進められることになった（『教育刷新委員会・教育刷新審議会会議録』第一巻、八頁。以下『会議録』と略す）。

その成果として「米国教育使節団報告書」（“Report of the United States Education Mission to Japan : submitted to the Supreme Commander for the Allied Powers, Tokyo, 30 March, 1946”, United States Government Printing Office, Washington, 1946）が発表されたのは二一年四月七日である。本国での若干の準備期間があったにせよ、来日から離日までわずか一か月余で作成されたこの「報告書」が、戦後教育改革の重要な青写真となり出発点とされるのである。

その「報告書」だが、本書の主題である高等教育の制度改革について具体的にふれるところは意外に少ない。そこでは、「六・三・三制」と呼ばれた、小学校（六年）・中学校（三年）・高等学校（三年）からなる新しい学校体系の導入が勧告されている。しかし以下に見るように、それに続く高等教育については理念的な問題にふれているだけで、制度改革に関する具体的な提言や勧告は含まれていないのである。

使節団を招聘したGHQの側は、事前にCIEのスタッフによる文書『日本の教育』（原題“Education in Japan, 15 February 1946”）を用意していた。「アメリカの教育使節団の団員及び日本全国に駐在する教育担当官の情報の手引書」として、昭和二〇年九月から二一年二月にかけて作成されたものとされるが、日本国内では長く非公開であったこの文書を読むと、その大半が戦前期の教育制度全般の客観的な記述にあてられていたことがわかる。記述の中には「改革運動」という項もあり、昭和期の学制改革論議にふれているが、そこで取り上げられているのは昭和一一年に当時の平生釟三郎文相が打ち出した義務教育年限の延長案のみであり、また「戦時下の変革」の項でも、国民学校令による八年義務制の実施だけがふれられている。学制改革論議の最大の焦点であった高等教育についての言及はないに等しく、わずかに「私立学校」の項で、日本の私立大学が一段低い地位に置かれてきたこと、また「女子教育」の項で、高等教育機会における女子差別と、私学の果たしてきた役割の大きさを指摘するにとどまっている（『日本の教育　連合国軍占領政策資料』）。

使節団には、設置された四つのサブコミッティの一つとして、高等教育に関する委員会が置かれていたが、ここでも制度改革問題が議論された形跡はなく、使節団について詳細な研究を行った土持ゲーリー法一は、「大学の制度改革に関する研究およびマッカーサーへの勧告は指示されていなかった」としている（土持『米国教育使節団の研究』二一五頁）。

四年後の昭和二五年八月にやって来た第二次教育使節団の報告書の、「第一次訪日アメリカ教育使節団は、高等教育について勧告するにあたって、現在の教育機関の組織のままで望ましい改革をすることに注意の大半を傾けた。しかし、日本人はこれらの諸機関を改革しようとする場合、高等教育の全制度を改組することが必要であると考えた。そして、この改組を外形的な面において急速に成し遂げた」という一節（『戦後教育の原典2』一三三頁）は、そうしたアメリカ側のこの問題に対する基本的な態度を裏づけるものといってよい。

高等教育の制度改革に青写真的な役割を果たしたもう一つの文書としては、事前に用意されながら使節団に渡されることも発表されることもなく、使節団の帰国後になって文部省に提出された「日本教育家の委員会」の報告書がある。その詳細はあとで見ることとして、まずは使節団報告書が高等教育改革について、何を勧告したのかから見ることにしよう。

使節団報告書と高等教育改革

使節団報告書は、その第六章を「高等教育」にあてている。具体性を欠くとはいえ、日本の高等教育についての基本的な認識と、制度改革を方向づける根本理念を提示したものとして重要であることに疑いはない。全文を引用するには長すぎるので、報告書の末尾にある「本報告書の要旨」の中から、高等教育の部分を引いておこう。

日本の自由主義思潮は、第一次世界大戦に続く数年の間に、主として大学専門学校教育を受けた男女によって形成された。高等教育は今や再び自由思想、果敢な探究、及び国民のための希望ある行動の、模範を示すべき機会に恵まれている。これらの諸目的を果たすために、高等教育は少数者の特権ではなく、多数者のための機会とならなくてはならぬ。

高等程度の学校における**自由主義教育**の機会を増大するためには、大学に進む**予科学校**（高等学校）や**専門学校**のカリキュラムを相当程度自由主義化し、以て**一般的専門教育**を、もっと広範囲の人々が受けられるようにすることが望ましいであろう。このことはあるいは**大学における研究**を、あるいはまた現在専門学校で与えられるような**半職業的水準の専門的訓練**を、彼等に受けさせることとなるが、しかしそれは、**より広範囲の文化的及び社会的重要性を持つ訓練**によって一層充実することとなるであろう。

専門学校の数を増加する他に、適当な計画に基いて**大学の増設**が行われるよう我々は提案する。高等教育機関の設置や先に規定した**諸要件の維持**に関する監督には**政府機関**に責任を持たせるべきである。開校を許可する前に、申請せる高等教育機関の**資格審査**、及び上述の第一要件を満足させて居るか否かを確認する役目以外には、その政府機関は、**高等教育に対する統制権**を与えられるべきではない。その高等教育機関は、自らの最善と考える方法でその目的を追求するために、あらゆる点において**安**〔完〕**全な自由**を保有しなくてはならない。

高等教育機関における教授の経済的及び学問的自由の確立は、また極めて重要である。この目的達成のため、現在の文官制度の廃止が勧告される次第である。

学生にとって保証されるべき自由は、その才能に応じてあらゆる水準の高等な研究に進みうる自由である。有能な男女で学資の無いため研究を続けられぬ人々に、続いて研究ができるよう確実に保証してやるため、財政的援助が与えられなくてはならない。現在準備の出来ているすべての女子に対し、今直ちに高等教育への進学の自由が与えられなくてはならない。同時に女子の初等中等教育改善の処置もまた講ぜられなくてはならぬ。

図書館、研究施設及び研究所の拡充を我々は勧告する。かかる機関は国家再建期及びその後においても、国民の福利に計り知れぬ重要な寄与をなしうるのである。医療、学校行政、ジャーナリズム、労務関係及び一般国家行政の如き分野に対する専門教育の改善に対し特に注意を向ける必要がある。医療及び公衆衛生問題の全般を研究する特別委員会の設置を我々は要望する。（『戦後教育の原典2』一一八頁）

引用文は文部省の公式の訳に依るが、訳文について原文が気になる部分も少なくない。使節団が、自国アメリカとの対比で日本の高等教育制度をどうとらえ、理解していたかを知るためにも、第二、第三パラグラフの英文を引用し、両者の対応する用語を太字で示しておく。

In order to increase the opportunities for **liberal education** at higher levels, it would be desirable to liberalize to a considerable extent the curricula of the **preparatory schools** (Koto Gakko) leading to the universities and those of the more **specialized colleges** (Semmon Gakko), so that a **general college training** would become more widely available. This would lead, on the one hand, to **university study**, and, on the other, to **specialized training at the semi-professional level** such as is provided by the Semmon Gakko, but rounded out with **training of broader cultural and social significance**.

In addition to **providing more colleges**, it is proposed that **more universities be established** according to a considered plan. Some **governmental agency** should be responsible for supervising the establishment of higher institutions and **the maintenance of the requirement** first set down. Except for **examining the qualifications** of a proposed institution of higher education before it is permitted to open its doors, and assuring that these initial requirements are met, the governmental agency should have practically **no control over institutions of higher education**. The institutions should be entirely **free in all respects** to pursue their objectives in the manner which they themselves deem best.（“Report of the United States Education Mission”, pp. 61–2）

ここから読み取れるのは、「高等教育は少数者の特権ではなく、多数者のための機会とならなくてはなら」ないという、平等主義的な高等教育改革の理念である。カリキュラムの自由化と一般教育の重視、政府による統制からの自由、男女の別や経済力に左右されない能力に応じた機会の開放など、それはまさに日本の高等教育の西欧型からアメリカ型へ、さらにいえば「エリートからマスへ」（トロウ『高学歴社会の大学』）の大転換を求めるものであったといってよい。

しかし、そこにはアメリカ的なマス高等教育実現の最も重要な前提となるはずの、大学・高等学校・専門学校・師範学校という四つの学校種からなる高等教育制度自体の再編・統合を求める、あるいは期待する文言を見ることはできない。「大学に進む予科学校（高等学校）や専門学校のカリキュラムを相当程度自由主義化」すべきである、あるいは「専門学校の数を増加する他に、適当な計画に基いて大学の増設が行われるよう我々は提案する」という文章から読み取れるのは、使節団報告書が日本高等教育の戦前期以来の二層構造を前提とした上で、主としては教育内容面での変革を要請するものであったという事実である。

「日本教育家の委員会」

「日本教育家の委員会」（以下、教育家委員会）が作成した「米国教育使節団に協力すべき日本側教育委員会の報告書」（『会議録』第十三巻、一四五—五五頁）は、それとは対照的に、高等教育制度の抜本的な改革を求める内容になっていた。南原繁・東京帝国大学総長を委員長に、二九人の委員からなるこの委員会の報告書は、前述のように結局使節団の報告書作成に直接役立てられることはなく、文部大臣に提出されたのが使節団離日後の昭和二一年（一九四六）四月九日、ＣＩＥがその存在を知ったのは五月になってからとされている（『会議録』第一巻、「解題」一〇頁）。また、それが初めて公表されたのは、後述する教育刷新委員会の第一回総会（二一年九月七日）においてであった。

この報告書の中核的な部分を占めているのは「学校体系に関する意見」である。わが国の学校系統が、六年制の国民学校初等科の後、㈠中等学校・高等学校・大学、㈡中等学校・専門学校、㈢国民学校高等科・青年学校の三系統に分かれていることを紹介し、それが社会の階層化を助長し、機会の平等を妨げていることを指摘したあと、報告書は意見作成の経緯を次のように述べている。

> 我が国学校系統の改正に関しては早くより識者の注意を引き、今より三十数年前には工業教育者の間に於て中等工業学校と高等工業学校と大学工学部との三段階を二段階とすべきであるとの案が提出せられ、その後菊地《ママ》〔池〕大麓氏の提案があり、更に昭和十二年には教育同志会の改正案が提出せられた。これ等の改正案は内容上多少の別はあるが何れも現行の㈠と㈡との系統の別を改めて一系統にせんとしたものである。而してこれ等の改正案中教育同志会の案は当時有力な支持者も多く、その結果教育審議会の議にも上つたのであつたが、僅か一票の差で否決せられたと伝へられてゐる。
>
> しかし昭和十二年と今日とでは国情は一変してゐる。それゆえに「米国教育使節団に《〔ママ〕》協力スベキ日本側委員

会」はその会合に於て、我が国民の教養の程度を一層向上せしめるとともに教育の民主化を一層促進せしめる意味に於て学校系統の問題をも審議すべきであるとして、種々意見を交換し次の如き二案を得た。但しこれ等の案は日本側委員の総会の決議となつたものでなく、参考案として大多数の委員の賛成を得たものである。

（『会議録』第十三巻、一四七頁）

ここからは、「学校系統の改正」に関する検討がＣＩＥ側の要請によるものではなく、委員会独自に行われたものであること、改正案が総会の決議ではなく委員の多数意見であったこと、それが戦前期における学制改革論の延長上に位置づけられていたことなどがわかる。昭和一二年に「一票の差で否決」されたとされる教育同志会の改革案を、「国情の一変」した今あらためて、教育の民主化と国民教養の向上のために復活させようとするものだという説明は、高等教育の改革構想の戦前と戦後の連続性を示唆するものとして読まれるべきだろう。

ここに出てくる教育同志会とは、第1章でもふれた、近衛文麿を主催者に昭和八年発足した昭和研究会の部会的な位置づけの、教育改革同志会を指している。会の中心的存在は教育学者の阿部重孝・東京帝大教授であり、改革案の作成には、のちに教育刷新委員会の委員になる大島正徳、佐野利器、城戸幡太郎、関口泰らも加わっていた（酒井、一六三頁）。

あらためて大要を紹介しておけば、その改革同志会の最終的な「教育制度改革案（昭和一二年）」は「学校ノ種類ハ小学校、中等学校、大学及大学院トシ、現行ノ高等学校及専門学校ハ之ヲ廃止ス」るというものであった。小学校（六年、義務制）に続く中等学校は、既存の中学校・実業学校・高等女学校を統合して新しい「中学校」（三ないし五年）とし、三学年までを義務制とする。また勤労青年のための中等教育機関として「青年学校」（前期二年・後期四年）を設け、六年間の就学を義務化する。大学・高等学校・専門学校は再編統合して、「大学校」（三ないし五年）とし、五年制の「中学校」卒業者を入学させる。また、最高学術研究の機関として「大学院」を置く。師範学校制度は廃止し、中学校卒業者を入れる「小学校教員養成所」（二年制）、大学校卒業者を入れる「中等教員養成所」（一年制）を置く、などとしている（『近代日本教育制度史料』第一六巻、一六七—七九頁）。教育家委員会の報告書に示された案と重なるところの多い改革構想であったことがわかる。

新しい学校系統案

それはともかく、教育家委員会の報告書に示された新しい学校系統案は、小学校（六年・義務制）・初級中学校（三年・義務制）・上級中学校（または高等学校・三年）・大学（四年または五年）・大学院、つまり「六・三・三・四〜五」というものであった。この案によれば、大学・専門学校・高等学校・師範学校の別は廃止され、すべての高等教育機関が新しい大学に再編統合されることになる。その理由はこう説明されている。

まず「専門学校」について。「専門学校なるものは官立では主として農・工・商等の職業教育機関となつてゐるが、現在では大学の農学部、工学部、経済学部又はこれ等の単科大学の外に特に専門学校を設置しなければならない理由は明らかではない」。工業関係では大卒技術者の下に工業学校卒があれば十分との意見も多い。「専門学校出身者が大学出身者より恵まれない地位に置かれ易い」ことから、「向上心・研究心等も鈍り易いとの声」もある。「専門学校及びそれと同程度の学校は、出来るならば内容を更に充実して大学となすことが望ましい」。

新・旧の「大学」について。上級中学校（三年）から大学（四〜五年）に進学・卒業するとすれば、年限がこれまでに比べて一年短くなるため、大学卒の質の低下を懸念する声がある。しかし、「上級中学校に於て現在の高等学校二年程度に近い教育を施し、大学に於て最初の一ケ年を各学部の基礎的学科の学修《ママ》に向け得るやうに工夫するならば、学力及び識見に於て何等現在の者より質的低下を見ることはないであらうと考へられる」。さらにいえば「大学殊に綜合大学の上にある大学院に於ける研究指導の方法を改善することに於て、今日以上に一層有益の人材を多く世に送る」ことができる。

廃止される「高等学校」について。「高等学校の長所」とされてきた「闊達の気風」を養い、「人材教育」に当たる学校が失われることを非難する声がある。しかし「大正八九《ママ》年までの高等学校とその後の高等学校とではこの気風の養成にもかなりの差」が生じている。また、「高等学校の特色の一つが（中略）人物養成に在りとすれば、現在三十余校の高等学校生徒のみが大学に進学する結果彼等のみが将来国家社会の指導者となるの特権」を受けることになり、望ましくない。

「師範学校」について。「師範学校に深く結びついてゐる因襲は一掃すべき」であり、「義務教育方面に携はる教員を養成するのには各府県に教育大学のあることが望ましい」。「師範学校（現行）は総てこれを改造して、教育大学とし、教育大学への入学資格は他の大学と同様」にする必要がある（『会議録』第十三巻、一四七—九頁）。

南原繁の存在

先に述べたように、この学制改革案は文書として教育使節団の手に渡ることはなかった。しかし、土持ゲーリー法一の研究によれば三月二一日、南原繁委員長は使節団のストッダード委員長と極秘裡に会談し、学制改革問題にふれた「特別報告書」を渡している。両者の間で十分検討する時間的余裕はなかったようだが、その内容は「一、高等学校、ジュニア・カレッジ制度を改正する。二、全案をすべてアメリカの計画を模範（モデル）にし、小学校、高等学校、専門学校（カレッジ）、大学を単線化し、すべての段階での機会均等が拡充できるようにする。三、専門学校は男女共学の大学とすべきであり、男女別々にしない」というものであり、「上掲の改革は計画されていたが、文部省はこの改革案に対して躊躇している」というコメントがつけられていた（土持『米国教育使節団の研究』三二八頁）。

さらに南原は三月二五日、日本側委員の一人、高木八尺（東京帝大教授）とともに、ＣＩＥのロバート・Ｋ・ホールと会い、「教育改革——日本側教育家委員会の公式意見」という題の報告を行ったことが知られている。その中で南原は、日本の現行の教育制度の問題点を指摘した後、一三項目にわたる改革案を提示したが、その主要なものは、(1)大衆化、民衆化のための制度の導入、(2)学閥の原因である旧制高校の廃止、大学機関までつながる単線型学校制度の導入、(3)専門学校と大学の格差を廃止し、均等化する、(4)教育制度を三段階に分けるなどであった。具体的には小学校六年、中等学校六年（下級中学校三年・上級中学校三年）・高等教育（大学——現在の大学、専門学校を含む）という、先に見た教育家委員会報告書の線に沿った改革案である（同書、一七五—六頁）。

この案について、南原は一〇年前に「約一〇〇名の実業、専門、教育家たちによって」作られた案であり、自分はその当時この案は実現不可能と考え反対であったが、今は賛成していると述べたという（同書、一七六頁）。南原は戦前・戦後の改革構想の連続性を踏まえた上での、「六・三・三・四」制導入の強力で確信的な推進者であり、使節団・CIE側も、南原がアメリカモデルの単線型の学校系統への転換論者であることを、認識していたことになる。教育家委員会の報告書が直接手渡され役立てられることはなかったものの、アメリカ的な単線型の学校体系への転換に日本側、少なくとも教育家委員会が異存のないことを、使節団・占領軍側は十分に認識していたといってよいだろう。

南原が、そうした改革構想を力説した背景には、もう一つ、彼が総長を務める東京帝大の「教育制度研究委員会」の答申があったことを指摘しておこう。この委員会は終戦後に「緊急なる教育制度上の問題を研究する」目的で、総長の下に各学部から委員を選んで特設されたものであり、委員長は戸田貞三・文学部教授であった。第一回の委員会が開催されたのは教育使節団来日直前の昭和二一年（一九四六）三月二日、使節団離日後の四月三〇日に審議を終えている（『東京大学百年史』通史三、一九—二〇頁）。つまり、両者の活動期間はほぼ重なり合っており、しかも制度研究委員会の答申はその一つに「学校の系統及び修業年数に関する答申」（四月一五日）を含むものであった。

そこに示された学校系統案は小学校（五年）・中学校（三年）・高等学校（四年）・大学（四年）というものであり、

義務年限を八年としたことから、中等段階の年限の区切りが異なっているものの、教育家委員会案とほぼ同じ内容になっている。新しい高等学校は、「現制の中等学校三学年以上と高等学校、専門学校の初学年を併せ」、新しい大学は「現制の高等学校、専門学校第二学年以上及び大学の一部を併せ」て構成する、としていることにも留意する必要があるだろう（『東京大学百年史』資料二、五四―五頁）。

南原がストッダードやホールに開陳した改革構想は、こうした東京帝大案を踏まえてのものでもあった。東京帝大の委員会の戸田貞三委員長が、南原が長を務める教育家委員会に設けられた「日本の復興における高等教育」分科会の副主査であったことも、付け加えておくべきかもしれない。その南原と戸田は、かつての教育改革同志会メンバーの大島正徳、佐野利器、城戸幡太郎、関口泰らとともに、教育刷新委員会の有力委員として新しい学校制度の構築に大きな役割を果たすことになる。戦前期、昭和一〇年前後に燃え上がった学制改革論議は、そうした人脈を通して戦後の新学制に継承され、結実したと見ることもできる。いずれにせよ東京帝大総長・日本教育家の委員会委員長・教育刷新委員会委員長の三つのポストを兼ねた南原繁は、戦後教育改革のまさにキーパーソンであったといってよいだろう。

教育刷新委員会の設置

米国教育使節団の離日から四か月後の昭和二一年（一九四六）八月九日、教育刷新委員会の官制が公布され、改革構想の具体化のための審議の舞台は、この戦前期の臨時教育会議（大正六年設置）、教育審議会（昭和一二年設置）と肩を並べる、いやそれ以上に重要な内閣直属の大型審議機関に移された。委員会の英語名は“Japan Education Reform Committee”であり、「教育刷新」が「教育改革」を意味していたことが知られる。昭和二四年六月一日に、教育刷新審議会と改称されるが、名称の変更だけでその性格に変化はなかった。

委員数は五〇名以内ということで、当初指名の委員は三八名、初代委員長は前文部大臣の安倍能成であったが、二二年一一月一四日に、副委員長であった南原が安倍に代わって委員長職に就いている。昭和二七年六月六日、文部大臣の諮問機関・中央教育審議会の発足とともに幕を閉じるまで、教育改革に中心的な役割を果たしたこの委員会・審議会は、諮問を受けて答申する形を採らず、自ら「イニシアティーヴを取って自立的に調査、審議」し、「委員会（審議会）の公的な意思表明は全て、内閣に対しては「建議」（「報告」）、社会的には「声明」の各形式」をとるという、異色の審議機関であった（『会議録』第一巻、「解題」一八頁）。

自立性が、GHQ・CIEとの関係でも基本的な前提とされていたことは「この委員会は自主的なものであって、我々はこの委員会が決めることは文部省の指令に依るものでなく、又司令部の指令に依ってやるべきものでもなく、これは全くオートノマスにやるべきだ」と考えているというCIE側の発言（同書、一九頁）からもうかがわれる。ただし、委員会・CIE・文部省の三者間には連絡・調整に当たる「ステアリングコミッチー」（連絡委員、運営委員会）が設けられており、「委員会に正式に議題にする前に、先ずこのステアリングコミッチーで相談して、これは議題にするが宜いかどうか考え」る、という手続きが求められていた（同書、一九頁）。それだけではなく、あとで具体的に見るように、委員会・審議会ではたしかに自由な議論が展開されたのだが、その一方で審議の過程に、さらには結論に、GHQ・CIE側がさまざまな形で強権的な影響力を行使したことがわかっている。出された結論が、そのまま政策化されない場合もしばしばであった。占領下に、刷新委員会も文部省も全く自由で自主的ではありえなかったことを確認しておく必要があるだろう。

先行報告書の位置づけ

教育刷新委員会での議論の暗黙の前提として、「米国教育使節団」と「日本教育家の委員会」の二つの文書があったことは、先に見てきたとおりである。この二つの報告書はどちらも短期間に作成されたものであり、前者は理念的に過ぎ、後者は戦前期の、といっても一〇年ほど前に燃え盛った学制改革論議の記憶を引きずるものであった。ともに教育刷新委員会の第一回総会に配布されているが、あくまでも参考資料として提出されたものであり、委員会での自由な審議を阻むものではなかった。戦後の新しい教育制度の骨格が、それらの前提に拘束されることなく、教育刷新委員会・審議会（以下、教刷委・教刷審）での激しい議論の過程で形作られたものであることは疑いない。

しかし同時にそれが委員会・審議会の議論を枠づけ、方向づけるものとして果たした隠された役割の重要性を否定することはできない。報告書の文言が直接引用され、言及されることは多くはなかったものの、前者は議論の方向にＧＨＱ・ＣＩＥが陰に陽に圧力を及ぼす拠り所とされ、後者は自立的で主体的な改革構想を描く際の論拠として、暗黙裡に前提とされたことが少なくなかったからである。審議の過程を跡づけていくと、たとえば学校体系についての六・三・三あるいは六・三・三・四という区分が、基本的な枠組みとして常に議論のアプリオリな出発点となり、回帰点となっていることがわかってくる。

総会と特別委員会

教刷委の審議は毎週金曜日に定例で開かれる総会の外、第一から第二十までの特別委員会で行われ、そこで詰められた議論の結果が総会に提示され、あらためて審議され、場合によっては修正が加えられ、採択された後、総会決議として内閣総理大臣に報告された。いくつかの決議がまとめて報告される場合もあり、報告の回数は三五回にのぼった。

その特別委員会のうち、新しい学校教育制度、とりわけ高等教育制度についての議論の主要な舞台となったのは「下級」と「上級」に分けて「学校体系に関する事項」を審議した第二、第五の二つの特別委員会、とくに第五特別委員会である。その後、第五特別委の他に、教員養成問題に特化した第八特別委員会をはじめ、第十二（科学者・研究者養成に関する事項）、第十四（大学の国土計画的配置に関する事項）、第十五（二年又は三年制大学に関する事項）など、高等教育関連の課題別の特別委員会が次々に設置された。

教刷委の決議（建議）に基づく新しい学校制度の発足は、大正前期の臨時教育会議答申による学制改革に次ぐ、というよりそれ以上の大事業であり、委員会では激しい議論が繰り広げられた。今に至るわが国の大学・高等教育の制度と組織の基本構造を決定づけたその教育刷新委員会の一連の建議が、どのような議論を経て決定され政策化されたのか。「新制大学」の発足に至るまでの錯綜した議論の過程と内容はどのようなものであったのか。以下では特別委員会と、それを踏まえた総会での審議の過程をたどりながら、戦後高等教育改革のダイナミズムを、可能な限り具体的に明らかにしてみたい。

2　学制改革論議の開始

学校体系の審議

「学制」、すなわち学校体系についての議論は、教刷委の第四回総会（二一年九月二七日）から開始された。この総会で、学校体系を「下級（初等・中等段階）」と「上級（高等段階）」に分けて審議することが決まり、まず下級学校体系を検討する「第二特別委員会」が設置され、九名の委員が指名を受け、一〇月三日から審議を開始した。主査は戸田貞三・東京帝大教授であった。上級学校体系を対象とする「第五特別委員会」は、第一〇回総会（二一年一一月八日）で設置され、一一月一四日に審議を開始している。安倍能成委員長は「第五は殊に重要でありますから、少し特別委員の人数を殖やしたい」として第二特別委の委員五名を含む一四名の委員を指名した（『会議録』第一巻、二三二頁）。二二年一月にさらに正委員三名、二月と五月に臨時委員六名が追加任命されている（後掲表3-1参照）。総数二三名の大委員会であり、主査に選ばれたのは小宮豊隆・東京音楽学校長であった。

このように下級・上級に分けて、二つの特別委員会で別個に審議が進められた学制改革だが、それに先立って学校体系全体にかかわる総合的な議論が、第七回（二一年一〇月一八日）・第八回（二一年一〇月二五日）の総会で展開された。

第七回総会では冒頭、安倍議長が、学制改革の問題は「今度の［教育］刷新委員会の中の問題として一番骨子を成すもの」だとして、まず米国教育使節団の報告書にふれ、六・三・三制が勧告されているものの、あくまでも「アドヴァイスであって、イニシアティーヴは日本人、日本国民が取るべきもの」だというのが使節団の見解であることを説明した。その上で、「アメリカの教育部《ママ》［ＣＩＥ］の方は、このアメリカ使節団の勧告というものを殆ど無上命令みたいな風に考え」、日本教育家委員会も六・三・三制に賛成しているのだからとして、早急な実施を求めてきているが、「刷新委員会としては、今迄の経緯の頓着なく、十分議すべきものは議して、動かすことの出来ないような結論に達する」というのが自分の方針だと述べた（同書、一二四頁）。

それを受ける形で、「教育家の委員会」で高等教育関連部会の副主査を務めた戸田貞三委員が、そこでの検討結果を説明した。戸田はまず、わが国の現行の「複線型」学校系統の弊害を指摘し、「子供の時から（中略）差別意識を持つような学校系統を改めて、これを一本の学校系統にする」、つまり初等・中等段階で「六・三・三」の「単線型」の教育制度を構築すべきだというのが、新しい教育制度の基本構想であるとした上で、高等教育について次のように述べている。

「それ［上級中学校あるいは高等学校］を卒業した者は、総て大学に入学することが出来る。大学を三年にするか、四年にするか、五年にするか、それはそう深く考えては居らなかったのですが、まあ平均四年位と見て、中には三年のものもあっても宜かろうし、五年のものもあっても宜かろう。それは、詰り大学の専門教育の内容に依りましては、時間が比較的に多く掛るものもあり、比較的短い時間で出来るものもあり、それを平均して四年とし、兎に角大学問題はここで四年と」する（同書、一二九頁）。六・三・三の初等・中等教育はともかく、それに続く高等教育制度について、教育家委員会での議論が十分に煮詰まっていたわけではなく、最も重要な年限の問題を含めて、議論への出発点を提示するにすぎなかったことが知られる。

なお、この第七・八回の総会には当然のことながら、南原繁・小宮豊隆・関口泰・関口鯉吉・天野貞祐・務台理作・木下一雄など、のちに第五特別委のメンバーに指名される委員も出席しており、戸田の説明に対する質疑の形で、旧制高等学校の存廃、新しい大学像、教員養成と大学、専門教育と一般教育など、第五特別委での論議の対象となる多くの問題点が指摘されたことを付け加えておこう。その具体的な内容については、あとで第五特別委の審議経過を見る中でふれることにする。

「下級」と「上級」の間

その第五特別委での議論に入る前に、どうしても第二特別委での審議経過にふれておかなければならない。学校体系の審議は、「下級（初等・中等段階）」と「上級（高等教育）」に分けて行われたが、それはあくまでも便宜的な区分にすぎず、「下級」の中等段階をめぐる議論は、高等段階のそれと深くかかわっている、というより不可分の関係にあったからである。第五特別委での議論が具体的になればなるほど、下級学校体系、とりわけ上級中学校（高等学校）との関係が問題になり、上級・下級の学校体系を分けて議論を進めたことの問題点が明らかになるのだが、それはともかく、第二特別委での中等教育に関する議論は次のようなものであった。

旧制度下の中等段階の学校種としては、中学校（五年）・実業学校（三～五年）・高等女学校（四～五年）があり、それに準ずるものとして高等小学校（二年）があった。制度上の位置づけは社会教育の一部だが、実業補習学校・青年訓練所を統合して昭和一〇年（一九三五）に発足した、勤労青少年を対象とするパートタイムの教育機関である青年学校（普通科二年・本科五年）を加えれば、中等段階には五種類の学校が併存していたことになる。つまり学校系統の多様に分岐した、典型的な「複線型」の制度になっていたのである。

このうち青年学校には昭和一四年に一九歳までの就学義務制が導入され、他の学校在学者についても昭和一六年に一四歳までの八年制義務教育の導入が決定していた。中等教育の「下級」部分の義務化が進められていたことになる。また、中学校・高等女学校・実業学校については昭和一八年に、それらを制度上統合して「中等学校」とする「中等学校令」が公布されている。中等教育の再編に向けたこれらの改革は戦時体制下、とりわけ決戦体制下の混乱の中で完全な施行には至らなかったが、戦後の新学制への移行の準備、あるいは前段階として重要な意味を持っている。「六・三・三制」への移行の議論は、そうした戦前期における義務年限延長と、複雑に分岐した中等段階の諸学校の再編統合、「単線型」の学校体系を目指す動きの延長上に展開されることになるからである。

中等教育の再編統合をめぐるその複雑な議論をたどることは、ここでの主要な課題ではないが、昭和二一年一〇月三日に始まり、ほぼ一か月半後の二一年一一月一五日の一三回目の会議で決着するまで、中等教育について第二特別委で何が議論され決定されたのか、第五特別委との関係に留意しながら見ておくことにしよう。

第二特別委の議論

第二特別委で下された最も重要な決定は、教育の民主化・平等化のための、複線型から単線型へ、ヨーロッパモデルからアメリカモデルへの学校制度の転換と、九年制義務教育の導入、すなわち「六・三制」の採用である。それは義務教育の年限を九年に延長し、最初の六年をこれまでと同様小学校で、「次の三ヶ年は、現在小学校の卒業児童を入学資格とする各種の学校の合併改変によって創設されるべき「初等中学校」において修学」させるという、使節団報告書の勧告に沿うものであり、早々と決着を見た。

ただ、先にふれた土持の研究によれば、「六・三制」の導入は使節団の委員の一致した意見ではなく、「アメリカでも必ずしもうまくいって」いない三年制の「ジュニア・ハイスクール」を導入することに反対の委員や、「なぜこの制度を日本に勧告する必要があるのか十分な説明がなされていないことに不満」を持つ委員もいたことが知られている（土持『米国教育使節団の研究』一七八頁）。アメリカの主流はむしろ八・四制にあったからである。六・三・三制導入の勧告に向けて積極的に働きかけたのは、南原をはじめとする日本側の、教育家委員会の委員だったとされている（同書、一七六—七頁）。

問題は、それに続く「上級中学校」である。使節団報告書は、それを「小学校高等科、高等女学校、予科、実業学校及び青年学校等の果たしつつある種々の職能を、継続する」三年制の学校であり、「上級中学校の卒業は更に上級の学校への入学条件とされる」としていた。文中の「予科」とは、（旧制）中学校のことである。男女共学・全入制・総合制の導入も勧告されている。この「上級中学校」のモデルがアメリカのシニア・ハイスクールにあったことは疑いないが、委員会では、「下級・上級」という上下をつける呼称は望ましくないとして、それを「高等学校」と呼ぶことが決まった（『会議録』第六巻、三四五頁）。そして、その既存の高等学校（以下、旧制高校）と紛らわしい、新しい高等学校（以下、新制高校）の修業年限を何年とするのか、さらには新制高校に移行するのは旧制の中等学校なのか、それとも旧制高校や専門学校なのかをめぐって委員の間で意見が分かれ、紛糾するのである。

三年制とすることで合意されていたはずの、その新制高校の年限が最初に問題になったのは、パートタイムの中等教育機関である青年学校を、新しい学校体系にどう統合するかをめぐってである。フルタイムの三年制に対して、パートタイムは五年制にするというのがそれだが（同書、三二〇頁）、年限をめぐる議論はそこにとどまらず、新制高校の基本的性格、新しい高等教育制度との接続関係、さらには移行する旧制学校の種別にかかわる問題へと展開していった。

「上級中学校」（新制高校）は、中学校・高等女学校・実業学校、それに青年学校を統合再編して発足する完成教育の機関であり、普通教育だけでなく職業教育の場でもある。この頃、高等教育機関への進学率はまだ同年齢人口の四％程度にすぎず、「上級」に相当する中等諸学校への進学率も中学校七％、高等女学校九％、実業学校六％と、合わせても二五％に満たなかった（同書、二八二頁）。そうした現実の下に発足する新制高校には、パートタイムの場合に限らず四年制・五年制があってもよいのではないか。また、高等教育との接続関係もそれに応じて多様であってよいのではないか、というのである。

新制高校の年限と性格

議論の一部を引用しておこう。口火を切ったのは関口泰委員である。

関口泰委員「三年に区切って、三年より上のこれからの学校は地方的或は校長の考えなんかで（中略）四年にしたいということもありましょうし、それを制限する必要はないと思う。三年でどうしても出さなければならぬということはないように思いますね。私の考では、五年の高等学校もあり得るし、五年に続く大学もあり、又大学の方に二年附けて三年から五年の大学に入るというのもあって宜いじゃないかと思います。」

円谷光衛委員「大学を延ばしたらどうですか。」

戸田貞三主査「それには色々複雑な問題があります。医科大学には必ず三年の予科を附けろ。こういう要求があるらしい。それは上級中学校の上に更に三年の予科という意味らしい。だから寧ろそれは三年以上として、そうして五年のものを出た者はそれを予科を出た者という風に理解して、医科大学に入学させるという妥協点は何かこの間の話合ではいきそうに思います。」（中略）

菊池龍道委員「この上を見透して見ますと、大学教育というものが残るだけで、現在の専門学校は無くなるかも知れませぬ。そうなると矢張りそういう中間的なもの、又専門教育というような意味で、上級の今の高等学校という風な三年で卒業するコースもあるし、四年乃至五年で卒業するコースもあるというようなことで、矢張りそれぞれの高等学校でも程度は幾らか違うというものを広く認めることが国家の為に必要じゃないでしょう

か。」（中略）

佐野利器委員「五年迄はどうか知らぬけれども、少くとも四年あることは必要のような気がします。所謂専門教育を施す所で、専門教育という名前の中には今のリベラルエデュケーションがある。そうして実業を加味するということに付て、もう一年位欲しいということが起って来ないか。併しそれは三年以上はいけないという風に止めなければならない性質の学校でないと思います。（中略）完成教育の場所だと考えると、三年で止めなければならぬという理由はない。四年若くは関口さんの言われるような五年をやって大学に入っても尚立派なものが出来上るから……。」（中略）

戸田主査「パートタイムの問題もあったけれども、種類別にたとえば工業教育に重点を置く上級中学校を出た場合、その工業教育では迚も三年でも普通学科を或る程度やらなければ追付かない。」（中略）

鈴木静穂臨時委員「実業教育の方面からちょっと申上げます。これは学科の種類と地方的実情に依りまして非常に特異性を持ちます。ところが三年と限定されると、学校の種類に依っては実際に於て力が足りない。指導的地位に立つことが出来ない卒業生を作ることになるのであります。原則は三年と致しましても矢張りその上に一年乃至二年必要な学科又地方的状況に依っては延ばすことが出来るというように三年乃至五年という位の程度で制度は設けて載く方が運用上便宜だろうと思います。」（『会議録』第六巻、三四〇―二頁）

このように、教育家委員会が構想し使節団の勧告した三年制の枠を超えて、新制高校の教育年限について議論が広がり、中等教育段階にとどまらず、専門学校・高等学校から大学に至る高等教育段階の年限問題まで巻き込む形で展開され、第一三回（二一年一一月一五日）の委員会で、ようやく総会への提出案が決まるのだが、その内容は以下のようなものであった（同書、三九八頁）。

中学校に続くべき教育機関の問題

一、三年制の高等学校を設ける、但し四年制のもの、五年制のもののあることは差支えない。
二、右の高等学校には全日制のものと定日制のものとあること。
三、右の高等学校は必ずしも男女共学でなくても宜い。
四、右の高等学校は普通教育並に専門教育を行うものとすること。
五、男女十八才未満の者は一ヶ年一定時間の普通教育を受けるものとすること。

アメリカモデルへの無理解

一連の議論から浮かび上がってくるのは、再編・統合の対象となるわが国の「複線型」の中等教育制度と、モデル視された「六・三・三制」の基底にあるアメリカの「単線型」中等教育制度との根本的な差異について、委員たちが持ち合わせていた知識や情報の不足と貧弱さである。

それまでわが国がモデル視し、実際に導入してきたヨーロッパ的な複線型の教育制度のもとでは、学校系統は大学予備教育・完成普通教育・職業教育・補習教育など機能別に分化し、それに応じて教育年限・教育課程・教育資格が異なっていた。昭和一八年（一九四三）公布の「中等学校令」も実質的には、中学校・高等女学校・実業学校という三種の学校を、「中等学校」という共通の名称で括ったにすぎず、それぞれが別個の教育系統を作っていることに変わりはなかった。それを使節団の勧告を全面的に受け入れ、青年学校まで含めてすべて、単線型の（その意味でアメリカ的な）、新しい中等学校（新制高校）に再編・統合しようというのである。教育使節団が新たなモデルとして勧告したアメリカの中等教育・中等学校の実態について、調査研究とはいわぬまでも一定の知識を持ち、理解をしていることが当然必要であった。ところが、審議の内容から知られるのは、社会学者で欧米留学の経験のある戸田貞三主査を含めて、それを持ち合わせた委員がほとんどいなかったという事実である。

審議の過程で、多様に分化した中等諸学校の再編統合が具体的な問題になればなるほど明らかになったのは、修業年限が単なる年数ではなく、教育課程の編成から期待される学力の内容と達成水準、卒業者に与えられる資格など、さまざまな要件が組み込まれての年限であるという現実である。そしてそれが上級学校体系、すなわち高等教育機関との接続関係と不可分の関係にあることは、いうまでもないことであった。

単線型のアメリカのハイスクールは、ジュニア／シニアの段階区分と関係なく、総合制・男女共学制・小学区制を原則とするコミュニティ・スクールである。その特質は、一つの学区に一校のハイスクール、初等教育修了者の全員無選抜入学、授業料無償、普通教科から職業教科までの選択制による自由な履修、そして卒業者の公立高等教育機関への進学保障にある。それら圧倒的多数を占めるパブリック・ハイスクールの外に、私立大学への進学に特化した少数の、特権的な私立のプレップスクールが存在するというのが、アメリカの中等教育の構造に他ならなかった。

普通教育・女子教育・職業教育・補習教育と学校種も教育課程も分化し、年限の異なる、入学者を学力で選別し、公立とはいえ大多数が府県立で、授業料を徴収するわが国の中等学校と、そうしたアメリカのハイスクールの間に共通性はほとんど存在しない。上級学校進学についても、旧制高校・専門学校への進学資格は中学校卒業を基本とし、高等女学校卒業者には女子専門学校、実業学校卒業者には一部の実業専門学校への進学が認められているにすぎない。旧制高校をはじめ、官立高等教育機関への進学が激しい受験競争を伴うものであったことも、付け加えておくべきだろう。

その複雑に分化した中等諸学校を再編統合して、下級（ジュニア）と上級（シニア）の二段階に分けるというが、アメリカでは同一の設置主体・同一の中等学校（ハイスクール）制度のもとでの区分であるのに対して、日本の場合、一方は市町村、他方は都道府県と設置主体が異なり、また義務制であるジュニアからそうではないシニアへ、つまり新制中学校から新制高等学校への進学の際には学力による選抜を伴う。それだけでなく、後で見るように、専門学校・高等学校の新制高校への移行論まであった。修業年限に関する議論を重ねれば重ねるほど、こうした日米の教育制度の基本的な違いと、複線型から単線型への転換にあたって検討されるべきさまざまな、容易ならぬ課題が見えてくるのは当然であろう。

ところが、先の総会への提出案を見ると、特別委員会での議論は、そうした課題の深みにたどり着く以前に、極めて曖昧な形で決着が図られたことがわかる。新しい学校制度への早急な移行に向けて、占領軍側から強い圧力があったことを考慮に入れたとしても、教刷委での検討の不十分さは否定しがたい事実といわねばならないだろう。

総会での議論

第一一回総会（二一年一一月一五日）で、その第二特別委の下級学校体系案の説明に当たったのは、主査の戸田貞三である。質疑は、提出案のうち旧青年学校における義務規定とかかわる「五」（これについて長い議論が展開されたが、ここでは割愛する）は別として、もっぱら「一」と「四」を中心に交わされることになった。

戸田主査は、「上級中学校」についての議論の結果を次のように説明している。

「教育機会の均等という根本精神」から、上級中等段階の諸学校を仮の名称「高等学校という学校一本だけにしてしまう」。その「高等学校の中側には色々の差があってもよろしいが、併しそれは皆高等学校と言う。そこで三年制の高等学校を設ける。但し、其の高等学校の教科課程の如何に依りましては、四年制のものがあってもよいし、又五年制のものがあってもよい。此の間医科大学の御話の時に、三年の予備校を附けるという御話がありました。話しように依ってはそれは二年でも間に合うということをちょっと、御聴きしたようでございますが、其の点などを考えますと、仮に、医科大学に入る予備校を二年につづめますと、三年制の高等学校に二年を続けた五年制の高等学校を拵えてもそれでも差支えない。年限のことは必ずしも三年とは限らないが、少くとも三年は学校として必要だという意味で、三年制の高等学校、斯ういうように委員会では決ったようなわけであります」（『会議録』第一巻、二三四頁）。

説明の中で戸田がふれている医科大学の問題については後で述べるが、ＧＨＱの公衆衛生福祉部（ＰＨＷ：Public Health and Welfare Section, GHQ）が、学校体系をめぐる議論と全く関係なく、日本の医学教育のアメリカモデルへの転換を強硬に主張して、教刷委の委員たちを悩ませていたのである。

曖昧な接続関係

それはともかく教育の内容にふれないまま、三年から五年という幅を持たせた第二特別委の新制高等学校案は、総会の議長を務める南原を含めて多くの委員から質問を浴びることになった。主要な論点となったのは、新制高校に移行する学校種とも絡んだ、上級学校との接続関係である（『会議録』第一巻、二三六—四〇頁）。

「上級中学校というのを高等学校という名前にするか。それは一つの名称だけの問題では実はない（中略）新設高等学校というものが下により関係するか、上の方にむしろ目的を持って行くかというようなことにも関連がございますが」（南原）、「上級学校大学との関連を考えます場合に、この四年五年のものと同様に、三年の授業を終えた者でも上に行けるということになるかどうか」（南原）、「従来の専門学校というのはいまの〔新制〕高等学校の《ママ》〔パラレル〕になるのですか。六・三〔とその〕次が三年或は五年の高等学校とおっしゃると、年数から言ったならば、専門学校と同じものになるのですか」（河井道委員）、「高等学校で以て三年乃至五年の課程になりますと、現在の学校と移り変る時はどういうようになりますか。例えば高等工業学校、工業専門学校というようなものは、新しい制度では程度の高いものになる御見込みなんでしょうか」（田島道治委員）。

これらの疑問に対する第二特別委の委員たちの答えは、「〔教育年限による〕袋小路を拵えないようにどれもがずっと伸び得る為には、どうしても入学試験をしなくちゃならぬ。入学試験をする限りは、凡そ大学は大学独自の見識を持って入学試験をするのであって、高等学校の卒業とか、それを三年は少くともやらねばならぬとかいうことは必ずしも大学の方では要求しないのが原則となる。（中略）義務教育を終って居りさえすれば、そうすればそれから先は、それぞれの大学が自分の大学はこういう程度の資格を要求するという風にその大学大学で判断すれば、それに応じて入学試験をすればよい。（中略）だから学校の卒業ということを入学試験の一つの資格とはしない。こういう考え方なんであります」（戸田主査）、「四年乃至五年ということになると、今日の専門学校はこの高等学校に入るのであるかという御質問であります。（中略）三年の高等学校を経たものを収容する大学になってもよかろうし、若しくはその学校の性質に依り場所の性質に依っては、四年なり五年なりの高等学校になってもよかろうというので、これは別にどれはどこに行くということは考えなかったのであります」（佐野利器委員）という、いずれも曖昧で不十分な、質問の趣旨からすれば的外れなものであった。第二特別委案が、新制高校の年限に三〜五年と幅を持たせた場合に生じる、「新制大学」との接続関係や、新制高校に移行する旧制の学校種について突き詰めた議論のないままに、提出されたことがわかる。

審議は第一三回総会（二一年一一月二九日）でも継続して行われている。しかし議論はそれ以上深められることはなく、舞台は「上級学校体系」を対象とする第五特別委員会に移されることになった。新制高校の問題が、上級学校体系と切り離しては議論し得ないことが明らかになったのだから、当然というべきかもしれないが、上級中等学校としての新制高校における教育のあるべき像について、それを目的に設置されたはずの第二特別委では本格的な議論がついになされぬままに終わったのであり、それが後々まで第五特別委の審議に影響することになる。

3　上級学校体系の検討

審議の開始

さて「上級学校体系」に関する議論である。第五特別委員会の審議内容に入る前に、それに先立って開かれた総会での議論を見ておくことにしよう。

高等教育制度に関して本格的な議論が始まるのは、第二特別委の中間報告が行われた第八回総会（二一年一〇月二五日）以降のことである。新制中学校の設置に関する第二特別委の中間報告がなされたこの会議で、南原議長が「上級学校体系」に関する大型の委員会（第五特別委員会）の設置を提案するのだが、その特別委での審議とは別に、第九回、第一〇回の総会でも、高等教育の制度改革にかかわる多様な意見が委員から開陳されることになった。総会での議論は、第二特別委の戸田主査の、新制高校に関する次のような発言から始まった。

完成教育として六・三の次に出て来るその学校を、実業学校のようなものにしようか、或は実業専門学校のようなものにして行こうかという考え方が相当おありのように、私共はこの［教刷委の］中の方からも聴き、又他から聴いてもおるのですが、勿論それは誠に結構なことであります。（中略）併しそういう色彩でなしに、通常言うリベラル・エデュケイションと申しますか、リベラル・エデュケイションのみに重点を置くという学校があっても宜しいのではないか。只今の［旧制の］高等学校のようなものも十分存在して宜い。併しそれは只今の高等学校のように、高等学校は高等普通教育の完成をする学校であるというようなことを言っておりながら実質的には大学の予科になっておるというような、ああいうものであってはならない。（中略）実業専門学校として出来る学校が、丁度名実伴うような、それ自身の主義の完成教育であるという風に、リベラル・エデュケイションに重点を置く学校は矢張り名実共にそこに存在する学校でなくてはなりませぬが、そういう学校として、詰り六・三の次に出てくる学校――年限の問題は又別ですが、そういう学校を出た者が、どの学校を出たにも拘らずに、総て大学に入学できる（中略）こういう風に考えて戴きたいものであります。（『会議録』第一巻、一六九―七〇頁）

新制高校についてのこのような説明と、三年から五年という年限の幅を結びつけて考えれば、新制高校に移行するのはいったいどの学校種なのか、旧制の中等学校だけでなく、高等学校や専門学校の処遇を含めて、委員の間から学校体系全般について多様な意見が噴出したとしても不思議はない。事実、総会では委員の間から六・三・三制以外の、さまざまな制度改革構想が提起されることになった。

多様な学制改革案

六・三・五制　最初に爆弾的な発言をしたのは天野貞祐委員（第一高等学校長）である。「六・三の上は五年の学校を作って、それを大学校と言って、職業教育は総てそれでお終いにした方が宜い。（中略）今の高等学校でも、専門学校でも、総てこの大学校にして、女子でも皆同じことにして、男女共学をやって、そこで職業の通路はこれでお終いということにするのが宜いことじゃないか」。つまり「六・三・五制」で、旧制の中学校の上級二学年と高等学校・専門学校の三年を併せたものが新しい「大学校」ということになる。敗戦後の財政困難な時代でもあり、学問に興味のない若者を多数、長期間学校に収容しておく必要はない、年限を短縮し、学問研究を志す少数者は、「学問研究所」あるいは「国立研究所」で教育を受け研究に携わればよい、というのが彼の主張であり（『会議録』第一巻、一七〇―一頁）、この案に賛意を示す委員もあった。

六・三・三／六・三・五制　天野案と近いが複線型、つまり「六・三・三制」と「六・三・五制」の併存案を唱えたのは、関口鯉吉委員（東京天文台長）である。旧制の中等学校の前期三年は新制中学に譲り、後期二年を三年に延長して、専門教育・職業教育重視の「中等程度の専門学校」に再編する。それとは別に五年制の「高等専門学校」を設置し、最初の二年は「予科」として「基礎学科」の教育にあて、後期三年間を「本科」とする。現在の専門学校・高等学校・高等師範学校はこの「新制」高等専門学校に移行させる。たとえば高等学校は「文理科専門学校という名前にしても宜い。（中略）こうすれば今迄あるものが総て生きて行きます」（同書、一八五頁）。天野のいう学問研究所、「本当の大学的な大学」を、関口は「学術研究所」あるいは「学術研鑽所」と呼んでいる。

六・三・三・三制　羽渓了諦委員（龍谷大学長）は、「六・三・三・三制」を提唱した。「六・三の上に三年制の高等学校、若くは専門学校を置いて、これには商業、工業、農業、法政、経済、文学、色々の専門に亘る学校を作る。そこで先ず一個の職業人を仕上げまして、更にその上に三年——医科なら四年掛るかも知れませぬが、三年の大学を設けまして、その大学はあらゆる高等学校、あらゆる専門学校に向って門戸を解放《ママ》する。（中略）それから本当の学者を養成するのには、今の大学院というものを根本的に改正したら宜い。研究所風に一つ改正して、本当の研究をそこで」する。この大学三年制論は、羽渓の私立大学長としての経験から出たものであった。現行制度では、予科三年・学部三年の外に、専門部を設置しているが、六年の教育を受けるのは「家庭の事情、殊に経済事情の為に許」されない学生が多く、そのため「専門部への入学が非常に増大」したというのである（同書、一九一頁）。

六・三・五／六・三・五・三制　川本宇之介委員（東京聾唖学校長）の案は、関口案に近いが、五年制案を主張するにあたってアメリカの「ジュニア・カレッジ」制を引き合いに出している点に特徴がある。制度としては「六・三・三制も結構ですし、六・三・五もあり得る（中略）五年と致します案を、私は大学と言わずして、今日の高等専《ママ》門学校［高等学校と専門学校の総称として当時一般的に用いられていた］の一つと致しまして——名称等は色々ありましょうが、六・三・五案を一つの体系として考えて行くことも又必要ではなかろうかと思うのであります」。川本案では、この五年を「アカデミック・コースと、職業方面に進んで行くもの」に分け、前者は「名称そのものは別と致しまして、先ず大学に直結する」。ここで彼が引き合いに出したのが、当時アメリカで急成長を遂げ始めていた「ジュニア・カレッジ」である。「四年のカレッジでは長過ぎる。そこで二年のカレッジで一先ず或程度の完成された教育を受ける。併しながら中にはその卒業生の三分の一は四年のカレッジの方の後の二年、即ちシニアのカレッジに三年目から入る、こういうことになっておるそうであります」。不十分で正確さを欠くが、例外的にアメリカの高等教育制度の構造を踏まえた提案であったことがわかる。「後の大学に付きましては、余りに年数が長過ぎるという嫌いもありますが、六・三・五から直結する所の主としてアカデミック・コースを経た所の者を収容する大学が、現在の三年、又は医学の如きは四年を以てする方が適切ではないかと私は考えておる者であります」(同書、一九五―六頁)。

いずれにせよ、どの改革案も教育と研究の機能を切り離し、教育機能だけに着目した、しかも教育機会の民主化・平等化を重視する新しい高等教育制度を構想する、その意味で「マス高等教育」への移行を志向するものであったが、中等教育と高等教育を合わせた五年制学校案に見られるように、「新制大学」像の曖昧なままの提言であったといわねばならない。またこの時点では、四年制の新制大学構想に否定的な意見が少なくなかったことがわかる。

医学教育の年限問題

ところで、こうした百家争鳴的な議論が示しているように、制度改革の問題は論議が重ねられるほど、今ある諸学校を新しい制度の枠組みにどう組み込むかについての想定なしに語るのは、難しいことが明らかになってくる。その中で、とくに具体的な問題として早くから浮上していたのが、医学教育と師範教育、すなわち医師と教員という二つの専門的な職業人の養成にかかわる教育機関の問題である。この二つの問題は、全く異なる文脈から総会での避けて通ることのできない検討課題とされ、第五特別委でも議論に多くの時間が費やされることになった。

まず医学教育の問題である。それが最初に総会で取り上げられる契機となったのは、第九回総会(二一年一一月一日)での柿沼昊作委員(東京帝大医学部附属医院長)の発言だが、問題の発端は米国教育使節団の報告書にあった。報告書には高等教育に関する章の中の「技術教育及び職業教育」の項に、「医学教育に関しては特に研究する必要がある」として、「日本の医学校中には程度の低いものがあるように見受けられる。有能な教授または適切な施設を欠く医学校は、適当な最低標準に到達させるか、若くは廃校処分に付せられるべきものと思う。新しい計画作成のために、一段の専門化に対して医療、看護及び公衆衛生の全機構の研究をするよう勧告する」(『戦後教育の原典2』一一三頁）と、極めて具体的な要請が書き込まれていたのである。

第I部ですでに見たように、わが国でも、明治以来大学と専門学校に分かれていた医育を大学に統合するという、いわゆる「医育一元化」政策が大正期にすでに決定され、実施に移されてきた。戦時体制下にその一元化政策に反して、臨時のそれを含む多数の医学専門学校が濫造されたことを考えれば、この勧告は日本側にとっても違和感のないものであったというべきだろう。問題は、それと併せて占領軍側が一方的に、明治以来わが国が採ってきたドイツモデルの医育制度の、アメリカモデルへの全面的な転換を求めてきたところにあった。

実際に早くも昭和二一年（一九四六）二月には、GHQの公衆衛生福祉部（PHW）の肝いりで医学教育審議会が設置され、厚生省・文部省・日本医師会・医学校の関係者が集まって、新しい医育制度の検討を開始している。そこですでに「相当に具体的な決議事項迄決められて」おり、「例えば年限は専門教育が四年で、その下に予備教育を三年やって欲しい。尚四年の専門教育を経ました後に、一年の修練期」を設けることまで決まっているというのが、柿沼の報告であった（『会議録』第一巻、二〇一頁）。つまり教刷委の審議と関係なく、医学教育についてはPHWの指導のもと、医学専門学校制度の全廃と、旧制高校・大学予科三年、大学医学部四年プラス一年の「修練期」を合わせた八年制が、言い換えれば「六・五・三・五制」がすでに決められていたことになる。しかもこのアメリカの医育制度をモデルにした改革を、教刷委の学制改革関連の審議を待たず、昭和二一年四月一日から実施せよというのがPHWの要求であった。

教刷委の委員長で総会の議長を務める安倍能成は、要求を突きつけられた当時の文部大臣であったが、総会で「甚だ怪しからぬものだと非常に憤慨」し、「即刻二十一年度からやれと言うならば、文部省としても反対」する考えを、CIEに伝えたところ、決してそうではないという話であった。しかし、「アメリカ自身がこれをどうしても文部省に実行さすという意思を持っていることは大体確かである」。「予科教育も合して八年というような長年月の学制が直ぐ実現するという風では、日本の教育というものは乱され」てしまう。「学制というもののシステム全体と関係があるので、それだけを一つ別に取扱うということは出来ない性質のものだ」と厳しい意見を述べ、他の委員からも同様の批判が出された（同書、二〇四―五頁）。

文部省はＰＨＷ案に同意したのかと問われ、日高第四郎学校教育局長が、スティアリング・コミッティでの話し合いで、「医学教育の一応定まったシステムというものは、全般の高等教育のシステムが定まった暁には少し修正することも了解済みだ」と弁明したが（同書、二〇七頁）、議論は第一〇回総会でも続き、文部省の大学教育課長があらためてこれまでの経緯を説明している。それによれば、日本の貧困な医療状態を問題にしたＰＨＷが、医師の養成から資格まで医療制度全般の改革を目指す中で出てきた話であって、医学教育審議会の狙いは医学専門学校制度の廃止にある、またそこでの決議に法的な拘束力はないが「道徳的には十分権力あるものと考える」ということであった。それを受ける形で安倍議長が「大学の医学教育というものは、現在でも教育に長い年月が要るというので、特に長くして」ある。「ただ学制改革というようなことになりますと、一体その学制改革の枠の中に医学教育がどういう風に入るか、そういうことも問題になりますが、これもそう調和が不可能だとは考えられない」と発言し、第五特別委の議論に委ねることで、問題はひとまず先送りされることになった（同書、二二四―五頁）。

教員養成と学制改革

「上級学校の体系を（中略）教員養成機関の問題を引掛けてこの総会で審議」してほしいという、第八回総会での南原繁議長の発言（『会議録』第一巻、一六八頁）に見るように、教員養成の機能を新しい学校体系の中にどう組み込むのかも、早くから学制改革の重要な課題とされていた。

発端はこの場合にも、使節団報告書にある。教育の民主化を最重要の課題とする報告書は「教授法と教師養成教育」に一章をあて、多くの字数を費やしているが、その中の教師養成教育の部分で次のように述べている。「師範学校［normal school］は、もっと優れた専門的（教師としての）準備教育と、更に十分なる高等普通教育［liberal education〕を施すように、一層高い基準で再組織されなくてはならぬ。即ちそれは教師を養成するための専門学校または単科大学〔higher school or college〕となるべきものである。二カ年の終わりにおいて小学校教師の免許を与えることが必要ではあろうが、中等学校または上級中等学校の上に更に全四カ年が、すべての師範学校の課程に充てられなくてはならぬ。後になって、二カ年の卒業者に対しては、全四カ年の課程を終了するための機会が与えられるべきである。師範学校の学生の選抜は、中等学校から始めるべきであり、そして教育に向くような人柄と適質とを有する青年が、入学を志願するよう勧められなくてはならぬ」(『戦後教育の原典2』一〇四—五頁)。

教員養成についてであるが、大学の四年制を前提に、それを前期・後期各二年に分ける使節団のこうした勧告の背景には、アメリカモデルの教員養成システムの導入と同時に、敗戦直後の疲弊した日本の現状に対する配慮があったことが、使節団とのスティアリング・コミッティの委員でもあった大島正徳（元東京帝大教授）の、総会での発言からうかがわれる。それによれば、アメリカ側が理想としたのは、六・三・三に続く四年制の教員養成機関であり、「実際に財政の問題その他に於てそうも行かないから（中略）ジュニア・カレッジならジュニア・カレッジの二年間の教育を以て終った所を所謂小学校の教員としたら宜かろう。それ〔中学校〕以上は十六年間のカレッジを出た者で、四年制の学校を出てそういう風な教育の心得を授かった者がやったら宜かろう」ということになった(『会議録』第一巻、二〇七頁)。つまり、教員養成は六・三・三のあと原則四年制の課程で行うが、当面の措置として二年制も認め、その卒業者には教職に就いた後で残る二年の教育を保証することにしたらどうか、というのが使節団報告書の趣旨だというのである。

九年義務制による新制中学校の発足とともに、大量の教員需要が発生することを考えれば、それは現実的な勧告であったといってよい。しかし、この教員養成に限って二年制を認めようという案が、新制高校の三年ないし五年という修業年限の幅、さらには師範学校の大学化の問題とも絡んで、医学教育とともに、第五特別委での大学の年限をめぐる議論の混迷を引き起こす原因の一つになるのである。

旧制高等学校の存廃

この医師と教員という特定の人材養成、ひいては専門教育にかかわる二つの問題は、しかし、重要ではあってもそれだけで学校体系全体の改革構想を揺さぶる問題ではあり得なかった。医学教育は戦前期を通じて他の専門分野よりも長い教育年限を認められ、医育一元化政策が採られてからは、高等学校／大学予科三年・学部四年の七年制教育が行われており、また教員養成も戦時体制の末期に至るまで、正規の高等教育システムの外側に置かれ、師範学校という別系統の教育機関によって担われてきたからである。最重要の課題はやはり、大学と専門学校からなる高等教育の二層構造、とりわけそれを作り出している高等学校（大学予科）の存在に、端的にいえば高等学校・帝国大学という独自の学校系統の存在をどうするかにあった。

この点について、使節団報告書が、第六章の冒頭に「日本の高等教育の過去における制限」という項を立て、日本の高等教育の持つエリート性・階級制を厳しく批判した後で、次のように述べているのが注目される。

日本の大学制度は、如何なる国の高等教育計画においても普通見られるような諸要素を基礎にしなくてはならぬ。（中略）高等の学問へ進む権利のあることが、国民大衆にもまた高等教育を支配する行政機関にも、はっきりと認識されなくてはならぬ。何となれば少数者の特権と特殊の利益が、多数者のために開放されて、その限界が決め直されるのであるから。こうした認識によってのみ、今日帝国大学卒業生に附与されている優先的待遇も、ここに修正されうるのである。（『戦後教育の原典2』一〇八頁）

日本の教育「制度は、大衆と少数の特権階級とに対して別々な型の教育を用意して、高度に中央集権化された十九世紀の型に基いたものである。（中略）狭い範囲から採用され、強固に仕組まれた官僚人に支配される教育制度、功績によって昇進する機会を少くし、調査研究にほとんど機会を与えず、また批判を寛容しない教育制度は、進歩の手段を自ら捨てているのである」（同書、八〇―一頁）という一節と重ね合わせるとき、そこから浮かび上がってくるのは、官僚に代表される「日本の指導者層の人材養成の中核である旧制高校―帝国大学という教育ルートに対するアメリカ側の強い警戒感、不信感」である（大崎『大学改革』五六頁）。「使節団の高等教育改革論の目標の一つが、帝国大学体制の改編にあったことは明らか」（『東京大学百年史』通史三、一五頁）であり、報告書の引用部分は、旧制高等学校―帝国大学制度の廃止を基軸にした、高等教育における階層構造の変革を要求したものと読まれるべきだろう。

官立が多数を占める三十数校の旧制高校は実質的な大学予科であり、卒業生の進路は、医科が多数を占める官立単科大学を除いて実質的に帝国大学に限られていた。公私立大学にはすべて高等学校相当の「大学予科」が附設されており、官立単科大学の中にも東京商科・神戸商業の両大学のように、予科を併設するものがあった。旧制高校の存廃は帝国大学の問題であり、それは高等教育だけでなく、日本社会の階層構造・権力構造につながる問題として認識されていたのである。

旧制高校については、それが担ってきた教養教育と人間形成の役割を惜しむ声がなかったわけではない。しかし、旧制高校関係者以外からその存続を求める声はほとんど聴かれなかった。高等学校に準ずる大学予科を大学内に抱える私立大学の場合にも、その教育課程としての重要性を説き、存続を求める声はなかった。旧制高校の廃止が戦前期にすでに、学制改革論の主流を占めていたことも付け加えておくべきだろう。それだけではない。高等学校制度の最大の受益者である帝国大学を代表する東京帝大自体、総長直属の「教育制度研究委員会」が昭和二一年（一九四六）四月に早々と「大学は高等の専門教育を施すこととし、現制の高等学校、専門学校第二学年以上及び大学の一部を併せてこれを構成する」（『東京大学百年史』資料二、五四頁）として、事実上の旧制高校・帝国大学制度の廃止、高等教育の二層構造の否定を宣言している。

教刷委の議論はこうして、制度としての廃止が既定の事実視されていた旧制高校を、新学制にどう移行させるかを基軸に展開されることになった。

4　第五特別委員会・最初の建議

委員会の構成

さて上級学校体系、すなわち高等教育改革をめぐる論議の主舞台となった、第五特別委員会である。表3-1はその構成を見たものだが、委員の数は先にふれたように、当初、正委員一七名、臨時委員六名の計二三名、主査は小宮豊隆であった。各委員の現職等はカッコ内に示したとおりだが、それを手掛かりに利害関係の深い所属の学校種別にグループ分けすれば、帝国大学関係者を中心に官学出身者が多数を占め、私学関係者は限られ、また官学でも専門学校関係者は少数であったことがわかる。なお、太字で示したのは第二特別委員会との兼任委員である。

その第五特別委の第一回の会合が開かれたのが昭和二一年（一九四六）一一月一四日、以後毎週一回定期的に会合が開かれ、一二月五日までに四回の討議を経て、一二月六日の総会（第一四回）に上級学校体系に関する最初の中間報告がなされたが、この時には実質的な討議はされなかったことがわかっている。それからさらに第七回（一二月二六日）まで、三回の特別委の会合を経て、第一七回総会（二一年一二月二七日）に二度目の中間報告が提出され、それを基に初めて本格的な討議が行われることになった。

教刷委の第一回の建議「学制に関すること」が出されたのは同日だから、一か月余りの特別委での議論と、総会での実質的に一回の討議で、新学制の骨格が決まったことになる。さらにいえば教育基本法・学校教育法の公布は翌二二年の三月三一日、第五特別委の発足から四か月半後のことであった。いかに短期集中的な審議が行われ、結論が急がれたかがわかる。

第五特別委員会は以後、二二年一二月一二日まで原則毎週一度、延べ二九回開催されているが、毎回の委員の出席は多くて一〇人程度、わずか三～四人という日も少なくなかった。各委員の出席状況を見ると、主査の小宮の二

表 3-1　第五特別委員会（上級学校体系に関する事項）の委員構成

学校種別	委員氏名と現（前・元）職名
帝国大学	**戸田貞三**（東京帝大文学部長）・落合太郎（京都帝大文学部長）・**佐野利器**（東京帝大名誉教授）・柿沼昊作（東京帝大医学部附属医院長）＊田宮猛雄（東京帝大医学部長）＊福田邦三（東京帝大医学部教授）
官立大学	務台理作（東京文理科大学長）＊長尾優（東京医科歯科大学長）
私立大学	島田孝一（早稲田大学総長）＊奥村鶴吉（東京歯科大学長）＊草間良男（慶應義塾大学教授）
高等学校	天野貞祐（第一高等学校長）
官立専門学校	小宮豊隆（東京音楽学校長）
私立専門学校	大谷武一（東京体育専門学校長）＊加藤清治（日本歯科医学専門学校長）
女子専門学校	星野あい（津田塾専門学校長）
師範学校	**倉橋惣三**（東京女子高等師範学校長）・木下一雄（東京第一師範学校長）
中学校	**菊池龍道**（都立第一中学校長）
その他	**関口泰**（前文部省教育研修所長）・関口鯉吉（東京天文台長・元文部省専門学務局長）・及川規（衆院議員・元県視学）・**円谷光衛**（衆院議員・元県視学）

資料）『会議録』より作成。
注）太字は第二特別委員会委員との兼任。＊は臨時委員。

表 3-2　総会と第五特別委員会の審議経過（1）

総会	**7**	**（21年10月18日）**	**日本教育家委員会の学制改革審議内容の報告**
総会	**8**	**（21年10月25日）**	**高等教育との関連**
総会	**9**	**（21年11月1日）**	**中学校以上の学校制度・教員養成・医学教育**
総会	**10**	**（21年11月8日）**	**上級学校体系特別委の指名**
五特委	1	（21年11月14日）	下級学校体系の審議経過報告・新制高校問題
	2	（21年11月21日）	教員養成制度
	3	（21年11月28日）	大学制度の在り方
	4	（21年12月5日）	教員養成制度
総会	**14**	**（21年12月6日）**	**第五特別委の中間報告（1）**
五特委	5	（21年12月11日）	新制高校と大学の接続問題・教員養成制度
	6	（21年12月18日）	教員養成制度
	7	（21年12月26日）	教員養成制度
総会	**17**	**（21年12月27日）**	**第五特別委の中間報告（2）**
建議		**（21年12月27日）**	**学制に関すること（高等学校・大学・教員養成）**

資料）『会議録』より作成。

表3-3　教刷委第一回建議「学制に関すること」（21年12月27日）抜粋

1　国民学校初等科に続く教育機関について（第16回総会決議）
　i　国民の基礎教育を拡充するため，修業年限3ヶ年の中学校（仮称）を置くこと。

2　中学校に続く教育機関について（第17回総会決議）
　i　3年制の高等学校（仮称）を設ける。但し，4年制5年制のものを設けても差支えないこと。
　iv　右の高等学校は，普通教育並びに専門教育を行うものとすること。

3　高等学校に続く教育機関について（第17回総会決議）
　i　高等学校に続く学校は4年の大学を原則とすること。但し，大学は3年又は5年としてもよい。
　ii　大学には研究科又は研究所を設けることができること。この研究科又は研究所は，大学を卒業して後特に学問の研究をなす者を収容するものとすること。

4　教員養成について（第17回総会決議）
　教員の養成は，総合大学及び単科大学において，教育学科を置いてこれを行うこと。

出所）『会議録』第十三巻，56頁。

九回は当然として、天野（二六）、務台（二四）がほぼ毎回出席、一〇回を超えるのが佐野（一七）・倉橋（一七）・菊池（一四）・木下（一一）の四委員。第二特別委の主査を兼ねた戸田（八）の出席回数は一〇回に満たなかった。私学関係の委員は数が少ないだけでなく出席率も低く、議論が官学、それも（卒業者を含めて）帝国大学関係者中心に進んだこと、意見の分かれる論点の多い高等教育改革の問題であったが、少数の委員による短期間の討議により決着が図られたことが知られる。

学校体系に関する建議

総会での、わずか一回だけの審議で採択された学校体系に関する建議の概略は、表3-3に見るとおりである。

項目ごとに採択が行われたが、出席者四八名のうち賛成者は、2のi・四四名、3のi・四五名、3のii・二四名、4・四六名であった。つまり、新制度の高等学校は三年制とするが四年制・五年制も認める、大学は四年制を原則とするが、三年または五年としてもよいとあるように、修業年限にそれぞれ三〜五年の幅を持たせた新学制案が、圧倒的な多数で採択されたのである。

「複線型」から「単線型」に大転換をしたとはいえ、各段階を構成する高等学校・大学の年限について複数化を認めるこの学制案と、昭和二二年（一九四七）三月に公布された「学校教育法」の「第四十六条　高等学校の修業年限は三年とする」、「第五十五条　大学の修業年限は四年とする」という規定との間には、大きな違いがある。なぜ、どのような経緯で当初案が修正されたのかについては後でふれるとして、ここでは、教育刷新委員会が、言い換えれば日本側が自主的・主体的に決定した新学制案が、アメリカ側が当初から主張し、日本教育家の委員会の大勢も支持していたとされる、いわゆる「六・三・三・四」制そのものではなかったという事実を、確認しておきたい。しかも、第五特別委の議事録を読んでいくと、建議に示されたこの「学制」案の背後には、総会での審議からはうかがい知ることのできない、激しい議論が隠されていたことがわかる。

第五特別委の議論

第五特別委での審議は、第二特別委主査でもある戸田貞三委員の審議経過説明から始まった。

まず六・三制の導入が決定したことを前提に、「一番上は大学、〔新制〕中学校と大学校《ママ》との間にあるものを、之を仮称ですが、高等学校という名前で呼んで、その高等学校一本だけにする」、「下の段階の中学校と異るところは、上の段階の高等学校では、普通教育のほかに、専門教育ということ、技術教育をそこで相当しっかりやるということが、その高等学校の特色なんで、技術教育の内容の差によって違うのは、千差万別の学校が出来る。その千差万別の学校が如何ように出来ようと、その学校の卒業者は大学に入学する場合は、そういうものは均しく入学試験を受ける、選抜試験ではない、入学試験を受ける資格ある者と考える。大体こういう考え方なんです」(『会議録』第八巻、四頁)。

戸田はこのように説明したが、新制高校の年限と教育課程を複数化する、彼の言葉を借りれば「千差万別の学校が出来る」ようにすれば、当然のことながら、入学試験の受験資格だけでは解決のつかない、新制大学の年限やそれとの接続関係の問題が生じる。その基底に多様な種別の学校からなる現行の中等・高等教育制度と、両者間の複雑な接続の実態、さらにはそれらが否応なく直面せざるを得ない新制度への移行の問題があることは、あらためていうまでもない。そしてそのことはこれまで自分が経験し、さらには利害関係を持ってきた、あるいはいま現に持っているそれぞれの学校種別とかかわって、委員の意見や判断にも陰に陽に影響を及ぼしていたと見るべきだろう。

何よりも新しい「学制」という器が決定されれば、異なる機能・組織構造を持った各種別の学校群をどのようにそこに移し入れるのか、移行させるのかが具体的な政策課題として浮上し、委員たちに価値的な判断を求めずにはおかない。しかも審議と建議の自由が認められているといっても、占領軍当局や文部省からの影響力や圧力を無視することはできず、さらには敗戦後の厳しい財政事情や新しい政治・社会状況の制約を免れることもできない。第五特別委での議論は、たちまち百家争鳴的な様相を呈することになった。三回にわたる委員会での、錯綜する議論の概略を紹介しておこう。

多様な意見

まず、有力委員の一人で戦前期以来の学制改革論者である関口泰が、極端な自由化・多様化論を唱えた。

職業専門教育の種類、学校長の見識なんかで、是からはそう全国一律な制度というもので押える必要はないのであって、又押えることが出来ないのである。それだから三年が原則であるけれども、四年の学校があっても、五年の学校があっても宜いのじゃないか。今の〔旧制〕高等学校の特色を発揮しようという積りの学校を拵えるならば、それは五年ということになるかも知れない。又その上の大学校も、今三年と四年というお話がありましたが、三年乃至五年というものを考えて、予科と言いますか、そういう風なものを付けても宜いじゃないか。詰り原則的には六三三三《ママ》、それで一番長いのは六三五五、多くの場合には六三三五と続いたり、六三五三と続く方が多いだろうと思いますけれども、医科教育なんかの場合には、六三の次に十年を必要とすれば、六三五五というのがあっても宜いじゃないかという風に考えたらどうか。つまり私のは、非常に幅を広く考えて、その学校、学校の特色を活かしたらどうか、そういう風に考えます。（『会議録』第八巻、七頁）

一見、大胆で自由放任的な改革論に見えるが、年限も機能も組織形態も多様に分化した、戦前期以来の中等・高等教育システムの実態からすれば、それをそのまま新制度に移行させ衣替え可能にする、現実的で保守的な制度構想と見るべきかもしれない。

関口と同様に教育改革同志会のメンバーであった佐野利器委員の発言は、さらに現実的であった。

> 当時は現在の専門学校を大学にしたいという心持を持って居ったのです。今日のような時勢になって見ますと、そういうことを考えると、大学ばかり大変な数になってしまう。（中略）綜合、単科を合せて五十七、専門学校の方は四百何十かあります。そのほかに高等師範、師範学校、青年師範学校が百幾つある。これら専門学校、大学の数を総計しますと、約六百位になる。それで専門学校が大体大学になるのだという考え方、又そうした方が宜いという考え方を、前に持って居りましたが、敗戦後の今日の現実の問題としては、そういうことを考えることは無理なことである（中略）従って大学よりも低い専門教育を施すところは、大体［新制の］高等学校でやらなければならぬ。専門学校の中の良い学校は大学に上げても宜い。でありますが、大体に於ては専門教育というものは、大学とし《ママ》ては高等学校でやらなければならぬと考えるのであります。（同書、七―八頁）

すべての高等教育機関の「大学」化は、戦前期における学制改革論の主流であったが、それは現実的ではない。専門学校は大学に昇格可能な一部を除いて新制高校に移行すべきであり、そのためにも五年制を認める必要があるというのが、佐野の意見であった。

天野貞祐委員の改革論は理想と現実の間を揺れ動き、それゆえに真意のわかりにくい内容になっていた。彼は先に見たように六・三・五制の主張者であり、「六三三四へ持って行くと言うと、多数の人をそこまで一体やれるものだろうか、それが私が年限を短かくしようかと言って、幾らか突飛な考え方の出る元」（同書、六頁）なのだとして、その理由をさまざまに挙げている。専門学校と大学の制度的区別の廃止の必要、資格と機会の平等化、敗戦後の経済事情、親の経済負担の軽減、職業教育の徹底などがそれであり、その限りで現実的に見えるが、同時に彼がこだわったのは大学の「理念」であった。

六・三に続く新しい五年制の教育機関を、彼は「大学校」と呼び、「本当の大学」と区別すべきだとする。「今度の大学は、大学校ということであって、本当の大学はその上でやるべきものだと思う。それは職業教育の完成ということが言えると思う。で、純粋の学問研究というのは、それ［大学校］を終えた人の中の、而も本当に学問に適した者がやるべきではないかという風に私は考えます。だから私は、大学院という名前よりも国立研究所とか言った方が宜いというような考を持って居ります。本当の学問研究、それが本来ならば本当の大学で、学問の蘊奥を究めるということが第一条にある訳なんです」（同書、四〇頁）。

教育と研究を分け、研究に特化した、大学とは別の組織体を置くという考え方は、昭和一〇年（一九三五）前後の学制改革論でも支配的であった。それを専門学校・高等学校の「大学校」化、大学の「研究所」化という形で実現しようというのが、天野の主張だったことになる。「大学校」は「カレッジ」であり、「色々なカレッジがあって、そのカレッジが集って一つのユニバーシティを構成する。そのユニバーシティは綜合の大学であるが、大学という名前を用いないで、これを綜合研究所とか、国立研究所とか言おうというのです。大学校を出た者は皆学者になる訳ではないのですから、その中の学問をするものが皆そこへ入って研究する」（同書、四六頁）。天野の念頭にあったのは、イギリスにおけるカレッジとユニバーシティの関係であったのかもしれない。

新学制をめぐる教刷委のそれまでの議論は年限の問題に終始し、新制度の大学の理念が問題にされることはほとんどなかった。九年制の義務教育の後に、五年制の「大学校」だけを置き、大学院相当の「本来の大学」を「研究所」として別置するという天野のこの極端な学制改革論は、それが意図するところであったかどうかは別として、否応なく新制大学の「理念」を問いかけ、議論を誘発し活性化させる役割を期待させるものであった。賛否はともかくとして、委員の間から多様な意見が噴出し紛糾すれば、それだけ議論が深められることになるだろうからである。しかし、議論がその方向に展開されることはなかった。

帝大・高校の温存か

一見極めてラディカルに見える天野の改革構想の基底に読み取れるのは、高等学校―帝国大学制度の存続を図りたいという、その意味で保守的な彼の強い願望である。高等学校と専門学校は、六・三制に続く五年制の「大学校」(カレッジ)に移行させる。そして、「東京、京都、仙台、九州というような、今の帝国大学というものは、専らそれを総轄する」国立研究所とする。年限も資格賦与もないその「研究所」(大学院)への入学機会を、すべてのカレッジ卒業者に保証する。それが彼の描いた理想の高等教育像であり、大学像であった(『会議録』第八巻、四四頁)。

帝国大学の転換を念頭に置いて、国立の「綜合研究所」を大学校から切り離して設置するというその天野案に、官立大学・師範学校関係者である務台理作委員は厳しく批判的であった。「研究所を綜合的でなければいけないというのは画一的なんで、そういう「帝国大学のような」大学研究所は優秀な研究所になるでありましょうけれども、それが実際実力を備えた単科大学なり、或は小さい綜合大学、たとえば二つ寄っても綜合大学になれる訳ですから、それが上に研究院のようなものを持ち、そうして全体として学部、大学というものを構成する一つの精神になる、詰り大学というものが、職業教育をやると同時に、学問をやるという精神を延長したもの、そういう形のものが生まれて来ても宜いのじゃないかというように思うのですが、皆一様なことにするということは、却って不自然ではないだろうか」(同書、四五頁)。

六・三・三・四制の支持者である務台にとって、大学と研究所(大学院)は一体のものでなければならず、また帝国大学以外の大学や単科大学にも研究所の設置を認めるのが当然であった。「私は、大学校と言うのは、大学と言っても宜いんじゃないかと思うのです。それは職業教育を主としてやるけれども、併し学問をやる者は、矢張り大学に於て学問をやるようなコースをとって、学問をやるように伸びて行こう、そういう者が大学の伝統ではないか。大学の伝統というものを生かすには、職業教育もやるが、併しそれは或完了教育になる、それは四年で完了する、併し無限に伸びて行く者もその中に含むのである。四年で完了せずに上の研究機関に伸びて行く、そういう者を存分に生かして行く。こういうものが六三三の上に出来るものにしたらどうだろうか」(同書、四七―八頁)。

もう一つの、一層重要な論点となったのは、旧制高校の処遇である。天野の五年制大学校構想の背後に旧制高校の問題が隠されていたことは、天野案を支持する佐野の「六、三三の三が三年乃至ものに依っては五年と、こういうことですが、[旧制]高等学校の尊重、高等学校の美点を残したいということもあり、高等学校が大学予備校でありたい念願もあるようですし、又そういうもののあることも非常に宜いかと思います」という発言(同書、四七頁)からもうかがわれる。そしてそれは帝国大学の処遇に深くかかわる問題でもあった。

旧制高校と帝国大学の扱いは、新学制への移行と関係して実務的に極めて重要な、中核的な問題であり、こうした天野や佐野の発言に対して、委員会に出席していた文部官僚(日高学校教育局長と思われる)から、次のような基本的な疑問が提起がされた。

具体的な問題に入るかと思いますが、例えば今の高等学校をどういう風にお考えになるのか、例えば現在の帝国大学を今のようなお話だとどういう風になさるのか、その辺のことを理解出来るように、一つお話を決めて置いて戴きたいと思います。(同書、四九頁)

> 帝国大学をここでお話のあるような大学院にしてしまうのか、或は研究所という名前にするにしても、そういうことにしてしまって、先程のように今の法学部とか、経済学部とかいうのをなくな《ママ》して、それを大学にしてしまうのか、高等学校なら高等学校というものをカレッジ並の大学にしてしまう予定なのか、それをどういうようにお考えになるか、大学へ入るための高等学校というけれども、その高等学校はどの大学へ結び付くのか、そういうことに付てお考えを承わりたい。（同書、四九頁）
>
> 所謂大学というものは止めてしまって、研究所見たいな大学院にするか、或は大学の上に、現在の大学をカレッジ風のものにした上に大学をやるという、そういう考えなんですか、その辺が少しぼんやりして居りますから。（同書、五〇頁）

行政の担当者としては当然の疑問であろう。

混迷する議論

ここから、天野・佐野・務台に落合・円谷・星野・木下の各委員も加わって、一旦は速記が中断されるほどの入り組んだ議論が展開されることになった。「ぼんやり」した曖昧な部分を明確にしようとするほど、問題の複雑さが見えてくる。錯綜した議論の論点整理を試みておこう。

まず、質問に対する天野の答えは、「局長の言われることは、実際問題として非常に重大な問題だと思っております。私は東京帝国大学は、先程申すような意味での大学院とか、学問研究所とか言って、そこは今度作るカレッジと離してしまうという考えなんですが、東京大学はやはり今の通りの綜合大学校で、その上に又大学院を持つということになると、是は実際問題として、仕事をどう考えるかということに重要な意味を持って来ると思いますが、それはこの委員会では決められないのじゃないでしょうか」（『会議録』第八巻、五〇頁）というものであった。

帝国大学・官立大学だけに視野の限定された天野案に批判的な務台は、こう反論した。

例えば私立大学というものが非常に多いですが、私立大学と官立大学と性質が違って居ると思う。私自身は学校制度の問題は、その実体というものは、私は中間学校の改革問題ではないかと思う。小学校の六年というものは変らない。大学というものの、従来の大学令で決めたようないろいろなことには、相当の変更は起ると思いますが、大学というものが何かの形で上部機関になるということは、大体変らないのじゃないか。（中略）大学まで根本的に変えるということは、あまりに大きな変革だと思う。それで大学と小学校というものは、大体に於て両極をなして居る訳で、中間の変革が起って居る訳です。（中略）大学自体が根本的に変って、今ある帝大が研究所になってしまって、そうして大学というものが一段下のものになるというような変革は、あまりに私は大き過ぎるのじゃないかと思うのですが、どういうものでしょう。（同書、五〇頁）

務台は帝国大学に限らず大学全般についての意見を述べたのだが、佐野が、旧制高校・帝国大学温存の立場からこれに賛意を表したことによって、議論の方向が大きく変わった。

私も務台さんに同感なんです。（中略）大体のシステムとしてのことは、上と下とはそう変えなくても宜しいというような考えを持って居るし、又現在の帝国大学見たいなものは大袈裟に変える必要はないのみならず、そういうことは宜くないことだという考えを持って居ります。（中略）立派な大学であり、立派な研究科を持ったものであるということで行きたいと思う。唯そこへ入る学生に付て（中略）具体的の問題として、高等学校をどうするかということは、現実上重要な問題ではあります。だからそれは、私自体の考え方から言うと、高等学校はやはり高等学校で、六三三の上の三、それが年限が伸びようと、例えば四にすれば、丁度七年制高等学校の上の四の年限に当るような訳です。五にすれば従来の中学卒業生が入ったと同じような年齢になり得るというようなことで、高等学校としては、下ったのでも上ったのでもない、というようなものが出来る。（同書、五〇―一頁）

天野が、この佐野の意見に飛びついたのはいうまでもない。

私はどんな大変革でもやるべき時はやっても構わぬという考えを抱いて居りますが、併し仮に若し現在通りの東京帝国大学なり、京都帝国大学などが総て綜合的な大学を下に持って、上に大学院を持つということになれば、私は実際問題としては、今の六三三［の三］を四年にしてやれば、今の高等学校の特色をそこに保留することは出来ると思って居ります。そうすればごく無難な、普通なことなんですが、この委員会で以て今のように決めて置いて、文部当局がそれを適当にやられたら宜いということは出来ないものでしょうか。その範囲内に於て高等学校の現在の特色をどこまでも生かして行こうという制度なら、今の高等学校を全部四年制の高等学校としさえすれば、あとの大学は今まで通りだということにすれば、何も今と変わったことがない。七年制［高校］と同じことです。（同書、五一頁）

接続の問題

ここから議論は大学の理念はもちろん、年限の問題にも向かうことはなく、中等教育と高等教育の接続問題へと横滑りしていく。

文部省係官「大学には手をつけないというようなことはないのでしょう。そうすると三四というものは、例えば六三三四というのを、従来の専門学校に当るものを一年延ばして大学と称するというような場合に、そういうこと［大学に手をつけること］もあるのじゃないですか。六三三四というのは、その四というのはやはり専門学校ですか、大学でしょう。」

小宮主査「四は大学です。」

文部省係官「その大学へ入るために、四年の高等学校があり、五年の高等学校もあるということに言う〔ママ〕訳なんですね。」

務台「そういうような、今までの考え方です。」

円谷「入るためということを全部取ってしまって戴かないと困る。予備校的な考え方を持って居るから、行詰るのです。」（『会議録』第八巻、五二頁）

元県視学の円谷は第二特別委の委員でもあり、大学予科の存続につながりかねない旧制高校温存論に、危惧の念を表明したのである。

円谷「小学校、中学校、高等学校、大学という四本の基本を第二委員会で決めてあるのです。その後の現在「旧制」の高等学校、専門学校というのはどうなるかということも、その制度が出来てから入って行く問題です。それを今高等学校の予備とかいろいろ考えると、到底問題が何時までたっても決まらぬ。」

文部省係官「分りました。ここで仰しゃって居る高等学校という意味が、第二委員会で高等学校ということの六三三のその三、その三を四にしても五にしても、兎に角それを高等学校と呼ぶ、現在の高等学校と切り離して別に考える、そういうことですか。」

小宮主査「そうです。」

文部省係官「そうすると大学の方は自由に入学試験をやられると思うのですが、それは一体今の仮称高等学校の、四年であっても、五年であっても宜いのでございますが、大学の方が一切それを決めて行く。そうすると実際制度としては（中略）下の方は一体どう考えたら宜いでしょうか。」（中略）

星野「原則として六三三四として、中の私立学校でも公立学校でもですが、それは違うものを作りたいと思ったら、六三四とか五とかにすれば宜い。」
文部省係官「仮称高等学校の方で、先ず前の所は四になり五になると致しましょう。その場合大学が三年修了程度と一律に入学試験をやれば、途中からそれへ入れるようになるのでしょうか。」
星野「それは、その時の実際の問題でしょう。」(同書、五二—三頁)

津田塾専門学校の校長である星野あい委員には、女子専門学校の新制大学への移行に不安があり、別の機会にも四年制のみにこだわらぬ二年制大学の必要性を主張している。後でふれる「前期高等教育」あるいは「短期高等教育」問題は、旧制高校だけでなく専門学校の立場からも提起されていたことになる。しかしこの段階では議論は、もっぱら旧制高校問題を中心に展開される。

文部省係官「大学は、前の所は仮称高等学校の五年修了でなければいけないということを決めても宜いのですか。」
佐野「それは、その大学の自由という考え方でしょう。」(中略)
天野「例えば四年制の高等学校があると、三年でも力のあるものは受ける。現在中学校がやるように、又高等学校に依りましては、三年を作って置いて、三年でも四年でもやり得る高等学校もあり得るということになれば、今通りの大学とすれば、そこに向う高等学校は大体どういう高等学校だというように、自らそこにバラエティが出来て来るのじゃないでしょうか。それで私は、そう無理なく行きはせぬかと思います。」
文部省係官「大体そこに予科的のものが、自然発生として考えられるのですか。」
天野「考えられる高等学校がある、将来帝大に向って行くような高等学校が自らあるが、農業出の者でも青年学校出の者でも、特殊なものはどしどし入れるのですから。」

文部省係官「特殊な者が入れるなら結構なんですが、予科的のものを想像してもかまわないのですか。」
天野「必ずしも予科的のものにはならないでしょうが、自らリベラルエジケーションを設けた高等学校と、そうでない高等学校が出来ても宜いのじゃないですか。（中略）併し貴方の方が実際のことはよく知っていらっしゃるから、ここではそう決めて置いて、後は文部当局於て適当に決めて戴く。あまりここで詳しく決めてしまうよりは、その方が宜いのじゃないですか。」（同書、五三―四頁）

議論の紛糾

これでは中等段階も高等段階も「単線」化されず、学校体系の実質的な複線化になり、六・三・三・四制の基本理念そのものが崩壊しかねない。委員の間でさらに議論が紛糾したのは当然であろう。

円谷「私は六三三四で行きたい。元の四に帰ってしまいますから、飽くまでそれを主張して居るのです。」
佐野「やはり高等学校は三だけじゃ足りませぬね。」（中略）
星野「六三四とか五とかして、その上に大学へ行きますのを、その人達だけ年限を長くすることになるのですから、私はそこで一応終るものだ、そういうようにするのかと思って居りましたが、そこを経て、なお上の大学へ行くと、又差別が出来て来るようですね。」
小宮「そこで以て終るという学校もあっても宜しいのでしょう。」（中略）
星野「大体そこで終ると思って居ったのです。」
佐野「その終る中から、大学へ行く者が出て来るということです。唯学校に依っては、私の学校は主として大学へやるための学生を養成するのだという学校があることは免がれられない。」
円谷「そういう学校はやめた方が宜い。そういう学校を作ったのじゃ大変です。高等学校三年では出来ないから五年を作って、大学に行かない者をそこでやったら宜かろうというように決めて居る。」

佐野「それじゃ機会均等じゃない。」（中略）

円谷「曩《さき》に五年の高等学校を、三年にしても四年にしても宜いという関口［泰］さんのお話の時には、大学には行けない、高等学校は三年では足りない、四年か五年か置いて済むものも作りたいというように頭に入って居るのです。それが大学の予備校になればかなわない。元に帰ってしまう。私は飽くまで予備校的なものは、徹底的に是は止めたいと思うのです。」

務台「五年というのは、大学へ行かないという意味ではない。例えば医科なんかも考えられるということも出て居りましたが。」（中略）

佐野「私は四年を主張したのは、実業教育の方面では是非とも四年にしたい。その卒業生が大学へ行けないでは困ります。是はやはり行こうと思う者は行かなければならず、十分なリベラル・エジケーションも受けられるものでないと困る。」（以上『会議録』第八巻、五四―五頁）

何のための四・五年制か

ここで四年制・五年制は大学予備教育ではなく実業教育のためのものであり、また彼らにも大学進学の機会を保証する必要があるという、議論のすり替えが出てくる。

落合太郎「私もいろいろのことがこんがらがって居りますが、三年にしろ、四年にしろ、そこで建前は一応済むようなものの、この中で以て、皆が上に行こうと思えば行けるし、いろいろのものが出来る、それは已むを得ないだろうと思います。（中略）予備校としてでなしに、大学へ行く者は行くので、予備校というようなことを考えなければ宜いのじゃないですか。」（中略）

小宮「つまり六三三の後の三が三でなくて、農業なら農業をやるのが四年で終了するとか、或は五年で修了するというようにすれば、それで農業の方の知識が完全になる。それはそれで、六三三とするより四とし、若しくは五とする、幅のある方が宜しいのじゃないですか。」（中略）

木下「六三三の上の三が、三の場合も四の場合も五の場合も、それぞれの目安を持って居りますから、それに相当の教育を受けて居れば宜い訳で、唯それをおっぽり出して、受験準備の学校になるということを恐れる。併しそういうことは、是からはなくなるのじゃないですか。」（中略）

務台「私はやはり六三の上は三と一律にせずに、ゆとりをもっていろいろの事情、殊に県立みたいなものになると、三にもする、四にもする、五にもする、どれも皆同じように上に続いて行くので、学校制度の刷新というものは、私はやはり完了するが上にも行くという、両面を持って居るのが理想じゃないかと思う。」（『会議録』第八巻、五五―六頁）

この務台の学制刷新の「理想」論で、議論はひとまず落着した。小宮主査の総括は、次のようなものであった。

それでは、兎に角六三三四を後の三とその次の四というのは幅を持たせて、三年から五年へ掛けてそれぞれの必要に応じて決めるということ、是は大体決まりました。もう一つは、大学の上に研究科若しくは研究所を作る必要がある場合には作っても宜いというようなことにする。そうして特殊な学問に熱心な人だけをそこへ入れてやった方が宜い。そうすると、その二項がつまり今日決まった訳なんですね。（同書、五六頁）。

曖昧な決着

以上が、総会に提出された学制改革に関する建議に至る、第五特別委での議論の顛末である。冗長になるのを顧みず、可能な限り忠実に議論をたどってみたが、奇妙なことにそこから浮かび上がってくるのは、本来ならば最重要の論点であるはずの新制大学の理念・年限・組織形態・教育課程などに議論が及ぶことが、ほとんどなかったという事実である。議論は「下級学校体系」の一部であるはずの新制高校の年限問題に終始し、しかもそこで焦点化されたのは、旧制高校・専門学校の新制高校への移行にかかわる問題であった。

米国教育使節団と日本教育家の委員会の二つの報告書が勧告し、教刷委の第二特別委でも支持された六・三・三制のもとでの高等学校、つまり新制高校は、当初「上級中学校」と呼ばれていたことからも知られるように、明らかに中等教育段階の学校として構想されたものである。新制高校への移行が想定されていたのは、旧制の中等学校、すなわち中学校・高等女学校・実業学校であったと見てよい。ところが第五特別委の議論を見ていくと、新制高校への移行が問題にされたのはもっぱら旧制度の高等学校・専門学校であった。旧制高校・専門学校の中には新制大学に移行可能なものもあるかもしれない、しかしそれは一部に限られ、多くは新制高校に移行することになるだろう、四年制・五年制高校をそのための受け皿として用意すべきだ、というところに議論が焦点化され、新制大学についての議論へと発展することを阻んでいたのである。

第五特別委に課された使命は、旧制の高等学校・専門学校・大学、それに師範学校を加えたすべての高等教育機関を再編統合して、新しい四年制大学に移行させるために、具体的に何が必要かを議論することだったはずである。それがこのように、本来の主題とは異なる新制高校の四年制・五年制問題に矮小化されてしまったのは、委員たちの間に新制高校だけでなく、新制大学の「理念」とはいわぬまでも、イメージすら共有されていなかったためである。その結果、旧制高校・帝国大学の温存論者である天野委員の「五年制大学」論に引きずられるように始まった議論は、本来の主題に入ることなく横滑りを重ねて、ある委員の言葉のように「いろいろのことがこんがかって」、ついには「幅のある方が宜いのじゃないですか」という総括のもと、すべてが曖昧なままに、新制の高等学校・大学とも年限を三年から五年とするという、「自由」尊重の学制刷新の「理想」論で決着を見ることになったのである。

原則と幅

第一四回の総会に提出されたその第五特別委の中間報告が、本格的な議論の対象とされるのは第一七回総会（二一年一二月二七日）になってからである。そこでの議論は、関口鯉吉委員の質問から始まった。関口は第五特別委の委員であったが審議に加わったのは第八回からである。それまでの経過を十分に知らなかったためであろう、新制高校に五年制を認めるというが、その五年の教育課程は五年一貫なのか、三年と二年に分かれるのか、なぜ新制大学の教育課程に三〜五年という幅を認めるのかという、しごく当然の疑問を投げかけた。これに対する第五特別委主査・小宮豊隆の答えは、次のようなものであった。

何故三年として置いて四年若くは五年にしても宜いということを仮称高等学校に対してしたか。それよりも初めから三年を原則にしないで四年にすることも出来るし、五年にすることも出来るし、三年でも宜いとしなかったかというような御意見と伺いましたが、六・三・三・四というのはアメリカのミッションの研究のアドヴァイスにもありましたし、それから日本側委員の報告にも出ておりまして、之を最高と考えてそれから逸脱しないような意味で六・三・三・四というものを一応置いておいたわけであります。三で済む、或は四で済む学問は三・四とその儘の形でそれを原則とするという風に一応置いておいて、学問の性質に依り又他の理由に依って、仮称高等学校を四年にしなければいけないという必要がある場合には、そういう高等学校を設け得るような幅のあるものにしたら宜かろう。同じ意味で大学も三年若くは五年とした方が宜かろうというので、結局こういう形に致したわけであります。（中略）六・三に続く五の場合は、それを一遍三と切ってプラスの二とするか、或は初めから五として考えるかということに付ては別にはっきりした話合は致しませぬでしたが、併し仮称高等学校で一応の専門の方の完成教育をするという目的の為には三年では足りない。五年である必要がある、若くは四年である必要があるというように学科の性質に依って色々になり得るということを考えて、四乃至は五とし得るとしたわけで（中略）その学校の性格上三プラス二とするか、或は三プラス一とするかはその学校の自由にしたら宜くはないかという風に考えておるのであります。（『会議録』第一巻、四〇九—一〇頁）

主査のこの答弁にそれ以上の疑問が投げかけられることもなく、実質的な議論のほとんどないまま、教刷委の建議での新制大学像は、先に見たように「高等学校に続く学校は四年の大学を原則とすること。但し、大学は三年又は五年としてもよい」という、わずか数行の文言で語られることになった。もちろん、旧から新への大学像の大転換が、それだけで語りつくせるはずがない。建議が採択された後も、というよりその後から、第五特別委の議論はもつれにもつれることになる。それについてはあとで見ることにしよう。

5　学校教育法の成立

成立までの経緯

ともあれ、教育刷新委員会の建議（二一年一二月二七日）を受けた文部省は、早速「学校教育法案」の作成に着手し、その原案を昭和二二年（一九四七）一月一七日に閣議請議している。

新制大学をめぐる教刷委総会での本格的な議論は、建議から約二か月を経過した第二四回（二二年二月二一日）の会議から再開され、その後第二六回（二二年三月七日）、第二九回（二二年三月二八日）にも審議が行われた。その間に帝国議会で並行的に学校教育法案の審議が進められ、議会での審議状況の報告があった第二九回総会（二二年三月二八日）の前日に可決、三月三一日に公布されている。「学校教育法」に条文化された高等学校・大学に関す

表 3-4　教刷委と第五特別委の審議経過（2）

五特委	8	（22 年 1 月 15 日）	技能専門学校案・大学設立基準設定協議会
	9	（22 年 1 月 24 日）	新制高校の学制上の位置
	10	（22 年 1 月 28 日）	医学教育制度
	11	（22 年 1 月 31 日）	医学教育制度
	12	（22 年 2 月 7 日）	技能専門学校案・高校と大学の相互関係
	13	（22 年 2 月 14 日）	大学設立基準設定協議会
	14	（22 年 2 月 21 日）	中等教員養成・新制高校と旧制高校の水準
総会	**24**	**（22 年 2 月 21 日）**	**学制改革案概要（教刷委・文部省の改革構想の差違）**
五特委	15	（22 年 2 月 28 日）	医学教育制度
	16	（22 年 3 月 3 日）	医学教育制度と 6・3・4・5 制案
	17	（22 年 3 月 7 日）	学校教育法案・医学教育制度
総会	**26**	**（22 年 3 月 7 日）**	**関係法案制定状況の報告・大学設立基準設定協議会との関連・第八特別委（教員養成制度）の設置**
五特委	18	（22 年 3 月 10 日）	医学教育制度・高校制度
	19	（22 年 3 月 14 日）	高校 5 年制案
	20	（22 年 3 月 17 日）	中間報告案（旧制／新制の移行問題など）
	21	（22 年 3 月 24 日）	中間報告案（移行問題・学位など）
	22	（22 年 3 月 28 日）	中間報告案（移行問題など）・学校教育法案・大学院問題
総会	**29**	**（22 年 3 月 28 日）**	**学校教育法の国会審議状況・第五特別委中間報告（6）**
		（22 年 3 月 29 日）	**教育基本法・学校教育法制定**
総会	**30**	**（22 年 4 月 4 日）**	**教員養成問題**
五特委	23	（22 年 4 月 4 日）	移行問題（2 年制大学問題）・大学院問題
	24	（22 年 4 月 7 日）	中間報告案
総会	**31**	**（22 年 4 月 11 日）**	**大学の課程と転学・専攻科・教員養成**
	32	**（22 年 4 月 18 日）**	**医学教育・学芸大学構想**
	33	**（22 年 4 月 25 日）**	**教員養成・医学教育**
	34	**（22 年 5 月 9 日）**	**大学院と研究者養成・教員養成，大学設立基準設定協議会**
五特委	25	（22 年 5 月 20 日）	歯科教育制度
	26	（22 年 6 月 13 日）	歯科教育制度
	27	（22 年 11 月 28 日）	移行問題・2〜3 年制大学問題
	28	（22 年 12 月 5 日）	大学設置委員会・大学設置基準
	29	（22 年 12 月 12 日）	移行問題

資料）『会議録』より作成。

表3-5　学校教育法（22年3月19日）の抜粋

第四章　高等学校	
第四十一条	高等学校は，中学校における教育の基礎の上に，心身の発達に応じて，高等普通教育及び専門教育を施すことを目的とする。
第四十六条	高等学校の修業年限は，三年とする。但し，格別の技能教育を施す場合（中略）その修業年限は三年を超えるものとすることができる。
第四十八条	高等学校には，専攻科及び別科を置くことができる。
第五章　大学	
第五十二条	大学は，学術の中心として，ひろく知識を授けるとともに，深く専門の学芸を教授研究し，知的，道徳的及び応用的能力を展開させることを目的とする。
第五十五条	大学の修業年限は，四年とする。但し，特別の専門事項を教授研究する学部（中略）については，その修業年限は，四年を超えるものとすることができる。
第五十七条	大学には，専攻科及び別科を置くことができる。
第六十一条	大学には，研究所その他の研究施設を附置することができる。
第六十二条	大学には，大学院を置くことができる。
第六十三条	大学に四年以上在学し，一定の試験を受け，これに合格した者は，学士と称することができる。
第六十五条	大学院は，学術の理論及び応用を教授研究し，その深奥を究めて，文化の進展に寄与することを目的とする。
第六十六条	大学院には数個の研究科を置くことを常例とする（後略)。
第六十八条	大学院を置く大学は，監督庁の定めるところにより，博士その他の学位を授与することができる。

る規定は表3-5の通りである。教刷委の建議と異なり、修業年限はそれぞれ三年と四年となっており、三〜五年の幅は認められずに終わったことになる。

第五特別委の意見は、結局無視される結果になったのだが、そこにどのような経緯があったのか、建議を受けた文部省側の法案作成の動きと関連づけながら見ていくことにしよう。

文部官僚の回顧

学校教育法成立までの文部省側の動きについては、その起草にかかわった文部官僚・安嶋彌の、次のような回顧がある。

安嶋が文部省に入省し、学校教育局に配属されたのは昭和二一年（一九四六）五月である。四月初めに教育使節団報告書が出されており、文部省内ではそれに対応する学制改革をどうするかが重要な課題になっていた。教育刷新委員会の発足が二一年八月九日（第一回総会は九月七日）だから、文部省内での検討はそれよりも早く開始されていたことになる。

戦争による疲弊という条件を別にすれば、報告書のいう六・三制の義務教育、すなわち義務教育年限の延長は、文部省の戦前からの悲願であったから、もとより異論のあろうはずはなかった。しかし、六・三制を義務教育とした場合、旧制中等学校との調整をどうつけるかという問題が残った。（中略）八月の日付のある「学校教育法要綱案」を見ると、下級中学校、上級中等学校という文言が見える。私の記憶によると、この両者を一本化した「一貫中学校」と仮称する制度の構想もあり、その得失が論ぜられた。その時点においては文部省は旧制の高等専門学校や大学の制度に手をつける考えはなかったから、教育年限の全体が余りにも長くなることを避けるため、旧制高等学校の「四修入学」のように、一貫中学校の途中から高等専門学校につなげるという案も検討された。

［昭和二一年の］秋になってようやく単線系の新制高校の制度の採用が固まったが、しかしその性格は必ずしも明確ではなく、単純に旧制中等学校と旧制高等学校の中間と言った程度の認識しかなかった。（中略）

高等教育については、先にもふれたように［昭和二一年］八月にはまだ旧制温存の方向であり、十月になっても、旧制高等専門学校や師範学校を新制大学に一元化するという結論には達していなかった。安倍能成、天野貞祐氏ら、旧制高校存置論者が少なくなかったからでもあろうか。また、米国教育使節団の報告書自体が高等教育の制度については、初等中等教育の場合ほど明確にふれていなかったという事情もある。ともあれ、文部省が高等教育制度については旧制を温存し得る、ないし若干の手直しで済むと考えていたとすれば、結果からみて、ＣＩＥ（中略）の意図について、楽観的に過ぎたということであろう。（中略）

［二一年］十一月になっても学制改革の基本はまだ固まっていなかった。（中略）教育刷新委員会は、十二月十七日に六・三・三・四制の採用を建議し、新学制はその翌年四月からほとんど準備もないままに発足したのである。今ふり返って見ると、幼稚園や小学校は格別として、新制の中学校、高等学校、大学、特殊教育などについては、その性格が十分のみこめないままに制度は発足した。その後は歩きながら考えるという形で、新

表 3-6　学校教育法閣議請議案（22 年 1 月 17 日）の抜粋

第四章　高等学校
第四十八条　高等学校は，高等普通教育及び専門教育を施すことを目的とする。
第五十三条　高等学校の修業年限は，三年とする。但し，四年又は五年とすることができる。
第五章　大学
第五十九条　大学は，高等の学術技芸を教授研究することを目的とする。
第六十四条　大学の修業年限は，四年とする。但し，三年又は五年とすることができる。
第七十条　大学には，大学院を附置することができる。

出所）仲『日本現代教育史』231-3 頁。

学制の肉づけがほぼ出来上がるには、なお十年の年月を要したのである。（安嶋、一〇九―一一二頁）

ここからは文部省が教刷委の審議と関係なく、早くから独自に学校教育法案の立案作業を進めていたこと、また模倣か強制かはひとまず置くとして、日本側は文部省・教刷委とも、モデル視されたアメリカの学校制度の現実について、またアメリカ側は日本の教育の歴史と実態について、十分な知識も認識も持たぬまま、六・三・三・四の新学制の拙速な導入が図られたことがうかがわれる。当事者による貴重な証言といってよいだろう。

学校教育法の閣議請議案

それはともかく、教刷委の建議を受ける形で昭和二二年（一九四七）一月一七日に閣議請議された「学校教育法案」（仲、二二七―三六頁）に見る、高等学校と大学の目的および修業年限の規定は、表3-6の通りであった。この時点では、教刷委の建議に沿った条文になっていたことがわかる。

安嶋によれば、法案の閣議請議後の文部省とCIEの動きは、以下のようなものであった。「新学制の実施に関する政府内部の協議と併行して、閣議請議後、学校教育法案についての文部省とGHQのCIE（中略）との折衝が始められた。当時はもちろん占領下であり、教育関係法令の制定についてはCIEの承認が必要であった。（中略）折衝は［昭和二二年］一月から二月にかけて頻々と行われた」。出席者は、C

ＩＥ側はＪ・Ｃ・トレイナーら、文部省側は日高学校教育局長らであった。「互いに理解し難いところもあったが、文部省側も主張すべき点は主張し、結局は占領下でもあり、わが方が譲歩して、法案の内容はまとまっていった。（中略）ＣＩＥとの折衝の結果、請議案の内容に大幅の修正が加えられ」（安嶋、八―九頁）、「漸く二月十八日総司令部との間に要綱案が確定した」（内藤『学校教育法解説』緒言、一頁）。その後「整理しては又修正し、幾度か推敲に推敲を重ねて、漸く総司令部の最後的承認がない」まま、『学校教育法案』が閣議決定されたのが三月七日、枢密院での審議を経て、三月一五日に衆議院に上程されたが、『印刷物が間に合わないというので六百部徹夜でガリ板《ママ》を書いた」（同書、二頁）と、当時学校教育局の庶務課長だった内藤誉三郎は回顧している。二〇日に本会議で可決、貴族院でも二七日に可決され、成立を見た。公布は三一日である。新学制の実施、新制中学校の発足は四月一日と決められていたから、ぎりぎりの成立であったことがわかる。

安嶋は、閣議請議案の新制高等学校の目的規定に「高等普通教育」と、教刷委の建議にもなかった「高等」の二字が加えられたことについて、「当時関係者が新制の中学校、高等学校、大学等について、どれだけ具体的なイメージを抱いていたか、又それがＣＩＥの考え方とどこまで一致していたかについては、疑わしいところがある」（安嶋、二八頁）とし、たとえば請議案が新制高等学校の教員名称を「教授」としてＣＩＥのチェックを受け、「教諭」に変更したことにふれ、「新制高等学校の教育を中等教育と考えていたのか、あるいはそれ以上のものと考えていたのかについて、請議案の考え方が今一つ明瞭でなかったことを物語っているようにも思う」（同書、二九頁）、また「当時新制大学及び新制大学院のイメージは、必ずしも明瞭ではなかったというのが、法文を作りながらの私どもの実感であった」（同書、三三―四頁）と述懐している。

これまで見てきた、またこれから見ることになる教刷委での議論からするとき、安嶋の文部官僚としての「実感」は当を得たものであったというべきだろう。

教刷委・文部省・CIE

学校教育法の制定に向けたこうした文部省側とCIEの動きが、教育刷新委員会に初めて報告されたのは、先にふれたように昭和二二年（一九四七）二月二一日の第二四回総会においてである。

会議の冒頭で日高第四郎学校教育局長が、閣議請議案は決議の趣旨に沿って作成したものである旨を説明し、そのうち大学の修業年限の但し書きの「四年又は五年」を、その後文部省の省議により「四年又は五年以上」に変更したと述べると、関口泰委員がこれに強く反発し、激しい応酬が展開された。新制大学の年限問題を糸口に始まった議論は、その過程で教刷委と文部省、それに学制改革のもう一人の隠れた主役であるCIEの、三者の力関係に焦点化され、それを暴き出す赤裸々なやり取りに変わっていく。戦後学制改革論議の現実を知る重要な手掛かりを含んだその概略を、会議録から抜粋して見ておくことにしよう。

関口「こちらの答申は［大学は］四年を原則として三年又は五年にするということになって居るのを、五年以上に文部省でした。（中略）医学教育のことも段々こちらの第五委員会の方で審議して居る時に、文部省の方で、五年以上というようなことを決めてしまっていいものかどうか（後略）。」（『会議録』第二巻、一二九頁）

日高「無論教育刷新委員会で決定された事に付ては、出来るだけ御趣旨に副うように、又それを尊重してやるようにいたしたのでありますけれども、細部に付ては文部省には実行の責任がある以上、多少のモディフィケーションは已むを得ないものと考えて居りまして、これは実は省議に依って決定した案でありまして、一方に大学を五年という風にはっきり決めてしまいますと、先日お話のありましたような医学教育との接続が切れてしまいはせんか、そういう心配で五年以上という風に一応決めて置いたのであります。」（同書、一三〇頁）

関口「一体この文部省の省議《ママ》この内閣に置かれた教育刷新委員会の決議したことを勝手にどの程度変え得るか、実施する責任があるからと申して、こちらが決めた事を否定することも出来る、又モデュハイと称して、五年以上というような相当根本的なことまで変えられるというようなことになりましては、この刷新委員会が今まで何をして居たのか分らん。これから先きも何を決めても、文部省の省議が之に反対すればなんにも出来ないということになります。そうしますと、この刷新委員会及刷新委員会の委員として、これから先き御協力することは非常に困難ではないのかと思うのであります。」（同書、一三二頁）

日高「私共は教育刷新委員会の単なる小使いではないのでありまして、そういう意味から言えば教育刷新委員会に対しては十分なる敬意を表し、その意見に対しては出来るだけ素直な心持で以て受けたいと思いますけれども、現実の障害に対してはその決議通りにはやることは出来ないのでありまして、それならば私共もこの職を奉ずることは出来ないような風に思います。」（同書、一三二頁）

関口「［刷新委員会が］事務局を持たないで、手足を与えられないで、これだけ重要なことをさせられたということに無理があります。（中略）例えば一ヶ月以内或は二十日位であれだけの報告書を拵えたアメリカの教育使節団に対しましても、半年も掛かってあれだけの成果を挙げ得ないということに付きましては、刷新委員会に列するものとして非常に慚愧の念に堪えないのでありますが、事務当局に於かれましても、色々なむずかしいことがあるには違いないが、この教育刷新委員会と協力すること、両方で持合ってやるということに対して多少両方から不満があるのかもしれませんが、俺の方はこうでなければ出来ないというようなことを言われるのは如何かと思うのであります。」（同書、一三一―二頁）

ＧＨＱの介入

日高「お話を承って居りまして、文部省の落度のあったことも私共率直に認めますけれども、併し今日の事態が教育刷新委員会だけを相手にしてやれるものでないことだけは御承知置き頂きたいのであります。実は色々法案や何かを持って行きましても、司令部の方は非常に細かいことまで率直に言えば干渉をして居るのでありまして、私共としてはここに決定した通りのことが出来なければ、教育刷新委員会の決議を我々自身が無視して居るようにお考え頂くならば、それは非常に我々としては不本意なことでありまして、成るべく教育刷新委員会の御意志を尊重したい心持に於ては変りないのでありますけれども、今日は頭が二つあって其の胴体に私共が居ることを、その状況を御推察頂きたいのであります。」（『会議録』第二巻、一三三頁）

日高「私共の方は教育刷新委員会に対してもオブリゲーションを感じて居りますけれども、司令部の要求等に付ても私共はそれを無視する訳にはいかないのでありますし、実行上に於ては予算を取る上からも自由にはならないのでありまして、その辺の実行者としての立場をお考え頂かなければ、私共は責任を負うことは出来ないのでありますし、そうして根本的に言えば、文部省には必ずしもこの委員会に盲目的に服従する必要は私はないと思うのであります。実行者が責任を持つ以上は幾分の裁量の余地を残して頂かなければ、これは如何なる人がここに立っても全然判断力のない人間でない限りは、私は仮令この委員会で決定されても、実行上の障碍に付ての責任を負うことは出来ないと思います。」（同書、一三四頁）

関口「驚き入ったるお言葉と思うのでありまするが、そういうことに付ては連絡委員会がありまして、常に司令部と文部省と刷新委員会の三者は連絡をして居る訳であります。それでありますから、連絡なしに文部省が実施の困難に名を籍りまして、省議に於て決められては困るという訳であります。そうして責任が取れない、盲目的とか仰せられまするが、何も盲目的に盲従しろと言うことは一遍も言って居りません。唯その程度が許されるべきものかどうかということ、文部省の省議も文部省というものが決められるのか、それとも、刷新委員会もそれを決めてよいのじゃないかと思いますから、刷新委員会としてはその程度の文部省の専断を許し得るかどうかということをお決め願いたいと思うのであります。」（同書、一三四頁）

日高「ステアリング・コンミティに連絡すればよいというお考でありますけれども、無論重要なことに付てすることは望ましいことでありますし、しなければならんと思いますけれども、実は六、三の実施の為に法案を作って議会に出さなければなりませんけれども、それを作っていきますと、一々逐条討議で以て皆呼びつけられて締めあげられておるような状況でありまして、細かいことを一々ステアリング・コンミティにかけますならば、迚も時間が足りなくて出来ないような実情にありますので、その辺もどうか……（中略）これが不断の時でありますならば、刷新委員会に連絡をしてやるということも、実行上出来るかも知れんと思いますが、刷新委員会は一週間に一遍のことでありますし、司令部との交渉は毎日のようにあります。それも始終文部省に我々が落着いて居られない程呼出されまして、皆締められて居るのでありまして、何とか基本だけでも曲げないようにしたいということだけで実は精いっぱいなのであります、その辺のところは御了承を頂きたいと思います。」（同書、一三五頁）

教刷委案の修正

こうして、文部省の苦しい立場についてなんとか理解を取り付けた後、日高局長は、ここでの主題である高等教育改革をめぐるＣＩＥとのやり取りを次のように説明している。

これは別の報告に移りますが、学校教育法案というものを出して、これを最近に法制局の方に移さなければならんのでありますが、大体出来るだけこの委員会の決定に副うように法案を作ったのでありますが、その内大学の三年若しくは五年でもよいという時に、三年というものにクレジットを与えないようにしろということを司令部の方で頑張りまして、例えば学士号は与えないのだ、それでなければ此方でこの法案を通さない、そういった意見もありますし、高等学校の四年若しくは五年でもよいと言う時に、四年若しくは五年というのは職業教育をする場合に限ると解釈するが、それでよいか。それ以外の解釈を以てやるならば、六、三、三、四ということを決定しても、これは表面だけで以て六、三、三、四のシステムは保たれないから、四年若しくは五年というのは三年の上に一年若しくは二年のジュニヤーな教育をするものと心得るぞ、それでなければ自分の方は通さないというような意思表示をいたしました。（『会議録』第二巻、一三五頁）

新制度の高校と大学に修業年限の幅を持たせることで、旧制の高等教育機関の事実上の温存を図ろうという第五特別委の目論見が、六・三・三・四の単線型の学校体系への移行に固執する占領軍・CIEの側の強い反対によって挫折に向かっていたことがわかる。

板挟みになった文部省の苦衷は察するにしても、第五特別委を含む教育刷新委員会の委員たちがこれで納得するはずはなかった。新制大学の原則四年制は認めるとして、三年制は「高等専門学校」の移行問題と、五年か五年以上かは医学教育の年限問題と、それぞれ関係した問題であり、とくに後者はすでに見たようにPHW・医学教育審議会から出てきた七年制論と絡む、いわば教刷委の「主権」にかかわる問題だったからである。

議長である安倍能成委員長は、占領軍側にPHWとCIEとの協議を求める一方で、第五特別委にも医学教育の年限問題についてさらなる検討を要望して、とりあえずその場を収めたが、それで決着がついたわけではなかったのは後で見るとおりである。

新制高校像の違い

第二四回総会ではもう一つ、第五特別委から「新制高等学校の程度は現在の高等〔学校〕専門学校の程度を基準とすること」という中間報告があり、それをめぐってようやく新制高校、ひいては新制大学の教育の内容・水準にかかわる議論が始まったことを指摘しておこう。新学制の概略が明らかになったことから、「地方では小学校〔高等科〕が〔新制〕中学に昇進をする、或は中学校が〔新制〕高等学校に昇格する、そういう昇格熱が大変盛んで、実質の如何に拘らず一段上のものになるということが当然のことのように考えられて、その準備を寄り寄り進め」

ており、放置すれば「大変に教育の水準が低下する虞れ」がある（小宮主査）として、第五特別委が新制高校の基準を旧制の「高等専門学校」程度とする案を提示したのである（『会議録』第二巻、一四〇頁）。

この中間報告をめぐって、新制高校について想定されているのはアメリカ的なハイスクールではないのかが問題になり、同時に文部省がGHQと共同で新制高校の「学科内容」の検討を進めていることが明らかになった。

第五特別委以外の委員から「こちらは〔旧制〕高等学校のような積りでやって居りましても、司令部の方では中等学校の了解でやって居って、その課程で行く案が出て来て抑えられはしないか（中略）こちらは高等学校、専門学校の積りで居る、向うは違った考を持って居るというようなことで（中略）喰違いが起りはしないか」（明治学院長・矢野貫城。同書、一四四頁）。「制度の改革が六、三、三というような梯子段を造るだけで、その内容を考えない為に、今の六は現在の国民学校だ、その三、三と区別されるに於きまして、その三は〔新制〕中学になるが、今までの〔国民学校〕高等科が主になるのだとか、〔新制〕高等学校は現在の中学校がなるというようなことで、梯子段に当嵌めるのに、現在の制度そのものを当嵌めて居るということが非常に不見識じゃないかと思う（中略）現在出来て居りますカリキュラムを見ましても、今までの（中略）カリキュラムとは全く違うのでありますからして、現在の高等学校を下に引下げる、或は中等学校を上に上げるというような考え方を既に清算して頂かなければならんのじゃないか（中略）国民全体の教養水準を高める為に、高等学校の教育はどうしなければならんということを考える。そうして同時に優秀な、将来の教育を受けるまでの素質のあるものを如何に教育して行くかということを同時に考えなければならんのでありまして、そういう点で私は唯ここにありますような高等専門学校《ママ》の程度を基準にするといったような考え方には私は賛成出来ない」（教育研修所長・城戸幡太郎。同書、一四五―六頁）など、六・三・三制の基底にある「民主教育」の理念との関係を問う発言が、相次いだことがわかる。

第五特別委の関口泰委員が「昇格運動が熾烈で、非常にこの刷新委員会の意思が徹底して居ない。それを防ぐ為にまずこれだけを発表を早くして貰いたいという意味であった」（同書、一四六頁）と弁明し、安倍委員長が「国民的の見識としては今までの高等学校に劣らないような理想、これを広く教育する、こういう点に趣旨が置かれているのでありますから、そういう意味で高等学校若くは専門学校程度ということにここで言って置いても大して弊害がないのじゃないか」（同書、一四七頁）と締めくくり、第二九回の総会で建議としてそのまま採択されることにはなったものの、委員間で新制高校像をめぐる認識に大きな差異のあることが露呈された。

新制高校についての議論に、その後もなかなか決着がつかなかったことは、たとえば第二六回総会（二二年三月七日）での小宮豊隆第五特別委主査の発言からも知られる。小宮はその数日前、毎日新聞がスクープした「学校教育法案」の高等学校に関する条文に、「高等学校の修業年限は三年とする、但し特別の技能教育を施す学校においては四年または五年とすることができる」とあるのにふれ、「第五特別委員会でカルチュラルな高等学校、ボケーショナルな高等学校全般を通じて三年を原則とするけれども、四年でも五年でもいいという風なこと」になっていたのに、これだと「カルチュラルの方の高等学校は全部三年であるという風に制限されて」いることになる、おかしいではないかと質したのである。旧制高校の問題が、そのような形で尾を引いていたことがわかる。

新制高校の程度問題は、第五特別委の中間報告を踏まえた「新制高等学校の内容が新時代の要求に適応するものであることはいうまでもないがその程度はおよそ現在の高等専門学校の程度を基準とすること」という、第二九回総会（二二年三月二八日）での決議（「新制高等学校の程度に関すること」）で決着する。しかし昭和二二年（一九四七）四月の六・三制発足を目前にして、いつまでも旧制高校がらみの新制高校の年限論にこだわり続けることはできなくなりつつあった。議論の焦点は否応なく、新制大学の問題へと移行していくことになる。

医学教育と六年制

「教育の程度」はともかくとして新制高校の修業年限が、ＧＨＱ側の強硬姿勢もあり、三年とする方向に収斂する一方で、新制大学の年限問題は依然として決着がつかないままであった。

大きな理由の一つは、先にふれたように、PHWと医学教育審議会の主張する医学教育七年制論にあった。その七年制論は、リベラルアーツカレッジの三年次修了者を入学させ四年間の医育を施すという、当時のアメリカの制度にこだわるPHW側と、旧制高校・大学予科での三年間の高等普通教育を経た者に四年制の医学部教育を与えてきた日本側の医学関係者という、それぞれに異なる立場からする、ある意味では偶然的な合意の産物であった。その後、六・三・三制の議論が進む中、医学教育審議会は医育の年数を七年でなく六年とすることで妥協を図ろうとし、文部省も新制大学の年限を「五年以上」とすることでこの問題に対応しようとしたが、教刷委の側は納得せず、五年を上限とすることに固執したため事態が紛糾したのは、すでに見てきたとおりである。

医学教育審議会の委員で、教刷委の臨時委員を兼ねる福田邦三（東京帝大医学部教授）によれば、医育の六年制論は、六・三・三の一二年間の普通教育を前提に、「医科の教育」を三段階に分け「第一段階がプレメヂカル、第二段階が基礎医学で第三段階が臨床医学、それに各々二年を充て」るというものであった（『会議録』第二巻、一五六頁）。重要なのは医学教育審議会が、アメリカのリベラルアーツ教育の現実に学びながら、医師養成に必要とされる教育課程の内容と水準を詳細に検討した上で、専門教育に入る以前のプレメディカル二年間の教育を早くから構想していた点である。

しかも福田は「第一のプレメヂカルの時期に二年を充てるべきことは、外の学科で例えば工学方面にいたしましてもおそらく同様であろうと思います。人文的な教養を含めまして基礎になりますところの例えば物理学、化学、数学というような方面を相当授けて後に本来の工学をお授けになるのだと想像しておりますが、そういう関係で外の学科と比べて見まして最初の四年間は同様でございまして、その外に臨床医学としての二年が必要だという風に見積っておる訳であります」と、他の専門分野を引き合いに出しながら、新制大学の四年間の教育課程編成の問題にまで言及している（同書、一五六頁）。

四年制の新制大学の教育課程を、リベラルアーツと専門基礎のための二年間と、専門教育のための二年間に分けたらどうかという提言を含む、医学教育審議会の改革構想は、年限問題に終始する第五特別委のはるか先を行っており、五年制にこだわる第五特別委・教刷委の側もこうした問題提起を受けて、新制大学の内容・水準の議論に踏み込まざるを得なくなっていくのである。

福田の発言を受けて主査の小宮豊隆は、医学教育審議会の「どうしても六ヵ年を必要とする御決議」を、第五特別委として「了解いたしましたが、唯その特別の［プレメディカルの］二年間をどこに持って行ってくっつけるか。つまり大学四年になお二年くっつけるという、くっつけ方もあります。それから高等学校の三年に持って行ってその二年をくっつけるという、くっつけ方もあります。それからそれを、一年ずつ離して高等学校の三年に一年をくっつける。それから大学の四年に又一年くっつけて、四、五年とするという風なくっつけ方もあ」ると、委員の間からさまざまな意見が出されたことを報告している。二年間のプレメディカルを、新制の高校・大学のどちらが担うのかが議論になるところまで、第五特別委の空気が変わってきたことがうかがわれる（同書、一九六頁）。

福田はもちろん大学での実施論者であり、それが最も効果的な教育方法であることを力説し、他にも賛同する委員が多かった。しかし旧制高校制度の温存にこだわる小宮はなおも、新制高校の四・五年制案と大学の五年制案に固執し、「われわれの第五［特別委］で決めたようなことが許されれば、やはり一年を高等学校に持って行って、それから一年は大学に置けば、外の大学は四年で、医科は五年だということでおさまりはつくと思うのですけれども……唯新制度の高等学校の程度がどのくらいの程度になるかによって、一年向う［大学］に持って行くのが非常に損なことだということになる。そこで高等学校の年限が原則として三年だと決めて、しかも四年にしても五年にしてもいいという風なことが、生きて来るか死ぬかで、相当そこに又、議論の余地があると思う」と述べている（同書、一九八頁）。しかし、教刷委の大勢は医学教育の大学での六年制案に大きく傾きつつあった。

設置認可問題の登場

第二六回総会では、大学教育の内実に直接かかわるさらに重要な問題が、稗方弘毅委員から提起された。稗方は秋田県知事も務めた内務官僚だが、昭和一〇年（一九三五）以来和洋女子専門学校の校長を務める私学人であり、臨時委員に任命され、「私立学校に関する事項」を審議する第四特別委に所属していた。その稗方が学校教育法案とのかかわりで、新制大学の設置認可の基準の問題を質したのである。それは、旧制高校・帝国大学温存論者が支配的な第五特別委でほとんど議論されることのなかった、しかし、高等教育機関の最大多数を占める私立専門学校の関係者にとって最重要の問題であった。

稗方の質問は、文部省がこの問題について別途委員会を設け、旧制度の大学を基準に設置認可の要件を検討していると聞いている、今回の学制改革は「大学教育の機会均等を国民に与えるというような趣旨で、既設の大学というものとは全く同じ考でこれを律すべきものでなくして、新しい観点からこの大学を考えていたという風に、私どもも考えておる」、ところが「［現在］委員会で審議されておるところの大体の方向というものは、かなり今後大学が新設される場合に非常な障碍になる。例えば現在専門学校が大学に昇格するというような場合においても、かなりこれはむずかしい基準が作られつつあるように伝えられておりますが、そういうことが果して事実であるかどうか」（『会議録』第二巻、一八〇頁）というものであった。

当然の質問であり、早速文部省の係官が呼ばれこれまでの経過を説明したが、正確を期するため、他の資料（『大学基準協会十年史』八一―二頁）も参考にしながら跡づけると、その経緯は次のようなものであった。

まず、昭和二一年一〇月、ＣＩＥが文部省に大学設置認可の基準について資料を要求してきた。文部省は、戦前期に使われていた「大学設立認可内規」（その全文は、中野「旧制大学の設置認可の内規について」一一三頁）を提出したが、それは五条からなる簡単な、施設・設備や基本財産、教員組織などに関する、しかも非公開で運用上の恣意性の加わりやすい曖昧な内容のものであり、ＣＩＥの納得を得ることはできなかった。そのため文部省は省内に新たに「大学設立基準設定に関する協議会」(のちに「大学設立基準設定協議会」と改称)を設置し、在京の大学一〇校(官立・私立各五校)から委員を選んで、一〇月二九日に第一回の会合を開いた。官立五校は東京帝大・東京商科大・東京工業大・東京文理大・千葉医科大、私立は慶應・早稲田・中央・立教・大正の五大学である。会議には毎回、CIEの係官が陪席したとされる。一一月一二日には「第一　施設及び経営に関する事項」、「第二　教育等に関する事項」の二つの小委員会が設置され、審議を重ねたが、そこで検討されたのは、もっぱら旧制度の大学の設置基準であった。後で見ることになるが、専門学校の中に旧制度による大学昇格を目指すものが少なくなかったためと思われる。

そうした中、昭和二一年一二月二七日に、教育刷新委員会が新制大学について四年制を原則とする案を建議したことから、設置認可の問題は新しい段階を迎える。既設大学関係者で組織される基準設定協議会が、新制四年制大学の設置認可基準の審議を求められることになったのである。三月中旬には「大学設立基準に関する要綱(案)」がまとめられたが(全文は、田中『戦後改革と大学基準協会の形成』六〇—四頁)、その内容は、校地・施設・学生定員・教授組織(講座)・教授の任免、財政等の一般的な基準だけであり、数量的な基準を示すものではなく、また教育課程等にかかわる問題は、文科系・理科系・女子大学の三つの分科会に分かれて、検討が始まったばかりであった。稗方委員の質問は、そうした動きの中でなされたのである。

協議会と教刷委の関係

実は、大学の設置認可にかかわる基準設定の問題が教刷委で問題にされたのは、これが初めてではない。第一一回総会(二一年一一月一五日)で、大島正徳委員からスティアリング・コミッティ関連で、文部省が「学校のスタンダード、一種の標準を、決める会を作って居る」ことが報告されている。

それを聞いた南原副委員長から「今大島委員のステアリング・コミッティーの内容として言われた大学基準とい

うのは、司令部の人が其の方に乗込んで居る。これは大学の基準は矢張り学制体系ですから、大学という問題に付ても向うで作ったら困る。（中略）大事な問題だということを言って置いて下さい。こっちが決めてやっても宜い。大学基準を向うで決めると困りますから」という厳しい発言があり、文部省の関口隆克審議室長が「今やって居る企画というのは、新しい制度の大学のことではない。今の制度の大学の企画のことでございます。新しい大学のことはそこはこっちで決めて来るのだから、自分の方で関することではない」というのが、ＣＩＥ側の見解だったとりなす一幕があった（『会議録』第一巻、二五四―五頁）。しかし、教育刷新委員会からは独立したこうしたＣＩＥ・文部省主導の動きについて、教刷委にその後正式の報告のないまま事が進められていたことが、総会でのその後のやり取りからわかる。

基準設定協議会で中心的な役割を果たしていたのは、第五特別委の委員でもある東京文理科大学長・務台理作である。その務台は、「協議会が出来ました時に、私自身もこの協議会の所で刷新委員会と連絡しなければならない」と発言し、とくに第五特別委は「大学の問題についていろいろ根本的なことを決める」使命を持っているので、そのことを「十分に了解して戴いた。（中略）その了解というのは、この刷新委員会で決めたことは最も根本的なことだ、更に刷新委員会で決めたことに矛盾するようなことは決めない。それに触れて来たような場合には、それを第五特別委員会の方へ連絡をとってそちらと両方の間で矛盾の起こらないようにしていく。つまり刷新委員会及びその中の第五特別委員会は大きな原則的なことを決める、協議会の方は大きな枠の中で実際的な資料によって細案の方を決めて行く。こういうような立前で今おる訳であります」と釈明した（『会議録』第二巻、一八三頁）。

これに対して教刷委の安倍委員長は、「そうすると第五特別委員会から別に何か御報告があったのですか。総会の席上で一つもそういう御披露はなかったのですか」と問い返し、第五特別委の小宮主査が「まだそれは披露して居ない」と答えると、「それはやはり、この総会に報告されて、一応の承諾を経らるべき性質のものじゃないか（中略）内閣に刷新委員会というものがあるのに、大体原則を決めておるのに、必要ではないけれどもやっておるような感じ」がすると苦言を呈し、「総会に一応御報告があった、こういう風にするけれども、これは了解して呉れるかどうか」を確認した上で「基準を定める大学の方の協議会は、それに一任するならば一任する。そういう態度を委員会としてとらなければならない」と、内閣直属の審議会である教刷委の「優越性」を強調した（同書、一八三―四頁）。

他の委員の間からも、設置認可基準の審議を協議会に委ねて結果の報告を待つだけでなく、教刷委・第五特別委でも議論すべきだという意見や、新たな特別委員会を設置するべきだなど、さまざまな意見が出された。しかし教刷委も第五特別委も審議を要する多くの問題を抱えており、「この刷新委員会でいろいろなことを特別議するという時間もないし、余裕もありませんから、そういうような大学［設立基準設定］協議会が出来れば、大学協議会である程度まで、いろいろなことを議して戴くということが却って有難いことで、感謝すべきことだろうと思いますが、唯その連絡がうまく行っておらないというと、丁度医学教育のようなトラブルに遭遇するようなことがあると思いますから」と安倍委員長が発言し、教刷委委員のうちただ一人協議会に参加している務台委員が「それが一番いいじゃないかと思うのでございます。第五［特別］委員会は今まで、始終連絡して来ておるのでございます。第五委員会の方から、その問題を採上げる必要はないのか。うんと重要なことと考えられることを、総会の方へお取次して戴ければ、一番連絡出来ていいのじゃないかと思います」と引き取ってひとまず落着した（同書、一九四頁）。

しかし、大学の制度や組織、教育の基本にかかわる諸課題の審議・決定の権限が、教刷委と基準設定協議会のどちらにあるのかという問題は、その後も尾を引くことになる。

6　移行問題への焦点化

稗方委員の発言

その問題は後に譲るとして、稗方が基準協議会との関係を問う中で提起したのは、高等教育機関の多数を占める専門学校の新制度への移行の問題であった。新制大学の設置基準や学科課程等の審議を別の機関に委ねることの是非はともかく、それが教刷委を離れて、しかも既設の大学関係者だけからなる基準協議会で審議されることに、彼は強い不安と懸念を抱いていたのである。

「現在専門学校が、高等教育について大学と共に重要な部分を受持って」いるが、その「多数に上る専門学校が〔の〕将来の運命がどうなるか」、とくに地方では非常に心配している。「その将来について見透しがないために、現在経営上においても、ほとんど非常に困惑しておる。（中略）それが今度は大学に昇格出来ない。そうすると〔新制〕高等学校の範疇に入れられる。結局その専門学校はどこまでも残して行きたいという頭で、大学の基準、あるいは高等学校の基準というものが定められますと、この教育刷新委員会で折角そういう〔新制大学という〕新制度を設けた趣旨が、全く没却される結果になりはしないか」。協議会の「大学の関係者の委員の審議するところの基準なるものは、結局既設の大学の観念又既設の大学のその基礎から審議されて来るのでありますから、新しい大学がここに高めんとするものに対して非常な困難が生ずる。非常《ママ》に専門学校の昇格ということが非常にむずかしくなって来る。これは高等教育の普及、あるいは機会均等というような方面において、変なことにならないかということを憂慮しておる。現在の専門学校はあるいは高等学校になればいいじゃないかというような意見もあるかも知れませんが、〔新制〕高等学校は要するに中等学校のハイ・スクールに過ぎない（中略）今度の大学はやはり一から十までアメリカを手本にした訳ではないのでありますけれども、この刷新委員会で審議された大学制度については、やはりある程度アメリカのイニシアチーブというものが取容れられて、大学をなるべく全国一般に普及させるという趣旨」で生まれたものと考えている。しかし「今のような別の基準が作られると、結局既設の大学が自分の位置をいつまでも保って、他から入るものはなるべくむずかしくする。そうすると新設の大学というものは、結局折角そういう新制度が生まれても、これを作るのに非常に困難が生ずるという結果になりますと、全く刷新委員会の高等教育に関する、大学教育に関する新制度が、本当の趣旨は発揮されないような結果になるということを憂えておる訳であります」(『会議録』第二巻、一八四—五頁)。

私立専門学校の立場を代表して、基準協議会と教刷委・第五特別委の双方を牽制するような発言というべきだろう。

移行問題をめぐる議論

稗方はさらに具体的に、「例えば、文科系統であるとすれば、その歴史が十年なくちゃならないとか、あるいは技能学科は大学を認めない、高等学校の三年の上に二年ぐらいの五年制度のものを作るという風に、大体基準委員会［設定協議会］では決っておるように聞いている」が、高等学校も大学も「今までの既設の立場で決めるということ、新制度の精神が全く没却される」。「専門学校が大学に昇格というと語弊がありますが、大学にしたいという場合には大学になり得るような基準を作って貰いたい」というのが自分の希望だと述べた(『会議録』第二巻、一八九頁)。

安倍委員長が、それを受けて「お話は非常に御尤も」であり、「今までのとに角過去のものに拘泥してやって行くということであれば、刷新というものが一つも出来ない(中略)とに角今までの過去の状態というものをある程度まで忘れることが必要だと思」う(同書、一九〇頁)と述べると、稗方はさらに語を継いで私立専門学校の立場を次のように代弁した。

設置基準と申しますか、例えば設備がどうとか、資本金がどうとか、歴史が何年とか、図書の数がどうとか、そういう外形的な形式的な標準で、これから生れ出んとする大学をそれで束縛する。そうして初めから完全無欠のものでなければならんというような考え方が困るというのです。そういうものは多少そこに弾力性があって、段々将来大学教育というものを機会均等にして行こうという上において、そういうものを取入れる余裕を作るような基準を、大体少くとも刷新委員会で定めるのではないか（中略）例えば技能学科、体育とか音楽とかいう方面は全く高等学校のカテゴリーの中に押籠めて、二年ぐらいのボケーショナルの教育だというような考え方で進んでおるようでありますが、それは果してそうでありましょうか。どうもそういうものは、やはり内容にいろいろな学科がございまして、決して唯技能だけのものではないと思います。やはりそういうものが将来大学として設けられるような途がそこに開かれることが、日本の将来の教育の振興改革の上において非常に重要な問題だと思うのでありますが、それが全く理学部と文科系統と医科系統、家政女子大学、内容がどういうものか、私存じませんが、これは家政学の大体を組立てたものではないかと思いますが、家政学というものは、大体学問も大分ありますが、技能も中に含まっておる。それだけは特別に大学を許す。音楽とかタイプとかというものは、大学を許さない。全く厳重な障壁を設けられるということになると、将来のそういう方面の学問が、正に途が開かれぬと考えるのであります。（同書、一九一頁）

専門学校の苦境

こうした稗方の問題提起を受けた専門学校関係の委員の発言から、移行にかかわる切実な問題が表面化していくが、総会の議論は教刷委に設置認可基準の問題を検討する特別の委員会を設けるか、それとも第五特別委に委ねるか、あるいは基準設定協議会に任せるのかという、いわば主導権争いに流れて行った。

矢野貫城（明治学院長）「六・三・三・四の制度になりますと、その影響を非常に受けるのは、先程特別委員［会］を作ると言われた今までの師範学校と、今までの専門学校、高等学校、これは非常に大きな影響を受けるのでありまして、ことに師範学校が今ああいう影響を受けておるということは、今お話がありましたが、専門学校は非常に大きな影響を受けるのでありますから、勿論専門学校自身がどういう風に考えておるということは、問題にする必要がないと思いますけれども、とに角客観的に見て、今度の制度について、専門学校がどういう地位になるのがいいのかというような問題は、一通り私は研究して置く必要があると思うし、又これは委員会で研究する必要のあることだと思います。（中略）実は官立も私立も公立も、私どもの接しておる範囲内におきましては、専門学校はどうなるだろうかと非常に心配しておりまして、どういう基準があったら大学になれるかというようなことについて、非常に今心配しております（中略）今専門学校は、生徒の募集につきましても、非常に困っている。大学になるのならば入るが、大学にならなければ入らないというような生徒も、相当多い。まだ明かでありませんけれども、とに角何かそういう方面で標準が分りますと、専門学校は安心して自分の方針を決めることが出来ると思いますから、これは相当大事な問題だと思います。」

安倍委員長「専門学校が、今非常にそういう点で困っておられるということも、それから師範学校の志願者が非常に少い。専門学校の志願者が少いというようなことは、やはり教育刷新委員会としては軽視することの出来ない具体的な重大問題だと思いますが、大学の六・三・三・四という風に決めたというだけであって、教育刷新委員会がそれで安心するという訳には行かないと思います。そういう点について、やはり相当はっきりした意見を決める必要が、刷新委員会として決める必要があると思いますが、如何でしょうか。」（中略）

河井道（恵泉女子専門学校長）「専門学校のことでございますが、女子の方面はどの女子の専門学校も大学になろうとは考えられませんし、又出来ないことでございます。大概の所は、専門学校の程度で終りたいという志願者が、女子の専門学校には多いのでございます。（中略）長い年限を学校に与えることが出来ないというのが、女子の立場でございますから、この専門学校という方は、女子を中心にお考え下さいまして、女子の専門学校ということは、［大学になるものとならないものに］二つかっきり分けなければならないものと思いますが、先程仰せになりました委員会と申しますか、研究会と申しますか、早く作り出した方がいいと思いまして、余り冷然と構えて置くことはよろしくないかも知れない。」（中略）

安倍委員長「大体高等学校が大学になるとかいうような噂が、頻にあるので、現在の高等学校をどうするとか、専門学校をどうするかというようなことの、具体的の確定した案というものはないのでしょう。そういうようなことを、やはりある程度まではっきりすることの出来るものは、はっきりさした方がいいのじゃないでしょうかね。」

高橋隆道（東京農林専門学校長）「専門学校の問題は、大分重要だと思いますから、やはり先程申出がありましたように、特別委員を作って、もう少しこの刷新委員会で研究した方が適当だろうと思います。」

大島正徳（在外邦人子弟教育協会理事）「私も、今第五特別委員会の方へ随分お委せしておるようだから、やはり高等学校とか大学とか専門学校、女子教育は別だが、何かやらないというと、とてもという感じがあるのですが、そういう点に賛成いたします。」

安倍委員長「それでは専門学校、高等学校、女子専門学校、そういうものについての特別委員を設けるということにいたしますか。」（以上『会議録』第二巻、一九三—四頁）

第五特別委の立ち遅れ

天野貞祐（第一高等学校長）「専門学校とか高等学校というものをどうするかという特別委員を作るということも効果もあるかも知れませんが、一体委員長が御懸念になったように、大学の方の会とか、高等学校の会とか、いろいろなものを作ることは、刷新委員会を束縛することになるという考を持っておりますから、高等学校関係者が高等学校の方の会を作ろうということには、自分は賛成しない（中略）わきで決めたことは第五特別委員会を通じて、ここに報告をするということが誠にいいと思います。（中略）どの高等学校をどうするかということまで、この委員会で決めるものでしょうか。そこに私は疑問を持っておる。」

安倍委員長「どの高等学校をどうするという問題じゃない。一体この高等学校というものは、この学制で消えてしまうものか……。」

天野「そういうことは、第五特別委員会でやるべきものと思って考えて来たのですが、それを外の委員会に移そうということになると、第五特別委員会は何をやるか分らない心配はないかということを思うのです。」

南原副委員長「具体的にどの専門学校、高等学校をどうするかということは、お話の通りに、この委員会でやるべきことだと思います。そこで幸にいたしまして、別に大学基準に関する協議会がありますから、本来なれば、この委員会というものは、膨大な組織を以てそういうセクションを持っていいのでございますけれども、一つは時期の切迫している問題もあるし、そういう種々の関係もありますから、折角出来ておるから、その案をある程度まとまったものを、ここに持って来る。（中略）十分連絡をとってその案をこちらが採上げて、異議がある点は修正をする。大体の認めるべきものは、これを認める。そういうようなことは総会がやる。その場合に第五委員会がやるか、［別の］特別委員会をやるかということは、大事な問題でありますけれども、一般論の問題は、第五委員会の方でやる。」

天野「教員養成の師範学校の問題は、特別委員がよろしいだろうと思いますけれども、高等学校、専門学校のことまでも、特別委員［会］ということになると、第五特別委員［会］のやることは、なくなってしまうような風に、自分には思えた。そういうことを申上げたのです。」（中略）

安倍委員長「専門学校をどう扱うかということは、第五特別委員会で問題にならなかったのですか。」

天野「まだそこまで行かない。ですから、そういうことまで外の委員会でやって下さるということになれば、第五特別委員会は、一体どういうことをやるのか分らない。」

南原副委員長「この前の総会で、輪郭を決めるということは、やって呉れる筈になっておりますが、その問題と関連するのじゃないでしょうか。」

天野「それを今やりつつあるのです。」

安倍委員長「そういう御意見ならば私は改めましょう。第五特別委員会で、やはり高等学校、専門学校というものの性格について、御討議を願います。」

天野「主査はどうお考えでしょうか。私はそう思っておるのです。」

小宮主査「私も高等学校、専門学校のことは、この前ちょっと中間報告を出したきりで、まだやりつつある途中なのでございますから……。」

安倍委員長「それは、はなはだ失礼しました。どうぞ、第五特別委員会で御討議下さい。」（以上『会議録』第二巻、一九五―六頁）

第五特別委と、委員長・副委員長を含む教刷委の他の委員との間に、学制改革の現状と方向性の認識に大きな差異があったことをうかがわせるやり取りである。

この第二六回総会の開催された昭和二二年（一九四七年）三月七日は、学校教育法案が閣議決定された日であり、しかも、医学教育審議会との協議を経て第五特別委で採択された医学教育に関する決議案が、総会に提出された日でもある。その決議案は「医学教育を完了するまでの修業年限は、現在予想される諸条件の下に於ては、制度上六ヶ年を予定するのが最も適当である」、「医学に対する基礎科学学習の期間には同時に一般的教養の向上及人間性の陶冶に留意するを要する。この期間としては二ヶ年を予定するも、その教育の方法及場所は新制高等学校の性格、内容及大学の学部区分の性格、構成と関聯して定めるを要す」という、新制大学の教育課程編成にまで踏み込んだ、重い内容のものであった（同書、一九六―七頁）。

依然として新制度の高校・大学の三～五年制という年限問題に固執し、専門学校や師範学校の移行問題を放置したままの第五特別委は、急激に進展する学制改革の流れに一歩、いや数歩立ち遅れていたといわねばなるまい。

移行問題と第五特別委

第五特別委の約束した中間報告がなされるのは、学校教育法が帝国議会を通過した後の三月二八日、第二九回の総会になってからである。それに先立って、第五特別委では第一八（三月一〇日）、第一九（一四日）、第二〇（一七日）、第二一（二四日）、第二二（二八日）と、五回にわたって集中的に移行問題が審議された。

第一八回の特別委での議論は、務台理作委員の「六・三・三・四制が実施されるとなると、一番大きな変革を受けるのが真中に入っておる三で、三の学校に乗換えなければならない現在の高等学校で、中学校と高等学校、高等《ママ》専門学校が一番大きな改革に突きあたる（中略）中等学校の方は、五年のものを要するに三年に縮めれば宜いということも考えられますし、或は中学校にもう一年足して六・三・三の新制高等学校を作るという途もあるので、中学校の方は割合楽な立場に立っておると思いますが、一番難儀なのは高等学校、高等専門学校、師範学校もそこに含まれると思いますが、これは現在の儘ではもうおられない」（『会議録』第八巻、二七九頁）という発言から始まった（なおここでは務台は「高等専門学校」を、専門学校の意味で使っている）。

その務台が提案したのは、新制高等学校の三～五年という年限の幅を活用した移行措置であった。新制高校に、中等学校から移行の三年制の高校と、専門学校が移行する五年制の職業高校の二種類を設け、後者には何年かの準備期間を置いて、大学への昇格のための条件整備をさせることにしたらどうか、というのである。第五特別委の従来からの年限論にこだわった移行案だが、天野貞祐委員は直ちに、務台の意見に大賛成で「高等学校もそれに準じて、或ものは五年ということにして置いて、将来の準備をするという風な考も全く結構だと思います」と応じた

（同書、二八〇頁）。繰り返し主張してきた旧制高校の温存論である。しかし、この時点ではすでに文部省とＣＩＥは、五年制は職業高校に限ることで合意しており、教刷委もこれを容認する方向にあった。第二特別委と兼任の倉橋惣三委員（東京女子師範学校教授）が、五年制を職業系に限るというのは第二特別委の審議を経て決定したことであり、「ボケーショナルでなく、五年の高等学校があるということを一般に許すことはどう」かと、天野の主張に疑問を投げかけたのは当然だろう（同書、二八一頁）。こうして、旧制高等学校の移行問題を基軸に、天野と倉橋を両極に多様な議論が展開され、その中でこれまで論じられることのなかった問題があぶり出されることになる。

議論の根幹は、高等学校・専門学校・師範学校のすべてを、一挙に新制大学に移行させるのは困難だという点にあった。その点で委員の意見はほぼ一致していたといってよい。それまで新制大学の組織形態はもちろん、教育課程や教育水準についても議論がほとんどされてこなかったのだから、委員の間に旧制度の既成の大学のイメージが支配的であったことは、容易に想像される。とくに第五特別委の委員の間では、旧制の高等学校・専門学校の一部については新制大学への移行を認めるものの、大多数の学校は新制高校に移行させるべきであり、三年から五年という新制高校の年限の幅はそのためのものだというのが、ほぼ共通の認識であったと見てよい。

問題は、その先にあった。意見が大きく分かれたのは、新制高校の五年制が恒久的なものか、それとも直ちに新制大学への移行（「昇格」）を果たすことの困難な諸学校に対する救済策としての、暫定的なものかについてである。議論の流れは、救済のための暫定・臨時措置として認め、別途審査委員会を設けて、条件整備の進んだものから順次新制大学に移行させる方向で収斂していったが、工業・商業等の職業系を中心に五年制新制高校を恒久化することで現行の専門学校制度を継承すべきだという意見や、旧制高校に準ずる非職業系の五年制高校を存置させるべきだという根強い主張もあった。いずれにせよ三年制を原則とする新制高校に五年制を認めるとすれば、その後期二年の教育課程の位置づけ、さらには新制大学との接続関係、とくに旧制高校から移行する五年制高校卒業者については、新制の四年制大学のどの学年に入学を認めるのかが重要な問題になる。そしてここで旧制高校温存論者の天野委員が再び登場して、議論を一方では錯綜させ、他方では活性化させ、深化させ、改革の課題を鮮明にするという皮肉な役割を演じるのである。

7　問われる新制大学像

前期・後期論の登場

その一つが、新制大学の教育課程編成の問題である。天野によれば旧制高校を継承する五年制高校の卒業者は当然、新制大学の第三学年に編入されるべきであり、そのためには大学の教育課程は前期、後期各二年に分かれ、前期二年間は専門教育でなく普通教育に充てられるのでなければならなかった。

天野「今の高等学校をどうしたら宜いか。これが問題です。現在ある高等学校はカレッジになることが本則だと思いますが、急にカレッジにしようとしても教授力が整わなければ出来ないから、一時そうした［五年制という］臨時の措置をしたらどうかというのです。」（中略）
倉橋「その時に五年のボケーショナルでない高等学校のあとの二年はどんなものになりますか。」
天野「あとの二年は大学の前期……。」
倉橋「そうすると矢張りボケーショナルの高等学校……。」
天野「そうですが、片方［ボケーショナル系］はそこでお終いになる高等学校、片方は進んで上の後期《ママ》をやろうという高等学校です。」
倉橋「或時期になればその高等学校はなくなる訳ですね。」

天野「総てカレッジになる訳であります。」（中略）

務台「［旧制］高等学校に対する臨時措置が何故必要かというと、今迄の取扱では高等学校と高等専門学校は同等に取扱っておる。大体同じ力のものだということになっておるが、高等学校を当分の間そういう措置をとって二年増加する。そうすれば現在の高等学校の内容は十分維持出来ますから、それでその間に準備をして将来カレッジに昇格する。（中略）こういう風にすれば一つの方向が立てられはしないか。」

倉橋「他の言葉で言えば、現在の高等学校を或期間中は高等実業学校とする訳ですね。」

務台「それは名目のことですね。ボケーショナルと言ってもあとの二年は、例えば、理科、文科というように分けて専門的になるのですから、ボケーショナルに準ずると言えば言えるのではないかと思いますが……。」（中略）

小宮主査「これは大学の四年というものが前期、後期に分れるということを予想して行かなければ、ちょっと何ですね。」（中略）

天野「大学は前期、後期に分れて、宜いじゃないですか。」

小宮主査「分れて悪いとは思いませんが。」

務台「こちらの委員会で大学のことを引受けておるのですから、大学は前期、後期に分けるのが宜い。これは前から出ておるし、私もそういうことを述べて来た訳でありますが、大学を二年だけやって、そうして色々な事情があって中途退学する者は、或は世の中に出ても宜いじゃないか。そして又適当な時期に帰って来て、残る二年をやれば卒業出来るというように、少し幅のあるものにした方が、宜いじゃないか。」（中略）

小宮主査「そうすると、［新制］高等学校のあとの二年というものは、大学の前期と考えて宜いわけですね。又そうした方が或は通りが宜いかも知れない。」

倉橋「そうして後期に入る訳ですね。」（中略）

天野「そうなれば医科との連絡の問題も考えられます。」（中略）
倉橋「趣旨において大変能く分りましたが、暫定的というのは制度上の問題で考える時には、これは何年間こうしなければならぬということがある筈ですが、今の問題に対してはどういう風になって来ましょうか。」
天野「或高等学校はその儘ずっとやれるだろうと思います。（中略）高等学校によって一律に行かないと思います。ですから全部の高等学校が皆同じにならないでも。」（中略）
小宮主査「詰りその高等学校に大学が併置されるということも考えられるわけですね。」（中略）
務台「実際はアメリカのゼニアーカレッジその儘のようになるのじゃないですか。」（『会議録』第八巻、二八二―二八四頁）

分割の方向性

旧制高校の温存を図ろうとする天野と小宮の執念がうかがわれるやり取りだが、より重要なのは新制大学の前期・後期二分論であり、それが移行問題、とりわけ旧制高校の移行問題がらみで登場してきた、という点である（なお、務台の前期・後期論はあとで述べるように、師範学校の「教育大学」化にかかわって発想されたものであり、天野・小宮のそれとは異なる）。

この時点で、新制大学の教育課程の前期・後期への二分割が、設置基準を議論していた基準設定協議会でもまだ決まっていなかったことは、協議会の有力委員でもある務台が、「大学の四年の課程を二つに分けるということも、話は出ておるだけで、まだはっきり取決めになってないと思います。この委員会としては大学の課程は前期、後期にする、こういうようなことを決めないといけないのじゃないかと思いますし、第五委員会はそれを決められると思います」と発言していることからもわかる（『会議録』第八巻、二九一頁）。

こうして、教育課程の編成問題に議論が及んだところで、この問題について先行して議論を深めてきた、医学教育審議会の委員でもある福田邦三臨時委員から、以下のような説明があった。

この前総会で御要求がありまして（中略）大学の最初の一年、二年の間に教えなければならない事柄の学科別の時間を考えてみまして、医科に二年が要るようなところを、他の科では一年半ばかりになるという計算を、私共の方からみての計算でありますが、提出致しました。それは大学で各分科に分れるということを考慮に置いてのことでありまして、工科に致しましても応用化学、採鉱、冶金という風に分れる積りで計算致しましたので、分れる前の状態で、詰り大学の前期というのを［旧制］高等学校のように、精々文科、理科という程度の分け方でございますと、年限の計算は少し数字が動いて参りますから、それはご了承願います。その計算では理科的学科の最初の一年は、共通の科目が非常に多うございます。第二年目に入りますと、仮令半年でも相当教科内容が分化して参りますことを考慮に入れまして、四年間で相当のところ迄行くという計算を致しました。前期二年、後期二年という風に分けます時には、又計算が幾らか変って参るということをちょっと、計算を致しました責任上御了解を得たいと存じます。（同書、二八五頁）

これについて、佐野利器委員から、専門教育に入ると前期・後期を分けるのは難しいが、「一年だけ切離してしもうというならば、一般学科が多いから、そこらは何とか行くかも知れません」という発言があり、それを天野委員が引き取る形で「文科系統の学科は二年、二年と分けられると思います。それを大学に皆一律にしないでも宜いかも知れませんが、文科系統の学校は前期二年、後期二年、理科系統の方は前期一年、後期三年、医科の方は前期二年、後期四年ということについて、大学の方の人達はどういう意見を持っておるかということを聴いて戴いたらどうか」と総括したことで、第五特別委の大勢は教育課程の二分化の方向に向かった（同書、二九一―二頁）。

二年制大学論

しかし、一週間後の三月一四日に開かれた第一九回の特別委で、務台委員から、「大学設立基準委員会［設定協議会］の方に前期、後期というように大学の課程を分けて、その前期に当るように五年制度の高等学校の四年、五年というところを何かつくように出来ないだろうか」と提案したが、「司令部の方ではそういうことは六・三・三・四制度の上からむずかしい、高等学校でやった単位を大学に持込んで、大学の単位にするということはむずかしい（中略）協議会の方では詰り歓迎しない傾向でよい結果を得られなかった」、一応懸案ということにしておいたが、「高等学校の四、五年でやった単位を大学の一年、二年の前期に持込んで、それを履修した者が大学の三年に入るというようなこと」は、「大体の観測でむずかしい」という報告があった（『会議録』第八巻、二九四―五頁）。

旧制高校温存論はこれで絶望的になったと思われたが、福田臨時委員から新しい提案という形で助け舟が出された。それが二年制大学論であり、具体的には次のような内容のものであった。

旧制高等学校の五年制高校化には、「今迄の高等学校の制度を保存する形になり、これは新制度の精神と全く相容れないものでありますから、どこかに必ず強い反対が出る」。重要なのは、五年制高校の後期二年を「大学の二年にエクイバレントのものにしようという考えで（中略）エクイバレントのものならば大学という名をつけても宜いじゃないか」。「臨時措置として高等学校を二年延ばす限り、臨時措置として二年制度の大学、詰り未完成の大学を設けるということも同じに成立つ理由」である。「高等学校を五年に延ばすということは旧制度の存続になりなりますけれども、大学の一年、二年だけをそこで教育するということにすれば、新制度への努力ということ」になるから「司令部の方でもその方に寧ろ賛成する」のではないか。同じような内容の教育をしようというのだから、「大学の一年、二年を教育する場所として、今迄の高等学校を換骨奪胎することが出来るように思」う（同書、二九五頁）。

福田はさらに、松本医学専門学校と松本高等学校の例を挙げ、医専を大学化するにあたって、その「プレメジカル」を高校が担う形があり得るし、東京帝大の場合にも場所は離れているが浦和高等学校で、本郷の「例えば英文科、或は国文科、或は哲学科というような科の一年と二年はここで単位が取れる」ようにすれば、「旧制度の高等学校という考えを離れて、新制度の大学として数年後には四年のコースを完成するとか、或は完成しないでももっと広い接触面に於て本郷の帝大とアップリシェート［アフィリエート？］することが出来る」。つまり「今迄の大学、高等学校の考え方にこだわりませんで、連結の可能性のあるものを採入れて、制度として採用する」ようにすれば、第五特別委の理念がなんとか実現されるのではないか（同書、二九六頁）。

天野はこの日の会議に出席していなかったが、もう一人の旧制高校存続論者である小宮主査は、「高等学校に大学を併置するということは僕も賛成なんですが、それを四年の大学を設置することが差当り不可能な場合に、二年でこれから引続いて行くという見込みの下に二年の大学を置くということが出来れば大変宜いと思います」（同書、二九七頁）と、この提案を肯定的に受け止め、次回以降の特別委（第二一、二二回）では天野委員も出席して、この二年制大学論の可否を中心に議論が展開されることになった。

天野委員の真意

福田の提案は、二年制大学を旧制高校の移行のための臨時措置としながら、同時にそれを前期大学（ジュニアカレッジ）として存続させてもよいと取れる内容になっており、天野は、その後者の案に飛びつき、新制高等学校に二年制の大学を、しかも臨時的措置としてではなく、併置できることにするという案を強硬に主張した（『会議録』第八巻、三一七頁）。さすがに小宮主査は「進駐軍の方で［新制の］高等学校と大学を併設することは不賛成だ。それはその高等学校を卒業した者がその大学へ特権階級みたいなものとして入ると、高等学校が予科的な存在になる虞が十分ある、だからそれはいけないという風なことを誰か言っておりましたが……」（同書、三一八頁）とやんわり反論したが、天野は引き下がらず、旧制高校をなんとか存続させたいという自説を、あらためて以下のように力説した。

今の高等学校を新制高等学校に下げてしまっては実に惜しい。だからどうか今のまま存置出来ないか、それはカレッジにすれば宜いが、教授力が足りない。欲をいえば、我々は四年に［新制］高等学校に［を］し、大学に連絡する時は大学の二年に入ることが出来ないかと考えたが、この間六・三の次の三は三でも四でも五でも宜いという決めを、技術に限るといってしまった為、四年という高等学校は出来ないことになってしまったので、二年延ばして技術という意味を含めれば大学を作ることも出来る。それから専門学校をどうすれば宜いかというと、これに二年つけて一つの簡易な大学というか二年だけついた大学にすればそれでおさまって行く。だから力を充実してそれをカレッジにするというのです。（同書、三二四頁）

暫定措置として二年制の大学を置き、それをやがて四年制にするというのなら、福田や佐野の提案と同じだが、天野の考えはそうではない。「師範学校も高等学校も専門学校も皆大学になったら、大学というものは安っぽいものになってしもう」（天野）。「天野君は二年はいつまでも置きたいのですね」（小宮）。「置きたいのです」（天野。以上同書、三二四頁）。しかし大学は原則四年制とすることが決まっており、二年制大学の設置が認められる可能性はなく、新制大学の教育課程を前期・後期に分けることも、はっきり決まっているわけではない。議論は堂々巡りをせざるを得なかった。

佐野から「一つの県に一つの大学が出来て、その大学がその県の文化の中心になって行くというような考え方で、ある程度低いかも知れないが、とにかく最高学府というものを県に一つずつ持って行く。その中にはその県にある高等学校なり師範学校なり専門学校なりが入って大学を組織する、というような構想はどうだろうか」（同書、三二六頁）、また文部省の松井正夫大学教育課長からも、「一応大学になり得るものは専門学校でも高等学校でも大学としてスタートしたらどうか。例の基準委員会もございますからその基準に照して出来るものはやったらよいだろう。出来ないものは大体新しい高等学校という風に一応考える訳ですが、そうすると実際問題としてはなかなかおさまりがつかない。（中略）地方の人達は一生懸命大学昇格運動をやっておる。その熱意の為に続々新制大学になるようなものがあればそれはそれで結構、その標準に充たないものについてはやはり一年ぐらいそのままにおくものもあるかも知れないというような考え方もしております」（同書、三二七―八頁）という、現実的な移行案が出されたが、天野が納得することはなかった。

結局、小宮主査が「現在の高等学校及び専門学校は臨時措置として五ヶ年制とし、大学課程の一部をここで履修することが出来る、としますか」（同書、三二九頁）と引き取り、当面の結論とされることになった。

転学の自由論

この二年制大学論から派生的に、新制大学の制度や組織にかかわる新たな論点が登場してきたことも指摘しておこう。

その一つが、「転学の自由」の保証と、単位制・学科目制の導入の問題である。「大学」と称するかどうかは別として、新制高校に二年制の課程を設ければ新制大学との接続関係が問題になる。大学の教育課程の前期・後期二分論がそれと関係していたことは、すでに見たとおりである。それがさらに単位制・学科目制の導入、転学の自由の保証の議論へと展開していくのである。

天野「私はやはりどの大学でも前期、後期という風に……。或ところは一年を前期とし、三年を後期とする、或ところは二年を前期として二年を後期とすることはあると思います。そういう場合に唯漠然と二年の課程を了えたものは後期に入れるとすると、場合によれば一年そご［損?］することがある、それは或学校は前期一年、そういう所でこれをやれば一年損をすることになる。」

務台「文科について見ると、単位制度が選択になっておりますから、一年でこれだけの講義をやらなければいけないということを決め得るかどうか、一年と言ってもよし、二年と言ってもよいということになると、四年間に所定のタイム［単位?］を取ればよいということになっておるから、文科の上に前期、後期、そういう年数に関した制度をおくということがどういう風になるか。」

天野「単位制度にして、二年にはこれだけの単位は取るという……。」

務台「そういう規定があればよいのです。これだけの単位は一年で取る。」

小宮主査「単位の取り方が大学によって色々になり得ると思う。」

務台「こういうことが決められて大学の転学を許す。」

小宮主査「それは私は是非必要なことだと思う。」

務台「転学を許せば一挙に解決する、詰り二年やったものが他の大学に入る場合に、お前はあとこれだけの時間を取れ……。」

小宮主査「それは是非やりたいと思います。大学は学年制でなくして単位制で行くということが基本になって、それから転学の自由というようなことを許す。」（中略）

天野「例えば東京［帝大］では無暗《ママ》に転学しようと言っても、迚も大学の方で収容出来んということになれば、試験をしてよい、それでない限りは試験はしないということもよい訳です。」

小宮主査「文科、理科などは相当自由に出来るが、医科とか工科となると、なかなかそう一々許す訳にはいかないと思う。」

務台「それから大学教授会［大学教授連盟?］というものが出来て、今六大学でやっておるが、講義を交換する、教授が行ってもよいし、生徒が他の大学に行って講義を聴いて来る、それも単位にする。」

天野「転学が出来ればそれは必要がなくなる、出来ないからそういうことをやる。例えば今度は此の学校で理学をやる、哲学は何処だということを自由にするということはよいと思う。」

務台「その位のことはやらなければ刷新にならんと思う。これは一つここで決めたらどうですか、原案を作って総会に出したらどうですか。」（中略）

倉橋「実際問題としてどうですか、上の学校でもなかなか許すと言っても難しいのですが、只今……。」（中略）

小宮主査「どういう文句にしますかな、大学は学科目制度とし、転学の自由を認めること……。」（中略）

務台「文科系などは単位制度だからそういうことを原則にして、試験にパスしなければいけないというようなことでは、各大学の事情に応じてやるということ……。」（中略）

小宮主査「採る採らないは寧ろその大学、その学部の考えでどうにもなる、そういう門戸を開いておくということ、そのことの可否ですね。」

福田「私は賛成でありますが、他の方はどう言うか分りませんが、医科に関する限り実際はまず実行はございませんね。」

小宮主査「どうも理学部、工学部というような実験施設を必要とする学科目になると、なかなか転学は難しいかも知れませんね。」（中略）

天野「原則としてそれを認めるということは必要だと思う。」（『会議録』第八巻、三〇七—九頁）

単位制・学科目制

こうした議論の末、第五特別委からの提言として総会に出されることになる「転学の自由」の保証論は、確かに「刷新」と呼ぶにふさわしい画期的な構想ではあったが、現実には空想的と言わざるを得ないものであった。その結末は後に譲るとして、単位制・学科目制について若干の補足をしておこう。

わが国の高等学校・専門学校は戦前期を通じて、授業科目が学年ごとに配分され、選択の自由が事実上ない「学年制」を原則としていた。大学の場合にも、学部によりまた大学によって若干の違いがあるものの学年制を基本にしていたが、昭和期に入ると文科系の学部では選択可能な科目数が増え、また一部の大学・学部は「単位制」を導入するようになっていた。ただ、戦後のそれと違って単位制といっても一週一回、一時間ないし二時間の通年の授業を一単位とするというだけの、授業時間数と履修科目数を基本とする単純なもので、しかも大学間で標準化されておらず、単位の流通性が認められていたわけでもなかった。戦後すべての大学に導入されることになる単位制については、第五特別委とは関係なく、大学設立基準協議会で議論が進められており、同協議会の中心メンバーでもあった務台が第一三回（二二年二月一四日）の第五特別委で、以下のような報告をしていることを紹介しておく。

そこ［基準協議会］で決ったことを二、三申上げますと、大学は講座制度でやるということ、大学は単位制度を採るということ、単位制度を採っていく上に（中略）一単位をいろいろ文科系統、理科系統で相違がありましたり、実際に於て採り方がいろいろ違って居るのであります。それで出来るだけ同じ形に現した方が宜かろう、これは今後転学なんかする場合とか、或は事情が許せば、或る大学に行って或る講義を聴いて来て、自分の単位の中に入れて宜いという制度が出来れば宜い。そうして一週一時間十五週間、詰り一週一時間半ヶ年分を一単位とすることに決定になりました。従来はどこの大学でも、二時間、一年間を大抵一単位にしたと思いますが、それは四単位になる訳であります。単位の数からいうと大変ふえて参りますが、これは一週二時間の講義もあるし、理科系統には実験もありますので、そういうものとの関係を考えて、一週一時間半ヶ年、十五時間を一単位とし、三十時間やれば二単位にするというようにして、文科、理科すべて共通の単位にするということに決ったのであります。

それから文科系の方で大体決りつつありますのは、法学部、経済学部、文学部、そういうものに通じた共通学科を決めよう。その共通科目というのは、一般教養に関するもので専門の方ではないのでありますが、これに付ては司令部の方の人の意見も述べられたりして何回も協議したのでありますが、まだ決定になりませぬ。併し大体は社会学科《ママ》と人文学科《ママ》と自然科学の三つに付て、どの科から考えても、これだけのものは一般教養として必要だと思われるもの十二、三科目を選び出し、その中から必須科目と選択科目を区別しようという考であります。（中略）実際を言うと、今の高等学校の二、三年でやるような科目、そうして新制度のアッパースリー［高等学校］では十分にやれないと思われる学科、そういうものが共通になる訳で、それが今決りかかって居る訳であります。医科の方に行くには、二年とか三年の一般教養が要るということで、大変問題になって居りますが、そういう方面とは別問題で、年数に何等の関係もないわけであります。そうして一年生の時にやるか或は四年間を通じてやるかは、大体各大学で決めたら宜いじゃないかという風な話合になって居る訳であります。（『会議録』第八巻、一九六頁）

この報告については、次のようなやり取りがあった。

小宮主査「一単位というものを一週一時間で十五週間とするということについては、議論がありませんでしたか。」

務台「色々ありましたが、文科系と理科系ではかなり違います。理科は実験をやりますが、実験をやると無論一時間では出来ませんから、二時間か三時間出て来ます。それで実験のウェイトと普通のゼミナールのウエイト等がいろいろ出ましたが、結局やり方が色々あって面倒になりまして、総て一時間十五週を一単位とする。それですから、三時間で詰り一年の講義をやれれば六単位になる。どの大学も単位制度で行けば、選択が非常に大幅になりますから、卒業証書は同じものでも、やる者が違ってくるわけであります。それでありますから、卒業証書なんかに将来履修単位を書く必要があるのじゃないか、その時に共通のものが出来ておれば、何処に持って行っても何時間聴いたということが直ぐ判る。唯哲学の単位をやったというだけでは何時間やったか判らないから、二時間の講義を一年聴いたとすれば、哲学を四単位やったというようにすれば、便利じゃないかと思います。」(中略)

小宮主査「単位制度というのは、結局講義を聴いた時間が計れるというだけでありますね。エキスペリメントゼミナールというものは……。」

務台「それは色々ありまして、ゼミナールなどは時間が多くなると困りはしないかということがありましたが、なかなか決めるのが面倒で、結局一律にしてしまって一時間十五週を一単位にする、要するに時間数を表わすものに過ぎないのであります。」(同書、一九八―九頁)

学年制から単位制への移行という、教育課程編成の根幹にかかわる大転換について、第五特別委はもちろん基準協議会でさえ認識はその程度であり、アメリカの単位制度についての理解もなく、この時点では、単位は授業の実時間数を表すという戦前期以来の日本的な単位制が志向されていたことがわかる。

学位の問題

この第一三回の特別委で単位制に続けて、務台は「もう一つ問題になって居りますのはデグリーの問題で、日本では学士と博士と二つに分れて居りますが、その中間のものがアメリカ流に言うマスターになる訳であります。大学院で一年、二年やった者を資格を決める必要があるじゃないだろうか、この問題は刷新委員会の方で決めるものか、大学設立基準委員会［設定協議会］の方で決めるものか、そういう点に付てこの委員会の御意見を伺いたい」(『会議録』第八巻、一九七頁)と切り出したが、この日の会議では何の反応も得られなかった。

アメリカ的な大学院制度の導入を構想する占領軍側は、繰り返し学士と博士の中間的学位の新設を求めたが、第五特別委は、その後もこの問題には極めて消極的であった。それは松井大学教育課長が、占領軍側から学位問題の早急な審議を求められていると発言し、審議を求めた第二〇回の特別委での以下のようなやり取りから知ることができる。

小宮主査「学位の問題なんか末節のことでどうでもよいのだが、やはり向うはそんなに考えておるのかね。」

松井課長「非常に急いでおるのです。詰りバチュラーに相当するものと、ドクターに相当するものしかないので、その中にマスターに相当するものをおくのがよいのじゃないか。それから大学四年をやって、更に大学院を了えた者に対して新たに又マスターのようなものをやるのかどうか、そういう問題で殊に高等学校以上の教員になるような人はマスターであって欲しいのだ。そういう考えもありまして、何とかお願いしてくれということなんです。」

小宮主査「ステアリング・コンミティでも我々にもそういう話があったけれども、少し馬鹿気ておるような気がするものだからね。」

天野「大学院を二年やったらどういう学位をくれるかということになると、大学院は丸でそれを取るところ見たようになりますね。」（中略）

小宮主査「そんな中間のものは要らないような気がする。（中略）結局向こうにあるからこっちにもやらせようというだけの話じゃないか、簡単に言えば……。」（中略）

務台「高等学校の先生の一つの標準にしよう……。」

松井課長「そういう考えもひとつあります。」（中略）

天野「向こうで造れと言えば、造ってもよいことなんですから、まず一番下を学士として、その次に博士と言って、その外にエッセー・ドクターに当る名誉博士というものを造る。それは博士中の推薦としてなる、自分から成ろうと思って論文を出すのじゃなく、名誉博士。それで今度の新制大学の教授になるものは博士と言った

らどうですか、そういう三段階にしては……。」（中略）

小宮主査「そういう称号を造るのに良い名前が出て来ればよいが、それを考えるのが面倒臭いのだ。」

福田「向うが要求するのはマスター式の中間的な学位を置いたらどうか……。」

天野「その中間的なものを皆博士と言ってはいけませんか、その上を名誉博士と言う……。」（中略）

小宮主査「それでは称号は従来の称号で特に不便を感じないというようなことにしておきましょう。」（同書、三一〇—一一頁）

こうしたやり取りは、第五特別委の委員たちがアメリカの学位制度だけでなく、大学院制度についても知識・理解がほとんどないまま、ヨーロッパ的なそれを原型とする旧制度にこだわり続け、「刷新」に向けて踏み出そうとしなかったことを示唆している。以下に見るように自説に固執し、帝国大学の存在にこだわる天野をはじめとする委員たちにとって、一定年限の課程履修を前提とする「中間学位（マスター）」はもちろん、アメリカ的な大学院制度そのものが、理解を超えていたのである。ただし、それが帝国大学の移行問題をようやく俎上に載せる役割を果たしたという点では、意味のある議論であったというべきかもしれないが。

大学院と研究所

倉橋「［中間学位は］根本的には要らないようなものであるが、あったって差支えないでしょう。（中略）大学院の考え方にはいろいろある訳で、大学というものは或る意味において年限が少し低くなっているから、大学院で本当に大学のようなものにする、そこに何かしるしがつけたいというのでしょうが、それは我々の希望する本当の大学院というものとちょっと違う。」（中略）

天野「私は帝国大学というものはもっと本当の大学にならなければならぬものと思う。あれに若し今のような大学を併置しておくと、主力はそっちに注がれて、本当の大学院というものが希薄になってしもう。大学院の仕事は非常に多く、先ず学問研究、再教育の機関、今度の大学教授の養成、それから一般公開講座というように非常な働きを持たねばならぬ。それから日本の文科系統について考えて見ると私共は自然科学より精神科学が非常に遅れておると思う。それは何故かというと純粋の研究所がないからで、だからこの際帝国大学は純粋の大学院にしたいという考えを持っております。」

倉橋「その趣旨においてはもっともですが、形式論的に言えば、今度出来た学校制度としては大学院というものは独立にはなく、学校体系の中では大学に設けることを得ということになっておりますから。」

天野「大学に設けることを得と決めたけれども、そういう独立の大学院が必要だということは制度の問題になりませぬか。」（中略）

倉橋「そうすると大学院が大学とは独立にあるということになると、六・三・三・四という外に、もう一つ何とかいうものを考えなければならぬ。（中略）今までの趣旨と違って来ますね。」

天野「今までの大学院というのは文部省が附けた名前で、刷新委員会は研究院というもので考えておった。務台君がそれに対して研究所という修正意見を出したが……。だから今まで大学は研究所を設けることが出来るというのであって、独立の研究所があっていけないという規定はない。」

倉橋「それはそうですが、事実独立の研究所というものは他に幾らも出来ると思いますが、今の体系としては他に独立に存在する研究所とは少し違う。」（中略）

天野「その研究所という意味が我々の言う所のそういう学校体系を離れた研究所でなく、大学院に当るものですが、その大学院も入らないのですか。」（中略）

倉橋「〔学校〕教育法《ママ》の六十一条にも大学は研究所その他研究施設を附置することが出来るとあり、六十二条には大学には大学院を置くことが出来るとなっておりまして、年限も別に決めてないが、大学にはということしか書いてない。だから学校体系、即ち学校《ママ》［教育］法の中にあるものと別に離したのは研究所と大学院の関係ですね。」
天野「この学校教育法案というものはまだ刷新委員会は［に］懸っていないですね。」（中略）
松井課長「文部省で作ったものであります。」（中略）
天野「どうも刷新委員会と文部省というものは連絡が悪いですね。」（『会議録』第八巻、三三二―三頁）

帝国大学の大学院化論

倉橋「これはまあ動かせないものとして、今の帝国大学の在り方というものは現在の高等学校、専門学校の在り方を考えた時に矢張り出て来ますね。」
小宮「それはすぐ問題になります。」
天野「今の帝大は当然七学部が七つの大学になり、そうして綜合大学になり、入学資格は高等学校卒業生ということになりましょう。」
倉橋「そうすると二年は下りますね。丁度帝国大学は新制大学の上に二年の大学院をつけて本当の大学になる訳ですね。」（中略）
天野「六十一条の大学には研究所その他の研究施設を附置することが出来る。これは刷新委員会で決めたことですが、それに文部省では、大学には大学院を置くことが出来るということを加えられた。そうすると大学院と研究所というものは別なもの、片方は純然たる研究所、片方は大学の卒業生を入れる所ということになる。どうも帝国大学はこうあるべきだというのは制度の問題でなく、後でやって宜いことじゃありませぬか。」
倉橋「それはそうだと思います。制度の中でその問題を決定して行こうということは無理だと思います。高等学校のような臨時措置で行くのとは自ら違うと思います。学校体系の中で帝国大学の特殊問題を考えるということとは無理が起るでしょうね。（中略）同時に今の帝国大学の問題も刷新委員会の問題とすることは当然出来るじゃないですか。ただここで帝国大学を大学院にしてしまうという結論を出すことはちょっとなんですが……。」（中略）

天野「今のようにして東京帝国大学の七つの学部を七つの大学にして、それに大学院を附置するというのでは益々学問の程度が下って本当の学問というものは出来なくなる。だから今度の大学というものは一般の大学に譲って、帝国大学は純然たる研究機関にしたいと思うのです。そうしないと日本の精神科学というものは深く出来ないし、今までの組織でどうして今度の多数の大学の教授を養成することが出来ましょうか。そういう意味であすこはどうしても本当の大学にしたい。」（『会議録』第八巻、三三三―四頁）

第五特別委の中心的な論客であった天野の念頭には常に、旧制の高等学校と帝国大学、したがって研究、しかも基礎研究主体の伝統的でドイツ的な「学問の府」としての大学像があったことがわかる。それが「新制大学」にとっての不幸であったことは、これまで見てきた第五特別委の堂々巡りというべき議論が示しているとおりである。

結局、教育刷新委員会は「新制大学」の明確な像を示すことができないまま、学校教育法の成立を迎えることになったのである。

第4章　学校教育法以後

1　学校教育法成立以後

総会での議論

果てしない、しばしば現実から乖離した議論の末に第五特別委の第六回中間報告が示されたのは、学校教育法の帝国議会通過と同日の昭和二二年（一九四七）三月二八日に開かれた、第二九回総会においてである。

議論は、南原繁副委員長の「今度の学校教育法はなんとしても六・三というものを義務教育を実施するに急であったために、その方が主たる重点でありまして、殊に大学に関する項目につきましては、相当まだ考究すべき問題がある。現在の大学令に比べましても、唯不釣合というか不十分な点があるように考えられるのです。こういう点は（中略）将来改正の機会がある時にお取り上げになりまして、御研究願っていいように解釈願うようにしたい」（『会議録』第二巻、二四六頁）という、大学に関するこれまでの審議の不十分さを指摘する発言から始まった。

議事録によれば、この総会で第五特別委の小宮豊隆主査が報告したのは、以下の三点であった。⑴大学は学科目制とし転学の自由を認める。⑵現行の高等学校・専門学校のうち直ちに新制大学に移行困難なものについて、臨時的・過渡的措置として二年制大学の附置を認める。(3)学士・博士以外の中間的な学位称号を設ける必要は認めない。この三点の提案に対して、第五特別委以外の委員からさまざまな意見が出されたが、そのほとんどが批判的であり、とくに南原副委員長の意見は全面否定に近い内容のものであった。

まず、南原以外の委員から疑義が出されず、議論の進展もなかった第三の学位称号の問題から見ておこう。南原は「趣旨には必ずしも反対ではない」と前置きして、すでに事実上成案となっている学校教育法の規定について日高学校教育局長に問いただし、第六八条に「大学院を置く大学は、監督庁の定めるところにより、博士その他の学位を授与することが出来る。博士その他の学位に関する事項を定めるについては、監督庁は、大学設置委員会に諮問しなければならない」とあることを確認した上で、「そういう問題を法律で決めてあって、これこそ各大学その他の関係者と協議をして、何か必要であり、又名目があれば拵えても宜いと思う。特にこの委員会で不便を感じないというように決めてしまって宜いかどうか。軽い意味のようでありますが、非常に問題があると思います」（同書、二五二頁）と発言し、これについての第五特別委の委員からの反論はなかった。

第一の「転学の自由」については、高橋隆道委員（東京農林専門学校長）が「第五委員会の御理想は大変結構だと思いますけれども、実際の面においてどういう風になりますか。公私立大学と官学の関係、これはいろいろ複雑な手続がありまして、実際これをやる上においては、非常に面倒なことが起って来はしないかと思います」（同書、二四八頁）と危惧の念を表明し、南原副委員長も「理想としては私共も宜いと考えておるのでありますけれども、なかなか困難な問題でありますから、余程具体的なものを立てて置かないと、なかなか早急にここで決めてこの方針で行くという訳には行かないと思います。こういう点は、もう少し具体的な大綱だけでも宜いから御検討願って、総会に懸けるなりして戴く方が宜いと思う。委員会で決めることは困難じゃないかと思います」（同書、二五〇頁）と、再検討を求めた。

旧制高等学校の存続を望む天野委員は「私は理想として非常に宜いことだと思います。だからこういうことを原則として決めて、それを実行するにはどういう風にしたら宜いかということを考究して行く方が宜いじゃないか。決して実行不可能とは言えないと思う」と反論し（同書、二五〇頁）、務台委員も、当時結成された「大学教授連盟」の存在を引き合いに出し、連盟に「関係したような大学の中で、そういう問題を採り上げて契約をする。そうしてそれらの大学の間では、その便を図ってやるというようなことを考えて行ける余地があると思います。そういう意味で、大学と大学の間には転学が出来るということを原則的に御賛成を得て、お決め戴けば有難い」（同書、二五一頁）と、助け舟を出した。

これに対して南原副委員長が、「転学の自由ということも結構でありますが、それを若し徹底すれば、何処の大学を卒業したというそのマークはいらない。或決った所定の単位を何処の大学でも全国で揃えれば宜いということになる。（中略）学校を途中で変り得るということも、その場合定員に余りがあるというような条件がありまして、事実上何処まで入れ得るかどうかなかなか困難だと思います。（中略）そういった問題をもう少しはっきりされんと、この儘ではどうも教育刷新委員会で決めてこれでやれということは、少し矛盾じゃないかと思いますから……」（同書、二五一頁）と、あらためて否定的な意見を述べて、この問題を締めくくった。

否定された二年制構想

南原は、第二の提案にも厳しい意見を述べた。「高等学校、専門学校の問題につきまして、先程お話もありましたが、私は大体相当設備並に人員が揃えば、矢張りこの際ちゃんとした大学」と認めるのが原則だと思う。「詰り唯救済に急の余り臨時措置として二ヶ年の大学を置くということは、新しい大学制度としてバランスがどうなるか。僅かの期間の為に二ヶ年の大学を置き、そこで大学教育をまっとうしたということにしてしもうのかどうか。救済に急なる余り、一般的な制度とか原則を考えなさ過ぎはしないかというように考えておりますが、如何でしょうか」（『会議録』第二巻、二五二頁）。

これについて、次のような応酬があった。

天野「一つの委員会を作って実際に考えてみて、この学校は大学にする力があるかないかということを能く吟味して、皆なれるならばそれで文句はない。又これは到底駄目だということがはっきりしてしまえばそれでも宜いが、併し教授力が足らないのに無理に大学にするということは、大学というものは名ばかりで全く内容のない大学を作るという心配はないか。（中略）出来ないものはやめても宜いが、そうでない中間のものも相当ありはしないか。そういう意味で私共こういう考え方をしたのであります。」

南原副委員長「その点について文部省にお伺いしたいが、今度の学校教育法というもので決ってしまった法律の原則があるのに、臨時措置というものでそういうものが出来るかどうか。」（中略）

日高局長「今度の学校令《ママ》では、こういう措置はむずかしいと思います。今度の学校令《ママ》で出来ますのは、現在の高等学校及び専門学校を新しい高等学校にしてそれを五ヶ年にするということは出来ますけれども、それを大学と呼ぶことは学校令《ママ》では出来ない。改正しなければむずかしいと思います。」（中略）

小宮主査「高等学校、専門学校を五ヵ年にするという風なことにしてもよろしいのでありますけれども、唯その場合問題は、その五ヵ年を終［修］了した者が大学に入ってどういう取扱を受けるかというその問題がはっきりしないと、直ちに五ヵ年の高等学校を置くということにする訳にも行かないような状態であります。」（中略）

南原副委員長「学校局長の御説明のように、学校教育法との関係もございますから、二ヵ年の大学という銘を打つのは、臨時措置と雖も置くことは出来ないと思います。そこで問題は三年の高等学校の上に専攻科のような意味において二年をくっつける、五年の高等学校にして置いて（中略）専攻科を出た者をあと四年の大学のどこに持って行くかというところに、一つの妥協というか、少し方法を考えて、ちゃんとした四年の大学を結局は終了し得るという途を考えれば、法制的には出来ると思うのでありますけれども、それ以外にこの原案のままではぐあいが悪いと思います。」（中略）

務台「［昭和］二十四年度において四年制の大学が出発を始めて行くという段取になっておることは、再三文部省の方から公にされておるのでありますが、現在の高等学校なり専門学校なりが二十四年度に昇格出来れば問題にならないのでございます。二十四年度まで二年の間がありますが、この二年の間にいろいろ準備が出来て、明後年の四月から新しい大学の方へ乗替えをやる。（中略）しかし二十四年度の四月からは出来ない。こういうものが実際に生じて来るではないかと思います。それで大学にならないとすれば三年の［新制］高等学校になるより途がない。（中略）高等学校なり専門学校なりは、その窮地に追いつめられることが非常に深刻になるだろうと思います。（中略）それで二年の大学を作って、あとの二年というものを更に充実するような余裕を持つというような意味で、この臨時措置というのでございます。」（中略）

南原副委員長「今の御説明にありましたように、二年まではとに角出来る。あとの二年を殖やすためには、その間のつまり二年という準備が要るからというようなお話でありましたが、そういう見込が付いたようなものについては、四年という銘を打ってやってもいいのじゃないでしょうか。大学基準委員会とかでその判定が出来れば、大体見通しのつくものは、二年間の少くとも大学を置き得るというようなものなら、その場合には二年の間にもうあとの二年も作り得るということも考えて、実際の裁量として出来る問題が相当あるのじゃないでしょうか。そのために無理に制度を変えて行き、二年の大学を置くということは法制的にはむずかしいと思う。それがいやなれば高等学校にあと二年をくっつけるということですね。それ以外にちょっと考えられないと思います。」（中略）

安倍委員長「現在の高等学校、専門学校をどういう風にするかということは非常に痛切な問題でありまして、すべての高等学校、専門学校にとっても、ある場合には混乱を生ずる非常に重大な問題だと思うのでありますがが、どうもこれだけ決めただけでは、その混乱を果して救うことが出来るかどうかが疑わしいような気がするのでありますが、なおこの問題については委員の御考慮を願って、重ねてこの次の総会で以て論議するというようにいたしたいと思いますが、如何でしょうか。」（以上同書、二五二―四頁）。

結局三つの提言のどれについても、総会では賛成の意見がほとんどなく、事実上第五特別委に差し戻されることになった。

第五特別委での再議

こうして、新しい大学像にかかわる議論は、学校教育法の成立・公布の後も続くことになった。いや、成立後にようやく本格化したというべきだろう。ただその大学像について、総会で示された南原副委員長をはじめとする他の委員の意見と、第五特別委が出した結論との間には大きな隔たりがあり、差し戻されたあとの議論もそのギャップを埋める方向で進められることはなかった。再検討のための第五特別委の会合は、第二三回（二二年四月四日）、二四回（二二年四月七日）と短期間に二度開かれたが、議論はむしろギャップをさらに拡大する方向に展開されたからである。

第二三回の特別委員会は、学校教育法の成立により二年制大学の設置が不可能になったことを前提に、直ちに大学に昇格することの困難な高等学校・専門学校の救済策をどうするか、検討してほしいという小宮主査の発言から始まった。出席者は小宮の他、天野、それに久しぶりの戸田のわずか三名だけであった。

天野が開陳したのは、高等学校・専門学校のうち、直ちに大学に移行できないものについて、二年制の大学の附設を認めるべきだという従来からの自説であり、そのためには成立したばかりの学校教育法の改正をも要求すべきだという極論であった。「学校教育法案は刷新委員会で決めたことと非常に違って」いるから、「改正して貰ってもよいじゃないか」と考えるが、それが無理だというのなら、「現在の高等学校及び専門学校は臨時措置として大学の前期に相当する専攻科を置くことが出来る」としたい。「私は実は臨時措置でなくそういう二年の大学があってもよいという考えを持っておるのです。殊に今の師範学校などはそれにした方がよいと思う」（『会議録』第八巻、三三五—七頁）。

戸田が「ここで今そういうことを言い出すと、また話が面倒になってしょうがないから、先ず臨時措置としてやっておいて、また先に行って考えたらよいじゃないか」とたしなめ、天野は「永久に置きたいという考えを持っております。皆その上の大学までということは無理ですよ」と自説にこだわり続けたものの、臨時措置とすることで妥協し（同書、三三七頁）、議論は大学の前期・後期制と「転学の自由」に移った。

前期・後期制は、「専攻科」修了者の進路、新しい大学との接続関係、専攻科と大学前期の教育課程・教育内容にかかわる極めて重要で現実的な問題である。これについては、二年制の専攻科の教育課程は職業系とそれ以外とで異なるのではないか、職業系の修了者にも大学の後期課程への進学資格を認めるのか、教育課程の前期・後期への区分は可能か、可能としてすべての学部で二年・二年に分けられるのか、前期二年の教育課程はどのように編成されるのか、教育課程編成を学年制でなく学科目制（単位制）にする必要があるのではないかなど、従来からの問題点があらためて指摘されたが、いずれも議論を深めるに至らずに次回に持ちこされた。

転学の自由については戸田から、東京帝大の教授会で話が出たが反対意見が強かったという報告があった。「転学の自由を認めるということになると各大学からやはり最後の仕上げを東京帝大へという人間が非常に沢山出来て来る。そうすると東京帝大というものが一番優秀な生徒を集めるような形になってしまって尚更学問、学校のアリストクラシーというものになり、将来問題を起して具合が悪い」。大学をあちこち移ると「結局人格教育が出来ない。或る単位を何科目かかせげばそれでその大学を修了したということになると、どの大学においてこういう人物を養成したということがなくなってしまって学校の個性がなく」なる。「だから自由に転学が出来るようにすることは望ましいことではない。若し強いてやるならば、欠員のある場合に限り転学が出来る」ことにすべきだろうというのである（同書、三三七頁）。

帝国大学の大学院化論

しかし天野が、それなら東京帝大は学部を廃止して大学院化したらどうかという自論を主張したことから、議論は別の方向に展開されることになった。

戸田「［東京帝大では］大学院は大いにやらなければならぬということは皆認めておりますが、ただ大体の空気は、今の学部の学生の数は半減しても三分の一減にしてもよいが、とにかく学部を持たないとどうしても教育は出来ないという頭ですね。」
天野「それは間違っておりますよ。各大学に優秀な者が入って優秀な者を養成するということでよいと思う。」
戸田「その場合に、今の帝国大学のような研究施設を持っていない単科大学は、帝大ばかりそういうことをして我々の所はそういうものを置くことが出来ないのは甚だ遺憾だというものが出て来る。」
天野「そういう論は間違っておるのですから……。」
戸田「実際問題として、あなたは御関係あるかないか知れないが、東京産業大学［東京商科大学］などは必ずそう言って来る。」
天野「あすこはあすこで作ったらよいでしょう。」
戸田「そうすると各ローカルな医科大学がまたそういうことを相当言いだしますよ。」
天野「僕は刷新委員会の一人として是非それ［帝国大学の大学院化］を主張したい。通らなければ仕方がないが、そうしないと日本の学問の発達というものは出来ないと思う。」（中略）

小宮主査「大学院の問題ですが、この前のは大学院は綜合研究所として［大学と］独立に設置することが出来るという風なことがありましたね。」

天野「結構だと思います。或は大学院は綜合学問研究所として大学と独立に設置することが出来る、といわないでもよいですか。」

小宮主査「独立にということでよくはないですか。」

天野「学校教育法に依れば大学に設置するということになっておりますから、現在の帝国大学は独立の大学院とするとしたらどうですか。」

小宮主査「そうですね、そうすると別に項目を設けましょう。」（以上『会議録』第八巻、三三八―四〇頁）

こうして、先の中間報告になかった帝国大学の「独立大学院」化の構想が、第五特別委の新しい提言として付け加えられることが決まった。

前期・後期論

第二四回の第五特別委員会はそれから三日後に、前回の議論を基にした小宮主査の、提案の第一を「大学は学科目制度とし前期後期に分かち、原則として転学を認める」、第二を「現在の高等学校及び専門学校は臨時措置として大学前期に相当する専攻科を併置することが出来る」と改める、第三の大学院については「大学院は綜合学術研究所として独立に設置することが出来る。現行の帝国大学は独立の大学院とする」という新しい案を提示する、という報告から始まった。しかし、前回の三人に加えて務台・佐野・倉橋の三委員が出席したこともあり、再び堂々巡りに近い議論が展開されることになった。

まず、前期・後期制である。

この二分論が医学系でプレメディカル二年・メディカル四年、つまり一般教養教育と専門教育という教育課程の区分論から始まり、工学系にも専門教育三年の前に一年程度の一般基礎教育が必要だという議論があったことは、すでに紹介したとおりである。しかし、小宮主査によるこの時点での前期・後期制は、何よりも二年制大学の可能性が失われたことから主張されるようになった、新制高等学校に臨時措置として二年制の専攻科設置を認めることにしたいという議論から生じたものであり、したがって第二の提言に見るように専攻科修了者の後期課程への編入（転学の自由）を前提としたものであったことを再確認しておく必要があるだろう。そしてその二分論は、大学設立基準設定協議会でもまだ検討中の問題であった。

　務台委員によれば「大学基準委員会［設定協議会］で大体見当がついて来ましたのは、前期、後期と分ける考えは余り賛成しないのです。それで四年の大学というものを一般学科と専門学科にして、一般学科を非常に重くみる。専門学科の方は、どうしてもそういう専門学校《ママ》を置くならばこれだけはどうしてもやらなければいかんというものを今決めかけております。前期、後期ということに分けると、前期をどういう風に配列するか。前期に何をやるか。後期に何をやるかという区分けをやらなければならん。これが巧く行くかどうか。文科系の方は相当自由な案を考え」ており、たとえば経済では、一般専門科目と特殊専門科目、それに一般教養科目を分け、「二十五科目以上の履修をすることを必要とする。しかしそれをどう配分するかということはこれは大学にまかせる」ことになっているということであった。それに対して戸田が「大学を前期、後期にするということが［教刷委で］決まればば当然そっち［基準設定協議会］の方は決めなければならん」と応じ、「こっちの方が根本ですから、こっちが決まれば申し出るのに楽になります」と務台が答えるという状況だったのである（『会議録』第八巻、三四七頁）。

　第五特別委でも、小宮や天野のような旧制高校存続・二年制大学設置の支持者は、もちろん前期・後期各二年の区分と専攻科修了者の後期編入を主張したが、工学（専門学校）系の佐野は前期・後期に分けること自体に意味も実益もないと反対であった。務台は賛成だが、後で見るように教員養成（師範学校）制度を念頭に、前期・後期といっても二種類あり「初めから四年やる積りで来る者と一先ず二年で区切りをつけて出て行く。つまり一年やって世の中に出てもよいし、或は他の大学に転学してもよい。そういう前期に当るものとは違う」という、いわば一部（四年）・二部（二年）制論者という複雑さであった（同書、三四一―二頁）。

こうした違いは転学の自由をいつ、どのような形で認めるかについての意見の違いにもつながる。新制高校の専攻科にも職業系（旧制専門学校）と非職業系（旧制高等学校）の二種があり、前者については完成教育とし大学への転学を認める必要はないとする意見が強く、また同じ職業系でも教員養成系では二年制（前期）課程修了後、一旦教職に就いた者の四年（後期）課程への再入学を保証すべきだという、それとは対極的な意見が支配的であった。

転学の自由の前提とされた学科目制（単位制）についても、東京帝大を例に「本郷の学校で相談したのですが、大体自然科学は科目制度になっておりますが、医学部は科目制度は絶対いけないというのです」（戸田）、「工科では一遍学科目制度にしてやったのですが、それが段々に各学科とも学年［制］にしてしまったのです。まあ余程自由を与えられた学年制といった方がよい位です」（佐野）、「法学部、経済学部もやはり学科目制度といっておるけれども、やや工学部と同じようなものです」（戸田）、「大体は科目制度という看板ですが、余程〔内実より〕学年制度に近くなっておるという程度です」（佐野）、「徹底的な科目制は文学部だけです」（戸田）という実状の報告があった（同書、三四五頁）。

こうした一連のやり取りを見ると、授業の実時間をベースに選択科目の数を増やしただけの日本的な単位制度と、アメリカの単位制度の違いについて、委員たちに知識がなく、また転学の自由についても、ドイツ的なそれとアメリカ的なそれとの異同についてほとんど理解がなかったことがわかる。そしてこの問題についての第五特別委の議論は、新しい大学の教育内容や課程編成に及ぶことなく、したがって年数の問題も曖昧にしたまま、「前期、後期の問題は大学設立基準委員会［設定協議会］の方で考えて貰う」（同書、三四九頁）と、小宮主査が主体性放棄的な締めくくりをして終わっている。

専攻科か前期課程か

次は新制高校の専攻科問題である。これについては、専攻科の設置を認めれば「前期修了者というものが今の高等学校、専門学校では相当多数出来るでしょうね。そうすると現在ある大学の後期の方でそれを収容するだけのある程度の余裕を後期の方に置いておかなければならんね」（戸田。『会議録』第八巻、三四六頁）という指摘があったが、文部省の松井大学教育課長の「実際問題として定員のお話もありましたが、学校内容等についてこういうことが出来るかどうかということも懸念される訳です」（同書、三四六頁）という発言を機に、「大学前期に相当する」とある専攻科の教育内容に議論が焦点化されることになった。

務台「実際問題について内容みたいなものを考えると大学前期に相当するという基準をどういう風にして決めるか。」

戸田「それは大学設立準備委員会《ママ》で決めたらよいでしょう。まあ二年程度の学年制ですよ。」（中略）

倉橋「その二年を大学の前期に相当する専攻科を設けるという言葉は……。専攻科というのは独自の概念があるのじゃないですか。」（中略）

松井課長「〔「高等学校の〕専攻科は高等学校若しくはそれに準ずる学校を卒業した者、又は監督官《ママ》庁の定めるところにより、これを〔と〕同等以上の学力あり〔がある〕と認められたものに対して、精深な程度に〔おいて、〕特別な《ママ》事項を教授〔し、その研究を指導することを目的とし、その修業年限は一年以上と〕する」ということになっております。」

小宮主査「それじゃよいでしょう。」

松井課長「それが大学の前期に相当するのだということは、臨時措置として認められればそれでよいわけであります。実際問題として過渡的措置はそういう二年のものを置いてそれが終ったきりというようなことが考えられるかどうかということがあります。」

天野「それは打ち切らないで延ばすのです。この問題の起りは要するに今ある専門学校、高等学校が全部大学に上げてしまえば問題はない。上げられないものは皆切捨てて三年の高等学校に落してしまえというならよいが、それは気［の］毒じゃないですか。」（中略）

佐野「私は大体官立の高等学校、専門学校というものは諦めてしまって大学にしてしまったらどうかというのが本来の考えであります。」

天野「前［大正期］にも高等学校をちっとも教授力がないのに作ったものですから非常に弱ってしまったのですが、一遍やってしまったら止めることが出来ない。そういうことが起りはしませんか。教授力がないのに大学にしたら。」

佐野「これでも大体そうじゃないかと思います。大学の前期の相当する専攻科がこれだって現在の専門学校の先生でよろしいかということを考えると……。」（以上同書、三四六―七頁）

佐野が提起したのは、旧制高等学校はともかく、専門学校系の専攻科の教育課程が、大学の前期課程に読み替えられる内容を持っているのか、という問題である。臨時措置とはいえ、戸田の表現を借りれば「ゼネラル・カルチュア」の教育が果たしてできるのか。「それをやるのには専門学校がよいか、大学の先生がよいかといえば、専門学校ではやはりいけない。そこは前期に相当する専攻科といってもやはり相当の諦めがあると思います」（佐野）、「それは確かにありますが……」（天野。同書、三四七頁）。根本的な、しかし前期・後期への分割と前期課程の教育内容が決まらなければ決着のつかない問題である。「そうでないと前期に相当するという、相当する認定の基準が立たないから、専攻科が大学の前期に相当するというならば何か大学の前期にある科目がなければならん。ですからこちらを決めなければそういうように決めることは出来ないじゃないかと考えます」（務台。同書、三四八頁）。

しかし、この問題も結局、それ以上詰めて議論されることはなく、「前期、後期の問題は大学設立基準委員会《ママ》の方で考えて貰う」（同書、三四九頁）という小宮主査の総括に引き取られて終わったのは、先に見たとおりである。

研究所としての大学院

第三は、新たな提言となった独立大学院の設置と帝国大学の大学院化である。

佐野「これは問題ですね。」
天野「その前の方は大学院は独立に設置することが出来るだけでもよいですね。要するに六・三・三・四の枠の外に出た大学院があることが必要だと思う。（中略）これは学校教育法を変えればよいと思う。私は変えるだけの値打のある重大なことだと思います。」（中略）
戸田「大学院を独立の研究所とすることが出来るというのはよいが、第二の、帝国大学を独立の大学院とするのは問題が起りますよ。」
天野「その位やらなければ刷新委員会の値打がないじゃありませんか。否決されていいから出した方がよいと思う。」
戸田「帝国大学が何故学部を持っていけないかというところがはっきりしないのです。」（中略）
天野「仮に現在の帝国大学が程度の下った大学を中に包容するということになり、そうして大学院がその大学附属のものだということになれば、現在よりももっと研究の程度が下るという危険が非常にあると思う。これを下らせないどころでなく、もっと高めて行くには、現在の帝国大学は一般の大学の上に位する学問研究所でなければならん。又一般大学の教授を養成する機関というものは、そういう一般の大学を越えたところの研究所

を以てして貰わなければならん。そういう学問研究の向上という点から考えて是非とも必要だという風に考えられます。」（中略）
戸田「文学部などはむしろこの方を賛成するのですが、一番反対するのは法学部、経済学部、医学部、工科もそうでしょう。理科は必ずしもそうではないが、自分の所で育てた学生を持ちそれを更に大学院にも入れてやるということにならなければ身についた教育が出来ない（中略）という。そこでどうしても今あるよりも小さくしてもよいから学部をどうしても置かなければならぬというのがそういう連中の主張です。」（中略）
天野「もしも帝国大学が大学というものを中に包容すると非常に狭い学校のアリストクラシーを盛んにする惧れがあります。」
戸田「もう一つ南原［繁］君の言うのは、たしかに今の帝国大学は大学院となるに一番相応しい施設を持っておる。しかしそれを大学以上の高い学校だということにすると、そこがつまり一番のハイヤークラスになって、そこを出なければ低級だということになって、やはりデモクラシーの行き方と違うじゃないかというのです。」
天野「大学に大学院というものを付属させればそういうことになり易い。だから私共は大学院といってはいけない。それから年数をかけてそこを出た者は称号をやるということになるから、そうなるので、大学院は純然たる学問研究機関で、学問を職業とする者、学問に一生奉仕する者の入る所で、南原君の論では否定されない。」
（中略）
務台「今帝大の持っておる設備というものは、大学の設備として優秀なものであります。（中略）同じ所に学部と大学院があれば、学部はその設備を使うことが出来るが、学部と大学院が別になって、例えば東京であれば東京帝国大学に［と］別に幾つかの大学が出来、それが帝大の持っておる設備を利用できず、それを十分利用出来るものは大学院だけということになると非常に不経済な点が起りはしませんか。」
天野「文科系ならば設備はそう要りません。」（中略）

佐野「天野さんの言われることは、大学院というのは殆んど研究教授専門みたいなものですね。」（中略）

天野「意見は十分述べましたけれども僕は非常に日本の学問研究の程度は低いと思います。」（以上『会議録』第八巻、三四九—五〇頁）

帝国大学の別格化

松井課長「現在の帝国大学が総て大学院になって、六・三・三を経て来た者を入れないということになりますと、非常に困った問題になりはしないかと思います。（中略）質的、量的にも大学は大学としてやはり働いて、それに大学院が一緒におるということで進むことは出来ないものかと思いますが……。」（中略）

佐野「松井君と今日〔根本〕のところは同意見です。やはり帝国大学は大いに大学教育もやり、大学院教育もやる。」

小宮主査「人間のエネルギーがそういうように働くことが出来るかどうか。」（中略）

戸田「現在の帝国大学は大学院に主力を注ぐこととしますか。」

天野「その位にして置いて……。」

小宮主査「それでは、現在の帝国大学は独立の大学院とすること。こうしておいて修正意見が出た場合には、御趣旨によっては修正意見に従うことにしたら。」

佐野「それはちょっと直ちに同意致しかねます。」

倉橋「学校教育法で使っておる言葉と無関係なことをいうというのは……。」（中略）

天野「現在の帝国大学は大学院を以て主体とすること。」（中略）

松井課長「他の大学から何か文句は出ませんか。」（中略）

佐野「現在の帝国大学に対して少し覚醒を促すつもりで大学院を以て主体とするということにしたら……。」

務台「それはよいと思いますね。」
小宮主査「やはり綜合学術研究所としてということを入れた方がよいでしょう。そうして現在の帝国大学は大学院を以て主体とする。」
戸田「これで文部省も大学院に予算を組まなければならぬことになります。」
松井課長「当然組むことになると思います。」
佐野「大学院を以て主体とするということは大学を廃めるのでなく、力を注ぐということでしょう。」
戸田「そうすると我々の学部では学部をやらないでもよいじゃないかという意見も相当出て来ると思います。」
天野「大学院というものは何かそういう基準委員会を作って研究することにしたらどうですか。」（中略）
戸田「大学と別に大学院のことは決めなければなりませぬね。」（中略）
小宮「そうすると現在の帝国大学はこの大学院を以て主体とすること、それから大学院については別に設立基準委員会を設けて研究することとしますか。」（中略）
務台「基準委員会からいっても引離して貰う方がよいですね。」（中略）
戸田「大学院というものは全く構想を新にしてやらなければならぬし、そこにはやはり専任の教授を置くということも決めなければ……。」（以上『会議録』第八巻、三五二―五頁）

第五特別委の限界

「アリストクラシー」を否定する天野が、実際にはそれを主張するという皮肉な状況にあり、大学といえば帝国大学、それも文学部、また研究と研究者・大学教員養成の役割しか眼中になく、それ以外の官公私立大学の存在や専門職業人教育の問題を視野の外に置いていたことがわかる。学制全体の改革の方向とは明らかに逆行する主張であり、他の委員は天野のそうした過激な主張をなだめ、合意に達するべく努力することを求められたが、ただそれが同時に、大学院についての現実的な議論開始の契機になったことも事実である。

第五特別委を含めて教刷委では、それまで新制の大学院の問題について議論することはほとんどなかった。学校教育法が成立した後になって、ようやく議論が始まったのである。とはいうものの、それは旧制度の大学院の改善・整備の域を出ず、研究大学院（グラデュエート・スクール）と職業大学院（プロフェッショナル・スクール）の二つの部分からなり、中間学位（マスター）が重要性を持つアメリカの大学院制度は話題にのぼることも言及されることもなかった。天野の自説への固執はともかく、それに対抗する新制大学院像を提示し得ず、結局は帝国大学の大学院化論に終始したところに第五特別委の限界があったといわねばなるまい。

2　教員養成制度という課題

教員養成制度の問題

この第二四回の第五特別委では、終わりに近く、もう一つの重要な問題が提起されたことを指摘しておかねばならない。それは教員養成と師範学校の問題である。

「務台君に伺いたいが、師範学校がどうあるべきかという原理的なことは第五特別委員会に委託されたことじゃないかと思います。ただ現在の師範学校をどうしたらよいか急に迫っておるので第五ではやれないから、第八委員会を設けてやろうというようになったと理解しておるのです。然るに原理的なことを第五に無関係に決めてしまうのはどうか、制度そのものを考えるのは第五委員会の任務じゃないかと思います」（『会議録』第八巻、三五五頁）――天野貞祐委員のこの発言の意味や、そこから始まった議論を理解するためには、その背後に隠されたこれまでの議論の経緯を見ておかなければならない。

明治以来別系統の制度のもとで行われてきた教員養成を、正規の学校体系にどう統合していくのかは、昭和初年の学制改革論議の中でも、また戦時の学制改革においても主要な課題の一つであった。昭和一八年（一九四三）に師範学校が専門学校程度への「昇格」を認められ、「教育専門学校」化したのは、その一つの帰結に他ならない。その師範学校を高等学校や専門学校とともに、新しい大学制度の中にどう位置づけ組み込んでいくのか。それが避けて通ることのできない、しかも「新制大学」制度の骨格を左右する重要課題として浮上してきたのである。

戦後の新しい民主主義的な学校教育制度の建設にあたって、占領軍が、教員養成制度の改革を極めて重視していたことは、ＣＩＥに設置された四つの委員会の一つが「教員養成・教授法」にあてられたことからも知られる。しかも、高等教育制度の具体像についてほとんどふれることのなかった米国教育使節団報告書が、教員養成制度については、「師範学校は（中略）教師を養成するための専門学校または単科大学となるべきものである。二ヵ年の終わりにおいて小学校教師の免許を与えることが必要ではあろうが、中等学校または上級中等学校の上に更に全四ヵ年が、すべての師範学校の課程に充てられなくてはならぬ。後になって、二ヵ年の卒業者に対しては、全四ヵ年の課程を終了するための機会が与えられるべきである。師範学校の学生の選抜は、中等学校から始めるべきであり、そして教育に向くような人柄と適質とを有する青年が、入学を志願するよう勧められなくてはならぬ」（『戦後教育の原典2』一〇四―五頁）と、教育年限や資格制度にまで及ぶ具体的な提言をしていたことは、すでに述べたとおりである（本書第3章第3節参照）。

この提言の下敷きとされたのは明らかに、当時のアメリカの教員養成制度である。報告書の英文を読むと、文中の「教師を養成するための専門学校または単科大学」は、“higher schools or colleges for the preparation of teachers”の訳であることがわかる。ハイスクール卒業者を入学させる二年制の「師範学校（ノーマル・スクール）」と、四年制の「教育大学（ティーチャーズ・カレッジ）」とが併存しており、しかもリベラルアーツの教育を重視する形で前者から後者への移行、すなわち高等教育機関への昇格が進行し、前者の卒業者の資格向上のための再教育・現職教育が重視されているというのが、この時期のアメリカの教員養成の実態であった。

重要なのは、アメリカでもこの時期には教員養成の主流が一般大学ではなく、教員養成のための独立のスクールやカレッジにあったのに対し、日本側の、教員養成関係の委員はともかく、戦前期の学制改革論議の記憶を引きずるそれ以外の委員たちの抱いていた新しい教員養成制度像が、以下に見るように、それとは大きく乖離していた点である。

その教員養成問題だが、教育刷新委員会では、審議課題の選定が行われた第二回総会（二一年九月一三日）において、木下一雄委員（東京第一師範学校長）が、教育使節団の勧告に対応する形で、「教員養成問題に付きましては最も根本問題だと思います。文部省で十分に御取上げを戴きまして、早く進行して戴きたいと思います」（『会議録』第一巻、四〇頁）と提案して採択されたあと、第七回（二一年一〇月一八日）から四度の総会でこの問題が議論され、第一〇回総会（二一年一一月八日）で第五特別委員会の設置が決まって以降は、同特別委で議論が重ねられてきた。

その結果として第一七回総会（二一年一二月二七日）で採択されたのが、先に見た「教員の養成は、総合大学及び単科大学において、教育学科を置いてこれを行うこと」という建議である。この簡単な文言の背後でどれほど入り組んだ議論が戦わされたのか。複雑な議論を集約するものとして、第五特別委の小宮主査の第一七回総会での説明を見ておこう。


この［建議の］趣意は、教育者を作る為の設備として、若しくは教育者を出すに付て主流を作らない。主流を作らないと申す意味は、閥様のものを作らないということを眼目と致しまして、こういう形に纏め上げたのでございます。従って、教員の養成は綜合大学の中に、或は単科大学の中に、学科として教育学科というものを置いて、教員を希望する者、若しくは教員になる資格を得ようとする者は、教育学科の中の、教育学科というのは一つの講座で成立っているというのではなく、色々の講座で成立って行って、そこに占める単位制の或単位を取り、その上で所定の単位を取れば、この場合は履修を完了すれば、それで教員になれる資格を得られるという方法で教員を養成する、そういう趣旨なのでございます。従って総合大学を出た人も単科大学を出た人も、その所定の教育学科の単位を取りさえすれば、教員になる資格が取れるというわけであります。（同書、四〇七—八頁）

ここで「教育学科」とは「学部・学科」という場合の学科というより、「教職課程」を意味している。教員養成は、これまでの師範学校のような教員養成に特化した別系統の教育機関ではなく、総合・単科を問わず一般大学で、その「教職課程」としての「教育学科」の履修を求める形で行う。いわゆる「開放制」の教員養成制度が、建議の意味するところであった。ただ「総合大学及び単科大学において」というが、これまで見てきたように、教員養成の場として想定された「新制大学」像自体が、この時点ではまだ定まっていなかったことを忘れてはならない。建議そのものは大多数の委員の賛成で採択されたとはいうものの、具体的な問題になればなるほど、賛否さまざまな議論が噴出するのを避けることはできなかった。

大学による教員養成

さてその、昭和二一年（一九四六）末の第一七回総会での議論だが、羽渓了諦委員（龍谷大学長）の「総合大学若くは単科大学の教育学科を了えた者でも国民学校の教員になれるのですか」（『会議録』第一巻、四一二頁）という質問から始まった。この疑問に小宮主査はこう答えている。

国民学校の先生は当然この大学を出た人達で以て充てるというのが理想だろうと私共考えております。併し全部そういうものを以て充たすことはなかなか出来ないだろうというので、大学の四年を二つに分けまして、

（中略）二年で以て一応外に出て国民学校の先生になる。そうして暫く経ってあとの二年を大学に帰って修了して大学を卒業することの出来るようにということを考えております。もう一つは仮称高等学校を卒業した人も、何等かの方法でその教育学科に定められておる単位の幾部分を取らせるとか或は何等かの方法で以て教育に必要な資格を一応修了した上で助教のような形で以て国民学校の先生になることも出来る。そういう意味でCクラスの先生というものを考えております。（同書、四一二頁）

「大学において」といっても直ちに全員を四年制大学で教育しようというのでなく、それをAクラスとすれば、二年制課程修了のBクラス、新制度の高等学校卒業のCクラスの三層よりなる、その意味で極めて現実的な制度からの出発を構想していたことがわかる。

問題は、新しい大学制度との関係である。同時に採択された「高等学校に続く教育機関」に関する建議が、大学は四年を原則とし「三年又は五年」も認めるとしているのに対し、教員養成については一部、二年制が想定されていたこと、また小宮の説明からすれば、その二年間の教育は、この時点では「仮称高等学校」の後期二年、大学の前期二年のどちらの可能性も持っていたことになる。

このうち、前期二年について矢野貫城委員が、「先程［小宮］主査の方に伺いますと、大学を前期後期に分けるという観念はただ話が出ただけである。しかもそれは教員養成に付て話が出たのである。こういう御話でありましたが、教員養成に付てだけでなく、全部に付て大学を前期、後期に分ける制度を認めてもいいのではないか、そうしてもし社会に出ることを急ぐ者は、大学の前期だけで社会に出て、外の仕事に就いて、再び大学に帰って来るというような途を開いてもいいのではないか」（同書、四三二頁）と発言している。しかし、総会での議論の焦点になったのは、そうした「二年制大学」論ではなく「教育大学」論、すなわち一般大学以外に教員養成専門の大学の独立設置を認めるか否かであり、それは師範学校の移行に絡む大問題であった。

総会での議論は大島正徳委員の「綜合大学或は単科大学の中に於て教員を養成するということは賛成でありますが、世間では教育大学というものを別に独立して作ろうという御考があるよう」だが（同書、四一三頁）という質問を、小宮主査がたしかに「［第五特別委の］委員の中には教育大学というようなものもあっても宜いじゃないかという説も出た」が、「教育大学という単科大学を作るのは望しくないという考え方が多数でありました結果、こういう風な形に致した」（同書、四一三―四頁）と引き取ってひとまず終わり、安倍委員長は建議案の採択に入ろうとした。ところが、議論はそこから予想外の展開を見せることになった。

一般大学と教育大学

口火を切ったのは、この時期まだ第五特別委に参加していなかった倉橋惣三委員である。

採決をなさるということですから伺いたいと思うのですが、これは第五特別委員会としては大学に関係して教員養成のことを御考えになったと、前から伺っておりますが、我が国の学校教員全体の問題をここで御決めになっておるのでございましょうか。或は教員の問題全面には別に又考慮される所があり、又或は特別委員会が別になるとかそういうことがあるとして、この大学に結付いての教員養成ということを御考になっておるのでありましょうか。これを一つ伺って置きませんと、これがどれだけの教員問題の範囲に属しておりますものか、私共多少不安を感じます。（『会議録』第一巻、四二六―七頁）

学制全体にかかわる教員養成の問題はここまで第五特別委だけで、つまり新しい大学制度との関係を中心に議論されてきた。そこで得られた、教員養成は一般大学での「教育学科」履修で行うという程度の漠然とした結論でよいのか、教員養成に直接かかわりのある委員からすれば当然の危惧の念といってよいだろう。「師範教育の欠陥（中略）を補おうとする方法として、これは誠に御考えの進んでおることだと思いますけれども、どうも我が国の教員問題全面を、これだけのことで決定してしまう、これが原則でその外は然るべく処理するのだというようなことでは、教育刷新の一大重要問題である教員問題を処理するに付きまして甚だ心許ないことと思うのであります」（倉橋。同書、四二八頁）。

質疑はさらに続き、第五特別委での議論の不十分さが露呈されることになった。

及川規（衆議院議員・元神奈川県視学）「これが教員養成の全面的の原則としたならば、これによって現下の日本の教員の供給が確保せられるものと、御思いになったかどうか。（中略）大体その数的の根拠を御聞きしたい。」（中略）

小宮主査「全国の六三の教員を数的にいってどれだけ、詰り綜合大学、単科大学だけで賄えるか、どういうようなことで、見透しをつけたかという御尋ねでございますが、数的にはっきりした根拠を以てそういうことにしたわけじゃございません。ただしかし綜合大学、単科大学というのがこの後非常に沢山出来るに違いないという予想だけで以て、正直な所こういう案を立てたのでございます。それからもう一つ六三の次の三、若しくは四五の仮称高等学校でございますが、これが相当沢山出来る。その卒業者を補助として使えば、それで又相当数の教師が得られるだろう。これも数的にはっきりした根拠を以てそういう風なことを考えたわけではございませんが、そういう風なことで、この案は立てられているのであります。」（中略）

関口鯉吉「この沢山の大学が出来るとかいうことは、単にその特別委員会だけの予想でありましょうか。文部当局との何かの御打合せがあったのでありましょうか。例えば今ある所の師範学校というものを悉く大学に昇格させるという位な意気込みを文部省で御持ちであるのか、又そのことが出来るか出来ないかということに付ての御議論があったのでありましょうか。そうでないと沢山大学を作るという予想が全く架空に終わるのではないかと思いますので（後略）。」（以上同書、四二八―三一頁）

師範学校の処置

小宮主査「各種の師範学校が大学になるだろうということは、それは私共の予想でありまして、文部当局との話合で、文部当局がそういう意思をお持ちだということを伺った上で考えたわけではないのです。従ってその点が架空だと言われればなる程架空かも知れません。（中略）しかし見込みとしては私共は恐らく始末に負えない程の単科大学が沢山これから先出来るだろうという風に考えておるのであります。」（中略）

矢野「現在の師範学校を昇格して大学にするつもりか。」

小宮主査「現在の師範学校をその儘昇格さして、そうして単科大学にして、それを現在の組織の儘でやるということは、これ迄の師範教育の弊がその儘踏襲されるので（中略）それには反対しておるわけなんです。」

中田栄太郎（衆議院議員、元富山県立高岡中学校長）「それでは各府県に、教育単科大学というものは大体に於て御認めにならないことになる。こう思われますが、果してそれで教員が確保出来るかどうか。」（中略）

山崎匡輔文部次官「師範学校の処置でありますが、その点に付きまして師範学校が単科大学になるか否かというような点に付きまして、只今主査の御話では現在の儘の師範学校を単科大学にすることは認められないという御話でありました。これも亦一面その御答えを私共伺っておりますと、現在の儘の師範学校でないようにそれを改良すれば、或る程度、教育学科をやります所の一つの大学ぐらいのものは、御認めになるようなお考えがあるのではないか。」（中略）

牛山栄治（東京江戸川青年学校長）「教育学科という風な学科という所にどうも中心が置かれておりますが、何故教育大学としてはいけないのか、教師となるという志を持っておる者を養成するのに、俺は教育者になるのだという本当の純真な考えからその養成機関に飛び込んで行くような養成所のあることが何故いけないのか。この点学科といって学問を修めれば教育者になれるというのでなくて、何か私はそこの所に教育大学というようなものの存立ということが極めて必要だということを自分では考えております。」（中略）

戸田貞三「何故教育大学を作ってはいけないかということでありますけれども、私共作ってはいけないとは申さないかも知れませんが、教育大学というものを作ると致しますと、実際は只今の師範学校が昇格して教育大学ということになる。（中略）その内容如何の問題よりも寧ろその教員になるような者ばかりを集めて置くというと、視野が非常に狭くなる。（中略）こういう考え方で、教育それだけを単科大学とするということに付ては私共は賛成致し兼ねる。」（中略）

倉橋惣三「教員になる者を特にそれだけの教育でするということから生ずる弊なども色々生じましたが（中略）特殊なる自己のミッションを感じ（中略）教師になろうという考えを持ちます青年が、あの六三三即ち只今の生徒で申しますれば、中学を終って一年長く教養を受けましたあたりのものが出て来るのではないかと思うのであります。そういう者が行きますコースも又あって然るべきではないかというのが私の予ての意見であります。」（中略）

佐野利器「先程来、この現在の師範学校が、その地域——県なら県の教育に対して責任を持ち、指導にも骨を折っておる。そういう師範学校がなくなってしまって、そうして、師範学校とは縁故のない単科大学がポコッと出来て、そこで幾らか教育学科を修めさせて教育に従事させる。こういうことではないかと疑問を抱かれる結果、色々な御議論が出たのではないかと思う。それ程迄教育と地域とを切離しておるわけでもないし、又現在の師範学校というものを単科大学から切離して考えておるわけでもないということを一応申上げて置きたいのであります。即ち現在の師範学校が恐らく色々に解放され改善されて、先程次官のいわれたように改善されて恐らく大学になって行くものではないか。（中略）各地方には、現在師範学校ばかりでなしに色々な専門学校——商業の専門学校もあれば、工業の専門学校もある。同じ種類のものも沢山ある。それ等のものを集めて単科大学が出来て、その中の、師範学校も改良されると同じように他の学校も改良されて、一つの綜合大学を建設する。その中であちこちから教員が盛に出るということであったら更によくはないかというような

考えであります。」（以上『会議録』第一巻、四三一―四〇頁）

リベラルアーツと教員養成

このように多様な意見が噴出したが、その過程で問題点が次第に明らかになったのは第五特別委の他の建議の場合と同様であり、最後に東京文理科大学長の務台理作委員から、次のように総括的な発言があった。

私も第五特別委員会に属しておるのでありますけれども、この報告の文面が相当抽象的になっておりますので、色々御理解の困難な点があったと存ずるのでありますが、この教育大学の問題に付ては、実は色々と意見がありまして、随分これに付て論議して参りまして、結局こういう形になったのであります。それは教育大学というその名称が、今ある師範学校を、謂わばその儘変えてしまった、その儘昇格した教育大学、そういうものに見られ易いが、そういうことになってはいけない。この点は略々委員の意見は一致しておったかと思うのであります。それで最後には、実は教育大学という名前に囚われないことにしようではないか。で、教育大学という名前は一体妙な名前でありまして（中略）何も教育学ばかり専攻しておるようなものではないのでありまして、その中で主としてやるものを考えますと、文科理科に関するものが沢山あるわけであります。文科理科に関するような学科を修めまして、そうして教師として出ていく。そういうようなものが普通に教育大学として考えられておるのであろうと思うのであります。内容の方から考えて見ますと、綜合大学は色々学科を持っておるので（中略）教師を志望する者はそれぞれの学部に於きまして専門の学科を専攻しまして、その上に教育学科のコースを経て教師になるのであります。（中略）所が今後実際に於て大学卒業者を六三の方に沢山供給しようということになりますと、綜合大学がそう急に沢山出来ることも困難であり、どうしても単科大学を増加させなければならないのでありますが、その単科大学の内容に於きまして、やはりその文科理科的な学科を持っておりまして、そうしてリベラルアーツと申しますか、人間の教養に関する学科を豊富に持っておる。そうして選択制度が非常に自由になっておりまして、理科をやるが、同時に文科の方もやる。或は文科をやるが、理科の方もやるというような自由なコースを選択でとり、そうして教養の豊かな、拘りのない伸び伸びとした人間を作るような、これは教師として必要なばかりでなくて、一般に世の中の人間として非常に望ましい人間、つまり大勢の人に愛される人間を作るような、そういう単科大学もやはり必要であると思うのでありますます。（中略）教育大学という名前に拘らなければ、そういうような大学が相当地方に出来得るのでありま す。（『会議録』第一巻、四四一頁）

務台のこの総括は、米国教育使節団報告書の「師範学校は、もっと優れた専門的（教師としての）準備教育と、更に十分なる高等普通教育を施すように、一層高い基準で再組織されなくてはならぬ」（Normal schools should be reorganized on a higher level so as to offer better professional and a more adequate liberal education）という一節を思い起こさせる。いかにも変革期にふさわしいこの理想主義的な発言を受けて、安倍能成委員長は、「大体御議論の趣意は、これで尽くされたと思いますから、もう時間も少くなりましたし」と採決に踏み切ろうとした（同書、四四二頁）。しかし、従来の師範教育に批判的なあまり、教員養成のための専門学校や単科大学を認めないというに等しいこの建議案について、議論はなお収まらなかった。

相次ぐ反論

城戸幡太郎（教育研修所長）「私は今迄沈黙をしておりましたけれども、この教員の種類の問題だとか、或は教育学科の内容だとかいうことがはっきりしておりませんし、その点で内容を規定してからでないと、この儘で私は、大体のこの文面に於てだけの問題なら賛成でありますけれども、仮令これで賛成だといってこれで決を取られましても、一般には非常に曖昧でありまして、どういう内容に付てこれを決定したのかということに付て却って問題を混乱させるのではないかと思うのでありますが、この儘の文面に於て今決を取られるということは早計ではないかと思うのであります。」

稗方弘毅「私も同様の議論を持っております。例えば教員の数に付ても、綜合大学若しくは単科大学で教員を養成するというのであれば、その方面の関係に付ては具体案がなければ俄かに決定することは出来ないのであります。（中略）原則として御決めになるのは反対でありませんが、それでみんな決めてしまうということになりますと、俄かに賛成できないのであります。」

及川「これは決を取りますに付きましては、その意義を確定していただかなくてはなりませんが、先程単科大学というものに、主査の御報告では教育のみの単科大学は認めないというような御話でもありましたし、あとでいや地方の師範は内容を改善してなるだろう。他の学科を入れないで教育のみの単科大学が出来るというような御話でもありまして、これは重大な問題でありますから、この単科大学というものに、教員養成を主とする——教育単科大学でも何でも、名前はどうでありましょうとも——単科大学を含んでおるかどうかということをはっきりして、それから決を取っていただきたい。」

小宮主査「先程務台委員の御話になったことと、それから私の申上げたこととが矛盾するように御聴取りになったかも知れないと思いますが、私が務台委員の御話を承った時には別に矛盾することとは思わずに伺っておったのです。つまり教育大学というような教育者を作る専門の大学というものは作らない。しかし文科大学というようなものが出来て、その中に史学科、哲学科、文学科というようなものが置かれると共に、その間に教育学科というものが置かれて、そこで教員が出来るということは、それはちっとも私の前に申上げた単科大学の内容とは違わないと考えるのであります。」

及川「そうするとこれはいま主査の言うたように、教員養成のみをする単科大学は認めないという意味で決を取られるのであるかどうか（中略）というのはもしそういう風なことを認めないというと、地方に教員養成の大学を作るには、全部他の、史学科とか哲学科とか、何かの単科大学を作らなければ教員養成の大学は出来ないということになってしまいますので、今後厖大なる教育施設を作らなければならないと思いますが、これは重大なことになりますので、はっきりしていただきたい。」（以上『会議録』第一巻、四四四—五頁）

漠然とした決着

安倍委員長「あなたの言われるように師範大学ならば簡単に出来るけれども、しかし史学科とか哲学科とか、そういうものが出来るというような大学だというと簡単には出来ない、そういう御懸念はないと思います。（中略）例えば今の高等師範なら高等師範というものが《ママ》作るとすれば、高等師範の中には史学科もありますし、色々なものがありますから、そういうものと同じように出来ると思います。」

及川「私の言うのは、例えば六三の六の者は少くもさっきから言うように全科を教える教員が多数であります。（中略）その全科を教える教員専門の大学が必要だという理由からそういうものを認めないのかどうかはっきりして貰いたいと思うのであります。」

安倍委員長「及川委員の御質問は音楽も教えるとか、何もかも皆教えるというような国民学校尋常科で［の］ような、そういう先生は何処で養成するか、そういうことです。それに付てはもう既に所謂仮称高等学校で大体そういうような組織が出来ておるのであるから、だからしてそれでよいという御考なのですか。どうなんです。」

小宮主査「そういう具体的なことは、実は我々の第五特別委員会では考えておりません。つまり国民学校の教員は全科を受持つべきであるというようなことで、その国民学校の先生をどうして養成するかというようなことは、実は問題にならなかったのです。」

天野「私も第五特別委員会の一員であります。私は国民学校でも全科を教えるということはそうよくないのではないか。（中略）それではやはり深い知識を持つことは出来ないのではないか。だからいけないのではないか、こういうように考えてきたのであります。」

円谷光衛「私は第五委《ママ》員会におった者でありますが、低学年に関する限りは、これは一人の先生が教えなければ駄目なのではないかとその点非常に懸念しておったのであります。ですからこれは相当考えて、今決を取ることは少し考慮していただきたいと思うのです。」（中略）

牛山「色々御議論があったようでありますが、私はこの文面通りの意味で決をお取り願いたい。例えばその教員養成を主とする単科大学を置いてよいか悪いかというような、文面に表われないものを含んで決を取られないこと。（中略）この案そのものの文面に表れたもののみに於て決を取られて、その上の附帯事項、教員養成を主とした所とか、六三の教員に限るというようなことは、更に今後の研究に俟つということに致されんことを望む次第であります。」（中略）

安倍委員長「それではこの教員の種類とか、或は全科の教育であるとか、或は特殊な裁縫、音楽の教育だとか、そんなような種類及び内容に付ては色々問題のあることと思いますが、この文面通りの漠然たる意味に於て、教員の養成は綜合大学及び単科大学に於て教育学科を置いてこれを行うという、このことで決を取るということに御異議ございませんか。」（以上『会議録』第一巻、四四五—七頁）

こうして結局、詰めた議論がなされることなく、教員養成についての「漠然」として「曖昧」なままの建議案は、なんとか賛成多数で採択されることになったものの、それで一件落着ということになるはずがなかった。

第八特別委の設置

建議の採択から二か月余りあとの第二六回総会（二二年三月七日）で、スティアリング・コミッティのメンバーである大島正徳委員から、師範学校の入学希望者が極めて少ないことを知ったCIE側から、廃止の予定された師範学校に代わる新しい教員養成制度の姿が見えないためではないのか、教刷委として「ステートメントを出して、人心が不安にならないように、教員養成の問題は重大問題であることを知らさなければならぬ」という厳しい指摘のあったことが報告された。それを踏まえて大島は、「師範教育の問題については非常に向うも心配しておるのであり（中略）先方に心配されておるのでは面目はない」、「第五の特別委員会におかれましてはいろいろの問題がありますので、あるいは師範教育というか教員養成はどういう風になるべきか（中略）具体化するについては特別委員を特にお拵えになって早急にこの問題を決定して、天下の人心を安んぜしむるというようなことが必要じゃないか」と提案した（『会議録』第二巻、一七四—五頁）。

この提案に、安倍委員長が「師範教育は非常に重大な問題であって、教育刷新委員会としてもこの問題が一番、でないかも知れませんけれども、最も重大な問題の一つだと思いますが、唯大学の卒業者を以て教員にあてるということだけでは非常にこれは無責任な決議でありまして（中略）その問題に対する一つの解決策ともならないと思うのです。もう少し具体的にこれを決める必要があると思うのでありますが、これは一つ特別に委員会を設ける必要があるかと思うのですが、どうでしょうか。今まで第五委員会に附託しておったのですけれども、どうでしょうか。第五委員会の方では、何かそれについて具体的のお考えがありますか」と応じた（同書、一七八頁）。

小宮主査からも「それは特別委員会を催して衆知を集めて出来ることならば、それをやって戴いた方が、第五特別委員会だけでやるよりも遥かにいいことになるだろうと思います。ことにこの頃は、特別委員会を開いても、差支えのことがあって出て下さる率が非常に少いので、なおそういうことを特にお願いしたいと思います」という発言があり（同書、一七八頁）、同日、「教員養成及び教員資格に関する事項」を審議する第八特別委員会が発足する運びとなった。

こうした経緯を見ると、さまざまな問題点が指摘されたにもかかわらず、第五特別委員会の審議能力が著しく低下を来しており、教員養成問題の審議がその後ほとんど進展していないことに、ＧＨＱだけでなく、教育刷新委員会自体が強い危機感を抱いていたことがわかる。それは六・三制の発足を目前に控えた文部省も同様であったと見てよい。

新設の第八特別委の委員数は一六名、現職や元職を見ると大多数を師範教育・教員養成の関係者が占めており、主査の務台理作を含めて内七名が第五特別委からの兼任であった。その第八特別委の第一回会議は昭和二二年（一九四七）三月一四日に開催、四月四日の第四回会議で早くも総会への中間報告案が作成され、同日、第三〇回総会（二二年四月四日）に提出されることになる。この節の冒頭にふれた第二四回の第五特別委（二二年四月七日）での天野委員の発言は、そうした経緯を踏まえてのものに他ならなかった。

師範学校の移行問題

第二四回の第五特別委で天野委員の発言を機に展開されたのは、第八特別委の主査である務台委員との間での、以下のようなやり取りであった。

務台「[第一七回]総会で決めたあれをどういう意味において第八委員会が引継ぐか、第五委員会で考えたことどういう風に関連させるか曖昧だったと思います。（中略）実際に抵触するのは教育大学の問題だけじゃないかと思います。」

天野「第五と連絡なしに決めるのは……。」

務台「あれは本当をいえば連絡委員会を開いてやらなければいけなかったが、そういう余裕がなく突然出たので

（中略）しかし第八委員会が第五委員会の決めたことから一歩も出られないとしたら何も決められない。」

天野「矛盾すると思うことをただ決められてしまって〔たのでは〕、佐野さんなんかと散々やったことがふいになってしまったのでは……。」（中略）

戸田「教育大学それ自身が悪いものだということは理論的にいえないが、学芸大学とか文科大学の他に教育大学を作るということは、結局教員を養成することを主たる目的とする以外にないと思う。」（中略）

務台「教育大学というようにただ看板だけ師範学校を替えて行くのだったら困るが、しかし原理的に教育大学というものがどうしていけないか。むしろ教育大学はあってもよいじゃないかと思います。」（中略）

戸田「あってもよいじゃないかというが、なければならんという理由もない。（中略）教員のみを一つ所に集める学校はいかん、ということが実質的に大事である。視野の広い人間を作るという点から考えても教育大学というものがなければならんという理屈は一つもない。普通の大学で一向差支えない。」（中略）

務台「結局問題は師範学校をどうするかという問題にあると思う。師範学校が転換するに際して〔大学〕基準委員会のようなしっかりした委員会の議を経なければ出来ないということにし、且つ地方地方のいろいろな事情を汲み入れて、例えば綜合大学の中に教育学部を置くということは、今ある綜合大学の中に取入れるというのでない。これからはいろいろ綜合大学が出来ますからその中に教育学部というものがあってもちっとも差支ない。（中略）問題は刷新の問題である。現にある師範学校を根本的に変えるにはどうするか。例えば学芸大学に進展するということを考えても、綜合大学の教育学部になればよいといっても或は一般の大学でやればよいといっても、とにかく今ある師範学校というものは数から言ったら百もありますから、これをどうやって始末したらよいか。いけないからやめてしまえといえばそれは楽だと思いますが、それじゃやめてどうするかということを考えれば、やはり一番よい途は転換を指導することで（中略）土地の事情に依って綜合大学を作ってもよい、名前はなんとなるか決りませんが、ああいう大学が沢山出来ることを望んでおるのです。それから教育大学というものがあっても別に困るものでない。要するに問題は強力な信用のおけるような委員会が出来てコントロール出来るか出来ないかそれが刷新の問題である。」（中略）

倉橋「高等学校を卒業して教育者になろうという考えを起してもかまわないじゃないですか。その為に教育学部があり、教育大学があってもよいじゃないか。弊害は大いに直さなければならんが、今までの師範学校を昇格して教育大学にするというのじゃ決してないのですから……。」（中略）

天野「師範学校の中にはすぐ大学にしてはいかん所が大分あるじゃないか。それはやはりこちらに準じて、大学の前期に相当する二年の専攻科を設けてやったらどういうものかと思います。片方の専門学校や高等学校は処置するけれども師範学校に対しては一つもしないというのは……。」

務台「教育高等学校のようなものを作るという案も出したのですが、皆反対なんです。」（中略）

天野「先程決めた専門学校、高等学校と同じに扱ってはいけないのですか。」

務台「それは是非やりたいですが、そうすると今の師範学校の置き場所がないのです。」

天野「それは専門学校、高等学校と同じに扱って、基準《マ》委員会《マ》で、大学にしてもよいというならばするし、そうでないものは二年の専攻科を設けて、そこは大学の前期に当るものをやるということにしたらどうですか。」

（中略）

務台「そういうことに賛成して来たのですが、ただ教育大学というものが非常に困るからという理由で、刷新委員会で教育大学というものを設立してはいけないということを決めるのは少し狭いと思う。（中略）世界どこを考えても教育大学類似のものがそういう意味でいけないものだといってやめておる所はない。」

天野「要するに現実考慮の上に立っておる訳ですね。」（中略）

務台「これは総意に依ることですから、もし原案があれでしたら否定して下すっても、例えば師範学校で主として学芸大学に転換させることの出来ないのは、五年制の教育高等学校みたいなものを作るというように修正し

て下すっても結構です。」（中略）

小宮主査「今教育大学を出さなければ、もしくは教育学部を認めさしておかなければこれから先とても出来ないという訳ではないでしょう。」

務台「大事なことを決めるのですから、その途だけはつけておいた方がよいと思います。」（『会議録』第八巻、三五五―八頁）。

現実的な選択

こうしたやり取りからわかるように、師範教育の弊害を指弾し、師範学校の廃止と一般大学における教員養成への移行を主張してきた天野ら第五特別委の中心メンバーからすれば、教員養成に特化した大学・「教育大学」の設置を認めることは、建議に掲げた理想を踏みにじるものであり、容認しがたいことであった。しかし、務台に代表される師範教育・教員養成の関係委員にとって、さらにいえば文部省やGHQにとって、その理想はともかくとして、六・三制の実施に伴って必要になる大量の教員をどのように育成・確保するかは、百校余にのぼる師範学校を新学制にどう移行させるかとともに、差し迫った重大な政策課題であった。

幼稚園から高等学校までの学校段階に分かれ、担任教科等の資格も異なる大量の教員を計画的にどのように育成するのかは、教員養成は一般の大学で行うという曖昧で抽象的な建議だけでは始末のつかない問題である。旧制高校・帝国大学の処遇に焦点化された議論を繰り返している第五特別委をあきらめて、務台を主査に据えて師範教育・教員養成関係者が多数を占める第八特別委員会を設置して現実的な改革案を作成し、総会を舞台に議論を詰めていくというのは、極めて現実的で妥当な選択であったというべきだろう。

天野や他の委員の不満にもかかわらず、以後、教員養成問題の審議の舞台は完全に第八特別委と総会に移ることになるのだが、そこでどのような議論が展開されたのかについては、後で章を改めて見ることにしよう。

3　第五特別委の修正案

修正案の再提出

学校教育法の公布・施行を受けて、昭和二二年（一九四七）に新制中学校、二三年新制高等学校、二四年には新制大学と、新学制発足のスケジュールが決められたが、後で見るように大学・専門学校の一部には二四年四月を待たずに、新制度の大学への移行を目指す動きが出始めていた。そうした中第五特別委、ひいては教刷委の高等教育関連の審議は堂々巡りを続けるばかりで一向に進まず、新しい大学の制度や組織については依然として未確定の課題が多く残されていた。第二九回総会（二二年三月二八日）で、第五特別委の高等教育関連の建議案（中間報告）が実質的にすべて、差し戻しの形になったのは先に見たとおりである。その建議案は、第五特別委での二回の議論による修正を経て、二週間後の第三一回総会（二二年四月一一日）に再度提出されることになった。

総会の議事録によれば、その修正案の内容は以下のようなものであった。まず、大学については「一、大学の課程は前期、後期に分ち、前期終［修］了者は原則として他大学の後期へ転学することが出来る。二、現在の高等学校及専門学校は臨時措置として大学前期に相当する専攻科を併置することが出来る」（『会議録』第二巻、二八八頁）。次に大学院については「一、大学院は綜合学術研究所として独立に設置することが出来る。二、現在の帝国大学はこの大学院を以て主体とすること。三、大学院については別の設立規［基］準委員会を設けて研究すること」（同書、二八九頁）。

この修正案の各項目についてあらためて質疑が行われ、採択がなされることになるのだが、早急な決着が求められていたにもかかわらずそこでの議論も曖昧さを残したままであり、その中から採択された二つの建議も、懸案とされてきた課題に明確な回答を与えるものではなかった。第三一回の総会で何が決まり、何が先送りされたのか。

それぞれの課題ごとに見ていくことにしよう。

前期・後期と転学の自由

まず、前期・後期の区分と転学の自由についてである。

小宮主査からは医学部のプレメディカル、メディカルの区分を例に引き、法学部や工学部などでも「一年と三年には今でも分けられるという風なお考もある」ようだから、前期・後期の区分は「出来ないことはなかろう」、また「転学の自由」については反対が多いのでその言葉は使わず、後期受け入れは欠員がある場合に限り、「前期終〔修〕了者は原則として他大学の後期へ転学することが出来るという風な形にすれば、さし当りの混乱あるいは区別などは出来ないで済むのじゃないか」という説明があり（『会議録』第二巻、二八八頁）、次のような質疑が行われた。

日高学校教育局長「大学の課程は前期及後期に分つというのは分たなければならないという意味でございましょうか。或は分つことを原則としてすべての大学は前期と後期とあるという意味でございましょうか。」

小宮主査「そういう風に原則として決めたいと思います。」（中略）

田島道治「大学の四年というのは相当論があって後決ったのであります。そこで前期、後期に分けるということになりますとこれは二年々々ということになるのですか。」（中略）

小宮主査「前期と後期を分つというのは、大学の課程が四年で終了するという全体の考方を壊す恐れはなさそうに思うのであります。結局単位の取方をどういう風に取るかという問題で、単位の組合せを四年で一つの纏ったものにするという所に抵触しないで済みはしないかと思います。もう一つ、二年々々と前期後期を分つことは私共はそれを原則としたいと思うのであります。しかし工学部の佐野委員のお話では、現在の状態ではどうも一年と三年とを分けるより仕方ないじゃないか、それならば十分分けられるという風なお話であったので、その御説明を以て紹介した訳であります。」（中略）

田島「学校教育局長にお伺いしますが、学校教育法では大学は四年ということになっております。今仮にこの案のように前期と後期に分れ、また転学の自由ということが前提になりますと大学のコースは前期、後期に分ち、工学部は一年を以て前期とし、他の学部は二年を以て前期とするというように詳しく学校教育法の施行細則みたいなものでお作りになる御積りでしょうか。」

日高局長「今のお尋ねのことは、もしこれを実施する場合にはおっしゃるような規定を作らなければいけないかと思います。ただ（中略）今の御趣旨は十分に伺ったのですが、果して前期、後期というものに分つことが、学科の課程或は学科の単位を非常にうまく配当することが出来るかどうか、その辺は専門的に考えて戴く必要がありはしないかと思います。」（中略）

矢野貫城「前期、後期に分ける場合に色々御話合があったと思いますが、その御話合の中で前期は大体全般……一般の教養に重きを置く、それから後期は専門的にという御考があったものでしょうか、それとも前期、後期を通じて四年間を組織的に考えて、それを二つに切るということになったものでありましょうか。」（中略）

小宮主査「私矢張り文科の方を出ておりますので、文学部の方のことを主に考えて話を進めた訳でございますが、概論的なものを前期にやり、それから後期では各論的なものをやるというようなことが前期、後期に分かつ一つの標準になるというように考えて、前期、後期を考えたのであります。」

矢野「文学部にはそういう風な考え方が大体出来ると思いますけれども、例えば法律とか、経済とかいうようなことになりますと、その中に法律の専門のものもあれば、今度の大学では、その外に一般教養というようなことも入れなければならん、その配当につきまして、中で御議論がありませんでしたか。」

小宮主査「今までの大学が三年であって、そうして一年今度は殖えて四年になった、その一年を謂わば一般教養の方に向けるという風に簡単に区別して考えますと、その一年と、それから次の一年と二年とするという風な前期、後期の分け方も考えられるのでありますが、しかし私共では特にそういう風な一般教養だけを前期でやって、それから特に専門的のものだけを後期でやるという風にはっきりそういう点では前期後期を区別しては考えなかったのであります。」（以上同書、二九二―三頁）

議論はさらに続いたが、前期・後期に分けるというだけで、教育課程区分の理由づけも、また区分する学年についても詰めた議論のないまま、安倍委員長の「大学の課程は前期、後期に分ち、前期終〔修〕了者は原則として他大学の後期へ転学することが出来るというのは、前期、後期を二年とするか、あるいは一年と三年にするかというようなことについては、その具体的内容についてはいろいろ問題があると思いますが、このことについて決を採るということが適当だとお考になれば決を採りたいと思います」という発言で決を取ることになり、「大学の課程は前期、後期に分ち、前期終了者は原則として他大学の後期へ転学することが出来る」という原案が、賛成多数で総会の決議として採択された（同書、三〇一―二頁）。

教育課程を前期・後期に二分するという、その後長くわが国の大学の教育課程編成を縛り続ける制度が、議論を尽くすことなく採択されたこと、しかし、その前期・後期を学部の違いにかかわりなく各二年に分け、前期二年を一般教養に、後期二年を専門教育にあてるという画一的な教育課程編成が、第五特別委・教育刷新委の結論ではなかったことを確認しておく必要があるだろう。

専攻科併置問題

次の、大学前期に相当する専攻科の併置問題について、小宮主査の説明は「現在の高等学校及び専門学校で大学に昇格がしたいけれども、出来ない。出来なければ新制の高等学校に止まるか、自滅するか、どちらかでなければ外に致し方がないというという風な大変に困った境遇に追いやられる学校があり得る（中略）そういう学校を出来るだけこういう方法で救い上げることを考える必要がある」（『会議録』第二巻、二八九頁）というものであった。旧制高等学校の温存策と絡んで長く議論されてきた問題だが、ようやく移行時の「臨時措置」という形で、第五特別委の意見が落着したことになる。

しかし、「新制高等学校に直して、大学前期に相当する専攻科を置くということになりますと、学校教育法には高等学校に別に専攻科というものがあるので、それと間違いはしないか。新制の高等学校にして、その上に大学の前期に相当する専攻科を置くというのは、臨時措置で考えておる訳ですか、それとも将来学校教育法に規定されてあるような大学の範囲に入らない専攻科ということになるのでありますか。その点がこのままでは世間で迷いはしないかと思います」（同書、三〇三頁）という城戸委員の質問に代表されるように、第五特別委以外の委員から見れば、曖昧で玉虫色の案であることに変わりはなかった。旧制の高等学校・専門学校のどれだけが新制大学に移行しない、あるいはし得ないのか不明であるだけでなく、大学の教育課程の前期・後期分離や後期編入の具体策は今後に残され、また臨時措置が誰を対象に、いつまでとられるのかも曖昧なままだったからである。

「これはやはり現在の高等学校及び専門学校の処置をどうするかという問題でございますから、結局それが一応新制高等学校になってその上になお二年という専攻科を設けるという意味でこれを書いたのであります」（小宮。同書、三〇二頁）、「今主査が申されたようにそれは現在の専門学校をどうするかということについて考えたことであり、今の学生をどうするかということは特別委員会では論議致しませぬでした」（天野。同書、三〇二頁）、「この専攻科はゆくゆくは昇格して大学になり得るという予想の下に置かれる専攻科でありまして普通のボケーショナルの意味での高等学校の、三年の上に置かれる二年の専攻科というものとは別個のものとして考えております」（小宮。同書、三〇三頁）という答弁の後、「現在の高等学校及専門学校は臨時措置として大学前期に相当する専攻科を併置することが出来る」という決議が、原案通り採択された。

独立大学院論の紛糾

こうして、二つの修正案はなんとか採択にこぎつけたが、「大学院の綜合学術研究所としての独立設置を認める」、「現行の帝国大学を大学院主体にする」という、第五特別委の内部でも意見が対立した総会への新しい提案は、再び紛糾の種をまくことになった。

小宮主査は、第五特別委が当初から「大学院」でなく「研究科又は研究所」を主張してきたことを蒸し返し、それがあらためて大学院を「綜合学術研究所」と名付けるゆえんであり、新しい民主的な大学制度のもとで「民衆の水準は高まっても、学問の水準は世界的に高まることが出来ない虞が十分あるので、こういう綜合学術研究所を（中略）独立に設けることが出来るようにしないと、学校教育法でそれぞれ大学の内部に附属する大学院とされているものだけでは指導能力が十分でない虞がある」と、提案理由を説明した。またその綜合学術研究所を新たに設立することは「日本の現在の状態では到底不可能」なので、「現在の帝国大学の設備と教授力とを以てしてその綜合研究に当って貰うということがさし当りは最もいい方法で、最も可能な方法」だと考えている、と述べた（『会議録』第二巻、二八九―九〇頁）。

成立し公布されたばかりの学校教育法の条文にない制度を、しかも帝国大学だけを特別扱いする形で新たに設けようというこの案は、当然のことながら、他の委員からの厳しい批判に会うことになった。

城戸「この案のように研究所として大学院を考えるということになりますというと、学校教育法が［に］規定されておる大学院とは性格が違ったものになりはしないか。」（中略）

小宮主査「文部省の方に悪いのですけれども、我々の方で考えていたような研究所というものを理解して貰えなかったので（中略）これは学校教育法の文面とは違ったことを持出した訳になる、従ってこれが総会で宜しいということになれば、学校教育法を訂正して戴かなければならない（後略）。」（以上同書、二九四頁）

天野「私共は第五特別委員会で何故大学院といわないで研究所としたかと言った訳は（中略）大学院という名前を用いると、大学を出た多くの人がこれで最高学府を出たのじゃない、資格をとるとか、社会的名誉心というものが無闇に大学院に入るということは困る、大学院というものは純粋な学問をやる所だから大学院という名前でない方が宜いのじゃないかということが一つの理由、第二番目には大学院というと、教授と学生ということがひとりでについて来て、学生は教授からものを学ぶのだ、教授は自分等の研究した一つの定説を学生に授けるのだという、そういう根本概念が、大学院にまつわりついておると思う。（中略）唯定説を貫うというのじゃなく、何処までも批判をして行くというような精神は、大学院という名前だといけないから、私共はこれを研究所と、綜合学問研究所という方が宜いのじゃないかという趣意を申述べた訳であります。」（中略）

田島「天野委員の理想としておられるものは新大学には期待出来ない、か［か］るが故に寧ろ大学院というもので日本の学術の水準を高めなければならん、こういう考なんですか、それとも六・三・三・四の大学もそういった意味でしなければならんという御考ですか。」（中略）

天野「私は大学は本来今申したような学問研究が生命でなければならんと思いますが、実際問題とすると今度の六・三・三・四の四というものの大学にそれを期待することはむずかしいと思います。」（以上同書、二九六頁）

田島「大学の中に大学院というものを置かないで大学の外に大学院も置き得る（中略）大学院という看板を掛ける所が出来るということになる（中略）帝国大学というものは大学院を大体主として新制度の大学がネーベ［ン］になるということになると、制度自体に何だか影響があるように存じます。」（中略）

小宮主査「大学院という名前もなるべくならば避けないと、大学を出て大学院に入るという風なことになると（中略）大学院を済まさなければ、最高学府を卒業しないような気持になるという感じを持たせる虞が非常にある。その点を皆様でお考を願って六・三・三・四の外にあって、特別の興味のある者、希望のある者だけしかここには入らないものであるという考え方を世間一般が持つようにして戴きたいと思うのであります。」（以

上同書、二九七頁）

安倍委員長「単科大学に大学院を置くということはないのですか。」（中略）

天野「単科大学に大学院を置いてもいい。けれども例えば東京帝国大学とか京都帝国大学とかいうような所に本当に完備した設備を持った大学院というものがあって、そうして全国のそういうカレッヂから優秀な者が出て来る。全国のカレッヂが皆が優れた大学院を持つことは出来ないのですから（中略）そういう優れた者が集まって行って、教授の定説でなくして、教授の研究をどしどし批判をする。日本の学問の一つの阻害をなしているものは、教室における封建制だと思う。」（以上同書、二九九頁）

城戸「御趣旨は分ったのでありますが、そういう風に独立をするという風になりますと、ここにいわれているような大学院は別の制度になる訳でしょうか。例えば大学があって六・三・三の次に四の大学があり、その上に大学院があるとすれば、その大学院というものは別に一つの学校ではないかも知れん、研究所としての組織を持ち、財政［的］にもすべて独立になる訳なんでしょうか。」（中略）

小宮主査「勿論予算は特別の予算を持たなければならないと思いますが（中略）そういう点で別にはっきりした意見を、われわれは話合もしませんし、持っておりません。」

田島「今委員長は決を採るというようなお話でありましたが（中略）決を採る時の趣旨をはっきりして戴きたい。（中略）［今回の第五特別委の提案は］独立ということに御趣旨があるのであって、それから又第二に東京帝国大学というものを独立の第一項のようなものにする。こういうことになると、私共無学な者から申しますと、六・三・三・四制が布けた外に帝国大学というものだけがなんだかその上の又教育機関が出来たような感じを世間に与えられやせんかというような気がします。（中略）巷間で、新学制というものが出来たけれども、結局看板の塗替で従来の高等学校とか高等《マ》専門学校《マ》といったものに大学という名前を与えて、もう一段上に大学院が出来た、もう一つ上に学校が出来たというようなことに取られるようなことになるならば、この御趣旨

はうっかり賛成と言えないような気持が私には動いております。」（以上同書、三〇〇―一頁）

教刷委と文部省の相互不信

結局、この総合学術研究所としての独立大学院構想は、採決の対象とされることなく終わるのだが、これに関連して日高局長と安倍委員長の間で次のような厳しいやり取りがあったことを指摘しておこう。

日高局長「この際あとの誤解を起さないために決をお採りになることは全くこの委員会の自由だと思いますけれども、文部省の立場を御批判、御了解置きを戴きたいと思いますが、勿論教育刷新のためにこの委員会が出来たのでありますからして、文部省がこの委員会に対して道徳的な責任を負っておることは明らかでありますけれども、同時に今日の時代におきましては司令部に対しても一種の政治的責任を文部省は負わされておるのでありますから、又議会に対しても法律的な政治的な責任もありますし、実行の上におきましては行政面において内務省その他のものと関係がありますし、財政面においては大蔵省との折衝も必要でありますので、ここで最もいい案を徹底的に御論議戴きまして、文部省に智恵を貸す意味において如何なる御結論をお出し下さることも結構でありますけれども、文部省自身が直ぐにそれをそのままに実行出来ない場合があることは御了承置き戴きたいと思います。勿論これは逃げ腰で以て申上げるのではなくして、現実の障害があるために出来ないようなことがあることを、そうしてそれに対して現実上の判断の自由と責任を負う以上、それに対して発言権のあることを御承知置き戴きますならば、この委員会で徹底的な御意見をお闘わせ下さいまして、文部省にそれをお示し戴くことは私共として有難く承るところでありますから、どうぞその辺を御承知戴きたいと思っております。」

安倍委員長「今の日高局長の御意見は文部省全体の御意見だと思いますから、大体刷新委員会を代表して私からそれに対してお答えしますけれども、今日の如き複雑な事情の下に文部省当局の御苦心が非常に多いということはお察しすることでありますけれども、文部大臣初めどうかやはりこの問題に対しては厳正な毅然たる態度を以ていろいろな問題に対して戴きたいということを希望いたします。（中略）時間がなくて相談が出来なかったというようなお話がよくありますけれども、（中略）つい非常にお忙しいために、刷新委員会の存在を忘れておられるというようなこともないこともないかと思います。その点はどうぞ御注意を願いたいと思います。

それから重大な問題についてはやはり刷新委員会のことに、今まで決議とかあるいは報告して刷新委員会の趣旨の存する所を御了承のある筈の問題について、刷新委員会を顧みないでお話を進められるというようなことは出来るだけ避けて戴きたい。そういう御註文の条件の下に文部当局の御苦心は了としたいと思います。」

（『会議録』第二巻、三〇一頁）

文部省による課題提起

新学制の実施が目前に迫っているにもかかわらず、理念的で古典的な大学論に固執し、移行問題を含めて占領軍はもちろん、文部省にとっても説得的な改革案を提示できない第五特別委、ひいては教育刷新委員会に文部省側が苛立ち、それに対して教育刷新委員会側が不快感を示すという、相互不信を増幅させる関係に陥っていたことがうかがわれる。

ただ、新制度発足へのタイムスケジュールを考えれば、教刷委・文部省ともにいつまでも果てしない議論を続けているわけにはいかなかった。新制大学の発足は、昭和二四年（一九四九）春と決まったが、私学の一部には二三年春の発足を目指す動きも出始めていた。行政当局として、教刷委の理想論や理念論を受け止める一方で、占領軍側の圧力のもと、折衝を重ねつつ改革を政策化し推進しなければならない文部省が、強い焦燥感に駆られたのは当然だろう。そして、しびれを切らした文部省が教刷委の側に、新制大学への移行問題の集中的な審議を要求するようになるのだが、その中心的な課題として文部省から提起されたのが、一旦は否定された三年制大学案であった。

日本の財政経済状態が非常に逼迫しておるときに今後専門学校の昇格とか、転換とかいうことを考えなければなりませんので、無理をしますと、よくするよりはかえって悪くする惧れがあるので、一応専門学校は専門学校、あるいは高等学校を現状維持で以てしばらく行けるような処置を考えないとどうにも処置がつかなくなるのじゃないかという見透しをつけております。（中略）もともとは刷新委員会の決議では大学は三年若しくは五年になし得るということでしたが、司令部との折衝がうまく参りませんので、三年というものは、削ってしまったのであります。私どもはそれを惜しいと思っておりますが、それが学校教育法の修正の道を［夏期の］お休み中にできるだけ司令部との間に折衝をして三年制の大学も置き得るように若しできるならばいたしたいと思います。それが見透しがつきましたならば急にすべての大学を四年制にするというのではなしに、暫定的に三年制の大学も作り得る、但し学士号を与えないというのが司令部の非常に強い意向でありますから、その点は譲らざるを得ないかと思います。そういう道をつけて余り急激に大学、専門学校の転換問題を決定しないで済むようにできれば年次計画でも作って折合をつけたいと思っております。（『会議録』第三巻、五九頁）

夏休み前最後の総会（第三九回、二二年七月一八日）を閉じるにあたって、日高学校教育局長が行ったこの発言は教刷委、ひいては第五特別委が、いわば宿題を課せられたことを意味する。夏休み明けの総会審議は九月一九日から再開されるが、一一月一四日の第四五回総会で委員長が安倍能成から南原繁に交替し、その直後の四六回総会（二二年一一月二八日）で、「二年制・三年制大学」問題の審議が、正式に第五特別委に求められることになった。

4　第五特別委・最後の審議

総会と移行問題

第四六回総会（二二年一一月二八日）の冒頭で、南原新委員長はこう切り出した。

　新らしい大学制度の問題につきまして、委員の方にもそういう御意見があって、一つ問題にしてくれという御意向が前からございますので、私から申上げたいと思います。それは夏休の前後でありましたか、文部省の方からは御報告というか、了解というか、そういう非公式な形で御話があった点であります。即ち学校教育法によりまして、今度は大学というものは四年以上ということになっておりますのを、経過的な意味をも兼ねて、三年程度の大学はどうであろうかということを文部省では考えたいというお話のようであったようであります。それに関連しまして、最近の議会でもそれが問題になりまして、相当文部当局でもよりより考慮されておるように新聞等でも拝見しております。この問題はなかなか大事な問題でありまして、予ねて大学教育につきましては、第五特別委員会で確か御審議を願って来たわけであろうと思います。それから又日本の全国に対して、新らしい大学をどれだけ要求するかという問題は、国土計画とも睨み合わして、本委員会に別に近く特別委員会を作って考えたいという方向に今なっております。従って第五特別委員会と今度の新らしい委員会との関連もございますけれども、文部省はその点をどういうふうに考えておられるのか、文部省が新大学を律する上に、どういうことをどういう方法において考えておるかという問題を聞く必要がある（中略）この問題について、文部省のその後のお考えなり、又は第五特別委員会の方々の御意見なりを伺って、それぞれ御審議を願いたいと思うのであります。（『会議録』第三巻、一七〇頁）

この委員長の発言を受けて文部省の日高局長から、差し迫った最重要の政策課題である高等教育機関の新制大学への移行問題についての説明があった。

(1)**医学教育の六年制**　まず、長い間懸案とされてきた医学教育の年限問題が、ようやく決着したことが報告された。この問題はＰＨＷ・医学教育審議会のプレメディカル三年の七年制案と、教刷委のプレメディカル二年の六年制案とが対立し、「文部省といたしましては、その間に入りまして、いろいろ苦慮」していたのが、六年制とすることで決着を見たのである。歯科教育についても同様に六年制とすることで合意に達したことも付け加えておく。

(2)**大学設置委員会**　次に、「新らしい大学への転換」、言い換えれば「新らしい大学の認可」について。設置認可は学校教育法の第六十条（「大学の設置の認可に関しては、監督庁は、大学設置委員会に諮問しなければならない」）による委員会を設置し、「それに諮問をした上で文部大臣が認可し決定することになって」いる。「実は大学設置委員会は二十四年度に間に合わせるように用意」してきたが、「私立の大学等においては、できるだけ早く大学になりたいというような希望もありますし、関係方面でもそういう点について非常に督促され」ていたが、委員会の「官制」が通り、近日中に発足の運びとなった。

(3)**三年制大学**　移行にかかわる切実な問題として、三年制大学を認める必要性がある。「現在の高等《マ》専門学校《マ》を大学に切替えまするのには、すべてを同時に四年制の大学にするということは、これは現在の日本の国情では殆ど不可能でありますので、そういう四年制の大学になるにしても、一応は充実したものだけを四年制の大学にしまして、後のものは暫定的に三年制の大学というようなことで、出発せざるを得ないのではないか」。「暫定措置ならばこれは止むを得ないという［ＧＨＱ側の］意見も聞いておりますので、これは十分望みがあると思っております」。

(4)**二年制大学**　「もう一つは、現在の高等専門学校を転換させるために、前期の大学というような制度ができはしないか」と考えて「司令部と内々折衝」している。「或る司令部の係官はそれに賛成でありますけれども、或る人はそれに強硬に反対でありまして、その二年制のジュニア・カレッヂみたいなものは、まだできるかできないかはっきり申上げることはでき」ない。しかし「やや交渉の余地がある」と考えられるので、「正式に交渉いたしたい」。

(5)**教員養成機関の転換**　「もう一つ宿題に残って」いる教員養成機関の転換問題については、「刷新委員会の決議と司令部の意見との間に若干の隔りがあり」、早急にまとめることは難しいが、「現在のところでは、刷新委員会の方の御意見も十分組み入れた上で、司令部との間の意見を調節することができるのではないか」と考えている。

以上の五点にわたってふれた後で、日高局長は「大学の全体の転換の構想を具体的に作りました上で、閣議にもかけまして、二十四年度から新制大学を始めることを正式に決定いたしたいと思っております。準備が非常に遅れましたので焦っておるのでありますけれども、今申上げたようなことが現在の状態」だと、報告を締めくくった（以上同書、一六九―七一頁）。

設置認可基準問題の浮上

このように、高等教育機関の移行にあたっては、南原委員長の言及した以外にも相互に関連し合ったさまざまな課題のあることが説明されたが、そこから浮かび上がってきたのは、大学設置委員会官制の成立とかかわる、新しい大学の設置認可基準の重要性である。二年制・三年制大学も、師範学校の移行も、その根幹あるいは基底にあるのは「新制大学」の認可基準をどう設定するかという問題である。そして文部省がその最重要の問題について、教育刷新委員会に検討状況の報告を怠ってきたことが、とくに第五特別委からの厳しい批判を浴びることになるのである。

設置認可の基準は、先にふれたように文部省の設置した大学設立基準設定協議会で検討が進められてきた。第五特別委の小宮主査からは、その協議会での検討結果は第五特別委を通して総会に報告されることになっていたのに、いまだに果たされていない、「ところが今伺って見ますと、その基準を用いて大学設置委員会ですか、そこでその新らしくできる大学を許すとか許さないというふうなことを決めるのが、そういう委員会が既に官制によって近々任命されることになっておるという話でありますが、そういうふうな種類のことは一体この刷新委員会に一応御報告なり、或いはお諮りになった上で、実行なさるのが順ではないかと思いますが、従って今度できるその大学設置委員会と、それからこの刷新委員会との関係などというふうなものも、どういうふうになるべきものか、そういうところを少しはっきり御説明が願いたい」と、強い不快感が表明された（『会議録』第三巻、一七一―二頁）。

日高局長は、第五特別委の務台委員が基準設定協議会の委員でもあったので、情報は伝わっているものと思っていたと、苦しい言い訳をしたあと、その委員会で「できました案も、いろいろ後から批評が出まして、それは従来の大学にあまり捉われた基準で、新らしい大学は従来の大学とは性格がいく分違わなければならないのであるからして、従来の大学のような細かい基準を以て設定したのではいかんからして、もう一度検討し直してくれという議が起りまして、現在それを検討中のように聞いて」いる、その結果の報告はまだ受けていないので、受け次第教刷委の方にも報告し、検討して戴くことにしたいと弁明した（同書、一七二頁）。

小宮主査からはさらに、その基準設定協議会の定めた基準が報告・承認された場合、「その基準が新らしくできる大学設置委員会にそのまま運用されるのですか、それとも又新らしく大学設置委員会で以て標準か規準か、なにかを拵えて、二通りできるという虞」はないのかという質問があり、日高局長からは未定だが、基準設定協議会案を大学設置委員会で「一応検討」し採択してもらうという手続きを採ることになるだろう、という説明があった（同書、一七二頁）。それを受けて、小宮主査が次のように質した。

基準の問題は、御説明のように、ここの刷新委員会では大体の方針を決めるだけで、具体的なことになればこれはもう大学設立基準設定委員会［協議会］の方でやって頂くことは、これは皆様も御了解だと思いますし、私もそれをそういうふうに了解しておるのであります。だから従って問題は刷新委員会の方針が、基準ができて来てここで報告されて、それを検討した上で新らしくできる大学設置委員会という方へ廻されて、そうしてそれが細目において修正されたりなんかすることは、これは少しも差支えないことだと思うのでありますが、併し刷新委員会で定められた大体の方針、若しくは根本的なイデーみたいなものに差障りのあるような結果が、若し大学設置委員会で決めた基準の中に出て来る虞があるとすれば、その場合この委員会と大学設置委員会との関係がどうなるか、その点が伺いたい。（同書、一七二頁）

佐野利器委員からも、厳しい質問が出された。基準設定協議会作成の案を大学設置委員会が承認したら、刷新委員会はその「基準」を前提に制度問題を議論すればよいということなのか。とくに日高局長は「高等《マ》専門学校《マ》をそのまま暫定的に、急には行かんが二年か三年の大学にして、それからだんだんやる」という考えのようだが、「そうするとこの刷新委員会が基準を受け取って考究するにしても、その目途が前にあるならば、敢えて考究する必要のないことになって」しまうのではないか（同書、一七三頁）。

文部省の弁明と謝罪

この質問に対する日高局長の答弁は、「今の御質問は非常にデリケートでありまして、大学というようなものの考え方によっても、相当見透しが違うのではないかと思うのであります。私個人としての意見を申上げますれば、四年制の大学は、十分資格のあるものでなければしてはならないのではないかというふうに考えております。（中略）それらの点は、挙げて大学設置委員会の御決定に俟つのがよいのではないかというふうに考えて」いる。また、設置委員会については委員四五名のうち一〇名程度が、『ここの委員会と連絡のある方』なので「委員会でのお考えと非常に背馳したような結論にはならないのではないか」（『会議録』第三巻、一七三頁）というものであった。

事は刷新委員会のレゾンデートルにかかわる問題である。議論の紛糾を恐れたのであろう南原委員長が、問題を「大学の機構、構成、年限」にかかわる問題と、「教育、学科内容」の問題の二つに分け、「先程来お話中の大学基準というものは、大部分は細かな学科構成に亘るまで規定されておるものと思」われるので、それは基準設定協議会にお任せして、文部省を通じて教刷委の方に報告してもらえばよいのではないか。それに対して前者は、教刷委・第五特別委が議論してきた問題であり、「大学の暫定措置かなんか知りませんけれども、二年若しくは三年ということになりますと、本委員会でやって来た根本の考え方を併せ考え直さなければならん問題があるのじゃないかと思」うので、教刷委で検討してしかるべきではないかと提案した（同書、一七三―四頁）。

しかし、第五特別委で年限問題を繰り返し議論し、「高等専門学校」の全面的な新制四年制大学への移行を主張してきた佐野は、引き下がらなかった。

問題は、設置委員会の委員のうち何名が教刷委の関係者だというような、数にあるのではない。教刷委の「職分」にかかわる問題であり、「刷新委員会として考究すべき問題ではないか。殊に三年制というのは暫定的ということでありますが、ジュニア・カレッヂ［二年制］というものは、なにか恒久的なように聞えたので、若しジュニア・カレッヂを恒久的に考えて行くならば、それでは全く六・三・三・四という制度の大きな趣旨を打ち壊すもの」であり、自分は賛成しないし、当然「刷新委員会の審議が必要」だと考える（同書、一七四頁）。また設置基準の問題だが、「大学設置委員会がそれを物指にしてあの学校を大学にする、この学校をしないというふうに決める」というのだから、「基準というものは非常に大事な問題」である、「ただ学科内容という科目などの配慮だという［よう］な考え方ではいけない（中略）学校の科目を定め直すのならそれで宜しいが、その基準によって学校を作るとなると、それが［新しい大学が］百になるか、八百になるかの基準」なのだから、「一応の連絡といったようなことではなく、ここでやはり審議せられるべきものではないか」（同書、一七四―五頁）。

こうした批判に対する日高局長の答弁は、全面的に文部省側の非を認めるに近い内容のものであった。

「私も多少混乱しておるようなところがありまして、当然御報告申上げるべきもの、或いは御審査頂くべきものを不行届のために怠りまして、或いは抜きになっておりまして、相済まないと思う点が多々あります」。当初「大学の設定は二十四年度からという建前」で、時間的余裕があるものと思っていたのが、「実は私立の学校その他から大分関係方面に懇請がありましたのか、文部省の方に（中略）二十三年度から大学になるような措置をとってくれということをたびたび交渉があった」。その結果「つい十分な用意もできませんのに、急いで大学設置委員会というようなものを取りまとめる約束」をしてしまったために、このようなことになってしまった。「本来は十分御検討頂くつもりでおったのでありますが、そういう事情で差迫ったわけでありまして、甚《ママ》はだ申し訳ございません」（同書、一七五頁）。

南原委員長がこれを引き取る形で、「この問題は重大な問題が大分日も迫っておることもございますし、文部当局の御苦心も察せられますが、大小取り混ぜて、できるだけ早く材料を第五特別委員会に十分提供されまして、そこらのお話ももう少し文部省の当局の方が行かれて、十分御説明を願って、それで一つ刷新委員会としての問題がどこにあるかという問題を第五特別委員会で御検討願うということをこの総会としてはお願い」することにしたいと総括して、会を閉じた。

第五特別委のこだわり

こうして、第二五回（二二年五月三〇日）、二六回（二二年六月一三日）と、歯科教育の六年制問題について議論したあと事実上休会状態にあった第五特別委だが、南原委員長の命を受けて、二七回（二二年一一月二八日）、二八回（二二年一二月五日）、二九回（二二年一二月一二日）と三度にわたる会議で、旧学制から新学制への移行問題について集中的に審議を進めることになり、審議の結果は後で見るように第二九回の会議でまとめられ、第四九回の総会に報告された。以後、第五特別委は開催されず、新制大学への移行にかかわる具体的で差し迫った問題は別途、課題ごとに設置される特別委員会の議論に委ねられることになるのだが、それは教育刷新委員会が、いわば原理的な問題にこだわり続ける第五特別委をあきらめ、現実的な課題について結論を急ぐ方向を選択したことを示唆している。

それはともかくとして、先の日高学校教育局長による新制度への移行にかかわる問題提起を受けた第五特別委での議論は、これまでに比べればより現実的になったとはいえ、しかし過去の流れを引きずったまま展開されることになった。取り上げられた主要なテーマは、前期大学、二年制大学、三年制大学、師範学校の昇格問題、大学設置基準、大学設置委員会、新制大学の教員資格審査などだが、このうち最終の会議で決定・採択され、最終報告として総会に送られたのは以下の三点であり、第五特別委の最後までこだわり続けたのが年限問題であったことがわかる（『会議録』第八巻、四三四頁）。

一、現在の高等学校は臨時措置として二年の前期大学とすることができる。
二、現在の専門学校は臨時措置として三年の大学とすることができる。
三、新制大学の教授の資格は委員会を設けて資格審査する必要がある。

報告にある高等学校の二年制の前期大学化、それに専門学校の三年制大学化が、第五特別委がとりわけ熱い議論を展開し、賛否両論ある中で強く要望しながら、大学の原則四年制を主張する占領軍側の厳しい反対に押し切られ、学校教育法に盛り込まれずに終わった改革構想であったことは、すでに見てきたとおりである。それを「暫定措置」という形で文部省側があらためて持ち出したのは、「現在の日本の財政状態から考えましても、教授人員設備から考えましても、全体の学校を四年にいきなりするということはむずかしい。三年制大学というものに持って行かなければ本当の教育的な転換はむずかしいのじゃないか」（松井大学課長。同書、三九二頁）という、極めて現実的な理由からであった。

「高等専門学校」と一括される旧制の高等学校も専門学校も、原則三年制の高等教育機関である。そのうちの専門学校について、暫定的措置として三年制大学という受け皿を用意し、猶予期間を置き、条件整備を待って四年制大学としての設置認可を受けるようにすれば、移行問題がスムーズに解決されるだろう。つまり日高局長の発言にもあったように、文部省の狙いは何よりも、多数を占める専門学校の暫定的な移行先としての三年制大学制度の容認にあり、一握りの旧制高等学校にかかわる二年制・前期大学制度は、それに比べれば重要度の小さな問題であったと見てよい。

前期大学論

しかし、旧制高校・帝国大学問題を基軸に果てしない議論を重ねてきた第五特別委の、とくに旧制高校温存の立場をとる委員たちの受け止め方は、文部省のそうした意図とは異なっていた。「暫定措置」とはいえ二年制・前期大学論が文部省の側から逆提案されたことは、天野貞祐ら旧制高校の温存を求めてきた委員たちに、再び希望を抱かせることになったからである。

天野は「現在の制度だと大学は四年ということになっているのだけれども、実際問題とすると「新制」高等学校にはできないから二年で（中略）それを終った者は大学の後期に入る、従って帝大では前期を持たないで後期だけにして貰う」（『会議録』第八巻、三九四頁）と、これまで通りの発言を繰り返した。それだけでなく、最終の第二九回の委員会には、「学制改革に伴なう現在の官公私立の高等学校の転換については困難なる財政事情に鑑みても四年制大学を期すべき時にあらずいわゆるジュニア・カレッジ（二年制の前期大学）として大学教育の前般［半］を分担する機会を広く実施することも教育的に経済的に現下の国情に最も適した無理のない穏当の処置であることを信ずる」という、自らが会長を務める官公私立高等学校長会の「決議」が提出されている（同書、四二〇頁）。第五特別委の議論は再び、専門学校の移行にかかわる三年制大学よりも二年制大学問題、それも旧制高校にかかわる

「前期大学」問題を中心に展開されることになるのである。

しかし、高等学校長会の決議の末尾に、「土地の事情により既設の大学に吸収され或いは他校と合併し又は単独にて新大学となる等の特殊の事例はこれを否定するものではない」という但し書きがつけられたことからもうかがわれるように、その旧制高校の移行問題にも、新しい状況が生まれつつあった。後でふれることになるが、旧帝国大学が一部の旧制高校を吸収統合する方向に動き、また旧制高校を含む官立高等教育機関の県単位での統合による、新制大学への移行が議論され始めていたからである。天野らの固執する、卒業者の「後期大学」への受け入れを前提とした旧制高校の「前期大学」化構想は、その現実的な拠り所を失いつつあったといってよいだろう。

「ジュニア・カレッジ」論

日高局長の二年制大学案が、「前期大学」にこだわらぬ「ジュニイア・カレッジ」論の形で提示されたのも、そうした変化を踏まえてのことであり、第五特別委での二年制大学をめぐる議論も、旧制高校がらみの前期大学論にとどまらない広がりを見せることになった。

その一つは教員養成制度とのかかわりである。師範学校の廃止と、四年制大学による新しい教員養成制度の導入の問題が、教刷委でひとまず落着を見たことはすでに述べたが、現実問題として、昭和一八年（一九四三）に専門学校レベルに「昇格」したばかりの師範学校をさらに、一挙に四年制大学に「昇格」させることは困難であり、また六・三・三制への移行によって生じる大量の教員養成需要を、四年制大学だけに依存するのは不可能だというのが、文部省の認識であった。第五特別委に出席した文部省の師範課長の次のような発言は、それを裏書きするものに他ならない。

すなわち、師範学校を直ちにすべて四年制大学にするのは無理なので、「四ヶ年というものを、コースというものを考えて、その中の二ヶ年だけで（中略）第三種教員免許状を与える、三年になるところは三年にして第二種免許状を貰う、極く少数のものを四年にして第一種免許状を貰うというような形で切換え」をしたらどうか、というのが文部省の考えである。「四年が本体であるけれども三年、或いは二年しかない大学があるということは、学校教育法と別に矛盾するのではない」。ただ二年制については問題が多いので、出来れば「全部三年で未完成の大学（中略）で出発するのでありますが、教員養成は大学においてするという原則は四年というものが一つもないというような出発をしたら、当分その制度が固定して、大学を出たものが教員になるという制度は有名無実になりますので、極く少数である［よい］から四年制の完成した大学を置く」必要がある（『会議録』第八巻、三九八頁）。

差し迫った教員の大量養成の必要性からするとき、二年制の大学あるいは課程の容認の是非が、師範学校の移行問題とも深くかかわる問題であったことがわかる。第八特別委員会の主査として、新しい教員養成制度の構築に中心的な役割を果たすことになる務台理作が、第五特別委で二年制大学の必要性を力説したのも、そのことと無関係ではない。務台が、アメリカのジュニアカレッジ制度にふれながら主張したのは、高等教育システムの弾力化ともかかわる、二年制大学の必要性であった。

「六・三・三・四制度はアメリカでまあ発達した一つの新しい制度といってよいと思いますが、アメリカでもやはり六・三・三の上に二年のジュニィア［ママ］・カレッジを持っておる。而もその数が相当増加しつつあるような話を聞いておる」。それには「それだけの理由がある」。この画一的な制度を実施するにあたっての「弾力性」の必要性である。「そういう弾力性というものが原則を破らずにいろいろな事情に適応するような形を取るということになるわけでいろいろな点から考えて、二年のコースを持ったジュニア・カレッジというものを必要とする、それは四年の大学の前期に二年三年という意味でなしに、若し四年の大学の前期に二年というものが、はっきり考えられるならば学科など、多少違いは出ると思いますが、それなら独立したカレッジができても当然よいのではないかと、原則的には承認することに行かなければならない」。自分としては「三年の大学にはどうしても賛成できない（中略）三年の大学はただ四年の大学になれないから一時三年でよいという、それだけの理由しかないのではないか」。それなら「二年のカレッジを充実する。それはできるだけ有力にする、そうして余力、詰り力の備わって来たものには四年の大学にする。この二年、四年という意味の分け方が一番自然ではないか」。「三年の大学というものは、実は大学に似て大学でないようなものになりはしないか、中途半端なものじゃないか。その制度は採らないことにして、そうして二年の大学及び四年の大学、謂わば二種類の大学ができる。（中略）私はその二年のジュニア・カレッジをこの四年の大学の前期だとかいう意味でなしに、一つの大学として作ることに賛成」したい（同書、四二二頁）。

暫定の三年制大学

のちに実際に二年制大学、すなわち「短期大学」が暫定的な制度として出発し、やがて恒久化されることを考えれば、務台の主張は先見性に富んだものであったといってよい。

アメリカのジュニアカレッジをモデルに制度を構想するなら、天野の固執する「前期大学」を含めて、機能的に多様な短期高等教育機関を想定することが可能になる。後で見るように、総会での議論の中で女子専門学校の関係者の間からも、強い賛成意見が表明されている。しかし、これまでの議論の流れからすれば、制度としての恒久化を前提とした務台の主張は逸脱的であり、また文部省が主張する「暫定措置」としての二年制・三年制大学論からも大きく踏み出したものであった。何よりもアメリカの二年制大学が、単なる「前期大学」ではなく、それ自体が独立の完結的な、職業系の高等教育機関をも含むことによって発展しつつある現実について、情報や基本的な理解が欠けていたことを指摘しておくべきだろう。

「官立だけでも百に近い専門学校、それから師範学校、青年師範学校等を入れますと、これは二百以上になるのでありますが、それらのものを二年の前期の大学にしますと、それを受入れる方の二年の後期の大学というようなものに何らかの連絡を着け〔ママ〕なければ、これはジュニア・コースとしての意味をなさなくなる虞がある。（中略）文部省としては、四年を目標にするならば二年よりもむしろ三年の方が、高等学校については、これは別でありますけれども、専門学校の転換の問題にはむしろ三年制度の大学を作った方が四年になる可能性が残されておるのではないか（中略）少しでも大学に近付く措置としては三年制の臨時の大学というようなものを認めて余り差支えないのではないか」（『会議録』第八巻、四二九頁）という日高局長の、務台に対する反論に見られるように、文部省の真意はあくまでも専門学校・師範学校の移行のための「暫定措置としての三年制大学」にあった。

旧制高校問題の解決策として用意された二年制・前期大学という受け皿の議論は、先にふれたような状況の変化のもとで、すでにその重要性を失いつつあった。報告の一項として、高等学校の暫定的な前期大学化の項が加えられたのは、「現下時局に鑑み高等学校長の会議の決議を妥当」と認めると表明してほしいという天野委員の発言（同書、四三三頁）にあるように、旧制高校関係者に対する第五特別委としての配慮の結果と見てよいだろう。

大学設置委員会問題

最終報告の第三項に加えられた教授資格審査のための委員会設置は、もう一つの重要な審議課題とされた大学設置基準との関連で、文部省側から検討要請のあった問題である。

まず、報告の遅れから第五特別委の反発を呼んだ大学設置基準問題について、文部省の日高局長からあらためて以下のような説明があった。

昭和二一年（一九四六）一一月に「文部省に知慧を貸して頂くための協議会」として、私立・官立各五名、それに文部省・司令部関係者を加えた「大学設立基準設定協議会」が設置された。教刷委の「仕事の細かい部分の補助的な、補足的な委員会」という位置づけの、官制にはない協議会である。「既存の大学の内容の充実と向上のための基準を審議」してきたが、学校教育法が成立を見たので「途中から新らしい大学の基準を検討する」ことになり、本年の七月に、「大学設置基準」が一応の決定を見た。しかし、これについては「主として既存の大学を基準にして作ったというような嫌いがある」、「余りに細かい規定に走り過ぎていて新らしい大学を作るのには窮屈な規定になりすぎている」といった、「これから大学になろうとするような高《マ》等専門学《マ》校の方面」からの批判や、司令部側からの意見もあって、「大学基準協会」であらためて検討中である（『会議録』第八巻、四〇四―五頁）。

「大学基準協会」というのは、大学設立基準設定協議会の基準の一応の完成を機に、昭和二二年七月八日、相互の努力による水準向上を目的に、旧制大学四八校を集めて創設された「大学の自主的な協会」、「率直に申しますれば司令部の干渉によってできた会合」である。文部省としては、大学間の協定でこのような団体ができることは喜ばしく、できるだけ援助していきたい。ただ「それが直ぐに大学設置委員会になる」ことには異存があり、設置委員会の委員の半数を大学基準協会の選出・推薦によるということで、「意見の相違をやっと纏め」ることができた。この委員の配分数は「その後相当、正直に申しますと、もめた」。大学基準協会から半数とは、既存の大学から半数ということであり、「これから［大学に］なる学校の側の代表者が極めて数が少い」という批判が出てきたためである。しかしこの数については、大学基準協会側の要望だけでなく「司令部側でも非常に強硬にそれを指示」してきた。その結果、文部省としては「もっと自由な立場で学識経験者を自由に選べることを望んでいた」のだが、それが不可能になってしまった（同書、四〇五―六頁）。

「折衝の結果［委員の総数を］四十五人にいたしまして一人でも多くというわけで二十三人の学識経験者、それから後の二十二人は大学基準協会」ということで合意にこぎつけた。二三人の内訳は、七人が関係官庁（文部省三～四名、大蔵省・法制局・内務省・経済安定本部各一名）、残る一六人は教員組合から一人、中立の学識経験者四人、それ以外が官公私立の高等学校・専門学校・教員養成諸学校の関係者、ということになっている。大学基準協会の二二人については「専門学校、師範学校の側から（中略）利益代表的な働きをして貰っては困る」という「非常に強硬」な主張があった。もっともな意見であり、文部省としては「大学の代表者ではあっても、大学教育或いは大学の研究というものについて理解も御経験もある方の学識や経験を国家のために貸して頂く」という趣旨での運営をお願いしたいと考えている。なお四五名の委員のうち、教育刷新委員会関係者が一〇名を占めることになっていた（同書、四〇六頁）。

大学設置委員会委員の人選に大学基準協会、さらにいえばその設立を後押ししてきたGHQが圧力をかけ介入してきたことに、文部省側が強い不満を抱いていたことがうかがわれる。

大学設置基準と大学基準

日高局長からは、大学設立基準設定協議会・大学基準協会作成の「大学設置基準」の内容についても紹介があり、「大学設置委員会の初めの運用の第一番に、この大学設置基準について検討して頂いて、これを採択して頂いたものを公式の基準というふうにしてオフイシャーに発表いたしたい」と、文部省の考えが述べられた（『会議録』第八巻、四〇六頁）。また、大学基準協会の中心メンバーである務台委員からも、「文部省の大学設置基準」として採択が予定されたその基準を、大学基準協会の方では「変更を若干加え」て「大学基準」として取り扱っている、という補足発言があった（同書、四〇九頁）。

この「大学設置委員会の大学設置基準」と、「大学基準協会の大学基準」との関係は、初めて説明を聞く第五特別委の委員には理解が難しく、務台委員は両者の関係は二段になっていると理解すればよい、第一段としては文部省が大学の設置認可を決める際の「一般の大学の設置基準」となり、第二段では、そうして設置認可された大学が大学基準協会への加入を求めた際の、大学相互間の審査基準としての役割を果たすということだと説明した。アメリカ的にいえば「設置認可（チャータリング）」と、「基準判定（アクレディテーション）」の違いである。

ただアメリカの場合、設置認可は各州政府が独自に行い、基準判定はさまざまな大学団体により行われる。つまり基準は異なるだけでなく、どちらも複数存在している。それに対して、日本では設置認可は文部省、基準判定は大学基準協会にそれぞれ一本化されており、しかも二つの基準は、(1)文部省が設けた大学設立基準設定協議会で設置基準の作成作業が開始され、(2)作業が中途で自主的な民間団体である大学基準協会の手に移り、(3)その大学基準協会作成の大学設置基準が、文部省に新たに設置される大学設置委員会の認可基準の原案として採用され、(4)それに応じて大学基準協会が大学設置基準を大学基準に名称変更する、という複雑な経緯を経て作られた、いわば双生児的な性格のものである。そのことが、この新しい大学の水準維持・向上の仕組みの理解を一層困難にし、さまざまな疑問や混乱を生む原因になっていたのである。

このように二つの基準があったのでは「大学設置委員会で認可した大学が、後に大学基準協会に入会できない」というようなことが起こりはしないか、という小宮主査の疑問（同書、四一二頁）はその一つであり、これに対して日高局長は、次のように答えている。

文部省の考えていることも［を］率直に申上げますと、本当は基準は二つあるのが理論的だと思うのであります。認可する場合の最小限度を認可する時の基準、それから内容を向上させるための基準ということに理論的に二つあっても宜いと思うのですけれども、従来のいろいろの折衝の結果、二つを別に作らないで、一つで間に合わせようという御意見が強うございまして、文部省といたしましては大学基準協会の作ったものを標準にして大学の設立の場合には、完全に一致していなくても、適用の際の手心によって設立の場合の基準と向上の場合の基準というようなものが自ら分れて来るわけでありますから、設立された大学、新らしい大学が直ぐに大学基準協会には入会できないだろうと思います。五年なら五年なりして実績を挙げた上で、謂わばAクラスの大学の仲間入りをする（中略）ということによって大学の内容を充実させようというのが、基準協会の元からの狙いだと思うのであります。（同書、四一三頁）

務台委員からも、「既得権を尊重しようとして既存の大学が何か特別にクラスを作ろうとしているようだ、というういろいろ御非難を受けておることは事実」だが、基準協会の「内部では、相当その点について新しい大学ばかり厳格にして既存の大学が過去の大学例［令］によって、設置基準によって認可されたということをたてにして特権的にやるようなことは非常にそれはいけない（中略）新しい大学を批判すると同時に既存の大学自信［身］もやろう」ということで、「相互審査」の実施を考えている。「特権ということじゃなくて、折角今まで大学が文化の基準になって来たというものを、やはりどこかに標準を置いてそれを維持して行きたい」というのが「本当の精神」だ、という発言（同書、四一二頁）があったことを付け加えておこう。

設置認可と国土計画

こうして、十分な理解が得られたかどうかは別として、第五特別委での議論は基準自体の内容にはそれ以上踏み込まず、天野委員の、基準を「研究するといったら相当な準備とかいうようなものが必要ですから、刷新委員会は、その通りやってくれ、これを参考にして基準《ママ》設置委員会がやってくれということだけしか言えないのじゃないか」という発言を引き取る形で、日高局長が「私の希望を申上げますれば、これは有力な参考資料として原案を維持して、先ずこういう線でやってほしい、やるのに依［異］存がないというふうに御承認頂ければ形式上の関係はそこで通るわけであります。ただこれを鵜呑みにして検討もしないでいいということはいえないと思います。大体はこの線で大した異常［存］はない、これについては設置委員会の方に、これを有力な参考として十分慎重に検討した上でやって貰いたい。こういうことでも決議して頂けばそれでいいのじゃないか」と要望を出し、それを認める形で第五特別委での議論はほぼ終わった。

ただ、関連して二つの新しい問題が提起された。

一つは佐野利器委員が提起した設置認可と国家政策との関係である。「頭が大分明瞭になって来ましたが、さてこの基準を拝見しますと、大学というものの学術的な高さを決めるということを主にしてできている」。しかしそれだけでよいのか。「国が大学の設置を許そうかどうかということを判断するのには、それが必要であるか必要でないか、或いはその場所において国策的にどうだろうか、こういうことを抜きにしてはできないのじゃないか（中略）この基準は高さだけで後は文部省のお考えだけでやるのだということになりますか」（『会議録』第八巻、四一四頁）。

日高局長のこれに対する応答は、次のようなものであった。「今のお話は我々の一番心配しているところであります。大学が、雨後の筍のように沢山出ても、日本の経済状態が悪化して、入って来る学生がいなくなるとか、或いは大学はできたけれどもだんだん萎んでしまうというような事態がないとは断言できない（中略）大学の設立委員会には、そういう意味の国策的な考慮も入れなければならない」と考えている。そのために設置委員会には大学関係者だけでなく「日本の財政や経済や或いは産業とかいうふうな方面の意見をも代表できるような（中略）国土計画全般についての広い見透しのつくような方面からも、設置委員会の委員を加え」たかったのだが、先に見たようにそれがかなわず、遺憾に思っている。せめて文部省以外の関係官庁からの委員を加えて、設置認可の業務に当たりたい（同書、四一四頁）。

実は、佐野の言う国土計画的な発想がなかったわけではない。第五特別委に示された「大学設置基準」の原案の末尾には、備考として「大都市には専門学校等が昇格する場合を除き原則として大学の新設を認めない」という一項があり、日高局長はそれにふれながら「これは恐らく国土計画的な、国土計画委員会とか或いは国家にあります国土計画委員会とか、そういうようなもので研究しているような意見の反映だと思」うと述べ、「大学設置委員会の運用の際には、そういう政策も十分考えて運用しなければいけない」としている。この問題は昭和二三年（一九四八）五月七日設置の第十四特別委員会（大学の国土計画的配置に関する事項）で検討されることになるが、それについては後でふれることにしよう。

移行と教員資格審査

もう一つは、設置認可の質にかかわる重要課題として、第五特別委の委員ではなく、文部省側から提起された「新制の大学へ各学校が転換する際に教師の銓衡を一応する必要があるのではないか」（『会議録』第八巻、四二〇頁）という、教員の資格審査の問題である。

日高局長の説明によれば、その背景には戦時体制下の昭和一八年（一九四三）に実施された、師範学校の「昇格」時の苦い経験があった。「過去の失敗を申上げますると、元中等学校程度であった師範学校が専門学校程度に、いわゆる昇格をいたしました際に教師の入替を徹底的にすることができ」ず、そのために「中等学校の先生ならば我慢できるけれども、専門学校の先生としては十分でないというような」教員が存在する。また「専門学校においても長い間の随［惰］性によって十分人間としても、教師としても立派な資格を持っておるとは言えないような人」が少なくない（同書、四二〇頁）。

師範学校や専門学校が「大学に転換したからといって急速に教授も同時に無条件に大学の教授になるといたしますと、あるべき新しい大学の内容にそぐわないようなことが起りはしないか（中略）これが後まで弊害の種を播くようなことになりはしないか」と、憂えている。教授人事は本来、校長の識見に委ねるべきものだが、「すべての校長がこの難局に際して快刀乱麻を断つような処置をするということは言うべくして行ない得ない」ことである。そこで「むしろ組織だった委員会でも作りまして、委員の公平妥当な御判断によって、従来の教師が大学の教授として適当であるかどうかを一応審査をして、例えばその中で無条件に新しい大学の教授になれるような人と、条件附でなれるような人」を決めることにしたらどうだろうか（同書、四二〇頁）。

この教員資格審査は「考え方によっては新しい大学を作ります時の大学設置委員会の権限に属すると考えることもできないわけではありませんけれども、併し人事のことでもありまするし、本来は文部大臣の権限に属すべきことであるとも考えられますので、文部省といたしましては、文部大臣の謂わば人事に関する諮問機関のような心構えを以て、相当大きい委員会でも作りまして、そうして一応審査をした上で大学教授に転換することを決める、その際には特にいわゆる整理をしたり、首を切ったりするという意味でなしに、先生の配置転換を考えるということをいたしたいと思う」(同書、四二一頁)。

先の大学設置基準の原案にある「教授の任免資格」の項に、「資格審査は人格、学歴、職歴、著書、論文、学会並に社会における活動等に就いて行なわれなければならない」(同書、四〇七頁)とあるように、審査は本来大学設置委員会の仕事の一部である。それを承知の上で日高局長がこのような発言をしたのは、一時に大量の教授資格審査が必要となることが予想されるためであり、「私立学校については勿論我々の干渉すべき点ではな」く、「せめて官立の学校について」そうしたい、「大学設置委員会とも十分連絡して」やっていきたいという、条件付きでの提案であった(同書、四二二頁)。

この重要な提案について第五特別委で特段の議論はなく、最終報告の末尾に教授資格審査のための委員会設置の項が加えられることになった。

総会での審議

第五特別委から提出された、これら三項目からなる報告についての審議は、第四九回総会(二二年一二月一九日)で集中的に行われた。

提出された三項目の報告のうち教員の資格審査については、私学関係者である稗方弘毅委員から、「教授に適任か否かは学内の人が一番よく分って」いるのだから、「教授会で集って審査」すればよく、「一般的の委員会制度を設けて審査する」のは適当ではない、また「新制の大学だけの教授は審査する。既設の大学は審査しない、これは既得権であるというような考え方」は公平を欠くのではと反対意見が出されたが、日高局長からあらためてその趣旨と同時に、「この案は私立学校を含んでいないと御承知頂きたいと思います。(中略)私立学校については、若しそういうことが必要であれば、私立大学連合会とか、或いは大学設置《ママ》基準協会等にお諮りになって、そういう措置が必要であればして頂くし、必要でなければしない。それは御自由であると思う」という説明があり（『会議録』第三巻、二二五―六頁）、採決の結果二九名中二三名の賛成で採択された。

しかし、二年制・三年制大学問題については、またまた様々な異論が出され議論は紛糾した。主要な争点は、二年制大学の基本的な性格をどうするかにあった。「ジュニィヤ・カレッヂ、二年制の初期《ママ》大学」についてはこれまでの総会でも賛否両論があったが、あらためて議論してほしいと議論の口火を切ったのは、先の稗方委員である。「私共実際に教育の第一線に立っておるものの立場から実際的の事情を申上げて（中略）一応それについて御了解を願った上で、御採決を願わんと、甚だ残念な気がいたします」（同書、二〇七頁）。和洋女子専門学校長である稗方委員の「実際的」な立場からの主張は、二年制大学の積極的推進にあったが、要約するとそれは次のような理由からであった。

女子専門学校の救済策

新制度への移行にあたって、専門学校が競って四年制大学昇格を目指すのは当然のことだが、今の財政・経済状態では、すべての専門学校が一足飛びに昇格を果たすのは事実上不可能である。同時に、教刷委の議論にもたびたび出ているように「憲法の精神」からいっても、新制大学が「大学の専門教育の水準というような見地から離れて、一般教養、日本国民の一般社会人として、或いは個人としての教養を高めるということの趣旨」から作られるものであることに疑問の余地はない。大学はもはや「手を附けがたい、高嶺の花」ではない。「徒らに作っちゃいかんと制限するということは（中略）新制度の意味の上において採る方針じゃない」。といって「現在の専門学校を皆な合せて、四年制の大学を無茶苦茶に作るということは、これは又甚だ宜しくない」（『会議録』第三巻、二〇七―八頁）。

「大学の基準を非常に下げて、そうして現在専門学校なり高等学校を四年制の大学にするということであれば、これは解決する問題でありますけれども、そうでなくして、大学の基準をやはり或る程度高めて維持して行きたい」。しかし、だからといって専門学校を新制高校の専攻科の枠に押しとどめようという意見には賛成できない。「大学というものを非常にもったいぶって、その大学の名を左程まで大事にしなければならんという理由が私には了解ができない」。「一段下ったものであるということは明瞭に分」かった上で、「初期大学」の設置を認めるべきではないか（同書、二〇八頁）。

稗方によれば、この問題ととくに深いかかわりを持っているのは、八〇校近い私立女子専門学校の存在である。たしかにその水準は低く、直ちに四年制大学に移行可能なものは限られている。といって、それらを専攻科を置く新制高等学校に移行させろというのは、「大人になり掛っておるものに（中略）いつまでも小学校の服のような短かい服を来［着］て、我慢しろというのと同様」であり、女子の高等教育を「全くこれは衰微さしてしまうというような、大きな実際的の欠陥が生ずるのではないか」。「従来の女子専門学校を生かす」というのなら、「いかに高い理想を持ちましても、現在の段階においては、そういう実際的の見地に立って、これはよく考えませんと、単に理論だけでこれを決定して行くということは（中略）日本の教育の現情［状］をむしろ破壊するという気がする」。四年制大学の共学化が進んだとしても、「女子の学校もやはり将来四年程度の大学が本当に必要でありますから作りたいと思いますが（中略）差当り二年のジュニィヤ・カレッヂを作り、順次四年制の大学にするために十分な努力を続ける」ことにしたらどうか（同書、二〇八―九頁）。

それはあくまでも「カレッヂ」であり、「初期《ママ》大学という名を与えてもそのために優秀なもの［四年制大学］と別に混同される恐れはない」。アメリカでもイギリスでも、大学の中に「非常に優秀なものとそうでないものがあるのが実情」である。そういう「優劣はありながら（中略）劣っておる大学がその優秀な大学に一つ追っつこう、向上しようという努力が試みられて、全般的な教育の改善が、或いは発展ができて行く」。アメリカではジュニアカレッジの必要性が認められ、増設が進んでいると聞く。ジュニアカレッジが「学制の根本に悖るとか或いは六・三制の実施を破壊するという論が私にはどうしても呑込めない」（同書、二一〇頁）。

女子専門学校の「実際」を踏まえた、しかも戦後学制改革の新しい理念とされた教育の民主化・大衆化を求める「マス高等教育」論的な立場を鮮明に打ち出した、その意味で第五特別委の主流を占める委員たちとは対極的な立場からの主張といってよいだろう。

恵泉女子専門学校長の河井道委員も、稗方と同様に女子教育の立場から二年制の「ジュニヤ・カレッヂ」の、しかも恒久的な制度化を強く主張した。「折角専門学校に婦人の教育が向って来ましたのを、四年の大学でなければ入らないとなったならば、もうそれは高等学校で止めなければなりませんとすれば年限におきまして二年下るわけでありまして、折角高等学校、専門学校まで延ばして来た女子教育を大学でなければならん」としてしまってはいけない。大学に「四年の［前期］段階でなしに二年で完成したものを作って頂きたい、本当のジュニヤ・カレッヂというものを欲しいと思います」（同書、二一五―六頁）。

さらにいえば、文部省の日高局長もまた審議を求めた趣意を説明する形で、二年制大学を支持する意見を述べた。「お諮りいたしました理由の一つは地方の女子の専門学校の転換問題で、非常に熱心な要望がありますので、この二年の大学というようなものができるかどうか伺ったわけであります。（中略）天野委員からお話になりましたように、高等学校を原則として二年の前期大学にするという意味では毛頭ない」。（旧制）高等学校は「四年制度の大学の一部分になることもありますし、場所によっては三年の暫定的な大学になることもあるかも知れませんけれども、恐らく極く少数の高等学校の措置のつかないようなものについては、二年の前期大学のようなものも許して頂けるかどうか、そういうことを伺った」のであって、「後期の問題が十分解決いたしませんと、二年の前期大学というものは［旧制］高等学校によっては相当苦しいのではないか」。「但し女子の場合においては現状の転換問題としては二年の前期大学のようなものもできるのが便利ではないか（中略）むしろ大切ではないかというふうな考え方からお詫りいたした次第」である（同書、二一二—二頁）。

高等学校の前期大学化については、この総会で、帝国大学総長会議の意見を体して、京都帝大の鳥養利三郎総長が明確な反対意見を表明している。四年制大学の教育課程は一体のものでなければならない。「前期のあるものは高等学校が負担するのだ、後期は大学がやるのだというふうに、四年の大学制度なるものを二つに分けられては困る」、「四年の大学が二年に分割されて（中略）前期大学と、後期大学で別の学校でやることに反対」しているのであって、「高等学校のジュニィヤ・カレッヂになることに反対をしておるのではない」（同書、二一三—四頁）。長くくすぶっていた旧制高校の前期大学化論は、この旧帝国大学側の発言でようやく否定されることになったのである。

修正案の決定

しかし、それでも二年制大学の設置は、総会の承認を得ることができなかった。たとえば教刷委の副委員長で元文部次官の山崎匡輔は、大要以下のように二年制反対、三年制賛成論を述べている。

今の日本には、官公立大学五八校、高等専門学校が官立（師範学校を含む）二五九校、公立六八校、私立五四八校ある。「現在の帝大《ママ》程度でなくても（中略）現在の高等専門《ママ》学校より遙かに進んだものを以て大学というものにいたしたい」というのが自分の考えだが、現状ではそれは不可能と言わざるを得ない。そこで暫定措置としての三年制大学を認めるのはやむを得ないとして、二年制大学は認めるべきではない。「大体二年の学校では殆どうまく教育をやって行くことができない」。どうしてもというのなら新制高等学校の専攻科の制度を活用すべきで、大学という名称を軽々に使うべきではない（『会議録』第三巻、二一一—二頁）。

議論の流れを見ていくと、このあたりが多数意見の集約点と思われ、南原委員長は「どこまでも臨時措置」ということを前提に、「根本におきましては六・三・三・四という原則は毫も壊され」ないということで、女子教育の問題は残るが、第五特別委の報告の第一項を第二項と一緒にして、「現在の高等学校並びに専門学校は臨時措置として三年の大学とする」ということでどうかと、修正案を提示した。二年制大学を臨時措置としても認めないとするこの案に、天野委員と河井委員から反対意見が出されたが、まず第一項を削除することを二九名中二四名の賛成で決定、次いで第二項の修正案が賛成二一名で採択された。

最終的に決議として内閣総理大臣に報告された「現在の高等学校並びに高等《マ》専門学校《マ》に関すること」（第四九回総会決議二二年一二月一九日、報告二二年一二月二六日）の内容は、「一、現在の高等学校並びに高等《マ》専門学校《マ》（教員養成諸学校を含む）は臨時措置として三年の大学とすることができる。二、官公立の新制大学の教授はその転換に際して委員会を設けて資格を審査する必要がある」（『会議録』第十三巻、七〇頁）というものであった。

これによって、「上級学校体系」問題、学制改革問題にはようやくピリオドが打たれ、第五特別委員会はその使命を終え、あとに待ち構えている旧学制から新学制への具体的な移行問題についての審議の場は、問題別・課題別に次々に設置される新しい特別委員会に移されることになる。

《著者略歴》

天《あま》野《の》郁《いく》夫《お》

1936 年神奈川県生まれ。一橋大学経済学部・東京大学教育学部卒業。東京大学大学院教育学研究科博士課程単位取得退学。名古屋大学教育学部助教授，東京大学教育学部教授，国立大学財務・経営センター研究部教授などを経て，現在東京大学名誉教授，教育学博士。

著　書　『試験の社会史』（東京大学出版会，1983 年，サントリー学芸賞受賞；増補版，平凡社ライブラリー，2007 年）
『高等教育の日本的構造』（玉川大学出版部，1986 年）
『近代日本高等教育研究』（玉川大学出版部，1989 年）
『学歴の社会史』（新潮選書，1992 年，平凡社ライブラリー，2005 年）
『日本の教育システム』（東京大学出版会，1996 年）
『教育と選抜の社会史』（ちくま学芸文庫，2006 年）
『日本の高等教育システム』（東京大学出版会，2003 年）
『大学改革の社会学』（玉川大学出版部，2006 年）
『国立大学・法人化の行方』（東信堂，2008 年）
『大学の誕生』（上下，中公新書，2009 年）
『高等教育の時代』（上下，中公叢書，2013 年）他多数

新制大学の誕生　上

2016 年 8 月 10 日　初版第 1 刷発行
2018 年 8 月 30 日　初版第 2 刷発行

定価はカバーに
表示しています

著　者　天　野　郁　夫
発行者　金　山　弥　平

発行所　一般財団法人　名古屋大学出版会
〒 464-0814　名古屋市千種区不老町 1 名古屋大学構内
電話(052)781-5027/ F A X(052)781-0697

Printed in Japan
印刷・製本　亜細亜印刷㈱
ISBN978-4-8158-0844-0
乱丁・落丁はお取替えいたします。